法學叢書

獨逸債權法의 現代化

金奎完 金亨培
朴鍾熹 申有哲
安法榮 河京孝
共著

法 文 社

Die Moderniesierung des deutschen Schuldrechts

von

Prof. Dr. Kim, Hyung-Bae

em. o. Professor an der Korea-Univ. Seoul

Prof. Dr. Ahn, Bup-Young (an der Korea-Univ. Seoul)

Prof. Dr. Ha, Kyung-Hyo (an der Korea-Univ. Seoul)

Priv.-Doz. Dr. Kim, Kyu-Wan (an der Korea-Univ. Seoul)

Prof. Dr. Park, Jong-Hee (an der Korea-Univ. Seoul)

Prof. Dr. Shin, Yu-Cheol (an der Chungnam-Univ. Daejon)

Verlag Bobmunsa

머 리 말

Ⅰ.

2002년 1월 1일 「채권법현대화법률」(Gesetz zur Modernisierung des Schuldrechts)이 독일에서 시행되었다. 이 법률은 주지하는 바와 같이 독일민법의 핵심부분을 이루는 채권법의 일대개혁이라는 의미에서 독일 내에서 뿐 아니라 독일법을 계수한 모든 국가에 대해서 큰 사건이 아닐 수 없다. 급부장애법을 중심으로 손해배상법·해제제도가 근본적으로 개정되었고, 이와 같은 개정은 매매법과 도급법의 단순화·통일화라는 방향으로 이어지고 있다. 그 이외에 소멸시효법의 개정, 소비자보호법의 민법내로의 체계적 편입, 종래 판례에 의하여 인정되었던 각종 제도의 입법화도 채권법 개정과 함께 실현되었다.

Ⅱ.

원래 채권법 개정의 중요한 이유가 되었던 것은 급부장애법 및 계약법의 취약성과 흠결을 바로 잡기 위한 것이었다. 그리고 그 개정방향으로 국제통일매매법(CISG)을 기본으로 하였다. 이것이 이번 채권법개혁(Schuldrechtsreform)에 있어서 가장 큰 특징이라고 할 수 있을 것이다. 그리고 1999년의 소비상품매매지침(RiL 1999)의 수용을 계기로 민법전 자체의 개정이 정치적으로 강력히 추진되었다고 볼 수 있다. 이미 EU의 여러 회원국들이 국제통일매매법을 비준하여 국내법의 효력을 부여하고 있는 상태이고, 동지침 역시 국제통일매매법을 모범으로 삼고 있는 상황에서 유럽공동체국가들은 채권법(특히 매매법)에 관한 한 이미 같은 방향으로의 법제적 同化(Angleichung)의 길을 걷고 있는 상태였다.

이번에 독일 채권법의 개정은 채권법이 지니는 취약점과 흠을 시정·보완하기 위한 자체적 발의와 노력에 의하여 시발된 것이지만, 1990년대 말에 와서는 국제적·정치적 필요성에 의해서 크게 뒷받침되었다. 채권법의 개정방향과 그 구체적 내용에 대해서는 아직도 상이한 관점에서 비판적 견해가 없지 않지만, 이번의 개정채권법이 20여년 동안의 연구와 토의를 거쳐서 성안된 노력의 결과라는 점은 아무도 부인할 수 없을 것이다.

Ⅲ.

독일민법, 특히 재산법은 우리 민법에 대해서 커다란 영향을 미쳐왔다. 그런 뜻에서 이번의 독일채권법의 개정은 우리나라에 대해서 중요한 의미 내지 시사를 주는 것으로 생각된다. 그 첫째가 私法 내지 民法의 세계화에 대한 이른바 同化(Angleichung)의 문제이고, 둘째가 과거의 독일민법이 지니고 있었던 취약점을 우리 민법이 공유하고 있는 한 이를 시정·보완하는 문제이다. 이번의 독일민법의 개정을 거울삼아 우리 민법학계는 적어도 이와 같은 課題意識을 가져야 할 것으로 생각된다. 미래의 우리 민법의 제도적 이론적 발전을 위해서 우리는 보다 폭넓은 정보와 외국의 경험들을 연구·검토하지 않으면 안될 것이다.

Ⅳ.

이 책의 필자 6인은 금년 2월에 모임을 가지고 개정독일채권법의 조문번역과 6개의 중요분야를 선정하여 각자 해당 법문의 번역을 하면서 논문을 쓰기로 하고, 이를 모아 한 권의 책을 내기로 하였다. 원래 금년 7, 8월 하기방학 중에 출판을 계획했던 것이었으나, 각자의 바쁜 사정으로 이제야 원고가 완성된 것이다. 그 동안 새로 나온 문헌과 자료들을 구해서, 상호 교환하면서 논문을 쓴 집필자들은 서로 감사하는 마음으로 글을 마쳤을 것으로 생각한다. 특히 책제작에 필요한 편별의 통일이나 용어의 선택·통일 등 많은 편집상의 번거로운 일을 맡아서 수고를 해준 金奎完 博士에게 감사의 뜻을 전한다. 그리고 상품으로서의 매리트가 거의 없는 이 책을 오로지 학문의 발전에 기여한다는 뜻에서 쾌히 출판을 응낙해주신 法文社 裵孝善 社長님께 감사드린다.

집필자들은, 이 책이 개정독일채권법을 이해하는데 도움이 되는 참고소개서로서의 역할을 해줄 수 있다면 큰 보람으로 생각한다. 아울러 이 책이 우리 민법의 구조와 내용을 보다 발전적으로 바라볼 수 있는 하나의 視角을 제공한다면 더욱 고마운 일이 아닐 수 없다.

2002년 11월 30일
집필자를 대표해서
金 亨 培
Hyung-Bae Kim

目　次

[1] 一般給付障碍法의 體系와 內容　(金亨培)

Das neus System des allgemeinen Leistungsstörungsrechts

(Kim, Hyung-Bae)

[3] 獨逸 改正 都給契約法의 體系 (金奎完)

Das neue Werkvertragsrecht (Kim, Kyu-Wan)

[5] 普通去來約款法의 民法에의 統合 (朴鍾熹)

Die Integration des AGB-Gesetzes in das BGB

(Park, Jong-Hee)

[1] 一般給付障碍法의 體系와 內容

金 亨 培*

Ⅰ. 序　論

1. 義務違反

채권법에 있어서 채무자가 자신의 의무를 제대로 실현할 수 없거나 실현하지 않은 경우, 다시 말하면 자신의 의무프로그램으로부터 이탈하는 경우에 채권자의 권리는 침해된다. 이와 같은 기본적 사고가 급부장애법의 기초를 형성하고 있다. 그러면 어느 경우에 채무자가 그의 의무를 제대로 실현할 수 없는 것으로 파악할 것인가, 그리고 채권자에게는 이에 대하여 어떤 法的 救濟가 주어져야 할 것인가? 2002년 1월 1일부터 시행되고 있는 개정된 독일채권법은 이에 대하여 구법에서와는 달리 전혀 새로운 규율방법을 정하고 있다. 改正法律은 모든 종류의 급부장애를 포괄하는 「義務違反」(Pflichtverletzung)을 頂点으로 해서 이에 위반하는 각종의 장애행위 내지 장애상태에 대하여 채권자에게 이에 상응하는 구제방법을 규정하는 체계를 취하고 있다. 제280조 제1항(조문만을 인용할 경우에는 개정된 독일민법을 의미함)은 의무위반으로 인한 손해배상이라는 표제하에 「채무자가 채권관계로부터 발생한 의무를 위반한 때」를 의무위반으로 규정하고 있다. 이 의무위반을 기초로 채권자에게 각종의 법적 구제수단이 주어진다. 채무자에게 귀책사유가 있을 때에는 손해배상청구권(제280조 이하 참조)이, 채무의 이행이 불가능하거나 기대할 수 없거나, 필요없는 것이 된 경우에는 채무자의 귀책사유없이 해제권이 주어진다(제323

---

* 고려대학교 법과대학 명예교수.

조 이하 참조). 채무자가 이행을 지체하거나, 제대로 이행하지 않거나 이행불능이 되거나(원시적 불능제외), 부수적 의무로서의 보호의무를 위반한 경우에 추가적 요건을 갖춘 때에는 손해배상청구권 또는 지출비용의 상환청구권 등이 주어진다(제280조 제2항, 제281조 이하, 제311조의a 등 참조).

이번 개정에서 특히 주목해야 할 것은 급부가 지체되거나 불완전한 것인 경우에(wegen nicht oder nicht wie geschuldet erbrachter Leistung) 채무자에게 귀책사유가 있는 때에는 상당한 기간을 설정하여 급부 또는 추완이행을 청구할 수 있고 그 기간이 아무 성과없이 도과한 때에는 이른바 급부에 갈음한 손해배상(Schadensersatz statt der Leistung: 전보배상)을 청구할 수 있다(제281조)는 점이다. 마찬가지로 해제에 있어서도 급부지체 또는 불완전 급부의 경우에 상당한 기간을 설정하여 이행을 청구할 수 있고 아무 성과가 없을 때에는 채무자의 귀책사유없이 해제를 할 수 있다(제323조). 즉, 제281조와 제323조는 그 요건(상당한 기간의 설정)을 같이 하고 있다. 이와 같은 규율의도는 후술하는 바와 같이 이행청구우선의 원칙을 실현하기 위한 것이다.

2. 給付障碍法의 一般化

특히 총론적 급부장애법(제241조 내지 제358조 참조)은 매매와 도급에서의 하자담보책임을 포섭함으로써 종래 구법에서 계약각론에 속하는 규정들을 일반화하여 그 적용범위를 계약각칙에까지 확대하는 형식을 취하고 있다. 이와 같이 급부장애법은 綜合化 내지 一般化됨으로써 근본적인 체계의 변화를 가져왔으며, 이로 인하여 특히 매매계약법과 도급계약법이 크게 개정(개혁)되었다. 주지하는 바와 같이 급부장애법의 개정의 틀은 이미 1991년에 채권법개정위원회(Kommission zur Überarbeitung des Schuldrechts)에 의하여 마련된 최종보고서(Abschlußbericht)[1]를 기초로 한 것이지만, 그 후 여러 차례의 토의[2]와 특히 2001년에 구성된 급부장애법위

1) Bundesminister der Justiz(hrsg.), Abschlußbericht der Kommission zur Überarbeitung des Schuldrechts, 1992.

2) 특히 Ernst/Zimmermann(Hrsg.), Zivilrechtswissenschaft und Schuldrechtsreform, 2001; Schulze/Schulte-Nölke(Hrsg.), Die Schuldrechtsreform vor dem Hin-

원회(Kommission Leistungsstörungs)의 검토를 거쳐 그 法案이 완성되었다고 볼 수 있다.[3)]

3. 國際的 同化

개정된 채권법[4)]을 2002년 1월 1일부터 시행하도록 한 결정적 원인으로 작용한 것은 1999년 5월 25일 소비자상품매매지침[5)]이라고 할 수 있다. 동지침은 2001년 12월 31일까지 독일국내법에 수용되어야 하는 것인데, 채권법(특히 급부장애법·매매법)의 개정과 밀접한 관련을 가진 내용을 포함하고 있다. 즉, 소비자상품매매지침은, i) 목적물의 하자와 관련하여 減額 또는 계약해제 전에 소비자에게 補修請求權 또는 완전물급부청구권, ii) 소멸시효기간의 연장(2년), iii) 소멸시효단축합의에 대한 제한, iv) 하자책임배제의 금지, v) 任意保證의 내용삽입요구권, vi) 상인구상권(Händlerregress) 등의 문제에서 독일민법과 명백한 차이를 보이고 있다. 이와 같은 내용을 독일국내법에 수용하는 데는 두 가지 방법이 있을 수 있다. 그 하나는 동지침을 수용하는 특별법을 제정해서 또는 개별적인 조항을 분리해서 해당법률에 수용하는 방법이고(이른바 「소규모적 해결」: kleine Lösung), 다른 하나는 이 규정들을 민법 내에 편입시키므로써 민법 자체를 이 지침에 맞게 수정하는 해결방법이다(이른바 「대규모적 해결」: große Lösung). 후자의 해결방법을 택할 경우에는 민법의 체계를 흔들어 놓게 되고, 이와 같은 개혁은 비단 매매법에만 국한되는 것이 아니라, 이와 관련된 타분야 특히 일반급부장애법(일반채무불이행법) 전체에 영향을 미치게 된다.[6)] 예컨대 소비자상품매매지침 제2조 제1항에 의하면 매수인에게는 매도인에 대하여 하자없는 상품(매매계약에 적합한 상품)의 인도를 청구할 권리가 부여된다. 외관적으로는 특별한 규정이라고 볼 수 없는 동

---

tergrund des Gemeinschaftsrechts, 2001. 참고.

3) Canaris, Die Reform des Rechts der Leistungsstörungen, JZ, 2001, S. 499 ff. 참고.

4) 공식명칭:「Gesetz zur Modernisierung des Schuldrechts」.

5) Verbrauchsgüterkaufrichtlinie 1999/44/EG vom 25. Mai 1999.

6) Haas/Medicus/Rolland/Schäfer/Wendtland/Rolland, Das neue Schuldrecht, 2002, Rn. 12 참고.

조항은 독일민법에 대해서 중대한 패러다임의 변화를 요구하는 것이라고 볼 수 있다. 구민법에는 그와 같은 이행청구권은 존재하지 않는다.[7] 구민법에 의하면 매수인의 이행청구권은 목적물의 인도와 소유권의 이전(Verschaffung)을 그 내용으로 하고 있다(구민법 제433조). 하자(Mängel)의 문제는 이행청구권과 관계없이 담보책임에서 발생되는 특별한 청구권(주된 청구권이라고 볼 수 없는 일종의 부가적 청구권)의 대상에 지나지 않는다. 그러나 이와 같은 구민법의 규정은 소비자상품매매지침에 합치되지 않으며, 따라서 개정되지 않으면 안되게 되었다. 동지침 제2조 제1항은 補修請求權(Nachbesserungsanspruch)을 민법 내에 수용하고 이를 이행청구권(Erfüllungsanspruch)의 연장선에 있는 권리로 규정할 것을 요구하고 있다. 예컨대 하자있는 물건을 인도하는 것은 매수인(채권자)의 이행청구권을 침해하는 것으로써 불완전이행(적극적 채권침해)으로 규정되지 않으면 안된다. 이와 같은 불완전 이행은 후발적 불능 또는 지체와 마찬가지로 채무자(매도인)가 그의 (계약상의) 의무를 위반하는 것(Pflichtverletzung)으로 이해되어야 한다. 따라서 매매에서 뿐만 아니라, 도급, 임대차 등에서 채무자(매도인, 수급인, 임대인)가 하자있는 이행을 하는 것은 그의 이행의무를 제대로 이행하지 않는 것이 된다. 그러므로 제433조 제1항 제2문이 "매도인은 매수인에게 그 물건에 물건하자 및 권리하자가 없는 상태로 이전해야 한다"고 규정하고 있는 것은, 바로 매수인(채권자)의 이행청구권의 내용에 합치하는 이행을 요구하는 것이고, 이에 위반하여 하자있는 물건을 이전하는 것은 바로 의무위반에 해당하는 것이 된다.[8] 따라서 계약의 종류를 불문하고 그리고 채무내용에 합치하지 않는 급부의 모습에 불구하고 이를 종합적·통일적으로 해결하고 있는 것이 채권법현대화법의 태도이다.[9] 따라서 매도인이 하자있는 매매목적물을 매도하는 경우(제433조 제1항 제2문), 임대인이 하자있는 임차목적물은 인도하는 경우(제536조), 수급인이 하자있는 일을 완성하는 경우(제633조 제1항)에 매도인, 임대

---

7) 학설상으로는 존재했음. MünchKomm/H. P. Westermann, § 159 Rn. 2 참고.

8) Begründung zu § 433, BT-Drucks 14/6040, S. 208.

9) 예컨대 구민법에서 매매에는 보수청구권이 없었으나 도급에는 이에 관한 규정(제633조)이 있었음.

인, 수급인은 똑같이 이행의무를 다하지 않은 의무위반을 한 것으로써 이 의무위반에 따른 책임을 부담하지 않으면 안된다.[10] 이와 같이 소비자상품매매지침은 입법자로 하여금 「대규모 해결」을 택하도록 하는 현실적·직접적 계기를 제공하였으며, 동지침의 국내법으로의 수용시한이 2001년 12월 31일로 못박혀 있었기 때문에 채권법현대화법의 시행은 여러 가지 이유에서 저항과 비판을 받았음에도 불구하고,[11] 서둘러 매듭을 짓게 되었다.

4. 要件 및 效果의 統一化

일반급부장애법의 개정(제정?)과 관련해서 중요시해야 할 것은 급부장애시의 구제방법을 일반화 내지 통일화했다는 점이다. 구민법에서는 하자담보책임과 일반채무불이행(일반급부장애)을 구별하고 있었으나, 그 구별의 평가기준이 이해하기 어려울 정도로 난해하고 복잡하였다.[12] 매매의 하자담보책임은 과실책임과는 구별되는 것이었으므로(구민법 제463조 참조), 예컨대 이행불능·지체에서는 채무자의 귀책사유(Vertretbarkeit)를 해제(Rücktritt)의 요건으로 했던 반면에, 이른바 목적물의 하자로 인한 諒解解除(Wandlung)에서는 매도인의 귀책사유가 문제되지 않았다. 이와 같은 급부장애법(채무불이행법)의 구조는 많은 해석상의 혼란을 가져왔다. 또한 구민법에 있어서 비판의 대상이 되었던 것은 i) 급부장애의 유형을 필요 이상으로 세분하고 있었다는 점(원시적·후발적 불능, 객관적·주관적 불능 등), ii) 불능이나 지체의 경우 보다 현실적으로 더 중요한 적극적 채권침해(불완전이행) 및 계약체결시의 과책에 관한 법률규정이 없었다는 점, iii) 행위기초의 탈락(사정변경: Wegfall der Geschäftsgrundlage)에 관해서 아무 규정이 없었다는 점 등이다. 특히 해결하기 어려운 그리고 불필요한 논쟁의 원인이 되었던 분야는 적극적 채권침해(불완전 이행)와 하자담보책

---

10) 이미 Schuldrechtskommission의 構想이었음(Abschlußbericht, (주 1), S. 128 ff. 참고).

11) 주 6); 金亨培, 獨逸債權法現代化法案, 「저스티스」 2001/10,(통권63호), 84면 이하 참고.

12) 특히 MünchKomm/H. P. Westermann, § 459 Rn. 1 ff. 참고.

임의 共存과 그 구별이다. 귀책사유를 전제로 하는 불완전 이행과 매매에 있어서 각종의 책임내용을 규정하고 있는 하자담보를 명확하게 구별하는 것은 어려울 뿐만 아니라, 이른바 하자손해(Mangelschaden)와 하자결과손해(Mangelfolgeschaden)를 구별하는 것은 현실적으로 명확한 것이아니었기 때문에 소멸시효기간(구민법 제477조 참조)을 적용하는데 있어서도 극복하기 어려운 혼란을 야기하였다.[13] 이에 그치지 않고 도급계약법에 있어서는 이른바 「넓은 범위」의 하자결과손해(entfernter Mangelfolgeschaden)라는 난해한 개념까지 개발됨으로써 자승자박하는 결과를 초래하였다.[14] 이와 같은 혼란을 가져온 구민법의 규정은 입법상의 흠(Mängel)이라고 지적되어 왔으며, 이미 1992년에 간행된 채권법개정위원회의 최종보고서는 그 결함의 제거를 위한 기초작업을 마련해 놓았다. 이미 이 최종보고서는 하자있는 물건에 대한 補修請求權(Nachbesserungsanspruch)과 완전물급부청구권(또는 代替物請求權: Ersatzlieferungsanspruch)을 인정함으로써 하자없는 이행을 매도인의 이행의무로서 규정하는 입법형식을 기타의 모든 급부장애에 적용할 수 있는 기본요건으로서 의무위반(Pflichtverletzung)이라는 類概念을 급부장애법의 頂点으로 구축하였다.[15] 그리고 – 뒤에서 설명하는 바와 같이 – 의무위반시에 발생되는 가장 중요한 효과인 손해배상청구권은 채무자의 귀책사유를 그 요건으로 하며, 해제권(Rücktrittsrecht)은 귀책사유를 필요로 하지 않는 일반적 틀이 확립되었다. 따라서 후발적 불능, 지체, 불완전이행 등 급부장애의 구체적 모습은 모두 의무위반이라는 급부장애의 일반 개념 속에 포섭되게 되었다. 즉, 불능, 지체, 불완전이행 등의 種概念的 급부장애는 예컨대 해제권(제323조 이하) 또는 급부에 갈음한 손해배상청구권(제281조)의 발생을 위한 요건사실로서의 의미를 가지는데 지나지 않게 되었다. 그 결과 특정물매매이건 종류매매이건 물건 또는 권리에 하자가 있는 때에는 하자있는 급부는 모두 의무위반에 해당하

---

13) Abschlußbericht, (주 1), S. 129. 또한 Mansel, Die Reform des Verjährungsrechts, in: Ernst/Zimmermann, (주 2), S. 338 ff. 참고.

14) MünchKomm/Soergel, § 635 Rn. 53 f.; Seiler, Das geplante Werkvertragsrecht I, in: Ernst/Zimmermann, (주 2), S. 265 ff.

15) Magnus, Der Tatbestand der Pflichtverletzung, in: Schulze und Schulte-Nölke,(Hrsg.), Die Schuldrechtsreform vor dem Hintergrund des Gemeinschaftsrechts, 2001, S. 67 ff.

고, 다른 물건의 급부(Falschlieferung) 또는 불완전한 급부(Schlechtlieferung) 또한 의무위반에 포섭될 수 있게 되었다. 다시 말하면 급부장애의 모습을 구체적으로 구별해서 그 성립요건을 별도로 설정하고 이에 대한 효과귀속을 달리하는 규율방법은 더 이상 필요없게 되었다. 따라서 의무위반에 해당하는 각종의 급부장애가 있는 경우에 채무자의 귀책사유의 유무에 따라 손해배상청구권의 存否가, 그리고 의무위반 또는 당사자의 이해관계의 중대성의 유무 또는 계약관계의 유지에 대한 기대가능성에 따라 해제권의 발생(지체 및 불완전이행의 경우에는 상당한 해지기간을 설정해야 함, 제323조 참조)이라는 일반적 圖式이 모든 종류의 급부장애에 통일적으로 적용되게 되었다. 해제는 채무자의 귀책사유를 요건으로 하지 않으므로, 손해배상과 해제는 양립할 수 있게 되었다(제325조).

이와 같은 규율형식은 원천적으로 독일의 立法者에 의하여 創案된 것은 아니다. 현행의 급부장애법의 기초를 마련하였던 채권법개정위원회의 최종보고서(1992)는 국제통일매매법(CISG)의 모법(Leitbild)을 따른 것이라고 볼 수 있다.[16] 그리고 위에서 언급한 바와 같이 「대규모의 해결」방법을 택하게 된 직접적인 계기는 소비자상품매매지침의 수용에 있어서 독일정부가 이를 지지하는 단호한 정치적 결의를 보였기 때문이다.[17]

5. 履行請求權의 優先的 實現

채권법현대화법은 급부장애시에 각종의 救濟方法을 행사할 경우에 계약에서 정한 일차적 급부(본래적 급부)의 실현을 우선시키는 구조적 원칙(Strukturprinzip)을 취하고 있다(제281조, 제323조 참조).[18] 급부에 갈음

---

16) Abschlußbericht, (주 1), S. 19 f.

17) Hubert Weis(Ministerialdirigent, Bundesministerium der Justiz)는 독일민법이 누더기 양탄자(Fleckenteppich)가 되어서는 안된다는 점을 강조하면서 대규모의 해결(große Lösung)을 위한 정치적 결단을 과시한 바 있다(Weis, Einführung in den Diskussionsentwurf, in: Ernst/Zimmermann(Hrsg.), (주 2), S. 28; 또한 Pick, Der Entwurf des Schuldrechtsmodernisierungsgesetzes, in: Schulze/Schulte-Nölke (Hrsg.), (주 2), S. 25 ff. 참고).

18) Begründung, Allgemeiner Teil, BT-Drucks 14/6040, S. 92 f.: Dauner-Lieb/Heidel/Lepa/Ring(Hrsg.)/Dauner-Lieb, Das Neue Schultrecht, 2002, § 2 Rn. 24 참고.

한 손해배상청구권(이른바 지연배상은 이에 해당하지 않음)이나 해제권을 행사하기 전에 이행이나 追完이 가능한 한 이행실현의 기회를 제공하는 규율태도를 취하고 있다. 즉, 이행청구권의 우선을 제도적으로 확보하고 있다. 이와 같은 규율목적은 급부에 갈음한 손해배상청구 또는 해제권의 행사 전에 이행을 위한 일정한 기간설정(Fristsetzung)을 의무화함으로써 실현되고 있다.[19] 기간설정에 의해서 채무자의 채무내용을 실현할 수 있는 경우는 이행을 지체하고 있거나 불완전한 이행을 한 경우에 한하는 것이 보통이다. 이 때에 채무자는 지체 또는 불완전이행으로 인한 장애를 제거할 수 있으며(현실적으로 극복할 수 없는 경우도 있을 수 있음), 그렇게 함으로써 채무자에게는 최후적으로 채무의 내용에 좇는 이행의 기회가 주어지고 상대방으로부터 반대급부를 취득할 수 있게 된다. 계약이 체결된 후에 급부장애가 발생하더라도 사후적으로 이행이 실현될 수 있거나 흠이 제거되어 계약의 목적을 달성할 수 있다면 그와 같은 기회가 주어지는 것이 거래관계를 촉진·실현하는 계약제도의 목적에 합치할 것이다. 이와 같은 이유에서 제281조(급부에 갈음한 손해배상) 및 제323조(해제)는 채권자가 급부(Leistung) 또는 追完履行(Nacherfüllung)을 위한 상당한 기간을 채무자에게 먼저 정해주고, 아무 성과가 없을 경우에 비로소 손해배상청구권(급부에 갈음한 손해배상청구권) 또는 해제권을 행사할 수 있도록 규정하고 있다.[20] 이와 같이 급부장애시에 다른 구제방법에 앞서서 이행청구권의 실현이 확보되도록 하는 것은 결국 이행청구권이 손해배상청구권, 해제권, 감액청구권보다 우선한다는 것을 뜻한다. 이러한 기본적 사고에 기초해서 급부장애에 대한 구제방법의 순위를 매긴다면 이행 및 추완청구권 → 감액청구권 → 손해배상청구권 → 해제권이라는 의무위반의 效果上의 構成이 가능하다고 볼 수 있다.

---

19) Begründung, Allgemeiner Teil, BT-Drucks 14/6040, S. 92 f. 이 이유서는 이행청구권의 우선적 확보가 의무위반에 다음가는 급부장애법의 중요한 구조적 標識라고 한다.

20) Begründung zu § 281, BT-Drucks 14/6040, S. 140. 채권자가 이행에 갈음하여 손해배상을 청구할 때에는, 계약상의 교환관계는 실질적으로 청산관계(Rückabwicklungsverhältnis)로 변하는 것과 같다(이행에 갈음한 손해배상청구권과 관련하여 제281조 제4항 참고).

6. 主要項目

일반급부장애법의 특징을 요약하면 다음과 같다. i) 의무위반의 類槪念을 급부장애법의 頂点으로 둔 것, ii) 이행청구권의 우선적 확보를 제도적으로 마련한 것, iii) (급부에 갈음한) 포괄적 손해배상규정을 둔 것, iv) 해제권을 채무자의 귀책사유와 분리시킨 것, v) 손해배상과 해제의 병존을 인정하면서, 해제의 효과에 대하여 새로운 규율을 한 것, vi) 행위기초의 장애, 계약체결상의 과실, 보호의무위반을 입법화한 것, vii) 중대한 사유로 인한 계속적 채권관계의 해지에 관하여 총론적 규정을 둔 것, viii) 原始的 不能을 의무위반이라는 급부장애로부터 분리한 것 등이 그것이다.

Ⅱ. 法官法(Richterrecht)의 法典化와 給付障碍法

1. 契約締結上의 過失과 積極的 債權侵害

a) 구민법에 있어서 이른바 계약체결상의 과실(culpa in contrahendo)이나 적극적 채권침해(positive Forderungsverletzung)에 관한 이론이 실정법의 흠결을 보충하는 法官法(Richterrecht: 判例法)으로 발전되면서 학설과 판례는 한결같이 이를 수용하였다. 계약체결상의 과실이 본계약의 성립 전에, 다시 말하면 1차적 급부의무가 결정되기 전에 당사자 사이의 「채권관계」를 인정하는 제도라고 하면, 적극적 채권침해는 본래적 급부의무의 이행과 관련해서 부수적 의무에 반하는 행위를 함으로써 일종의 채무불이행의 효과를 발생케 한다는 점에서 구별된다. 그러나 계약체결상의 과실과 적극적 채권침해에서의 핵심적 공통점은 여러 가지 부수적 의무(Nebenpflichten)의 結晶體를 인정함으로써, 채무자의 입장에서 볼 때는 「行態」義務(Verhaltenspflichten)를, 그리고 채권자의 입장에서 볼 때는 「保護」義務("Schutz"pflichten)를 당사자 사이의 「채권관계」에 포함시키고 있다는

점이다. 보호의무라는 관점에서 볼 때 계약체결상의 과실은 계약체결전인 교섭중이라도 당사자의 일방으로 하여금 상대방의 권리, 법익 및 기타의 이익을 침해해서는 안될 채무를 부담하게 하는 것이 된다. 따라서 상대방은 계약체결과정 중에도 보호된다. 적극적 채권침해에 있어서도 채무자는 주채무의 이행과 관련해서 채권자에게 유사한 내용의 행태의무를 부담한다. 이와 같은 보호의무 또는 행태의무를 침해했을 경우에 침해자(채무자)는 일정한 요건하에 계약체결상의 과실 또는 적극적 채권침해를 원인(Rechtsgrundlage)으로 상대방에게 손해배상책임을 부담하게 된다.

b) 입법자는 실정법으로부터 보호의무에 대한 청구권의 기초를 도출해 낼 수 없었기 때문에[21] 구민법 제241조 제1항(1차적 급부의무=본래적 급부의무에 관한 규정임)에 이어 제2항을 신설하였다. 신설된 제2항에 의하면, 「채권관계는 그 내용에 좇아 각 당사자에게 상대방의 권리, 법익 및 이익을 배려할 의무를 부과할 수 있다.」 이미 계약이 성립하고 있는 적극적 채권침해에 대하여 이 규정을 적용하는 것은 기술상 문제가 없다. 그러나 계약체결상의 과실에 있어서는 계약이 아직 성립하지 않고 있기 때문에 채권관계가 존속한다고 볼 수 없을 것이다. 따라서 개정법은 특히 계약체결상의 과실을 위한 특별규정 제311조 제2항을 마련하였다. 즉, 「제241조 제2항에 따른 의무를 내용으로 하는 채권관계는 ① 계약교섭, ② 당사자의 일방이 발생가능한 법률행위적 관계를 고려하여 상대방에게 자신의 권리·법익과 이익에 대하여 영향을 미칠 수 있는 가능성을 부여하거나 또는 이를 위탁하는 계약상의 교섭개시, ③ 이와 유사한 거래의 접촉」의 경우에도 성립할 수 있다. 이 규정에 의하면 계약의 성립 없이도 채권관계는 성립할 수 있게 되었음을 알 수 있다. 다시 말하면 특정인 사이의 일정한 채무(보호의무 등)를 발생시키는 채권관계는 본래적 급부의무에 관한 합의(계약)없이도 성립할 수 있으므로 계약(관계)보다 그 개념이 넓은 것이라고 할 수 있다. 또한 제311조 제3항은 위와 같은 「채권관계는 스스로 계약당사자가 되지 아니하는 자에게도 발생할 수 있」으며, 「특히 제

---

21) Begründung zu § 241, BT-Drucks 14/6040, S. 125. 또한 Bundesminister der Justiz,(Hrsg.), Gutachten und Vorschläge zur Überarbeitung des Schuldrechts, 1981, Bd. I., Einleitung Ⅻ, XV 참고.

3자가 특별한 신뢰를 받는 대상이고 이로 인해서 계약의 교섭 또는 계약의 체결에 상당한 영향을 미치는 경우에 발생한다」고 규정함으로써 이른바 專門家責任(Sachwalterhaftung, Sachverständigerhaftung)을 명문화하였다. 이 전문가책임은 스스로는 계약체결당사자가 되는 것을 그의 목적으로 하지 않는 이른바 전문가 또는 정보제공자에 대해서 계약을 체결하는 자가 그 전문가의 객관성과 중립성을 신임하였다는데서 발생하는 것이므로, 계약체결상의 과실과 일치하지는 않는다.22) 그런 의미에서 제3자책임(Dritthaftung)의 예에 속한다. 그러나 계약체결상의 과실에 있어서 관계당사자가 필요한 신뢰의무를 다했느냐 하는 점을 가장 중요한 내용으로 파악할 때에는 전문가책임도 계약체결상의 과실과 부분적으로 그 적용범위를 같이 한다고 볼 수 있다.23) 그러나 전문가(채무자)와 교섭당사자의 일방(채권자) 사이에 일종의 위임계약관계가 성립한 경우에 전문가가 자문을 제대로 이행하지 못함으로써 교섭상대방(제3자)에게 손해가 발생한 경우에 교섭상대방은 보호를 받을 수 있는가? (이른바 culpa in contrahendo mit Schutzwirkung für Dritte의 문제), 지배적 견해에 의하면 이 경우에 교섭당사자들의 이해관계가 엇갈린다는 이유에서24) 제3자보호효를 가진 계약이론의 확대적용은 부인되고 있다.25)

c) 여기서 保護義務論과 관련해서 비교법적으로 명백히 해두어야 할 것은 다음과 같은 점들이다.26)

첫째, 현대의 채권법이론은 급부의무와 보호의무(또는 행태의무)를 구별하는 것이 일반적이다. 급부의무와는 달리 보호의무는 채권관계 당사자의 法益의 현존상태를 침해하지 않을 의무를 그 주된 내용으로 한다. 이 의무 내에는 신체적 침해뿐만 아니라 잘못된 재산처분(예컨대 계약의 체결을

22) Begründung zu § 311, BT-Drucks 14/6040, S. 163; Dauner-Lieb/ Heidel/ Lepa/Ring/Sachsen(Hrsg.)/Krebs, Schuldrecht(Anwaltkommentar), 2002, § 311, Rn. 47, 49, Rn. 54.

23) Begründung zu § 311, BT-Drucks 14/6040, S. 163. 일부 견해는 전문가와 계약교섭자 사이에 자문계약이 성립한 경우에만 계약체결상의 과실책임을 인정한다.

24) Canaris, JZ 1995, 126 ff; Krebs, Sonderverbindung und außerdeliktische Schutzpflichten, 2000, S. 429 f, 432, 437 f.

25) Dauner-Lieb/Heidel/Lepa/Ring/Sachsen(Hrsg.)/Krebs, (주 22), § 311, Rn. 52; Neuner, JZ 1999, 126 ff.

26) 이와 같은 관점은 우리 민법의 해석에 있어서도 매우 중요하다고 생각된다.

신뢰하여 불필요한 비용을 지출하는 것)으로부터 상대방을 보호하는 의무가 포함된다. 일부 학자들은 이와 같은 보호는 불법행위법에 의하여 충분히 규율될 수 있다고 하지만, 급부장애법에서 인정되는 보호의무의 위반은 그 강도(Intensität)와 내용에 있어서 불법행위상의 행태의무 보다 적극적이며 구체적이라고 보아야 한다. 보호의무는 특수한 결합관계에 있는 계약당사자 사이의 구체적 (이해)관계에서 발생되는 것이기 때문이다. 그리고 이와 같은 보호의무는 이행보조자(제391조)의 과책에까지 확대되어 손해배상책임을 발생케 한다. 따라서 보호의무를 불법행위법상의 행태의무와 동일시하는 것은 타당하지 않다.[27] 둘째, 위에서도 언급한 바와 같이 보호의무는 유효한 계약관계에 수반되는 것이 보통이지만(적극적 채권침해의 경우), 계약성립 전에 교섭단계에서 그리고 제3자 보호효를 가진 계약에서도 문제된다. 셋째, 보호의무는 그것 자체가 본래적 급부의무(Hauptleistungspflicht)인가 또는 부수적 의무(Nebenpflicht)인가 하는 것이 불분명한 경우가 있다. 예컨대 경호·감시계약, 탁아소의 위탁계약, 자문계약에 있어서는 보호의무가 주된 급부의무의 내용을 구성할 수 있을 것이다.[28] 근로계약관계에 있어서 안전배려의무는 사용자의 주된 급부의무에 속한다고 보아야 한다.[29] 넷째, 보호의무의 내용은 채권관계의 내용을 기준으로 해야 할 것이다. 제241조 제2항은 권리 및 法益에 利益(Interessen)을 추가하고 있는데[30] 여기서 이익이라 함은 이른바 재산상의 이익(Vermögensinteressen) 기타 결정의 자유(Entscheidungsfreiheit)에 관한 이익을 포함한다.[31] 다섯째, 제241조 제2항에 규정된 보호의무는 주된 급부의무와는 관계없이 채권관계를 구성하게 되는데(제311조 제2항 참조), 이 채권관계가 법률의 규정에 의한 것인지 또는 법률의 규정과 함

---

27) Begründung zu §241, BT-Drucks 14/6040, S. 125. 채권법개정위원회의 법안(KE)에서는 "각별한 배려"(besondere Rücksicht)라는 용어를 사용함으로써 특수한 결합관계에서 발생하는 보호의무를 강조하였다(Abschlußbericht, S. 113 참고). 그러나 현행규정에서는 "각별한"이란 용어를 쓰지 않고 있다.

28) Begrüdung zu § 241, BT-Drucks 14/6040, S. 125.

29) 우리나라 判例: 大判 2000. 5. 10, 99 다 47129. 金亨培, 債權各論(契約法), 2001, 596면 이하 참고.

30) 1992년 채권법개정위원회 법안(KE)에는 이익이라는 내용이 들어있지 않았다(Abschlußbericht, (주 1), S. 113 참고).

31) Begründung zu § 241, BT-Drucks 14/6040, S. 126.

께 유효한 법률행위에 의해서도 성립할 수 있는 것인지에 관해서는 법률은 아무 규정을 두고 있지 않다. 이에 대한 체계적 구성은 학설에 맡겨진 문제라고 볼 수 있다.[32]

2. 行爲基礎의 障碍

a) 계약체결상의 과실 및 적극적 채권침해 이외에 법률의 규정 없이(praeter legem) 판례와 학설이 발전·정착시켜온 제도 중의 하나가 바로 행위기초의 장애(Störung der Geschäftsgrundlage)이다. 제313조는 이를 명문으로 규정하였다. 즉, 계약체결 후 그 기초가 되었던 사정이 중대하게 변경되어, 당사자가 이러한 사정의 변경을 예견했더라면 계약을 체결하지 않았거나 달리 체결했을 때에는 개별사안의 모든 사정의 고려 하에 계약의 준수를 기대할 수 없을 경우에 계약의 수정을 요구할 수 있다(제311조 제1항). 그리고 계약수정이 불가능하거나 기대불가능한 경우에는 계약을 해제할 수 있다(제311조 제3항). 동규정의 내용은 그동안 판례에 의해서 발전된 기본내용을 일반규정의 형태로 입법화한 것이다.[33] 따라서 구체적 사건에 대한 동규정의 실제적 적용은 다시 판례의 몫으로 남게 되었다.[34]

b) 구민법하에서 행위기초의 장애의 예로서는 쌍방당사자의 동기의 착오,[35] 금전가치절하에 의한 급부와 반대급부사이의 균형장애,[36] 계약목적의 장애로 인한 채권자의 이익장애,[37] 채무실현의 곤란(경제적 불능)에 따른 채무자이익의 장애[38] 등이 이에 속하였다. 행위기초의 장애가 적용되는 경우를 추상적으로 표현한다면, 계약당사자가 감당할 수 없고, 계약상의 채무이행을 실현시키는 것이 법과 정의의 정신에 어긋나는 경우라고

32) Begründung zu § 241, BT-Drucks 14/6040, S. 126 참고.

33) Dauner-Lieb/Heidel/Lepa/Ring(Hrsg.)/Arnold, (주 18), § 3 Rn. 50.

34) Begründung, Allgemeiner Teil, BT-Drucks 14/6040, S. 93.

35) BGHZ 25,390; BGH NJW 1990, 567; 1993, 1641; 1996, 1496; Palandt/Heinrichs, § 242 Rn. 149.

36) BGHZ 97, 172; Erman/O. Werner, § 242 Rn. 176.

37) BGH NJW 1984, 1796; MünchKomm/G. Roth, § 242 Rn. 656 ff.

38) BGH NJW 1994, 1515; Staudinger/J. Schmidt, § 242 Rn. 1191 ff.

할 수 있다. 따라서 비상한 사정의 변경이 있는 경우에만 행위기초의 탈락이 원용되었다. 제311조는 이와 같은 과거의 판례의 태도를 계수하여 그 요건을 엄격하게 규정하였다고 볼 수 있다.[39] 동조는 기타의 법관법의 법전화의 경우처럼 새로운 내용을 추가해서 기존의 법적 태도를 바꾸었다거나, 또는 상세한 규정을 두어 규율영역을 구체화하지 아니하고, 과거부터 인정되어왔던 내용을 그대로 반영했다고 볼 수 있다.[40]

c) 제313조는 다음과 같은 요건을 규정하고 있다. 입법자의 견해에 의하면 이 요건들은 중첩적(kumulativ)으로 적용된다.[41] i) 계약체결후의 중대한 사정의 변경이 있을 것, ii) 이 사정은 계약의 내용이 되었던 것이 아니라 계약의 기초가 되었던 것일 것, iii) 당사자가 그와 같은 사정의 변경을 예견할 수 있었더라면 계약을 체결하지 않았거나 다른 내용으로 체결했었을 것, iv) 계약의 변경없이 그 이행을 고집하는 것은 그 개별사안의 모든 사정을 고려할 때, 특히 계약상의 또는 법률상의 위험분배와 관련해서 일방당사자에게 기대불가능한 것일 것이다. 계약의 기초가 된 사정에 관해서는 계약체결 당시의 당사자의 거래의사를 기초로 해야 한다는 것이 독일판례의 태도였으나, 이와 같은 태도는 제313조에 계수되지 않았다. 제313조 제1항은 급부실현의 곤란성, 목적 및 상당성의 장애 등 행위기초로서의 사정을 객관적으로 파악하는 입법태도를 취하고 있다.[42] 다만, 당사자의 공동적 동기의 착오("주관적 행위기초": subjektive Geschäftsgrundlage)에 관해서는 제313조 제2항이 따로 규정하고 있다.[43] 주관적 행위기초의 장애라 함은 양당사자가 계약의 기초가 되었던 사정에 대해서 想定했던 내용이 전혀 사실과 다른 경우를 말한다. 이와 같이 제313조는 객관적 행위기초를 기본으로 하면서(동조 제1항), 주관적 행위기초의 장애를 인정하고 있다(동조 제2항).

d) 제313조 제1항의 법률효과는 상대방에 대한 계약수정청구권이다.

---

39) Dauner-Lieb/Heidel/Lepa/Ring(Hrsg.)/Arnold, (주 18), §3 Rn. 49, 51.

40) Begründung, Allgeminer Teil, BT-Drucks 14/6040, S. 93; Dauner-Lieb/Heidel/Lepa/Ring(Hrsg.)/Arnold, (주 18), § 3 Rn. 50.

41) Begründung zu § 313, BT-Drucks 14/6040, S. 175.

42) Begrundung zu § 313, BT-Drucks 14/6040, S. 176; Dauner-Lieb/Heidel/Lepa/Ring(Hrsg.)/Arnold, (주 18), § 3 Rn. 53.

43) Begründung zu §313, BT-Drucks 14/6040, S. 176.

따라서 행위기초가 법원에 의하여 인정되면 계약수정을 요구하는 당사자가 抗辯權(Einrede)을 원용할 수 있다.[44] 다시 말하면 상대방 당사자가 변경없는 급부내용을 요구할 때에는 항변권자는 급부거부권을 가진다고 보아야 할 것이다. 수정청구권의 내용에 관해서 법률은 자세한 규정을 하고 있지 않다. 이 문제는 구체적 개별적 사안을 기초로 기대가능성의 원리에 따라 해결될 도리 밖에 없을 것이다. 의무의 경감 또는 면제 혹은 기한연기, 보상 또는 代償請求의 인정, 급부내용의 수정 등이 이에 해당할 것이다.[45] 계약수정이 불가능하거나 기대불가능한 때에는 불이익을 입는 당사자에게 해제권이 인정된다. 그러나 해제권(계약의 존속을 소멸시키는 권리와 관련해서 이행청구권 우선의 원칙: Vorrang des Erfüllungsanspruchs를 생각할 것)은 附次的(subsidiär) 성질을 가진다. 해제권은 형성권이다.[46] 해제의 효과는 부당이득법(제812조 이하)에 의해서가 아니라 제346조 이하의 규정에 의해서 청산된다. 제313조에 의한 해제권은 法定解除權으로서 해석된다.[47] 계속적 채권관계에 있어서는 소급효를 가지는 해제권 대신에 해지권이 인정된다(제313조 제3항 제2문). 이와같이 행위기초의 장애에 대해서 수정권, 해제권 및 해지권을 규정하고 있으나 다른 제도, 즉 급부의무의 배제(제275조), 하자책임에 의한 해제(제437조), 착오에 의한 해제(제119조 제2항), 중대한 사유에 의한 해지(제314조)와의 한계가 명백히 해결된 것은 아니다. 그런 점에서 한계의 불명확성은 여전히 존재하고 있다.[48]

3. 重大한 事由에 의한 繼續的 債權關係에서의 解止

a) 계속적 채권관계에 있어서는 - 기간의 정함이 없거나 기간의 정함이 있더라도 - 일정한 요건이 갖추어지면 예정보다 일찍이 또는 기간만료 전에 법률관계를 소멸시킬 수 있다. 독일법에 있어서 예컨대 사용임대차

44) Begründung zu § 313, BT-Drucks 14/6040, S. 175.
45) Dauner-Lieb/Heidel/Lepa/Ring(Hrsg.)/Arnold, (주 18), § 3 Rn. 58.
46) Begründung zu § 313, BT-Drucks 14/6040, S. 176.
47) Hager, Das geplante Recht des Rücktritts und des Widerrufs, in: Ernst/Zimmermann, (주 2), S. 429, 430 f.
48) Dauner-Lieb/Heidel/Lepa/Ring(Hrsg.)/Arnold, (주 18), § 3 Rn. 60 ff.

(Miete)의 경우(제554조의a), 고용의 경우(제626조), 조합의 경우(제723조)에 중대한 사유에 의한 해지(Kündigung aus wichtigem Grund)가 인정되고 있다.[49] 독일의 판례와 학설은 오래 전부터 법률의 규정이나 당사자 사이의 약정이 없는 경우에도 기타의 계속적 채권관계에 대하여 중대한 사유에 의한 해지를 인정해왔다. 이 원칙은 그 실질에 있어서 강행적 효력을 가지는 법(zwingendes Recht)으로 해석되고 있다. 따라서 예컨대 일반거래약관에 의하여 이 원칙을 제한할 수 없다.[50] 계속적 채권관계라 함은 일시적 급부에 의해서 계약의 목적이 실현되는 법률관계가 아니고 일정한 기간동안 새롭게 반복·계속되는 급부의무 내지 보호의무를 부담하는 법률관계로서 시간의 계속이라는 요소가 중요한 의미를 가진다. 그러므로 위에서 언급한 사용임대차계약, 고용계약, 조합계약 이외에도 특히 용익임대차계약(Pachtvertrag), 사용대차계약, 임치계약, 보험계약 등이 계속적 채권관계에 속한다. 또한 비전형 신종계약으로서 리스계약, 특근의사계약(Belegarztvertrag), 정기구독계약 등도 계속적 채권계약이라고 할 수 있다. 계속적 채권관계에 있어서 중대한 사유가 있는 경우에 해지권이 주어질 수 있다는 것은 일반적으로 승인된 법원칙이고, 독일의 판례는 이러한 원칙의 적용범위와 해지의 요건에 관하여 일관된 견해를 취해왔으므로, 실제로 이를 法典化하는 것은 당연시되고 있었으며, 이에 관한 법률의 규정이 없더라도 法實務에는 별다른 불편이 없었던 것이 사실이다.[51] 채권법현대화법에서 행위기초의 장애, 계약체결상의 과실, 적극적 채권침해(보호의무 내지 행태의무의 위반)가 이미 不文의 法原則으로 판례법상 적용되어 왔던 것과 마찬가지로 중대한 사유에 의한 계속적 채권관계의 해지도 판례법상 법원칙의 지위를 누리고 있었으므로 이번에 민법내의 규정으로 수용된 것은 당연한 것으로 평가된다. 제314조의 규정은 모든 종류의 계속적 채권관계에 적용될 수 있는 일반규정이다. 제314조의 立法은 민법전의 급부장애법에 대한 총론적 수정 내지 개정이라는 차원에서 이해되어야 한다.[52]

---

49) 기타 제490조, 제498조, 제543조, 제569조, 제580조, 제594조a 등 참조.

50) BGH, NJW 1986, 3134; Begründung zu § 314, BT-Drucks 14/6040, S. 176.

51) Begründung zu § 314, BT-Drucks 14/6040, S. 177.

b)「중대한 사유」는 모든 사정을 고려하고 쌍방당사자의 이해관계를 형량할 경우에 해지자에 대해서 계약관계의 계속적 유지가 기대불가능한 경우에 인정된다. 여기서 중요시해야 할 것은 - 해제의 경우와 마찬가지로 (다음의 Ⅳ. 3. 참고) - 상대방당사자의 과책(Verschluden)은 필요하지 않으며, 해지자 자신에게 과책이 있더라도 반드시 해지권의 행사가 배제되지 않는다는 점이다. 해지는 원칙적으로 거절최고(Abmahnung)를 요건으로 한다. 그러나 어떤 결과를 기대할 수 없거나 신뢰관계가 회복될 수 없을 정도로 침해된 때에는 계약관계를 즉시 종료시킬 수 있다(sofortige Beendigung). 제314조에 의하면, i) 중대한 사유에 의한 해지는 해지기간의 준수없이 행사되며(제1항), ii) 중대한 사유가 계약상의 의무위반에 의한 것인 때에는 일정한 시정기간 또는 거절최고(Abmahnung)(일정기간의 경과 후의 수령거절의 의사표시)를 해야 하고(제2항), iii) 해지권자는 해지사유를 안 때부터 일정한 기간이내에 해지권을 행사해야 하며(제3항), iv) 해지권행사는 손해배상청구에 영향을 미치지 않는다(제4항).

c) 제314조는 계속적 채권관계의 특별해지(außerordentliche Kündigung)에 관한 일반규정이다. 그러므로 이 일반규정은 민법전 또는 기타의 법률 내의 개별적 특별규정과 충돌될 수 있다. 특별규정들은 특칙(leges speciales)으로서 일반규정에 의하여 배제 또는 변경될 수 없으므로 제314조에 우선한다.[53]

또한 제314조는 행위기초의 장애에 관한 제313조와 경합·충돌될 수 있다. 이 경우에는 중대한 사유에 의한 해지에 앞서서 계약의 수정이 우선한다고 보아야 할 것이다. 그러한 한도내에서 제313조의 규정이 제314조의 규정에 우선한다.[54] 마찬가지로 제314조와 제323조(급부가 행하여지지 않았거나 계약에 적합하지 않은 급부가 행하여진 경우의 해제)도 경합할 수 있으나, 제314조가 적용될 수 있는 한 제323의 적용은 배제된다.[55] 계약관계를 종료시키는 해제권은 최후적 수단으로 행사되어야 하기 때문이다.

52) Begründung zu § 314, BT-Drucks 14/6040, S. 177.
53) Begründung zu § 314, BT-Drucks 14/6040, S. 177.
54) Begründung zu § 314, BT-Drucks 14/6040, S. 177 참고.
55) Begründung zu § 314, BT-Drucks 14/6040, S. 177 참고.

4. 給付障碍法과의 關係

가. 序 說

계약체결상의 과실 및 적극적 채권침해, 행위기초의 장애, 계속적 채권관계에 있어서의 중대한 사유에 의한 해지 등이 민법전 내에 규정되므로써 그동안 판례와 학설에 의하여 인정되어왔던 원칙 내지 제도가 立法的으로 정착되었다. 그러면 이와 같은 제도들을 일반급부장애법의 체계에서 어떻게 이해해야 할 것인가? 채권관계(권리의무관계)가 법률행위(주로 계약)에 의하여 성립되어 그 내용이 되는 채무가 제대로 이행이 되면 급부장애는 전혀 문제되지 않는다. 그런 의미에서 급부장애는 채권관계의 성립·변경·이행·소멸에 있어서 비정상적인 상태를 말한다. 또한 급부장애는 계약에 의해서 성립된 채권관계에서 뿐 아니라 법률의 규정에 의해서 성립된 채권관계에서도 발생될 수 있으며,[56] 채권관계의 주채무(본래적 채무), 부수적 의무(예컨대 보호의무)의 위반에 의해서, 구체적으로는 지체, 불성실 이행, 후발적 불능에 의해서 발생할 수 있다. 또한 채무자의 행위에 의해서, 채무자의 행위와는 관계없이 계약당사자들이 전제로 했던 객관적 사정에 의해서 생길 수도 있다. 이와 같이 급부장애의 개념은 매우 포괄적이라고 할 수 있다.[57] 따라서 여기에서는 계약체결상의 과실 및 보호의무위반, 행위기초의 장애 및 중대한 사유에 의한 해지가 차지하는 급부장애법상의 위치를 명확히 해두기로 한다. 이와 같은 설명은 다음에서(Ⅲ.) 고찰하게 될 「義務違反과 債權關係」(要件論)를 이해하는 데도 도움이 될 것이다.

나. 제241조 제2항 및 제311조 제2항

우선 계약체결상의 과실과 보호의무위반에 의한 적극적 채권침해는 채권관계의 본래의 급부의무위반과는 관계가 없다. 제241조 제2항은 「채권관계」의 내용에 좇아 각 당사자에게 상대방의 권리·법익 및 이익을 배려

---

56) Medicus, Bürgelriches Recht, 18. Aufl., Rn. 236.

57) Emmerich, Das Recht der Leistungsstörungen, 4. Aufl., 1997, S. 2 ff 참고.

할 의무를 규정하고 있다. 그러나 계약체결상의 과실에 있어서 당사자 사이에는 계약관계가 성립하고 있지 않기 때문에 보호의무의 위반으로 인한 손해배상청구권의 근거를 어떻게 이해할 것이냐 하는 것이 문제된다. 이것은 일반급부장애법의 체계와 관련해서 이론적으로 또는 실무적으로 중요시해야 한다. 본계약의 성립없이 보호의무(행태의무)만을 그 내용으로 하는 채권관계를 개정법 제241조 제2항 및 제311조 제2항은 明文으로 규정하고 있다. 이 경우에 보호의무위반에 의한 손해배상청구의 기초를 어떻게 이해해야 할 것인가?58) 제241조 제2항 및 제311조 제2항은 독자적 청구권의 기초가 아니다. 손해배상청구권은 제280조 제1항의 요건을 갖춘 경우에 발생하는 것이므로 제241조 제2항이 규정한 권리·법익 및 이익의 침해가 「의무위반」에 해당해야 한다. 적어도 보호의무위반을 이유로 손해배상을 청구하기 위해서는 제280조 제1항의 요건, 즉 당사자 사이에 특별한 결합관계(넓은 의미의 채권관계)와 귀책사유가 있어야 한다. 따라서 제241조 제2항 및 제311조 제2항에 의한 보호의무의 위반이 있는 경우에 손해배상청구권의 기초는 제280조 제1항이 된다.59)

적극적 채권침해는 일반적으로 유효한 법률행위의 성립을 전제로 한다. 따라서 이 경우에 보호의무를 내용으로 하는 채권관계(제241조 제2항 참조)를 인정한다 하더라도 이것은 계약의 성립에 의하여 발생된 채권관계의 범위 속에 포괄될 수 있을 것이다. 그러므로 이 때의 보호의무위반은 본래의 급부의무와 직접·간접으로 관련된 의무위반으로 이해되고, 제280조 제1항의 적용은 당연한 것이다.60) 결론적으로 제241조 제2항이 규정하고 있는 보호의무(계약체결상의 과실 및 적극적 채권침해와 관련하여)의 위반은 급부장애법의 「의무위반」(제280조 제1항)에 해당되며 채무자(위반자)의 귀책사유가 있는 경우에 손해배상책임이 발생한다.

---

58) 채권법현대화법 이유서(Begründung zu § 241, BT-Drucks 14/6040 S. 126)에 따르면 보호의무를 내용으로 하는 채권관계의 발생원인이 법률의 규정인지 또는 동시에 유효한 법률행위를 기초로 한것인지에 관해서 입법자는 의식적으로 아무 규정을 두고 있지 않다. 판단컨대 보호의무는 계약의 성립을 전제로 하지 않는 계약체결상의 과실과 계약관계를 전제로 하는 적극적 채권침해(불완전이행)에서 다같이 문제가 되기 때문이다.

59) Dauner-Lieb/Heidel/Lepa/Ring(Hrsg.)/Krebs, (주 21), § 241 Rn. 22.

60) Dauner-Lieb/Heidel/Lepa/Ring(Hrsg.)/Krebs, (주 21), § 241 Rn. 22.

다. 行爲基礎의 障碍

행위기초의 장애는 당사자일방의 의무위반이 있는 경우와는 구별된다. 이 제도는 실질적인 계약상의 正義를 실현하기 위해서 계약준수의 원칙(pacta sunt servanda)을 수정하는 원리에 기초한 것이다. 계약내용의 수정 또는 계약관계의 해제를 정당화할 만한 행위기초의 장애로 인하여 계약이 제대로 실현될 수 없는 경우가 「행위기초의 장애」에 해당하므로, 이 경우도 급부장애의 한 예라고 볼 수 있다. 다만, 그 원인이 채무자・채권자에게 있지 아니하고 당사자가 지배할 수 있는 영역 밖에 있다는 것이 그 특징이다. 따라서 행위기초의 장애는 제280조의 의무위반과는 관련이 없다.[61]

라. 重大한 事由에 의한 繼續的 債權關係의 解止

계속적 채권관계에 있어서 중대한 사유가 있는 경우에 기간의 준수없이 해지(fristlose Kündigung)할 수 있는 총론적 규정을 두었다는 것은 채권법현대화법이 의도했던 급부장애법체계의 일반화(또는 단순화) 내지 통일화의 한 표현이라고 할 수 있다. 이와 같은 총론적 규정의 立法化는 일반급부장애법의 개정과 관련해서 거의 당연시되어 왔다.[62] 그러나 제314조 제2항에 의하면 중대한 사유가 계약상의 의무를 위반(vertragliche Pflichtverletzung)하는 것이거나 보호의무를 침해하는 것인 경우에는 위반상태를 시정할 수 있는 상당한 해지기간을 설정하거나 또는 거절최고(Abmahnung)를 하여야 한다. 이와 같이 당사자의 의무위반(행위)에 의하여 생긴 해지사유가 중요한 것이라 하더라도 그 시정이 가능한 때에는 상당한 기간의 설정 또는 거절최고를 하여 계약의 목적이 실현될 수 있는 기회를 주어야 한다. 그렇지 않으면 해지를 할 수 없다. 이와 같은 법리는 제323조의 해제의 경우와 그 취지를 같이 한다.[63] 제314조의 규정이 생기기 전에도 독일의 판례는 같은 태도를 취해왔다.[64] 당사자의 의무위반으로 인하여 발생된 사정은 그 시정에 의하여 계약목적이 실현될 수 있으므로, 이

61) Dauner-Lieb/Heidel/Lepa/Ring(Hrsg.)/Krebs, (주 22), § 313 Rn. 52 참고.

62) Begründung zu § 314, BT-Drucks 14/6040, S. 177.

63) Begründung zu § 314, BT-Drucks 14/6040, S. 178.

64) Soergel/Wiedemann, vor § 323 Rn. 63; Henssler/G. v. Westphalen (Hrsg.)/Muthers, Praxis der Schuldrechtsreform, 2002, § 314 Rn. 6.

규정의 기본취지는 이행 내지 追完履行(Nacherfüllung)의 우선의 원칙을 기초로 한 것이라고 볼 수 있다.[65] 채권법현대화법은 이행 내지 추완이행의 우선을 법개정의 중요한 기본원칙으로 설정하고 있다.[66]

Ⅲ. 義務違反과 債權關係(要件論)

1. 제280조와 義務違反

a) 일반급부장애법에 있어서 중심적 위치를 차지하는 것이 「義務違反」(Pflichtverletzung)이다. 급부장애로 인해서 채권자가 채무자에 대하여 손해배상청구를 한다거나 계약관계를 해제할 수 있는 권리의 통일적 기본요건(einheitlicher Grundtatbestand)이 바로 의무위반이다. 제280조 제1항 제1문은 채무자가 채권관계로부터 발생된 의무를 침해하는 때에는 채권자는 그로 인하여 발생한 손해의 배상을 청구할 수 있다고 규정하고 있다. 그러나 의무위반만이 손해배상청구의 유일한 성립요건은 아니다.

b) 의무위반은 채무자가 그의 채무를 객관적으로 위반(침해)하는 것을 말한다. 다시 말하면 의무위반은 널리 채권관계의 내용에 좇지 않은 채무자의 객관적 행태를 뜻하는 것이고, 채무자가 그와 같은 행태에 대하여 귀책사유가 있느냐 하는 것을 묻는 개념이 아니다.[67] 즉, 의무위반은 귀

---

65) Soergel/Wiedemann, Vor § 323 Rn. 63. 이와 같은 원칙은 계약제도의 충실을 기하기 위한 것이며, 급부장애법 전체를 지배하는 채무자보호원칙에도 합치한다.

66) Begründung, Allgemeiner Teil, BT-Drucks 14/6040, S. 92, 94; Dauner-Lieb/Heidel/Lepa/Ring(Hrsg.)/Dauner-Lieb, (주 18) § 2 Rn. 24.

67) 특히 우리나라에서는 채무불이행이라는 용어를 관용하고 있다. 이 용어는 손해배상청구권이라는 효과를 발생시키는 요건으로 이해되고 있으며, 채무불이행이라는 개념 속에는 이미 채무자의 귀책사유가 포함된 것으로 전제하고 있다. 엄격하게 말해서 우리나라에는 독일민법 제280조 제1항 제1문의 객관적 의무위반을 채무불이행과 구별해서 사용하지 않는 것이 일반적 실정이다. 이와 같은 이유에서 예컨대 다음과 같은 개념의 불명확성 내지 혼란이 야기되고 있다. 첫째, 매매에 있어서 담보책임의 성질을 법정책임이 아니라 채무불이행책임이라고 할 경우에, 채무불이행이라는 의미는 채무자인 매도인이 매매계약상의 채무의 내용에 좇지 않은 (객관적) 의무위반을 했음을 뜻하는데 지나지 않는다. 그러나 일부학자들은 이를 일반채무불이행과 혼동해서 매도인의 담보책임으로서의 손해배상책임은 이행이익의 배상책임이라고 설명하고 있다. 이것은 명백한 잘못이다. 둘째로 해제권의 발생은 채무불이행의 하나의 효과라고 한다. 따라서 상대방에게 귀책사유가 있는 경우에만 해제권이 인정된다는 것이 우리 나라의 통설이

책사유(Vertretenmüssen)와는 분리된 개념이다.[68]

c) 개정전의 구민법은 - 주지하는 바와 같이 - 급부장애 내지 채무불이행의 유형으로 불능과 지체에 관해서만 규정하고 있었다(구민법 제275조 내지 제392조). 그러나 민법시행이후부터 불능과 지체의 범주에 속하지 않는 적극적 채권침해[69]가 급부장애의 중요한 제3의 유형으로 존재한다는 점이 밝혀지면서 민법의 흠결이 지적되었다. 그 후 판례와 학설은 적극적 채권침해를 급부장애의 중요한 유형으로서 전폭적으로 인정하였으며, 결국 적극적 채권침해는 관습법적 근거에서 그 효력을 인정받게 되었다. 이러한 민법전의 흠에서 오는 혼란은 여기에 그치는 것은 아니다. 예컨대 담보책임(매매 또는 도급에서의 담보책임)에서는 더욱 복잡한(거의 해결이 불가능한) 문제들이 발생하였다. 특칙으로서 규정된 담보책임법상의 청구권과 적극적 채권침해(불완전이행)에 의한 청구권의 경합에 관하여 학설과 판례는 엄청난 혼란에 빠졌으며, 이른바 손해의 직접성, 간접성, 하자손해, 하자결과손해, 넓은 의미의 하자결과손해(entfernter Mangelfolgeschaden) 등의 손해의 범주들이 생겨 났다. 여기에 더하여 이 청구권의 종류에 대하여 소멸시효기간이 달리 적용됨으로써 혼란은 더욱 가중되었다.[70] 여기

다. 그러나 채무자에게 귀책사유가 없더라도 객관적 의무위반이 계약관계를 더 이상 유지할 수 없을 정도로 중대하거나 채권관계의 유지가 채권자의 이익을 위하여 무의미한 때에는 해제권이 주어져야 한다. 따라서 해제권의 발생을 위한 기본요건은 객관적 의무위반이고, 채무자의 귀책사유가 갖추어진 채무불이행이 아니다. 따라서 이 두 개념은 명백히 구별하지 않으면 안된다.

68) Begründung, Allgemeiner Teil, BT-Drucks 14/6040, S. 92; Begründung zu § 280, BT-Drucks 14/6040, S. 135 f.. 다만 「의무위반」(Pflichtverletzung)이라는 용어 사용에 대해서는 비판적 견해가 없는 것은 아니다. 즉, 위반(Verletzung)이라는 표현은 有責性을 내포하는 의미를 가질 수 있기 때문이다. 처음에는 不履行(Nichterfüllung)이라는 용어가 U. Huber에 의하여 제안되기도 했으나, 독일법에서 이 말은 전부 또는 부분적 급부의 불이행을 뜻하는 것이기 때문에 지체나 불완전이행이라는 급부장애의 종류를 포괄하는 일반개념으로 적합하지 않다는 비판이 대두되었다. 의무위반이나 불이행이라는 용어가 모두 급부장애를 의미하는 것으로 제시되었지만 결과적으로 의무위반이라는 용어가 채택되었다. 원래 Pflichtverletzung이라는 용어는 Diederichsen(AcP 182, 1982, 101, 117 ff.)에 의하여 제안된 개념이라고 한다(이에 관해서는 金亨培, (주 11), 105면 이하 참고). 그러나 이 용어는 적극적 채권침해와 관련하여 이미 1930년대에 Heinrich Stoll(AcP 136(1936), 257, 286-289)에 의하여 사용되었다(Ehmann/Sutschet, Modernisiertes Schuldrecht, 2002, S. 1 참고).

69) 불능과 지체가 소극적 급부장애로서 量的 의미에서 이행을 제대로 하지 않은 것이라고 하면, 적극적 채권침해(불완전이행)는 일단 이행이 있었으나, 그 이행이 불완전하다는 의미에서 質的末洽(quantitatives Zurückbleiben)을 뜻한다(Begründung, Allgemeiner Teil, BT-Drucks 14/6040, S. 133).

70) Begründung, Allgemeiner Teil, BT-Drucks 14/6040, S. 133; 金亨培, (주 11), 105면 참고.

서 발생되는 법제도상의 불안정성을 제거하려는 것이 채권법현대화법의 중요한 목적 중의 하나이다. 이 문제는 소멸시효기간을 단순화함으로써 해결되지는 않는다. 청구권의 성립에 관한 규범들이 재정비되어야 한다.[71)]

제280조는 의무위반의 원인(계약에 의한 또는 법률의 규정에 의한 채권관계인가의 여부를 묻지 않음)과 모습(급부장애의 종류)을 구별하지 아니하고 급부장애를 동등하게 취급하는 국제통일매매법(CISG)의 입법태도를 따른 것이다. 동법은 계약침해(breach of contract)의 요건을 통일적으로 규정하면서 침해원인을 구별하지 않는다.[72)] 이와 같은 국제통일매매법의 모델은 UNIDROIT-Principles[73)] Lando-Principles[74)] (또는 유럽계약법 기본원칙)[75)]의 기초를 이루고 있다. 독일채권법개정안이 이와 같은 국제적 입법추세에 따른 것은 거래의 국제화라는 관점에서 법의 同化現象(Angleichung)이라고 할 수 있다.[76)] 同化없이는 現代化(Modernisierung)는 불가능한 것이다. 개정된 법을 채권법현대화법률(Gesetz zur Modernisierung des Schuldrechts)이라고 命名한 이유 중에는 이러한 측면이 반영되어 있다.

다만, CISG는 계약을 기초로 하고 있으나, 제280조의 Pflichtverletzung은 일방적 채무(片務)까지를 포함하는 보다 넓은 개념이라는 것이 다를 뿐이다.

d) 제280조 제1항은 - 원시적 불능에 관한 제311조의a를 도외시한다면 - 계약 또는 기타의 채권관계를 기초로 한 손해배상청구의 유일한(통일적) 청구권의 기초(die einzige Anspruchsgrundlage)이다.[77)] 동규정은 종래

71) Begründung, Allgemeiner Teil, BT-Drucks 14/6040, S. 133 참고.

72) CISG 제45조, 제48조, 제49조 제1항 a호, 제61조, 제64조 제1항 a호 참조. 1981년에 U. Huber 교수는 그의 전문의견서((주 21), S. 671 ff.)에서 국제동산매매법(EKG)의 입법태도(제10조, 제83조, 제86조 참고)를 따랐다. 그러나 CISG나 EKG의 기본태도는 동일한 것이다.

73) Art. 7. 1. 1. UNIDROIT-Principles.

74) Art. 8: 101. Lando-Principles.

75) Art. 8: 101. Grundregeln des europäischen Vertragsrechts.

76) 이에 관해서는 Schlechtriem, Entwicklung des deutschen Schuldrechts und europäische Rechtsangleichung, in : Jahrbuch Junger Zivilrechtswissenschaftler, 2001 Das neue Schuldrecht, 2002, S. 9 ff 참고. 독일민법전이 체계의 완결성을 고집하면서 유럽사회에서 동화를 거부한다면 그것은 하나의 "찬란한 고독"(splendid isolation)을 즐기는 결과를 가져올 뿐일 것이다(Schlechtriem, 앞의 논문, S. 10 참고).

의 불능, 지체, 적극적 채권침해, 계약체결상의 과실책임을 모두 포괄하는 손해배상청구권의 기초이다. 다만, 다음의 두 경우에 대해서는 제281조 내지 제286조의 추가적 요건(zusätzliche Anforderungen)을 필요로 한다. 첫째의 범주는 지체손해(Verzögerungsschaden)이다. 이 경우에는 제280조 제2항에 의하여 제286조의 추가요건이 갖추어져야 한다. 둘째의 범주는 급부에 갈음한 손해배상(Schadensersatz statt der Leistung)의 경우로서 제280조 제3항에 의하여 제281조 내지 제283조의 추가적 요건을 갖추어야 한다. 제281조는 급부가 행하여지지 않고 있거나 채무의 내용에 좇은 급부가 행하지 않은 경우의 추가요건이고, 제282조는 보호의무위반으로 인한 경우(제241조 제2항)의 추가요건이며, 제283조는 급부의무가 배제되는 경우(제275조)의 추가요건이다. 여기서 미리 언급해두어야 할 것은 「급부가 행하여지지 않고 있거나 또는 채무의 내용에 좇은 급부가 행하여지지 않은 경우」(다시 말하면 지체 또는 불완전이행의 경우)에는 이행(Erfüllung) 또는 追完(Nacherfüllung)이 가능하기 때문에 급부에 갈음하는 손해배상을 청구하기 전에 급부 또는 追完을 위한 상당한 기간(Frist)이 주어져야 한다. 그러나 보호의무위반의 경우(제282조) 및 불능의 경우(제283조)에는 기간의 부여가 필요하지 않다.

2. 原始的 不能과 給付障碍

a) 원시적 불능이 의무위반(제280조)이라는 일반개념 속에 포섭되는 것을 전제로 했던 채권법위원회안(KE) 및 토의안(DisKE)에 대하여 급부장애법위원회("Kommission Leistungsstörungsrecht")[78]는 비판적 견해를 취하였다. 특히 Canaris 교수에 의해서 원시적 불능은 의무위반의 범주에 속할 수 있는 성질의 급부장애가 아니라는 강력한 비판이 가해졌다. 그

---

77) Begründung zu § 280, BT-Drucks 14/6040, S. 135 참고.

78) 급부장애법위원회는 특히 급부장애에 관한 규정을 검토, 보완하기 위하여 연방법무성의 발의로 2001년 1월 17일에 구성되어 단기간 동안 집중적 작업을 하였으며, 동년 3월 6일에 이른바 토의안(DisKE)에 대한 수정안(konsolidierte Fassung)을 작성하여 법무성에 제출하였다. 이 위원회는 교수들을 주축으로 하여 14인의 위원으로 구성되었다(Canaris, (주 3), S. 499 Fn. 1 참고). 입법안의 토의과정에 관해서는 金亨培, (주 11), 82면 이하 참고.

결과 원시적 불능시의 손해배상청구권의 기초로서 제311조의a가 신설되었다. 개정안(KE, DisKE)에서는 처음부터 구민법 제306조(「불가능한 급부를 목적으로 하는 계약은 무효이다」)를 삭제하였으므로 불능인 급부를 내용으로 하는 계약도 무효가 되지 않으며, 유효하게 성립하는 것으로 전제되었다. 따라서 원시적 불능의 경우에도 채권관계는 유효하게 성립하게 된다. 이에 대하여 위원회안(KE)과 토의안(DisKE)은 제275조를 기초로 원시적으로 불능인 급부를 거절할 수 있도록 하였다. 그러나 이러한 규정형식에 대하여 Canaris가 강력한 反論을 제기하였다.[79] 그에 의하면 원시적 객관적 불능(anfängliche objektive Unmöglichkeit)은 채무자의 급부노력(Anstrengung)의 한계를 완전히 벗어나는 장애이기 때문에 그 이행을 거절할 수 있는 범주의 급부장애가 아니고, 원천적으로(a-priorisch) 급부가 불가능한, 즉 의무(Pflicht)의 범주를 설정할 수 없는 경우라고 비판하였다.[80] 원시적 불능에 있어서 급부의무위반(Verletzung der Leistungspflicht)을 인정하는 것은 불가능하다고 한다. 이와 같은 비판을 기초로 하여 제311조의a가 신설되었다. 이 규정에 의하면, 제275조(제1항)의 규정에 의하여 1차적 급부의무는 면제되지만, 계약은 효력을 상실하지 않으며, 채무자가 급부장애원인을 알았거나 알지 못한데 과책이 있을 때[81]에는 급부에 갈음한 손해(Schaden statt der Leistung) 또는 성과없이 지출된 費用을 배상(Ersatz vergeblicher Aufwendungen)해야 한다. 다시 말하면 채권자는 손해배상청구권 또는 비용배상청구권을 선택적으로 행사할 수 있다. 급부가 원시적으로 불능이더라도 채무자는 급부에 대하여 약속(Versprechen)을 했으므로 계약은 유효한 것이며,[82] 배상책임을 부담하는 것은 그에게 과책이 있기 때문이다. 따라서 손해배상의무는 신뢰이익의 배상이 아니고 이행이익의 배상이다. 제311조의a에서 1차적 급부의무없는 계약관계의 유효한 성립을 인정한 것은 代償請求權(Surrogationsanspruch)(제285조)과,

79) Canaris, Zur Bedeutung der Kategorie der „Unmöglichkeit" für das Recht der Leistungsstörungen, in: Schulze/Schulte-Nölke, (주 2), S. 43, 59 ff 참고).

80) Canaris, in: Schulze/Schulte-Nölke, (주 2), S. 49, 59; ders., (주 3), S. 506.

81) 설명 및 입증책임은 채무자가 부담한다(Henssler/von Westphafen (Hrsg.)/Dedek, Praxis der Schuldrechtsreform, 2002, § 311 a Rn. 16).

82) Canaris, in: Schulze/Schulte-Nölke, (주 2), S. 59; Begrüngung zu § 311a, BT-Drucks 14/6040, S. 164, S. 165.

동조 제2항의 손해배상청구권의 기초가 되는 것이다.83)

b) 제311조의a 제2항 제1문은 후발적 불능과 마찬가지로 원시적 불능의 경우에도 급부에 갈음한 손해배상청구 또는 비용배상청구를 배상청구권의 내용으로 규정하고 있다. 후발적 불능이 제280조를 그 청구권의 기초로 한다면(제283조 제1문 참조), 원시적 불능은 제311조의a를 그 고유한 청구권의 기초(eigenständige Anspruchsgrundlage)로 하고 있다.84)

따라서 손해배상청구권 내지 비용배상청구권의 기초(Anspruchsgrundlage)와 관련해서 개정된 채권법은 二元的 構造를 취하고 있다. 첫째 채무(1차적 급부의무)가 성립된 후 의무위반(Pflichtverletzung)으로 인한 손해배상청구에 대해서는 제280조(추가요건: 제281조, 제282조, 제283조 및 제286조)가 규정하고 있으며, 둘째 원시적 불능에 있어서 손해배상청구 및 비용배상청구에 대해서는 제311조의a 제2항이 청구권의 기초를 이루고 있다. 주채무의 성립 후에 발생되는 후발적 불능에 있어서는 급부의무의 위반이 문제되지만, 계약체결전의 원시적 불능에 있어서는 情報義務違反(Verletzung der Informationspflicht)이 책임의 근거가 된다.85) 따라서 원시적 불능에 대한 손해배상의무는 일반적 요건인 의무위반(Pflichtverletzung)에서 도출될 수 없다.86)

c) 원시적 불능에 대한 손해배상의 요건으로서는 채무자의 과책을 요한다(제311조의a 제2항 제2문). 원시적 일부불능에 있어서는 채무자에게 귀

---

83) Dauner-Lieb/Heidel/Lepa/Ring(Hrsg.)/Dauner-Lieb, (주 33), § 2 Rn. 85; Begründung zu § 281, BT-Drucks 14/6040, S. 165.

84) Begründung zu § 281, BT-Drucks 14/6040, S. 165, 166; Canaris, (주 3), 499, 507; Dauner-Lieb/Heidel/ Lepa/Ring(Hrsg.)/Dauner-Lieb, (주 18), § 2 Rn. 86; 金亨培, (주 11), 101면.

85) 제311조의a 제2항의 채무자의 불능에 대한 인식과 관련해서 채무자가 그와 같은 불능원인을 알지 못했으며 또한 그와 같은 급부장애에 관한 착오가 거래상 중요한 성상에 관한 것이었음을 이유로(제119조 제2항 참조) 취소를 하더라도, 채무자는 동조항이 규정한 적극적 이익에 대한 배상책임을 면할 수 없다. 이에 관해서는 異見이 없다(Dauer-Lieb/Heidel/Lepa/Ring (Hrsg.)/Dauner-Lieb, (주 18), § 2 Rn. 89). 채권법개정이유서는 기본적으로 채무자가 손해배상책임을 면하기 위해서 급부불능에 관하여 인식을 하지 못했다는 사실(Unkenntnis)을 이유로 제119조 제2항에 의한 취소권을 행사하는 것은 부당하다는 태도를 취한다(Begründung zu § 311a, BT-Drucks 14/ 6040, S. 165 참고). 정보의무위반에 대한 과책이 있었느냐하는 것이 기준이 될 뿐이기 때문이다.

86) Begründung zu § 311a, BT-Drucks 14/6040, S. 165 f. 그러나 채권법위원회안(KE)에서는 원시적 불능에 의한 급부장애도 의무위반으로서 규정되어 있었다(Abschlußbericht, S. 128, 130 참고).

책사유가 있는 경우에 제281조 제2항에 의하여 채권자가 일부급부로부터 아무 이익을 얻을 수 없을 때 급부에 갈음한 손해배상을 청구할 수 있다. 원시적 일부불능이 불완전이행으로서 발생한 때에는 이행된 부분이 중대한 것이 아닌 한 급부에 갈음한 손해배상을 청구할 수 없다(제281조 제1항 제3문).[87]

d) 개정된 채권법에서는 구민법 제306조 내지 제309조의 규정이 대체되었다. 즉, 구법 제306조에 의하면 「불능인 급부를 목적으로 하는 계약은 무효」이었으나, 이제는 제311조의a에 의하여 원시적 불능의 경우에도 계약은 유효하며, 급부에 갈음한 손해배상(적극적 이익에 대한 배상)을 청구할 수 있으므로, 개정법에 있어서는 원시적 불능과 후발적 불능은 실질적으로 차이가 없게 되었다. 다시 말하면 불능원인이 채권관계의 성립직전에 또는 그 후에 발생했느냐 하는 것은 별의미가 없게 되었다. 특히 제311조의a 제2항이 입증책임의 전환에 의하여 채무자로 하여금 불능사유를 증명하도록 하고 있으므로, 구민법하에서 원시적 불능에 대한 책임(또한 제536조의a의 경우도 마찬가지임)을 일종의 (손해)담보책임(Garantiehaftung)으로 해석한 태도와 그 맥을 같이하고 있다.

결론적으로, 원시적 불능이라는 급부장애의 특징은 계약체결전의 정보의무를 위반한데 있으며 그 의무위반은 계약체결시에 불능사실을 알았거나 그의 잘못으로 알지 못한 것을 그 내용으로 한다. 따라서 채무자는 이와 같은 有責한 의무위반 상태에서 계약을 체결한 것에 대하여 책임을 부담하는 것이 된다.[88]

---

87) Begründung zu § 311a, BT-Drucks 14/6040, S. 166.
88) Canaris, (주 3), S. 507.

Ⅳ. 義務違反과 債權關係(效果論)

1. 履行請求 및 追完履行請求

가. 基本原則

제241조 제1항 제1문에 의하면 채권자는 채권관계에 기하여 채무자로부터 일정한 급부를 요구할 권리를 가진다. 채권관계에 있어서 가장 핵심이 되는 채권의 목적은 채무자로부터 채무내용에 좇은 급부의 이행을 받는 것이다. 급부장애가 있을 경우에 이에 대한 法的 救濟方法이 여러 가지가 있으나, 급부의 이행 또는 追完履行(Nacherfüllung)이 가능한 동안은 다른 구제방법은 후차적인 것에 지나지 않는다. 개정 채권법의 이유서는 이행청구권의 우선원칙을 제2의 중요한 급부장애법의 構造的 特徵(Strukturmerkmal)이라고 설명하고 있다.[89] 즉, 채권자가 이행청구권에 갈음해서 기타의 구제방법(손해배상청구권, 해제권 또는 감액청구권)을 주장할 수 있으려면 그 전에 원칙적으로 이행을 위한 기간을 정하고, 그 기간이 아무 성과없이 도과해야 한다. 이와 같은 개정채권법의 구조적 원칙은 제281조(급부에 갈음한 손해배상청구권 관련) 및 제323조(해제권행사 관련)에 구체화되어 있다.

나. 제281조와 給付에 갈음한 損害賠償

제281조는 급부가 실현되지 않고 있거나(nicht erbrachte leistung) 또는 채무의 내용과 달리 행하여진 급부(nicht wie geschuldet erbrachte Leistung)의 경우의 급부에 갈음한 손해배상에 관하여 규정하고 있다. 급부가 실현되지 않고 있다는 것은 이행기에 도달한 그리고 가능한 급부를 이행하지 않는 것으로서 의무위반에 해당한다(제281조 제1항 제1문 참조). 급부의 지연(Leistungsverzögerung)은 단순한 시간적 지체로 인한 손해의 배상만으로 그치는 문제는 아니다.[90] 급부에 갈음하여 전보배상을 청구

---

89) Begründung, Allgemeiner Teil, BT-Drucks 14/6040, S. 92, 94.

90) Dauner-Lieb/Heidel/Lepa/Ring(Hrsg.)/Dauner-Lieb, (주 18), § 2 Rn. 25. 단

할 수도 있기 때문이다. 그러나 채권자는 채무자에게 먼저 상당한 기간의 급부기간을 주지 않고는 급부에 갈음한 손해배상(Schadensersatz statt der Leistung)을 청구할 수 없다(제281조 제1항 제1문). 따라서 채무자가 실질적으로 지체에 빠지지 않았음에도 불구하고 채권자가 급부에 갈음한 손해배상을 청구한다거나 또는 해제를 하는 일은 있을 수 없다. 개정 채권법은 급부를 위한 기간이 단순히 도과한 것만으로 급부에 갈음한 손해배상청구를 할 수 없다는 뜻을 명백히 하고 있다. 채권자는 채무자에게 이행거절의 의사(Ablehnungsdrohung)를 밝힐 것을 손해배상청구의 요건으로 하고 있지 않다.[91] 상당한 기간의 도과만으로 족하다.

다. 追完履行

제281조에서 규정하고 있는 「채무의 내용과 달리 행하여진 급부」는 곧 불완전이행(Schlechterfüllung)을 의미한다. 다시 말하면 급부가 행하여졌으나, 그 급부는 채무의 내용에 좇지 않은 흠있는 급부이다. 따라서 이 흠 내지 불완전성은 追完履行(Nacherfüllung)에 의하여 바로 잡혀질 수 있는 것이다. 제281조 제1항은 이 경우에도 追完履行을 위한 상당한 기간의 설정을 급부에 갈음한 손해배상청구권의 요건으로 규정하고 있다. 이와 같은 追完履行은 주로 매매법에서 하자의 제거 또는 하자없는 급부의 제공(또는 완전물급부)과 관련된다. 구민법의 매매법은 - 종류매매의 경우(제480조)를 제외하고는 - 매수인의 추완청구권을 인정하지 않았다. 또한 追完履行을 거치지 않고는 매수인이 기타의 구제수단을 행사할 수 없도록 하는 매도인측의 「권한」도 알지 못하였다(이른바 「제2의 이행기회」에 대한 권리: Recht zur zweiten Andienung). 그러나 이와 같은 규율방식은 일반적 法意識에 부합하지 않으며, 현대산업사회에서의 대량적 거래상황에 모순된다. 하자있는 물건을 수령한 매수인은 매매계약을 해제하거나 매매대금을 감액함으로써 그의 계약목적이나 이해관계를 실현 또는 是正할 수 있는 것은 아니다. 오히려 매수인은 追完履行 또는 흠없는 물건의 (再)給付

순한 기술적 의미의 지체, 즉, 이행의 시간적 지연에 대해서는 지연배상(제280조 II), 지연이자(제288조), 책임가중(제287조)의 규정이 적용될 수 있을 뿐이다.

91) Begründung zu § 281, BT-Drucks 14/6040, S. 139.

를 받아서 그의 계약의 목적을 달성할 수 있다. 이와 같은 사정은 특정물 매매에 있어서도 마찬가지이다.92) 개정채권법은 매매와 도급에서 追完履行에 관한 규정(제439조, 제635조)을 신설하였다.

매수인은 흠없는 물건을 급부받는 것이 그의 이익에 합치한다. 제433조(매매계약의 계약전형적 의무)와 제633조(물건의 하자 및 권리의 하자)는 매도인 또는 수급인은 물건 또는 권리의 흠이 없는 물건 또는 일의 완성을 매수인 또는 도급인에게 조달할 의무를 규정하고 있다. 이에 대한 의무위반은 급부장애법의 기본적 일반요건인 의무위반(Pflichtverletzung)에 해당한다. 급부를 제대로 하는 것 또는 흠이 있을 때에는 급부를 追完해야 할 의무는 채무자의 기본의무라고 할 수 있다. 따라서 이행청구권 내지 추완청구권은 급부장애시에 주어지는 다른 구제방법에 우선하는 것이 채권법의 기본원칙이다.

라. 이른바 「제2의 履行機會」(zweite Andienung)

이행청구권의 우선원칙은 결과적으로 매수인의 손해배상청구권 또는 해제권의 행사를 제한하게 된다. 그러나 매도인측에서 보면 추완이행은 매도인에게 제2의 이행기회(zweite Andienung)를 주는 것이 된다. 따라서 이행청구권 우선의 원칙은 결과적으로 매도인의 이익에 합치하는 것이므로, 매도인의 「제2의 이행기회」에 대한 권리(Recht des Verkäufers zur "zweiten Andienung")라는 측면에서 고찰될 수 있다.93) 예컨대 매도인이 원거리에 있는 공장(국제거래에서는 외국에 있는 공장)에 큰 기계를 인도·설치하였는데 그 물건의 하자를 이유로-보수가 가능한 것임에도 불구하고-매수인이 계약을 해제한다면, 매도인은 그 기계를 철거·운반해와야 하기 때문에 계약의 해소는 매도인에게 커다란 손실을 줄 뿐 아니라, 국민경제를 위해서도 바람직하지 않다.94)

---

92) Begründung, Allgemeiner Teilm, BT-Drucks 14/6040, S. 891; 金亨培, 債權各論(契約法), 2001, 355면 이하 참고.

93) Dauner-Lieb/Heidel/Lepa/Ring(Hrsg.)/Dauner-Lieb, (주 18), § 2 Rn. 26.

94) Begründung, Allgemener Teil, BT-Drucks 14/6040, S. 89; 金亨培, 債權各論(契約法), 2001, 355면 이하 참고.

마. 不能의 경우

이행 또는 追完履行이 불가능한 경우에는 그것이 원시적 불능이건, 후발적 또는 주관적 불능이건(제275조 참조) 이행청구권의 우선원칙이 적용될 수 없을 것이다. 또한 補完不可能한 불완전이행(irreparable Schlechtleistung)에 있어서도 추완이행이 불가능한 것이기 때문에 이행청구권의 우선원칙은 배제된다.95) 이 경우에 이행기간 또는 추완이행기간을 주는 것은 무의미한 일이다.96)

바. 상당한 期間의 設定

제281조 제1항 제1문과 제323조 제1항은 계약의 이행 및 반대급부의 취득을 할 수 있는 마지막 기회를 채무자에게 부여하기 위해서 기간의 설정을 규정하고 있다. 기간의 상당성(Angemessenheit)은 개별사안의 사정에 의하여 정해지는 것으로 판단되는 것이 독일의 판례와 학설의 태도이다. 개정채권법은 이러한 전통을 수용하고 있다.97) 따라서 기간(Frist)은 채무자가 사실적으로 급부를 제대로 실현할 수 있을 정도로 충분한 것이어야 한다. 적어도 이미 착수된 급부를 끝낼 수 있는 기간이어야 한다.98) 너무 짧은 기간은 그것 자체로서 무효라고 할 수 없으며 원칙적으로 상당한 기간이 주어진 것으로 보아야 할 것이다.99) 따라서 기간의 상당성은 예컨대 공급대상이 되는 제품의 성질, 채무자의 판매·조달체계 등 개별사안의 사정에 따라 판단된다. 채무자가 기간내에 거듭 급부의 일부만을 이행하거나, 하자있는 추완이행을 했을 경우에는 채권자는 기간을 다시 부여할 필요가 없으며, 손해배상을 청구하거나 계약을 해제할 수 있다고 보아야 한다.100)

---

95) Dauner-Lieb/Heidel/Lepa/Ring(Hrsg.)/Dauner-Lieb, (주 18), § 2. Rn. 81, 23, 75 참고.

96) Begründung zu § 326, BT-Drucks 14/6040, S. 189.

97) Begründung zu § 281, BT-Drucks 14/6040, S. 138.

98) 급부를 이제 처음으로 시작하는 경우 이에 필요한 기간을 부여할 필요는 없다(BGH NJW 1995, 323, 857).

99) Begründung zu § 281, BT-Drucks 14/6040, S. 138.

100) Dauner-Lieb/Heidel/Lepa/Ring(Hrsg.)/Dauner-Lieb, (주 18), § 2. Rn. 27; Canaris, DB 2001, 1815.

사. 期間設定이 필요하지 않은 경우

기간의 설정이 필요하지 않은 경우에 관해서는 제281조 제2항, 제323조 제2항 제1호 내지 제4호에서 규정하고 있다(해당 법조문 참조). 매매관계와 관련해서 제439조 제3항은 추완이행에 과도한 비용이 필요할 때에는 매도인은 매수인이 선택한 추완이행을 거절할 수 있다고 규정하고 있다.

아. 國際統一賣買法의 規定

국제통일매매법 제46조 제3항, 제47조 제1항, 제49조 제1항 b호는 같은 취지의 규정을 두고 있다.

2. 損害賠償

가. 損害賠償法의 基本要件: 제280조

제280조 제1항은 손해배상의 기본적 청구권의 기초이다. 제280조가 모든 급부장애에 있어서 - 원시적 불능을 도외시한다면 - 손해배상의 기초가 되지만, 동조만으로 배상청구권이 성립하는 것은 아니다. 제280조 제2항 및 제3항은 추가적 요건들을 규정하고 있으며, 이에 따라 지체, 후발적불능, 불완전이행 및 하자있는 급부에 대하여 보충적 규정이 적용된다. 보호의무(Schutzpflicht: 계약상의 부수적 행태의무로서의 보호의무)에 대해서는 제280조 제1항만이 적용된다(제282조 참조).

나. 損害賠償規定의 構造

제280조 이하에서 규정하고 있는 손해배상법의 구조를 살펴보면 다음과 같다.[101] i) 제280조 제1항은 손해배상의 일반적 청구권의 기초이다. ii) 급부의 지체(Verzögerung der Leistung)로 인한 손해배상에 대해서는 제286조(채무자의 지체)의 추가적 요건이 적용된다(제280조 II). iii) 이른바 급부에 갈음한 손해배상(Schadensersatz statt der Leistung)에 대해

---

101) Begründung zu § 280, BT-Drucks 14/6040, S. 137.

서는 제281조(급부를 하지 않거나 채무의 내용에 좇지 않은 급부를 한 경우의 급부에 갈음한 손해배상), 제282조(제241조 제2항의 보호의무위반의 경우의 급부에 갈음한 손해배상), 제283조(급부의무가 배제되는 경우의 급부에 갈음한 손해배상)의 추가적 요건이 적용된다. 급부에 갈음한 손해배상[102]은 塡補賠償을 뜻하는 것인데 제280조 제3항에서 이에 관한 규정들을 한데 묶어서 정하고 있는 이유는 앞에서(Ⅳ. 1.)도 설명한 바와 같이 「급부에 갈음하는」 손해배상을 함부로 행사하지 못하도록 규제하기 위한 것이라고 볼 수 있다. 본래적 급부청구권을 급부에 갈음한 손해배상청구권으로 轉化시키는 것은 채권자의 이해관계에 긍정적 영향을 줄 수도 있다. 지체중인 본래적 급부를 실현시키는 일이 채권자에게 번거롭고 어려운 일인 반면에, 금전에 의한 손해배상청구는 그 집행이 보다 용이할 수도 있다. 그러나 채무자에 대해서는 급부에 갈음한 손해배상은 무거운 부담이 될 수 있다. 급부의무를 이행하기 위하여 그동한 채무자가 지출한 물적·인적 또는 정신적 비용과 노력이 수포로 돌아갈 수 있기 때문이다. 따라서 개정채권법은 손해배상청구권으로의 轉化에 대해서 기간설정(Fristetzung), 계약목적에 대한 중대성의 여부, 의무위반의 중대성의 여부, 기대가능성 등에 관한 규제조항 내지 부가적 요건조항을 둠으로써 「급부에 갈음한」 손해배상을 제한하고 있다.[103] 결과적으로 이와 같은 규정은 채권자에게 불리하다고 볼 수 있지만, 계약제도의 객관적 취지에 합치하는 것으로 생각된다. 특히 제281조의 규정대상인 「급부를 이행하지 않고 있거나 채무의 내용에 좇지 않은 급부가 행해진 경우」에는 - 아직 급부 내지 추완급부가 가능하기 때문에 - 급부 또는 추완이행을 위한 기간의 설정이 급부에 갈음한 손해배상의 요건이 되어 있다. 그리고 보호의무위반의 경우를 규정한 제282조에 있어서는 채무자의 급부가 더 이상 기대불가능한 한 기간의 설정없이 급부에 갈음한 손해배상이 가능하다. 후발적 불능에 관한

102) 「급부」에 갈음한 손해배상은 履行(Erfüllung)에 갈음하는 것이 아니라 1차적(본래적) 계약상의 급부(primär geschuldete Leistung)에 갈음하는 것이다. 다시 말하면 본래의 급부는 더 이상 청구할 수 없으나, 손해배상은 청구할 수 있으므로, 손해배상의 급부도 이행(손해배상을 내용으로 하는 의무의 이행)이라고 할 수 있다(Begründung zu § 280, BT-Drucks 14/6040, S. 137). 따라서 용어사용상 불이행(Nichterfüllung)을 이유로 손해배상을 청구한다는 표현은 정확한 것이 아니다(구민법 제286조 제2항 참조).

103) Begründung zu § 280, BT-Drucks 14/6040, S. 137 참고.

제283조의 경우에는 처음부터 급부 내지 추완급부가 가능하지 않기 때문에(이 경우에는 채무자의 급부에 대한 기대가능성도 처음부터 문제되지 않는다) 채권자는 급부에 갈음한 손해배상을 청구할 수 있다. 위의 어느 경우(제281조, 제282조, 제283조)에 있어서나 청구권의 기초는 제280조 제1항이다. 따라서 급부에 갈음한 손해배상청구권은 과책을 기초로 한 손해배상청구권이라는 점에 유의해야 한다. 즉, 손해배상의 내용과 범위는 채무자의 귀책사유를 전제로 하는 이행이익의 배상이다. 다음에서는 손해배상의 각 유형에 관하여 설명한다.

다. 제280조 제1항만이 적용되는 경우

제280조 제1항은 위에서 언급한 바와 같이 손해배상청구권의 기본적 기초이다. 추가적 요건을 필요로 하지 않고 동규정만을 청구권의 기초로 하는 경우는 보호의무위반이 있을 때이다(제282조 참조). 이에 관해서는 다음(Ⅳ. 2. 마. (2))에서 설명하기로 한다.

라. 給付의 遲延으로 인한 損害賠償

제280조 제2항에 의하면 급부의 지연(Verzögerung)이 있을 때에는 채권자는 제286조의 추가적 요건이 있는 경우에「만」(nur) 손해배상을 청구할 수 있다. 급부의 지연이 있다는 이유만으로 법적 불이익이 발생하는 것은 아니기 때문이다.[104] 손해배상의 대상이 되는 불이익은 채무자가 지체에 빠진 때 발생하는 것이며, 지체는 채무자의 귀책사유와 최고 또는 그와 동등한 사정을 요건으로 한다. 개정법에 있어서도 구민법에서와 마찬가지로 채무자가 지체(Verzug)에 빠진 경우에 비로소 법적 불이익이 발생하는 것으로 전제하고 있다(제286조. 구민법 제284조). 구민법(제284조 제2항)에 의하면 지체의 요건인 최고(Mahnung)와 급부시기의 확정은 동일시된다. 다시 말하면 급부시기가 확정되어 있는 때에는 채무자가 그 시기에 급부하지 않으면 지체에 빠진다. 또한 급부에 앞서서 해지통고를 한 때에는 해지통고시부터 기산하여 그 기간이 지나면 채무자는 지체에 빠진다. 예컨대 금전소비대차의 해지에 의한 반환(Dahrlehensrückzahlung)의

104) Begründung zu § 286, BT-Drucks 14/6040, S. 145.

무는 3월의 기간으로 해지통고를 하면, 해지통고를 받은 때부터 3월이 경과하면 차주는 지체에 빠진다[105](구민법 제284조 제2항 2문 참조). 구민법은 최고나 이에 갈음하는 통고가 예외적으로 필요하지 않은 경우에 관하여 규정하고 있지 않았다. 특히 구민법에서 흠으로 지적되었던 것은 제284조 제2항 제2문(급부이전에 행하여진 해지통고시에 최고를 필요하지 않은 것으로 정한 규정)이다. 따라서 과거의 판례는 동규정을 엄격하게 해석하였다. 반면 판례는 최고나 이에 갈음하는 통고를 필요로 하지 않는 여러 가지 사례군을 인정하였다. 이러한 사례들은 제242조(신의칙에 의한 급부)를 근거로 정당시되었으나, 개정법은 이를 명문화하였다.[106]

제286조의 중요내용은 다음과 같다. i) 채무자는 이행기 후에 행하여진 최고에도 불구하고 급부하지 않을 때에는 지체에 빠진다(동조 제1항 제1문). ii) 최고가 필요하지 않은 경우는 ① 급부의 시기가 歷에 의하여 정하여진 때, ② 특정한 사실(Ereignis)[107]〔예컨대 물건의 인도, 결제계산서의 도달(예컨대 결제계산 후 2주내의 지급), 완성(Fertigstellung)후 7일 내의 지불과 같은 해지통고 등〕이 歷에 의한 기간산정의 始點이 된 때,[108] ③ 채무자가 진정으로 그리고 완강히 거부한 때, ④ 양당사자의 이해형량하에 즉시지체의 발생을 정당화하는 특별한 사정이 존재할 때이다(동조 제2항). iii) 유상(有償)채권의 채무자는 늦어도 기한의 도래와 청구서의 도달 후 30일 이내에 급부하지 않으면, 지체가 성립한다. 그러나 소비자인 채무자에 대해서는 지체효과에 관한 내용이 적시되어야 한다(이른바 摘示義務: Hinweispflicht)[109](동조 제3항 제1문, 제2문). iv) 급부가 채무자의 귀책사유에 의한 것이 아닌 사정으로 중단되는 경우에는 지체책임이 발생하지 않는다(동조 제4항).

제281조가 규정하고 있는 지연(die nicht erbrachte Leistung)과 제280

105) Jauering/Vollkommer, 9. Aufl., 1999, § 284 Rn. 25 참고.

106) Begründung zu § 286, BT-Drucks 14/6040, S. 145 참고.

107) 개정채권법 제286조 제2항 제2호의 "Ereignis"(사실)는 구민법의 "Kündigung"(해지통고)을 代替한 것이다(Begründung zu § 286, BT-Drucks 14/6040, S. 145). 따라서 해지의 의사표시만으로는 부족하고 일정한 사실이 수반되어야 한다.

108) Dauner-Lieb/Heidel/Lepa/Ring/Sachsen(Hrsg.)/Schulte-Nölke, (주 22), § 286 Rn. 27.

109) 摘示義務를 정한 것은 소비자를 보호하기 위한 규정이다(Dauner-Lieb/Heidel/Lepa/Ring/Sachsen (Hrsg.)/Schulte-Nölke, (주 22), § 286 Rn. 64 ff 참고).

조 제2항이 규정하고 있는 지연(Verzögerung der Leistung)은 가능한 급부를 제때에 실현하지 않고 있는 것(Verzögerung)을 의미한다는 점에서는 실질적으로 동일한 것이지만, 전자의 규정은 급부에 갈음한 손해배상(Schadensersatz statt der Leistung)의 요건을, 후자의 규정은 이른바 지연배상의 요건을 정한 것이다. 따라서 그 요건은 각각 다르다. 제280조 제2항에 따른 손해배상(지연배상)청구에 있어서는 제286조가 적용되어 최고(Mahnung) 또는 사실(Ereignis) 등과 귀책사유를 요건으로 하지만, 제281조에 의한 손해배상청구에 있어서는 상당한 기간의 경과와 채무자의 귀책사유를 요건으로 한다. 따라서 지체손해(Verzugsschaden)는 양분되어 있다고 볼 수 있다. 제280조 제2항 및 제286조에 의한 지연배상(Verspätungsschaden)은 예컨대 기계의 인도가 지연됨으로써 다른 기계를 代替使用한 비용, 또는 이 기간 중에 발생된 일실이익이 이에 해당한다.[110] 이에 반해서 제281조의 급부에 갈음한 손해에는 - 예컨대 매매의 경우 - 代替購入費用이 이에 속한다.[111]

마. 給付에 갈음한 損害賠償

제280조 제3항은 i) 급부의 지연과 불완전한 급부의 경우(제281조), ii) 보호의무위반으로 인한 경우(제282조), iii) 후발적 불능으로 인한 경우에 대하여 급부에 갈음한 손해배상을 규정하고 있다.

(1) 給付의 遲延과 不完全給付의 경우

a) 제281조는 급부지연(Leistungsverzögerung) 이외에 일부급부 및 하자있는 급부가 그 규율대상이라고 볼 수 있다. 이 모든 경우에 공통된 점은 완전한 급부 또는 흠없는 급부(이른바 補修 가능한 급부: reparable Leistung)가 가능하다는 점이다. 따라서 채권자는 먼저 급부 또는 추완급부를 위한 기간을 주고 그 기간이 경과해도 아무 성과가 없을 경우에만 급부에 갈음한 손해배상을 청구할 수 있다.[112] 제281조 제1항은 손해배상청구 전에

110) Dauner-Lieb/Heidel/Lepa/Ring/Sachsen(Hrsg.)/Dauner-Lieb, (주 22), § 280 Rn. 62.

111) Dauner-Lieb/Heidel/Lepa/Ring/Sachsen(Hrsg.)/Dauner-Lieb, (주 22), § 280 Rn. 49 ff, 63.

상당한 기간의 설정을 의무화함으로써 이행청구권의 우선원칙을 밝히고 있다. 매매 및 도급의 경우를 예로 든다면 목적물 또는 일에 하자가 있을 때에는 매수인과 도급인은 제437조 제1호 및 제634조 제1호에 의하여 추완이행을 청구해야 한다. 기간이 만료된 후에 채권자가 급부에 갈음한 손해배상을 청구할 때에는 「급부」청구권은 소멸한다(제281조 제4항). 기간의 상당성은 각 개별사안에 따라 결정되고, 상당성을 잃은 단기의 기간은 상당한 기간이 주어진 것으로 된다.[113] 상당기간이라 함은 그 기간 내에 채무자가 이행 또는 추완이행을 할 가능성이 주어지는 기간을 의미한다. 그러나 제281조 제2항에 의하면 기간설정을 하더라도 아무 성과가 없을 것이 명백한 때에는 기간의 설정은 필요하지 않다(해제권의 행사와 관련해서는 같은 취지의 제323조 제4항 참고).

b) 하자있는 급부에 있어서 재산상의 결과손해는 원칙적으로 제281조의 추가적 요건의 적용에 의하여 배상받을 수 있을 것이다. 매매의 경우에 구민법에 있어서는 제463조의 性狀의 보증(Zusicherung) 책임을 기초로 예컨대 代替賣買로 인한 결과손해의 배상이 가능하였으나, 개정법에 있어서는 제281조에 의하여 해결될 수 있게 되었다. 즉, 채권자는 상당한 기간을 설정하여 추완이행을 요구하고, 아무 성과가 없는 경우에는 代替契約(Deckungsgeschäft)의 비용, 補修費用 및 일실이익 등 급부에 갈음한 손해배상을 청구할 수 있다. 제281조 제1항에 의한 책임은 과실책임이기 때문이다.[114]

c) 이론적으로 문제가 되는 것은 설정된 기간내에 채무자가 補修 또는 완전물급부를 하였으나, 그 때까지 채권자에게 발생한 재산상의 손해배상의 기초를 어떻게 - 제280조 및 제286조 또는 제281조 - 이해할 것이냐 하는 점이다. 예컨대 하자있는 목적물의 수선 중 그 목적물을 이용할 수 없었던 손해, 또는 다른 기계를 사용임차함으로써 지출한 비용, 하자보수시까지 발생된 일실이익 등은 追完履行에 부수하여 발생한 지연손해이다.

---

112) 소비상품매매지침(Verbrauchsgüterkaufrichtlinie) 제3조 제5항 참조.

113) Begründung zu § 281, BT-Drucks 14/6040, S. 138.

114) Dauner-Lieb/Heidel/Lepa/Ring/Sachsen(Hrsg.)/Dauner-Lieb, (주 22), § 280 Rn. 51 ff., Rn. 63 참고.

개정채권법의 제정자들은 이러한 손해들이 제280조 제1항에 의하여 배상되어야 한다는 견해를 취하고 있다.114a) 이와 같이 정부의 이유서에 따르면 이러한 손해는 지연배상이 될 수 없다. 그러나 하자없는 물건을 인도해야 하는 것은 매도인의 이행의무의 내용이므로, 하자있는 물건을 인도한 것은 곧(동시에 언제나) 하자없는 물건의 인도를 지연하는 것이라고 볼 수 있다. 따라서 이러한 손해는 지연손해(Verzögerungsschäden)라고 볼 수 있고, 제280조 제2항 및 제286조에 의하여 처리되어야 할 것이다. 다시 말하면 제281조가 적용되는 불완전급부(하자있는 급부)로 인한 손해가 아니라, 제286조가 적용되는 지연손해로 다루어질 수 있다(이유서에 대한 異見).115)

d) 제281조 제1항 제2문과 제3문은 "급부 전부에 갈음하는 손해배상"(Schadensersatz statt der ganzen Leistung)에 관하여 규정하고 있다. 동조항 제2문은 일부급부만이 실현된 경우에 채권자가 부분급부에 대하여 이익이 없을 때에는 급부 전부에 갈음한 손해배상을 청구할 수 있다고 규정하고 있다. 그러나 채권자가 받은 일부급부는 반환해야 할 것이다. 동조항 제3문은 불완전급부가 있는 경우에 그 의무위반이 중대한 것이 아닌 때에는 채권자는 급부 전부에 갈음한 손해배상을 요구할 수 없다고 규정하고 있다. 이와 같이 동조항들은 부분급부와 불완전이행에 관하여 그 규율태도를 달리하고 있는데 그 구별이유에 대해서는 이해하기 곤란하다는 비판이 가해지고 있다.116)

e) 이 규정들은 구민법하에서 이른바 "작은" 손해배상(「kleiner」 Schadensersatz) 또는 "큰" 손해배상(「großer」 Schadensersatz)에 대한 매도인 및 도급인의 담보책임법상의 선택권과 관련된 것이라고 볼 수 있다(구민법 제

114a) Begründung zu § 437, BT-Drucks 14/6040, S. 225.

115) Babara Dauner-Lieb, "Kodifikation von Richterrecht." in: Ernst/Zimmermann(주 2), S. 311 ff.; Dauner-Lieb/Heidel/Lepa/Ring(Hrsg)./ Dauner-Lieb.(주 18) § 2 Rn. 45.

116) Altmeppen, Schadensersatz wegen Pflichtverletzung—Ein Beispiel für die Überhastung des Schuldrechtsreform, DB 2001, Nr. 21, S. 1131 ff.; Canaris, Schadensersatz wegen Pflichtverletzung, anfängliche Unmöglichkeit und Aufwendungsersatz im Entwurf des Schuldrechtsmodernisierungsgesetz, DB 2001, Nr. 34, S. 1815 ff.

463조, 제635조 참조). 다시 말하면 매수인은 흠있는 물건을 보유하면서 마치 이행이 제대로 된 것처럼 흠이 없는 물건과 흠이 있는 물건 사이의 가치차액의 배상을 청구할 수 있는가 하면, 다른 한편 물건의 수령을 전부 거절하면서 또는 이미 수령한 것이 있으면 이를 반환하면서 계약전체의 불이행을 이유로 손해배상을 청구할 수도 있었다.117) 구민법하에서의 "큰" 손해배상이 개정채권법 제281조 제1항 제2문 제3문으로 반영된 것이다. 원래 정부개정안(RE) 제281조 제1항 제3문은 채권자가 불완전이행에 대하여 아무 이익을 가지지 않을 때에는 급부받은 것을 반환하고 급부전부에 갈음한 손해배상을 청구할 수 있다고 규정하고 있었다.118) 그러나 부분급부와 불완전급부가 각각 제2문 및 제3문으로 독립하여 규정되면서 제2문은 원래의 규정내용을 유지하였으나, 불완전급부에 관한 제3문은 의무위반이 중대하지 않으면 채권자는 급부 전부에 갈음한 손해배상을 청구할 수 없다는 내용으로 개정되었다. 예컨대 동조항 제2문의 부분급부와 관련해서 포도주 100병을 급부해야 할 채무가 있는 경우에 60병만이 급부된 때에는 일반적으로 급부되지 않은 40병의 가치차액을 배상하면 되지만, 같은 종류의 上級 포도주만을 사용해야 할 중요한 宴會當日에 나머지 40병의 동종의 포도주를 급부할 수 없다면 매수인은 급부 전부에 갈음한 손해배상을 청구할 수 있을 것이다.119) 동조항 제3문의 하자있는 불완전급부와 관련해서, 예컨대 새 자동차를 구입하였으나 라디오에 하자가 있을 때에는 그 하자있는 급부는 중대한 의무위반(제280조 참조)에 해당하지 않으므로 급부 전부에 갈음한 손해배상청구는 인정될 수 없다.120) 의무위반이 중대하지 않은 경우에는 급부 전부에 갈음한 손해배상을 할 수 없도록 개정한 것은 계약해제와 관련하여 제323조 제5항 제2문의 내용(취지)과 조화를 이룰 수 있도록 하기 위한 것이다.121)

---

117) Soergel/Huber, § 463 Rn. 38 ff.; Palandt/Putzo, § 463 Rn. 18 f 참고.

118) BMJ-Regierungsentwurf Schuldrechtsmodernisierung, Seite 15 von 685; Begründung zu § 281, BT-Drucks 14/6040, S. 140.

119) Canaris, (주 3), S. 513.

120) Dauner-Lieb/Heidel/Lepa/Ring(Hrsg.)/Dauner-Lieb, (주 18) § 2 Rn. 43;

121) Dauner-Lieb/Heidel/Lepa/Ring(Hrsg.)/Dauner-Lieb, (주 18) § 2 Rn. 43 u. Fn. 136 참고.

(2) 保護義務違反의 경우

제280조 제3항 및 제282조에 의하면 채권자는 급부에 수반하는 부수적 행태의무의 위반이 있는 경우에 그 채무자와의 급부관계를 유지하는 것이 더 이상 기대될 수 없을 때 급부에 갈음한 손해배상을 청구할 수 있다. 이 경우에 채무자가 그의 주된 급부의무와 부수적 의무를 제대로 이행할 수 있더라도 채권자는 급부에 갈음한 손해배상을 청구할 수 있다고 해석되고 있다.[122] 이러한 경우는 부수적 의무의 위반이 계약상의 신뢰관계를 심각하게 위협하여 신의칙상 채권자로 하여금 계약관계의 유지를 기대할 수 없는 상황에서 인정된다. 이에 관한 사례는 구민법하에서는 적극적 채권침해에 의하여 처리되었다.[123] 그 대표적인 예로서 급부제공과 관련해서 채무자가 채권자의 절대적 법익을 침해하는 경우가 이에 해당한다. 塗色工이 작업 중에 번번히 채권자의 가재도구를 훼손하거나, 채무자가 채권자의 인격을 모독하는 언행을 서슴치 않는 경우를 예로 들 수 있다. 이와 같이 기대가능성의 한계를 넘는 부수적 의무의 위반이 있는 때에는 채권자는 더 이상의 급부를 거절할 수 있을 것이다. 이 경우에 그때까지의 작업을 마감하고 다른 塗色工과 도급계약을 체결하기 위하여 지출되는 代替契約(Deckungsgeschäft)의 추가비용을 요구하는 것이 손해배상의 내용이 될 것이다.[124] 손해배상책임에 대해서는 제280조 제1항이 적용된다(제282조 참조).

(3) 後發的 不能의 경우

제280조 제1항 및 제3항과 제283조는 제275조에 의하여 급부의무가 배제되는 경우, 즉 불능에 관하여 규정하고 있다. 제275조가 규정한 불능에 대하여 채무자의 귀책사유가 있을 때에는 채권자는 제280조 제1항에 의하여 급부에 갈음한 손해배상, 즉 급부가 행하여졌더라면 얻을 수 있었던 이익을 손해배상으로 당연히 청구할 수 있다고 보아야 한다. 따라서 엄격한 의미에서 제283조는 진정한 의미의 추가적 요건에 관한 규정

---

122) Dauner-Lieb/Heidel/Lepa/Ring(Hrsg.)/Dauner-Lieb, (주 18) § 2 Rn. 46.
123) Begründung zu § 282, BT-Drucks 14/6040, S. 142.
124) Begründung zu § 282, BT-Drucks 14/6040, S. 141.

이라고 볼 수 없다.[125] 급부지연이나 불완전급부의 경우에는 이행 또는 추완이행이 가능하므로 기간의 설정 후에 급부에 갈음한 손해배상을 청구할 수 있는데 반하여 후발적 불능의 경우에는 기간의 설정이 무의미함으로 立法技術上 제281조에서 분리된 제283조의 독립조항이 생긴 것이다.[126] 따라서 채권자는 그의 반대급부에 대한 가액배상 뿐만 아니라, 轉賣를 통해서 얻을 수 있었던 이익 또는 代替契約의 비용배상을 청구할 수 있다. 불능의 경우에는 개념필연적으로 급부에 갈음한 손해배상만이 문제된다. 급부의 일부불능 또는 추완이행으로 인한 불능이 중요한 질적 하자라고 볼 수 없는 때에는 제281조 제1항 제2문 및 제3문이 준용된다.

바. 成果없이 지출된 費用의 賠償(제284조)

제284조에 의하면, 채권자가 계약내용에 좇은 이행이 있을 것을 기대하여 투자, 노동력의 투입 등을 행하였으나 채무자의 의무위반으로 그와 같은 비용지출이 성과없이 된 경우에 채권자는 급부에 갈음한 손해배상 대신에 비용배상을 청구할 수 있다. 이와 같은 규정은 구민법에는 존재하지 않았다. 불능과 지체(구민법 제325조, 제326조, 제463조 참조)와 같이 불이행(Nichterfüllung)으로 인한 손해배상청구에서 성과없이 지출된 비용의 배상을 인정하는 것은 동규정들의 취지에 부합되지 않는 것으로 생각되었다. 왜냐하면 그와 같은 비용지출은 정상적인 이행이 행하여진 경우 즉 의무위반과는 무관하게 발생할 수 있는 것이기 때문이다.[127] 다만, 판례는 이러한 지출비용의 손해배상을 인정하기 위하여 이른바 收益性推定(Rentabilitätsvermutung)이라는 이론을 개발하였다. 이것은 계약이 제대로 이행되었더라면 계약상대방이 장래에 그의 비용을 다시 回收할 수 있을 것이라는 것을 推定하는 理論이다.[128] 그러나 계약의 목적이 어떤 경제적 목적을 추구하는 것이 아니고, 이념적·정신적 또는 문화적 목적을 수행하는 경우에는 상대방의 계약위반이 있더라도 비용배상을 청구할 수

---

125) Dauner-Lieb/Heidel/Lepa/Ring(Hrsg.)/Dauner-Lieb, (주 18) § 2 Rn. 47.
126) Begründung zu § 283, BT-Drucks 14/6040, S. 142.
127) Begründung zu § 284, BT-Drucks 14/6040, S. 142 참고.
128) BGHZ 71, 234, 239; 99, 182, 197; 123, 96, 99; 136, 102, 104.

없게 된다. 실제로 문제가 되었던 사건은 政黨(극우파정당인 NPD)이 정치 집회를 위해서 강당을 임차하고 그 준비를 위해서 상당한 비용을 지출하였는데 임대인이 임대차계약의 이행을 거절하였던 사안이다. 법원은 정당이 지출한 비용이 경제적 목적을 위한 것이 아니라는 이유를 들어 배상청구를 기각하였다.[129] 결과적으로 이와 같은 판례의 제한적 태도는 제284조의 입법을 통하여 극복된 것이다. 다시 말하면 채권자가 지출한 비용이 경제적 목적을 추구하는 계약을 통해서 얻을 수 있는 소득으로 볼 수 있느냐의 여부와 관계없이 배상받을 수 있는 대상이 확대된 것이다. 제284조에 의하면 비용지출에 의해서 얻어지는 이익이 물적인 것이냐, 정신적인 것이냐는 문제되지 않는다. 비용의 배상책임은 계약의 좌절에 대하여 귀책있는 자에게 귀속되는 책임이기 때문이다.[130]

제284조의 배상법상의 성질에 관해서는 신뢰설이 주장되기도 하지만, 채무자가 계약을 위반함으로써 계약목적이 좌절되는데서 오는 손해배상책임이라는 견해도 있다. 이유서에서는 성과없이 지출된 비용의 배상은 손해의 배상이 아니고, 비용의 배상이라고 하여 손해배상과 구별한다. 그렇게 해석하는 것이 동조의 원래의 취지에도 부합할 뿐 아니라, 급부에 갈음한 손해배상대신에 비용배상을 청구할 수 있다는 동규정의 법문에도 합치한다. 비용배상청구에 대해서도 제280조 제1항(과책주의)이 적용된다.[131]

제284조는 제281조 내지 제283조에서 규정한 급부에 갈음한 손해배상의 경우에 모두 적용된다. 그리고 제284조는 제281조 내지 제283조와 선택적으로 적용되고 중첩적으로 적용되지는 않는다(제284조: "anstelle des Schadensersatzes statt der Leistung"). 그러나 급부에 갈음한 손해배상이 아닌 경우에는 제284조가 중첩적으로 적용될 수 있다. 예컨대 정치집회를 위한 강당사용임대차계약이 이행되지 않았을 경우에 채권자(임차인)는 지출비용에 대해서는 제284조에 의하여, 집회용 확성기의 파손에 대해서는 제280조 제1항 및 제241조 제2항에 의하여 비용배상과 손해배

---

129) BGHZ 99, 182, 195 ff.; 또한 Canaris, (주 3), S. 499, 516 참고.

130) Begründung zu § 284, BT-Drucks 14/6040, S. 142 f; Canaris, (주 3), S. 499, 516.

131) Begründung zu § 284, BT-Drucks 14/6040, S. 144.

상을 함께 청구할 수 있다.132)

제284조의 규정은 급부에 갈음한 손해배상 대신에("anstelle")라고 규정하고 있으므로 비용배상을 청구하려면 적어도 급부에 갈음한 손해배상도 할 수 있는 경우이어야 한다. 따라서 제284조의 비용배상청구를 할 수 있기 위해서는 제281조 내지 제283조의 요건들이 어느 정도로 구비되어야 할 것인지가 문제된다. 적어도 상대방의 유책한 의무위반으로 인해서 채권자의 재산에 손해가 발생해야 할 것이다. 그리고 제281조 내지 제283조의 의무위반이 있는 경우에 제284조를 원용할 수 있으려면 의무위반이 중대한 것이어야 하고 채무자의 급부가 채권자에게 더 이상 기대가능한 것이 아니어야 한다. 급부지연 또는 불완전이행에 있어서는 기간설정이 필요없는 경우가 아닌 한(제284조 제2항), 설정된 기간이 성과없이 경과되어야 할 것이다.133)

제284조는 원시적 불능의 경우(제311조의a 제2항 참조)에도 적용된다. 다시 말하면 계약의 이행이 좌절된 경우가 아니라 처음부터 급부가 불능인 경우에도 적용된다. 또한 동조는 쌍무계약에 대해서 뿐만 아니라, 유증을 기대하여 비용을 지출하는 경우와 같이 단독행위에 대해서도 적용된다.134) 다만, 채무자의 의무위반이 없었더라도 계약의 목적을 달성할 수 없었을 때에는 비용배상을 청구할 수 없다(제284조 단서 참조).135) 그러나 예컨대 개인주택의 매수인이 그 집을 사기 위하여 금융비용을 지출하였을 경우에, 매도인은 그 주택을 구입하는 것보다 임차하는 것이 경제적으로 훨씬 유리했음을 입증·항변하더라도 매도인인 채무자는 매매계약의 불이행으로 인한 비용배상책임을 면할 수 없다(이른바 적자거래(Verlustgeschäft)의 경우에도 채무자는 면책되지 않는다).136) 채무자가 계약을 제대로 이행했더

132) Dauner-Lieb/Heidel/Lepa/Ring(Hrsg.)/Dauner-Lieb, (주 18) § 2 Rn. 52.

133) Dauner-Lieb/Heidel/Lepa/Ring(Hrsg.)/Dauner-Lieb, (주 18), § 2 Rn. 53.

134) Canaris, (주 3), S. 499, 517. § 284의 法文: 「급부를 받을 것을 신뢰하여」(im Vertauen auf den Erhalt der Leistung) 참고.

135) Begründung zu § 284, BT-Drucks 14/6040, S. 144.

136) Begründung zu § 284, BT-Drucks 14/6040, S. 144. 그러나 위의 강당임대차 사건에서, 예컨대 사용임대차계약이 파기된 후 예정된 행사가 참가구성원의 무관심으로 취소될 것이 밝혀진 때에는 제284조 단서가 적용되어 채권자는 비용배상을 청구할 수 없다(Begründung zu § 284, BT-Drucks 14/6040, S. 144; Canaris, (주 3) S. 499, 517).

라면 비용배상책임은 문제되지 않았을 것이기 때문이다.

끝으로 채권자가 급부를 받을 것을 신뢰하여 지출한 비용이라 함은 물건의 인도, 발송, 서면작성 등의 계약비용 뿐만 아니라, 관세, 운송비용, 시설설치비 등을 포함한다.[137] 이 이외에 사업자금조달을 위하여 차용한 원금의 이자, 또는 새로 구입하려던 고가의 名畵를 위한 새 그림틀의 제작비 등도 비용에 속한다.

3. 解　　除

가. 槪　觀

a) 위에서 설명한 바와 같이 개정된 채권법은 모든 급부장애의 종류를 의무위반이라는 상위개념 속에 포함시키는 한편, 담보책임법(Gewährleistungsrecht)도 급부장애법 내에 통합하였다. 이에 따라 필연적으로 포괄적인 법률효과규정이 만들어지지 않을 수 없게 되었다. 제280조 제1항의 손해배상에 관한 기본규범에 위반하여 의무위반이 발생하면 손해배상청구권이 성립한다. 다만, 채무자가 그 의무위반에 대하여 귀책사유가 없으면 그러하지 않다.[138] 제323조 내지 제326조의 해제에 관한 규정도 일반적인 규정이다. 구민법 제326조와는 달리 해제권은 채무자가 급부장애에 대하여 책임(귀책사유)이 있느냐의 여부와 관계없이 발생한다. 이와 같이 채무자의 귀책사유와의 연관이 단절되므로써 담보책임법은 하자책임법(Mangelhaftungsrecht)이라는 개념으로 채권총론 속에 통합되는 것이 가능하게 되었다. 즉 과책과 무관한 Wandlung(하자담보책임법상의 해제)에 관한 규정(구민법 제462조)이 제323조에 의하여 대체되었다. 다만, 동조는 상당한 기간의 설정을 해제권행사의 원칙적 요건으로 규정하고 있다. 해제는 급부가 불가능하거나(후발적 불능), 급부지연 또는 불완전급부시 의무위반이 중대한 경우에 한해서(제323조 V 참조) 가능할 뿐이다(불완전급부 내지 하자있는 급부의 경우 追完履行을 위한 기간의 설정을 하더라도 의무위반의 내용이 중대한 것이 아닌 한 해제는 인정되지 않는다). 또한 채무자가

137) Begründung zu § 437, BT-Drucks 14/6040, S. 225.
138) Begründung, Allgemeiner Teil, BT-Drucks 14/6040, S. 93.

급부에 수반하는 부수적 의무를 침해하는 때(제241조 제2항 참고)에는 계약의 계속적 유지가 채권자에게 기대될 수 없는 한 제324조에 따라 해제가 인정된다. 구법에서와는 달리 채권자는 해제 후에 반환청산관계를 기초로 여러 가지 청구권을 가질 뿐만 아니라, 손해배상도 청구할 수 있다(제325조). 따라서 채권자는 계약을 해제하면서 동시에 代替契約의 체결로 인하여 발생된 증가비용과 일실이익 등을 제281조에 의하여 급부에 갈음한 손해배상으로서 청구하거나 또는 제284조에 따라 아무 성과없이 지출한 비용의 배상을 청구할 수 있다.[139] 제323조에 의한 해제 후, 이미 수령한 급부의 반환에 관해서는 제346조 이하의 새로운 규정이 적용된다. 이 규정들은 그동안 구법에서 문제시되었던 쟁점들을 해결하기 위한 입법의도를 기초로 제정되었으며, 해제권배제 규정들(Ausschlußtatbestände)을 버리고, 모든 장애의 경우에 대해서 원칙적으로 통일된 반환청산의 모델을 정하고 있다.[140]

b) 개정법에서는 약정해제와 법정해제를 구별하지 않는다(제346조 제1항). 제346조 제1항이 규정하고 있는 받은 급부의 반환 및 얻은 이익의 반환과 관련해서 해제권이 계약 또는 법률의 규정에 의한 것인지를 구별하는 것이 어렵기 때문에 약정해제와 법정해제를 같이 취급하는 것은 정당하다고 보아야 할 것이다.[141] 특히 새 민법에서 단행한 중요한 개정은 구민법(제351조)에서와는 달리 목적물이 해제권한을 가진 자의 과책으로 반환이 불가능하게 된 경우에도 해제가 배제되지 않는다는 점이다(제346조 제2항). 해제의 의사표시 전에 목적물이 멸실되거나 그 후에 파손되는 경우에 해제권한을 가진 자와 그 상대방은 원칙적으로 동등하게 취급

139) Begründung, Allgemeiner Teil, BT-Drucks 14/6040, S. 93.

140) Begründung, Allgemeiner Teil, BT-Drucks 14/6040, S. 93.

141) 구민법 제361조(定期行爲時의 解除)는 지배적 견해에 의하면 해석규정으로 풀이되었다. 즉, 당사자 사이에 급부시기 또는 급부기간이 계약의 중요내용으로 약정된 경우에는 채무자 지체시의 최고(법정해제에 적용되는 제326조 제1항 제1문 및 제2문)없이 해제가 가능하지만 그렇지 않을 경우에는 제326조 제1항 제1문 및 제2문이 적용되었다. 따라서 약정해제와 법정해제의 구별은 실제로 어려운 경우가 없지 않았다. 제323조 제2항 제2문은 구민법의 규정과 그 내용을 같이 하는 규범이지만 법률의 규정에 의한 해제권을 정한 것이다(기간도과에 의한 의무위반으로 인한 법정해제권: gesetzliches Rücktrittsrecht wegen Verletzung durch Terminüberschreitung) (Begründung zu § 323 Abs. 2, BT-Drucks 14/6040, S. 185). 그러나 약정해제가 배제되는 것은 아니다.

된다. 또한 완전훼손 또는 부분훼손에 대해서도 개정법은 이를 구별하지 않는다. 특히 중요한 것은 과책 내지 과책의 정도 - 고의 또는 과실 - 는 전혀 문제되지 않는다는 점이다. 심지어 해제권한을 가진 자가 반환해야 할 목적물을 고의로 파손한 때에도 해제권은 존속한다.[142] 따라서 제326조 제2항은 위험부담에 관한 규정(Gefahrtragungsregel)이라고 할 수 있을 것이다. 왜냐하면 반환의무자에게 아무 과책이 없는 경우에도 반환의무를 부담해야 하기 때문이다.[143]

c) 손해배상에 있어서는 채무자의 귀책사유(제280조 제1항)를 요건으로 하지만, 해제의 경우에는 채무자의 의무위반의 중대성(Erheblichkeit) 또는 채권관계 유지에 대한 채권자의 이익, 또는 기대가능성 등이 중요한 기준이 된다(제323조 V, 제324조 참고). 따라서 손해배상과 해제는 의무위반(Pflichtverletzung)이라는 뿌리를 같이 하지만, 전자는 귀책사유를 후자는 의무위반의 심각성, 채권자의 이익 또는 기대가능성 등을 그 기본적 전제로 한다.

요컨대 해제는 채무자가 이행기에 있는 급부(이행 또는 추완이행이 가능한 급부)를 상당한 기간설정을 통하여 그 이행을 청구했음에도 불구하고 이를 실현하지 않는 경우에 행하여질 수 있다. 이미 위에서도 언급한 바와 같이 급부에 갈음한 손해배상도 실질적으로는 계약을 청산하는 것(Rückgängigmachung)과 다를 바 없으므로 제281조(급부에 갈음한 손해배상)는 제323조(급부의 지체 또는 불완전이행으로 인한 해제)와 그 요건을 같이 하고 있다.

나. 제323조 내지 제326조

제323조는 급부가 지연되고 있거나 불완전한 급부로 인한 해제에 관하여, 제324조는 제241조 제2항에 따른 의무의 위반으로 인한 해제에 관하여, 제325조는 손해배상과 해제의 중첩적 적용에 관하여, 제326조는

142) 예컨대 해제의 의사표시를 한 후에 고의로 목적물을 파손하는 경우에 해제권한을 가진 자는 손해배상책임을 부담하지만 제346조의 규정에 의하여 그의 반환청구권은 그대로 보유한다는 것이 현행법의 태도이다. 그러나 이러한 경우의 해제권의 행사는 권리남용금지의 원칙에 반할 수 있을 것이다(Begründung zu § 346, BT- Drucks 14/6040, S. 195).

143) Begründung zu § 346, BT-Drucks 14/6040, S. 195.

급부의무가 배제된 경우에 반대급부로부터의 해방과 해제권에 관하여 규정하고 있다. 다음에서는 각 조항에 관하여 약술한다.

(1) 제323조(給付遲延 및 不完全履行時의 解除)

a) 제323조는 쌍무계약상의 의무위반으로 인한 해제를 그 규율대상으로 한다. 이 규정은 급부의 지연 및 불완전이행으로 인한 해제에 관하여 규율한다. 의무위반의 내용과 관련해서 보면 급부에 갈음한 손해배상에 관한 제281조 제1항 제1문의 요건과 같다.[144]

b) 제323조 제1항에 의하면, 이행기에 있는 급부가 행하여지지 않고 있거나 불완전한 급부가 행하여진 경우에 채권자가 상당한 기간을 정하여 급부 또는 추완이행을 촉구하였으나 아무 성과가 없을 때에는 채권자는 계약을 해제할 수 있다. 구민법 제326조에 의하면, 기간의 설정 이외에 수령거절최고(Abmahnungsdrohung)의 의사표시가 필요했으나, 제323조 제1항은 제281조 제1항과 보조를 같이하여 이를 배제하였다. 이와 같은 추가적 요건은 계약에 충실한 채권자에게는 방해가 되기 때문이다.[145] 구민법(제326조 제1항 제2문)에 의하면 수령거절최고를 하면서 기간설정을 하였으나 아무 성과가 없는 경우에 채권자는 손해배상만을 청구(2차적 청구)할 수 있고, 더 이상 이행청구를 할 수 없었으나, 이와 같은 규정은 채권자에게 정당하다고 볼 수 없다. 따라서 제323조는 설정된 기간이 아무 성과없이 경과된 후에도 채권자는 계속 이행을 청구할 수 있도록 개정되었다.[146] 해제권행사의 형성적 효력에 의하여 비로소 채권관계는 반환채무관계로 변하기 때문에 그 때에 비로소 급부청구권도 소멸한다. 그 결과 채무자의 지위는 상대적으로 불안정하게 되었다. 그러나 이와 같은 불안전성은 계약에 충실하지 않은 채무자가 감수해야 한다는 것이 이유서의 태도이다. 일단 해제권을 행사하면 채권자는 그의 선택에 구속된다. 또한 채무자는 채권자의 해제권행사 전에 그의 채무를 이행함으로써 그의 불안정한 지위를 종식시킬 수 있다.[147]

144) Begründung zu § 323, BT-Drucks 14/6040, S. 183.
145) Begründung zu § 323, BT-Drucks 14/6040, S. 184.
146) 개정취지에 관해서는 Begründung zu § 323, BT-Drucks 14/6040, S. 185 참고.

c) 제323조 제2항은 기간설정이 필요하지 않은 경우를 정하고 있다. i) 채무자가 채무를 진정으로 그리고 종국적으로 거부하거나(동조항 제1호), ii) 약정된 기일 또는 기간 내에 급부를 실행하지 않거나, 제때에 급부를 하지 않으면 채권자의 급부이익이 더 이상 존재할 수 없음을 계약에 정한 경우이거나(이른바 定期行爲의 경우)(동조항 제2호), 또는 iii) 양당사자의 이익형량하에 즉시해제가 정당시되는 사정이 존재하는 경우(동조항 제3호)가 그것이다. 이 규정들은 기본적으로 제281조 제2항의 내용과 같다.[148] 제323조 제2항 제3호(위의 iii)는 제1호 및 제2호에 해당하지 않는 잔여사례(주변사례)를 포섭하는 포괄규정(Auffangstatbestand)이다. 따라서 이에 대해서는 실무상 법원의 평가 내지 해석상의 신축성이 주어질 수 있다.[149]

d) 예컨대 경업금지와 같이 부작위의무를 부담하는 채무자에 대해서는 기간의 설정은 필요하지 않을 것이다. 따라서(제281조 제3항의 경우와 같이) 이 때에는 거절최고(Abmahnung)만으로 해제가 가능할 것이다(제323조 제3항).[150]

e) 제323조 제4항은 이행기 전의 이행거절에 관하여 규정하고 있다. 이 규정은 적극적 채권침해가 있는 경우에 해제권을 부여하기 위하여 마련된 것이다. 따라서 해제요건이 발생할 것이 명백할 때에는 이행기 전이라도 채권자는 해제할 수 있다.[151] 제281조의 경우에 같은 규정을 두지 않은 것은 입법상의 오류로 지적되고 있다.[152]

f) 제323조 제5항 제1문은 可分給付의 채무자가 급부의 전부를 이행하지 아니하고, 일부급부만을 실현한 경우를 규정하고 있다. 이 경우에 채권자는 부분급부에 대하여 아무 이익이 없는 때에 한하여 계약전부를 해제할 수 있다. 계속적 공급계약(Sukzessivlieferungsvertrag)에 있어서는

---

147) Begründung zu § 323, BT-Drucks 14/6040, S. 185.

148) 다만, 제323조 제2항 제2호는 제281조의 경우와 일치하지 않는다.

149) Begründung zu § 323, BT-Drucks 14/6040, S. 186.

150) Dauner-Lieb/Heidel/Lepa/Ring(Hrsg.)/Dauner-Lieb, (주 22), § 323 Rn. 21.

151) Begründung zu § 323, BT-Drucks 14/6040, S. 186.

152) Dauner-Lieb/Heidel/Lepa/Ring(Hrsg.)/Dauner-Lieb, (주 22), § 323 Rn. 22.

한정해제가 원칙이다.[153] 따라서 부분장애(Teilstörung)의 경우에는 부분해제(Teilrücktritt)만이 가능하다고 보는 것이 원칙이라고 해야 한다.[154]

동조항 제2문은 하자있는 급부(불완전급부)에 관한 규정이다. 채무자가 계약내용에 좇지 않은 급부를 한 경우에 그 의무위반이 중요하지 않은(unerheblich) 때에는 채권자는 계약을 해제할 수 없다.[155] 이 경우에 의무위반이라 함은 하자있는 목적물을 급부한 것을 뜻한다. 그리고 의무위반의 중요성 여부는 해당급부의 가치 또는 적합성(Tauglichkeit)의 중대성(구법 제459조 제1항 2문) 여부에 따라 결정될 것이다.[156] 따라서 급부의 가치 또는 적합성의 감소가 중요하지 않을 때에는 해제를 할 수 없다.

g) 제323조 제6항은 급부장애에 대하여 채권자에게 책임이 있는 경우에 해제의 배제에 관하여 규정하고 있다. 해제권을 발생시킬 수 있는 사정이 전적으로 또는 주로 채권자의 책임에 의한 것이거나 또는 채무자의 책임없이 채권자의 수령지체 중에 발생한 것인 때에는 해제권은 배제된다.

(2) 제324조(保護義務違反에 의한 解除)

a) 제324조는 채무자가 그의 주채무 또는 종된 급부의무를 제대로 이행하였으나, 급부에 수반되는 부수적 의무를 침해한 경우를 규율대상으로 하고 있다.[157] 예컨대 집수리를 하는 목수가 채권자의 주택의 가재도구나 시설을 그의 잘못으로 파손하는 경우가 이에 해당한다.[158] 이 경우에 채권자는 제280조 제1항에 의하여 손해배상을 청구할 수 있으나, 이에 그치지 않고 계약관계를 해제할 수 있느냐 하는 것이 문제된다. 제324조에 의하면, 채무자가 계약상의 채무를 제대로 이행하여 채권자의 급부이익이 만족을 얻을 수 있는 경우라도 부수적 채무의 위반(제241조 제2항)으로 인해서 채권자에게 계약의 유지를 기대할 수 없을 때에는 채권자에게 해제권이 주어진다. 그러나 급부지체, 불완전 급부(하자있는 급부) 및

153) Begründung zu § 323, BT-Drucks 14/6040, S. 186.

154) Dauner-Lieb/Heidel/Lepa/Ring(Hrsg.)/Dauner-Lieb, (주 22), § 323 Rn. 23.

155) Begründung zu § 323, BT-Drucks 14/6040, S. 186 f.의 취지설명 참고.

156) Begründung zu § 437, BT-Drucks 14/6040, S. 231.

157) Begründung zu § 324, BT-Drucks 14/6040, S. 187.

158) Begründung zu § 282, BT-Drucks 14/6040, S. 141 참고.

불능의 경우에는 제324조는 적용되지 않는다. 제282조는 급부에 갈음한 손해배상청구에 대해서 같은 요건을 규정하고 있다.159)

b) 채권자로 하여금 더 이상 계약의 유지를 기대할 수 없는 사정을 어떻게 이해해야 할 것인가? 우선 개별적인 경우에 따라 구체적 판단을 해야할 것이다. 위에서 언급했듯이 塗色工이 작업중 고가의 물건을 파손하거나 중요설비에 손실을 입힐 정도로 험하게 일을 수행한다면 그 도색공과의 계약관계의 유지를 더 이상 기대할 수 없을 것이다. 그러나 기대가능성의 기준은 채권자에게는 그 사태를 감내하기 어려울 정도라고 할만큼 그 정도가 큰 것이어야 한다.160) 그리고 채무자의 의무위반은 중대한 것이어야 할 것이다. 제323조의 경우와 마찬가지로 제324조에 있어서도 채무자의 귀책사유는 문제되지 않는다. 다만, 기대가능성의 판단에 있어서 간접적으로 참고가 될 수 있을 것이다. 의무위반에 대한 채권자의 귀책사유도 필요한 경우에는 기대가능성의 판단에 있어서 참고될 수 있다. 그러나 채권자지체 중에 급부와 무관한 부수적 의무위반이 있는 때에는 기대가능성 판단에 영향을 미칠 수 없을 것이다.161)

(3) 제325조(損害賠償과 解除의 共存)

a) 급부장애시 채권자로 하여금 해제와 손해배상 중의 하나만을 선택하여 행사하도록 한 구법의 태도를 시정한 것이 제325조이다. 구민법의 태도가 잘못된 것임은 오래전부터 지적되어 왔다.162) 구법에서는 보증한 性狀이 결여(Fehlen zugesicherter Eigenschaften)된 경우(제463조), 또는 완성된 일에 하자가 있는 경우(제634조)에 계약의 解除(Rücktritt, Wandlung)와 손해배상(또는 감액) 중의 하나를 선택하지 않으면 안되었다. 이와 같은 불합리성에 대해서는 여러 가지 방법에 의하여 그 완화가 시도되었으나,163) 특히 채권자가 서둘러 미리 해제권의 행사를 하고 손해의 청

159) Begründung zu § 282, BT-Drucks 14/6040, S. 141 f. 참고.

160) Begründung zu § 282, BT-Drucks 14/6040, S. 141.

161) Dauner-Lieb/Heidel/Lepa/Ring(Hrsg.)/Dauner-Lieb, (주 22), § 324 Rn. 10.

162) 제325조의 입법취지에 관해서는, Begründung, Allgemeiner Teil, BT- Drucks 14/6040, S. 85 f., 93; Begründung zur Neufassung der §323-326, BT-Drucks 14/6040, S. 183; Begründung zu § 325, BT-Drucks 14/6040, S. 187 f. 등 참고.

산에 대하여 아무 대책을 강구하지 않은 경우에는 어려움이 발생했다. 해제의 직접적 효과(형성적 소급효)에 의해서 손해배상을 청구하는 것은 배제되는 것으로 이해되었기 때문이다.

b) 제325조가 실익을 발휘하는 것은 채권자가 이미 그의 반대급부를 실현한 경우이다. 반대급부가 실현된 때에는 제281조에 의하여 채무자의 급부에 갈음한 손해배상만으로는 채권관계가 청산되지 않는다. 제281조는 채권자가 실행한 반대급부의 반환청구에 관하여 규정하고 있지 않기 때문이다. 제325조에 의하면 채권자는 자신의 반대급부의 반환청구와 함께 代替契約으로부터 발생된 추가비용, 일실이익 등의 손해배상 또는 제284조에 의한 비용배상을 청구할 수 있다.[164] 제325조의 규정에 의한 손해배상은 그 종류에 대하여 제한을 하고 있지 않으므로 제281조 내지 제284조의 손해배상 또는 비용배상에 한정되지 아니하고, 지연배상(제280조 제2항, 제286조), 지연이자, 하자있는 급부「또는」제241조 제2항에 의한 부수적 의무위반에 의한 손해도 배상청구의 대상이 될 수 있다.[165]

(4) 제326조(給付義務의 排除時 反對給付로부터의 解放과 解除)

a) 제326조는 제275조 제1항 내지 제3항에 의하여 채무자의 본래의 급부의무가 배제된 쌍무계약의 경우에 채권자의 반대급부의 운명을 그 규율대상으로 하고 있다. 우선 불능문제의 처리에 대해서 제326조는 구민법 제323조 및 제324조를 새로운 내용으로 대체하고 있는 것으로 볼 수 있다.

b) 동조 제1항 제1문 전단은 구민법 제323조 제1항 제1문 전단을 대체하고 있다. 즉, 채무자가 제275조 제1항 내지 제3항에 의하여 급부할 필요가 없을 때에는 그의 반대급부청구권도 소멸한다. 제326조는 제275조에서와 마찬가지로 불능에 대한 채무자의 귀책여부와 관계없이 적용된다.

c) 동조 제2항은 약간의 수정을 가하여 구법 제324조의 내용을 수용

---

163) 자세히는 Begründung zu § 325, BT-Drucks 14/6040, S. 187 f. 참고.

164) Begründung, Allgemeiner Teil, BT-Drucks 14/6040, S. 93.

165) Dauner-Lieb/Heidel/Lepa/Ring(Hrsg.)/Dauner-Lieb, (주 22), § 325 Rn. 2 참고.

한 것이다. 즉, 채권자의 귀책사유에 의하여 또는 지체중에 발생한 사정으로 채무자의 급부의무가 배제되는 때에는 채무자는 반대급부청구권을 상실하지 않는다.

d) 동조 제3항은 제285조와의 관계를 규율한 것이고, 구민법 제323조 제2항의 내용과 일치한다.

e) 동조 제4항은 구민법 제323조 제3항을 대체한 것이다. 구민법에서는 이미 실현된 반대급부의 반환에 대하여 부당이득법이 적용되었으나, 동조항에 의하여 제346조 내지 제348조가 적용된다. 이것은 중요한 개정이라고 할 수 있다.

f) 과거에 구민법 제323조 제1항 후단과 관련해서 문제시되었던 일부불능에 대해서 제326조 제1항 제1문 후단은 불능부분에 해당하는 반대급부청구권은 탈락한다고 명시적으로 규정하고 있다. 채무자가 본래의 급부의무의 일부를 면함으로써 채권자가 나머지 급부에 대하여 이익이 없게 된 때에는 동조 제5항 및 제323조 제5항 제1문에 의하여 계약전부에 대하여 해제권이 발생한다고 해석되고 있다.[166]

다. 제346조 및 제347조

다음에서는 해제의 효과(제346조) 및 해제 후의 수익과 비용(제347조)에 관해서만 살펴본다.

(1) 제346조(解除의 效果)

a) 제346조 제1항

동조항은 해제시 수령한 급부의 반환 및 취득한 수익의 반환에 관하여 규정하고 있으며, 약정해제와 법정해제를 구별하지 않는다.

b) 제346조 제2항 제1문

동규정은 목적물의 반환에 갈음한 가액반한에 관하여 규정하고 있다. 동조항 제1문 제1호는 취득한 급부의 성질상 그 반환이나 인도가 불능한 경우에 관하여 규정하고 있다. 동조항 제1문 제2호는 채무자가 수령한

166) 제326조에 관한 설명에 대해서는, Dauner-Lieb/Heidel/Lepa/Ring(Hrsg.)/Dauner-Lieb, (주 22), § 326 Rn. 1 참고.

목적물을 소비, 양도, 부담설정, 가공 또는 개조한 경우를 규율하고 있다. 이 규정은 구민법 제352조 및 제353조를 대체함으로써 해제가 배제되는 경우에 가액배상책임을 인정하여 이를 상대방에게 부과시키고 있다.[167] 여기서 소비의 대상은 동산을 말하고(제92조 참조), 양도와 부담은 물권행위에 의한 것을 뜻한다. 가공과 개조의 개념은 제950조 제1항 제1문에 따른다. 보수는 그 범위가 큰 경우라도 이에 해당하지 않는다.[168] 동조항 제1문 제3호는 훼손 및 멸실의 경우의 가액반환을 규정한다. 이 규정은 제346조 제2항 제1문의 규정들(제1호 내지 제2호)이 적용될 수 없는 잔여사안들을 포괄하여 그 규율대상으로 하는 규정(이른바 잔여사안포괄규정: Auffangsvorschrift)이다.[169]

c) 제346조 제2항 제2문

동규정은 계약내에 규정된 반대급부는 가액배상의 산정에 기초가 되어야 할 것을 정하고 있다.

d) 제346조 제3항 제1문

동규정은 가액배상의무가 제한되는 경우와 배제되는 경우에 관하여 정하고 있다.[170] 동규정 제1호에 의하면 해제권을 발생케 하는 하자가 가공 또는 개조 도중에 또는 그 후에 나타난 것이어야 한다. 그 이전에 들어난 하자는 가액배상의 대상이 된다. 동규정 제2호는 채권자에게 훼손 또는 멸실에 대한 귀책사유가 있거나, 목적물이 채권자의 수중에 있었더라도 마찬가지로 손해가 발생했을 경우를 규정하고 있다. 동규정 제3호는 「법정」해제권을 행사하는 자에게 유리한 규정이다. 즉, 해제권자가 그 자신의 업무에 기울이는 것과 동일한 주의를 다했음에도 불구하고 훼손 또는 멸실이 발생한 때에는 가액배상책임을 면한다. 이에 대하여 이유서는 다음과 같이 설명하고 있다. 예컨대 매수인 또는 도급인이 「법정」해제권을 행사할 때 이로 인하여 발생하는 위험은 상대방에게 돌아가는 것이 옳다. 왜냐하면 법정해제는 매도인 또는 수급인이 완전한 이행을 하지 않은

---

167) Begründung zu § 346, BT-Drucks 14/6040, S. 196.; Dauner-Lieb/Heidel/Lepa/Ring(Hrsg.)/Hager, (주 18), § 5 Rn. 19.

168) MünchKomm/Jaußen, § 352 Rn. 1.

169) Dauner-Lieb/Heidel/Lepa/Ring(Hrsg.)/Hager, (주 18), § 5 Rn. 22.

170) 구민법 제350조 및 제347조와의 대조.

데서 발생된 것이기 때문이다. 따라서 채무의 내용에 좇아 제대로 급부하지 않은 자(매도인·수급인)는 위험이 상대방(채권자: 매수인·도급인)에게 귀속될 것을 기대해서는 안된다는 것이다.[171] 그러나 이에 대해서는 비판적 견해가 있다.[172]

e) 제346조 제3항 제2문

동규정은 잔여이득의 반환을 규정하고 있다. 이유서에 의하면, 여기서 잔여이득이라 함은 부당이득에 관한 제812조 이하에 의하여 처리될 이익을 말한다.[173] 그러나 잔여이득(verbleibende Bereicherung)이 무엇인지는 명확하지 않다. 이 경우에 이득소멸과 관련해서(제818조 제3항 참조) 채무자가 現存利益의 한도 내에서만 반환의무를 부담할 수 있느냐 하는 것이 문제된다. 채무자가 반환의무를 인식하고 있으면서 제818조 제3항(우리 민법 제748조 제1항 참고)을 원용하는 것은 타당치 않을 것이다. 왜냐하면 악의의 이득자는 이득소멸을 주장할 수 없기 때문이다(제813조 제3항, 제819조 제1항, 우리 민법 제748조, 제749조 참조).[174]

(2) 제347조(解除 후의 收益과 費用)

a) 제347조 제1항

채무자가 통상의 경제법칙에 따라 수익을 얻을 수 있음에도 불구하고 이를 게을리 하여 수익하지 못한 때에는 채권자에게 가액을 반환해야 한다. 예컨대 자동차의 매수인이 매일 자동차를 이용해야 하는 것은 통상적인 수익방법이라고 할 수 없으나, 변제기에 있는 이자를 추심하지 않거나, 사용대차기간을 연장하지 않거나 농지를 아무 이유 없이 休耕하는 것은 통상의 경제적 수익방법에 반한다. 반환청구자 자신의 실제적 수익가능성 여부는 문제되지 않는다. 입법자는 채무자에게 일반적 과책이 있는 경우에 가액배상을 인정하고 있다(동조항 제1문).[175]

동조항 제2문에 의하면, 법정해제권의 경우 해제의 권한을 가진 자는

171) Begründung zu § 346, BT-Drucks 14/6040, S. 196. 양당사자에게 모두 有責性이 없는 때에는 해제권자에게 유리하게 해결되어야 한다(a. a. O.).

172) Dauner-Lieb/Heidel/Lepa/Ring(Hrsg.)/Hager, (주 18), § 5 Rn. 33.

173) Begründung zu § 346, BT-Drucks 14/6040, S. 196.

174) Dauner-Lieb/Heidel/Lepa/Ring(Hrsg.)/Hager, (주 18), § 5 Rn. 39.

175) Begründung zu § 347, BT-Drucks 14/6040, S. 197.

자기 자신의 업무에 대한 주의를 다한 경우에는 수익(Nutzungen)에 관하여 책임을 부담하지 않는다. 이 규정은 법률의 규정에 의하여 해제권을 가지는 자에 대한 우대규정이라는 이유에서 의문이 제기되고 있다. 적어도 상대방의 의무위반으로 인하여 계약상의 약정해제권을 행사하는 자에게도 같은 원칙을 적용하는 것이 마땅할 것이다.[176)]

b) 제347조 제2항

동조항 제1문은 반환채무자에 의한 목적물의 반환, 가액배상 또는 제346조 제3항 제1호 내지 제2호에 의한 가액배상의무의 배제시에 채무자에 대한 필요비 상환에 관하여 규정하고 있다. 구민법 제944조 제1항 및 제2항(점유자·회복자 사이의 필요비에 관한 규정)과 비교해서, 동규정은 필요비뿐만 아니라, 기타의 지출비(Aufwendungen)에 대해서도 채권자의 배상의무를 확대·규정하고 있다.[177)] 즉, 목적물이 복구되거나 개조된 경우에도 이로 인하여 채권자가 이득을 얻은 때에는 그 지출비용을 배상해야 한다. 다시 말하면 유익비도 배상되어야 한다.

4. 行爲基礎의 障碍

행위기초의 장애에 관해서는 위에서(Ⅱ. 2.) 설명했으므로 이곳에서는, 급부장애와의 관계에 대해서만 간단히 언급한다. 제313조는 행위기초에 현저한 변화가 생긴 경우에 계약당사자는 계약의 修整과 최후적 수단인 해제를 할 수 있는 가능성을 규정하고 있다. 행위기초의 장애는 처음부터 당사자 사이에 약정이 있거나 상대방의 의무위반이 있는 것을 전제로 하지 않으면서 계약관계를 수정·해제할 수 있는 구제방법이라는데 그 특징이 있다. 계약이 체결된 후에 행위기초를 현저하게 변화시킨 장애사정은 대체로 해제권을 발생시킬 수 있는 사정에 해당하는 것이 보통이다. 그러

176) Dauner-Lieb/Heidel/Lepa/Ring(Hrsg.)/Hager, (주 18), § 5 Rn. 41.

177) Begründung zu § 347, BT-Drucks 14/6040, S. 197. 이와 같이 배상범위가 확대됨으로써 채권자에 대해서 부당이득법상의 이른바 「강요된 부당이득」(aufgedrängte Bereicherung)의 문제가 발생할 수 있다(Dauner-Lieb/Heidel/Lepa/Ring(Hrsg.)/ Hager, (주 18), § 5 Rn. 43. 강요된 부당이득에 관해서는 Medicus, Bürgerliches Recht, 18. Aufl., Rn. 899 참고).

나 행위기초의 장애를 立法한 기본취지는 해제와는 그 시각을 달리 하고 있다.[178] 예컨대 합의한 상품인도기한을 지킬 수 없게 된 內戰이나 자연재해가 돌발한 경우에, 이로 인한 급부지체가 채권자에 대해서는 해제의 원인이 되어 계약의 구속으로부터 채권자를 해방시킬 수 있지만(제323조 제1항, 제2항 참조), 채무자에 대하여 계약이 해제되기 전에 계약을 修整 - 즉 代金을 깎아주는 대신에 인도기한을 연기받는 등 - 할 기회를 주는 것은 매우 뜻있는 일이다. 이행기의 도래 전에 - 앞으로 해제의 요건이 명백히 발생할 것이기 때문에 - 일방적 형성권의 행사로 계약을 해제할 수 있는 권리(제323조 제4항 참조)와 계약수정을 요구할 수 있는 채무자의 권리 사이에는 일종의 충돌관계가 성립한다. 이와 같은 모순관계는 계약 수정에 대한 채무자의 요구가 정당한 한 이를 해제권의 행사보다 우선시킴으로써 극복될 수 있을 것이다.[179] 행위기초의 장애를 立法化하고, 채무자의 정당한 수정요구가 채권자의 해제권 행사를 저지할 수 있는 것으로 해석하는 한 이 제도 또한 이행청구권의 우선의 원칙과 그 맥을 같이 하는 것으로 볼 수 있을 것이다.[180]

5. 減額權

a) 감액권은 매매(제441조) 및 도급(제638조)에서 형성권으로서 규정되어 있다. 이 규정은 급부장애법에 대한 총론적 규정은 아니다. 원래 채권법개정위원회에서는 감액청구권을 일반화하여 고용계약의 노무급부에 대해서도 확대하려고 하였으나,[181] 근로자들의 반대에 부딪혀 좌절되었다.

b) 대금감액은 민법하에서의 하나의 담보책임의 종류로서가 아니라,

178) Schlechtriem, Entwicklung der deutschen Schuldrechts und europäische Rechtsangleichung, in: Jahrbuch Jünger Zivilrechtswissenschaftler, 2001, Das neue Schuldrecht(hrsg v. Helms, Neumann, Caspers, Sailer, Schmidt-Kessel), 2001, S. 27; Begründung zu § 313, BT-Drucks 14/6040, S. 174 참고.

179) Schlechtriem, (주 178), S. 27 참고. 그러나 이에 대해서 법률은 아무 규정을 두고 있지 않다.

180) 물론 채무자의 계약수정권도 중대한 사정의 변경이 있을 때에만 정당화될 수 있다 (Begründung zu § 313, BT-Drucks 14/6040, S. 174).

181) Begründung zu § 437, BT-Drucks 14/6040, S. 223; Abschlußbericht, (주 1), S. 217 참고.

하자있는 급부 내지 불완전이행시에 적용될 수 있는 급부장애법의 한 구제방법으로 이해되는 제도이다. 감액권은 감액권자(예컨대 매수인)가 먼저 상당한 기간을 설정하여 상대방(매도인)에게 추완이행의 기회를 준 후에 행사할 수 있다.182) 유럽계약법은 상대방의 급부가 계약의 내용에 합치하지 않는 때에는 대가를 감액할 수 있는 일반규정을 두고 있다(제9:401조). 감액은 부적합한 급부의 감소가치에 비례하여 이루어진다.

개정된 채권법의 체계상 해제, 행위기초의 장애에 의한 계약수정, 대가감액은 채무자의 귀책사유를 필요로 하지 않는다는 데서 공통점을 가지고 있다. 이 구제방법들은 하나의 段階的 관계에 서있다고 볼 수 있다. 계약관계의 종국적 소멸에 앞서서 계약을 조정 내지 수정할 수 있는 보다 온건한 방법이 사용되는 것이 계약관계의 본래의 취지에 합당하기 때문이다. 그런 의미에서 감액(권)은 하자있는 급부로 인하여 침해된 等價關係를 수정할 수 있는 편리한 장치라고 볼 수 있을 것이다. 감액청구는 채무자의 귀책사유를 요건으로 하지 않으므로, 하자있는 급부가 채무자의 과책에 의한 것인 때에는 채권자의 손해배상청구는 아무 영향을 받지 않는다. 다음 단계의 구제방법이 행위기초의 장애에 의한 계약수정권이다. 이 수정권은 채무자에게 뿐 아니라, 채권자에게도 주어진다. 해제는 그 파급효과가 크므로 마지막 수단(ultima ratio)으로 행사되어야 한다. 다시 말하면 계약수정이 불가능하거나 계약침해의 중대성에 비추어 계약의 유지가 기대불가능한 경우에 적용되는 최후의 구제방법이라고 보아야 할 것이다(제313조 제3항 참조).183)

V. 綜合的 考察

독일채권법 현대화법은 민법의 국제적 同化(Angleichung)라는 테두리

182) 감액에 있어서도 원칙적으로 해제의 경우에 적용되는 요건이 갖추어져야 한다. 제441조 제1항 제1문(매매의 경우) 및 제638조 제1항 제1문(도급의 경우)에 해제에 "갈음하여"(statt zurückzutreten)라고 한 것은 그와 같은 내용을 규정한 것으로 해석된다(Begründung zu § 441, BT-Drucks 14/6040, S. 235; Begründung zu § 638, BT-Drucks 14/6040, S. 266).

183) Schlechtriem, (주 178), S. 28 참고.

안에서 이루어졌다고 볼 수 있다. 급부장애법에 있어서는 의무위반이라는 頂点을 기초로 급부장애에 대한 법적 구제방법을 단순화·통일화했다는 것이 가장 큰 특징이라고 해야 할 것이다. 그동안 많은 복잡한 문제와 모순을 제기해왔던 담보책임법이 손해배상과 해제제도 내에 통합·용해되므로써 급부장애법은 그만큼 일관성을 유지할 수 있게 되었다. 이에 따라 하자손해와 하자결과손해의 분리현상도 책임기준의 조화 및 소멸시효의 통일을 통해서 제거되었다. 또한 판례법으로 인정되었던 적극적 채권침해, 계약체결상의 과실, 행위기초의 장애들이 입법화되어 급부장애에 관한 법률의 체계 내에 자리를 잡게 되었다. 불능의 복잡한 구조도 단순화되었으나, 다만 원시적 불능은 새로운 기초를 보유하고 있다. 특히 손해배상과 해제의 제도를 再構成·單純化하면서 새로운 체계를 입법한 것은 특기해야 할 일이다. 손해배상제도는 과책을 기초로 하면서 각종의 급부장애를 규율하고 있으며, 해제제도는 과책과는 관계없이 계약관계를 더 이상 유지할 수 없는 사유를 기초로 구성되어 있다. 이 두 제도와 관련해서 주목해야 할 것은 급부에 갈음한 손해배상(제281조 참조)과 해제(제323조)에 앞서 이행 또는 추완이행이 실현될 수 있도록 한 立法意圖(상당한 기간의 설정 참고)이다. 다시 말하면 이행청구 및 추완청구의 우선원칙을 명백히 한 것은 개정된 채권법을 높이 평가해줄 수 있는 항목중의 하나이다. 또한 같은 취지에서 감액청구, 행위기초의 장애로 인한 계약내용의 수정 및 해제로 이어지는 입법적 암시도 급부장애법의 국제화현상에 합치하는 것이라고 볼 수 있다.

다만, 급부장애법의 체계가 단순화됨으로써 抽象性이 증가하고 또한 관련규정의 準用條項(Verweisungsvorschriften)이 증가된 것은 단순화된 새 민법의 체계에서 극복되어야 할 어려움이라고 할 수 있다. 체계의 단순화가 반드시 법해석의 투명성으로 이어질 것인지는 아직 미지수라고 생각된다. 그러나 독일의 채권법현대화법은 총체적으로 급부장애법의 새 모델을 제시했다는 점에서는 성공적인 작품이라고 보는 것이 타당할 것이다.

[2] 改正 獨逸賣買法의 槪觀
- 體系의 改革과 瑕疵責任法을 중심으로 -

安 法 榮*

Ⅰ. 意 義

2001년 독일에서는 民法典의 消滅時效法과 제2편 債務法 總則과 賣買法 등을 대폭적으로 개정하였다. 이를 위한 구체적 논의는 2000. 8. 獨逸聯邦法務省이 미리 작성한 債務法現代化法律의 討議案을 공표하면서 시작되었으며, 복잡하였으나 체계적인 改正節次가 완결되어 2002년 1월 1일부터 施行되고 있다.

위 改正의 전반적인 골자는, 이미 알려진 바와 같이, 유럽共同體指針에 따른 賣買法과 이에 상응한 債務法 體系의 修正, 즉 독일의 고유한 二元的 體系의 債務不履行法을 유럽 전체에 통용될 수 있는 國際的 法理인 義務違反을 중심으로 하는 一元的 給付障碍法으로 하는 것이다. 이러한 독일민법전의 개정은, 우리의 현행 民法典의 債務不履行法이 제390조의 一般條項을 중심으로 하면서도 賣買法 등에서 瑕疵擔保責任法을 특별히 규정함으로써 기존 독일 賣買法에서와 유사하게 해석적 논란과 번잡을 초래하고 있는 점에 비추어 본다면, 우리 民法典의 解釋과 立法政策에 시사하는 바가 적지 않다. 특히 우리의 현행 民法은 日本民法을 통해 서구의 大陸法, 특히 獨逸의 立法例를 따른 繼受法으로서 그 體系와 法理 및 그 實體的 內容에 있어서 獨逸民法典(BGB)으로부터 상당한 영향을 받았고, 현

---

* 고려대학교 법과대학 교수, 민사법전공.
本稿에서는 편집상의 사유로 脚註를 생략하고 參考文獻을 첨부한다. 脚注가 첨부된 原稿는 研究를 보완하여 다른 紙面에 발표하기로 한다.

재에도 이러한 상황에 있음을 부인할 수 없다. 또한 현행 우리 민법전의 賣買法 規定들은 성질상 허용되는 한 賣買契約 이외의 모든 有償契約에 準用된다. 따라서 독일 賣買法의 改正을 검토하여야 하는 중요성은 재론의 여지가 없다. 더욱이 독일의 채무법개정은 유럽共同體 會員國 모두에게 해당하는 일련의 指針들의 國內法 轉換을 계기로 하고 있어, 비록 다수의 회원국들이 民法典에 編入시키는 改正을 시도하지는 않고 있으나, 改正의 실질적 내용의 상당 부분은 獨逸에만 국한되지 않은 普遍性을 반영하고 있다는 점을 주목하여야 할 것이다.

Ⅱ. 改正의 契機

독일연방정부는 討議案을 발표한 후, 학계와 실무의 검토를 거쳐 修正案을 작성하여, 2001. 5. "債務法의 現代化를 위한 法律案"(Entwurf eines Gesetzes zur Modernisierung des Schuldrechts)을 마련하였다. 이 法律案은 독일연방정부가 밝히고 있듯이, 유럽공동체의 消費財賣買指針(VerbrGK-RiL)의 國內法 轉換이 직접적인 外的 契機를 이루었다. 이 지침에 따르면 독일 민법전의 賣買法 전부가 새로이 改正되어야 하는 것은 아니었으나 본질적으로 적지 않은 분야들을 새로이 규정하여야만 하였다. 특히 買受人의 履行請求權의 內容(Inhalt des Erfüllungsanspruchs), 瑕疵概念(Mangelbegriff), 買受人의 瑕疵請求權(Mängelansprüche), 瑕疵請求權의 消滅時效期間(Verjährungsfrist für Mängelansprüche), (任意的) 擔保(保證)의 內容 形成(Inhaltliche Ausgestaltung von (freiwilligen) Garantien), 消費者를 위한 當事者處分自由의 制限(Beschränkung der Dispositionsfreiheit)이 그 주된 내용이라고 할 수 있다. 기존 賣買法에 비추어 改正賣買法에서 실무적으로 괄목할 만한 변경은, 우선 消滅時效期間을 6개월에서 2년으로 확장하고 이보다 短期間으로 合意할 가능성을 제한하며, 瑕疵로 인한 매수인 權利의 契約的 排除를 일반적으로, 또한 중고품에서도 허용하지 않는 것이다. 그 밖의 사항들은 實務的 結果 보다 오히려 法律構造를 변경하여야만 하는 것으로서 주로 學界의 관심 대상이 되었는바, 消費財賣買指針이 매수인의

追完履行請求權을 보장함으로써 契約實務에 접근한 것을 예로 들 수 있다.

나아가 독일연방정부의 債務法現代化律案은 유럽공동체지침의 국내법 전환과 더불어, 그 명칭에서도 명백히 드러나듯이, 獨逸債務法의 現代化 必要(Modernisierungsbedarf)라는 內的 契機와 연계되어 있다. 이는 消費財賣買指針이 그 실질적 내용에 있어서 債務法委員會가 最終報告書에서 제안한 바의 상당 부분을 포괄하고, 특히 債務法 및 消滅時效法과는 긴밀하게 견련되어 있기 때문이다. 그 결과 2001년 獨逸은 유럽共同體指針이 요구하는 수준을 넘어 債務法 전반과 消滅時效法을 개정하고, 각종 消費者保護에 관한 特別法律들을 民法典에 통합함으로써 體系的 整備를 도모하게 되었다.

Ⅲ. 旣存 賣買法의 問題點

소비재매매지침의 국내법 전환과 관련된 기존 賣買法의 문제 중심은 瑕疵擔保責任의 영역에 있었는바, 다음과 같은 사항들이 지적되었다.

一般給付障碍法과 賣買法的 瑕疵責任을 분리하여 취급한 것은 심각한 괴리를 초래하였다. 物件 및 權利의 瑕疵로 인해 賣買契約의 等價關係(Äquivalenzverhältnis)가 파괴된 경우에는 그 補償을 위한 法的 效果가 주어져야만 한다. 그런데 給付義務違反의 構成要件으로부터 이를 해결하지 않는다면, 다른 해결 방법으로서, 法律에 의하거나 최소한 묵시적으로 合意된 擔保(Garantie) 또는 객관적으로 판단되는 瑕疵擔保責任에 의해 해결되어야 할 것이다. 독일의 기존 債務法은 매매목적물의 瑕疵를 매도인의 給付義務로 귀속시키지 않고 있어서 一般的 給付障碍法으로부터 特別擔保責任法을 구분하는 문제가 제기되었다. 또한 權利의 瑕疵에 관해서는 독일민법 기존 제434조에서 第3者의 權利로부터 자유로운 賣買目的物을 마련해 주도록 규정하고 있었던 반면, 物件의 瑕疵에 관해서는 이러한 규정을 두고 있지 않았다. 다만 種類物賣買에서 기존 제480조 1항이 매수인에게 瑕疵 없는 物件에 대한 請求權을 규정하고 있었을 뿐, 特定物賣買에는 이와 같은 條項이 없었다. 기존 제459조 이하에서는 매수인의 擔保

請求權들을 매도인의 瑕疵 없는 物件을 提供할 義務違反이 아니라 瑕疵의 存在에 연계시키고 있었다. 결국 종래의 物件의 瑕疵擔保法에서는 物件의 無瑕疵性이 매도인의 給付義務 內容이 되지 않았는바, 物件의 瑕疵擔保責任도 一般的 給付障碍法과 서로 분리되어 조화를 이루지 못하였다. 그리고 權利의 瑕疵擔保責任도 一般給付障碍法과 비교적 작은 괴리를 보였으나 완전한 조화를 이룬 것은 아니었다. 이 경우에 매도인은 原始的·主觀的 不能인 경우에 過責 없이 責任을 져야 했으므로 결과적으로는 無過失의 擔保責任(verschuldensunabhängige Garantiehaftung)으로 다루어졌다.

특히 物件의 瑕疵로 인한 매도인의 損害賠償責任에 있어서 직접적인 瑕疵損害에 대한 損害賠償은 惡意의 欺罔과 確約된 性狀이 결여된 사례들에 국한되었고(§ 463 BGB a.F.), 有責으로 야기된 瑕疵後續損害에 대해서는 積極的 債權侵害의 基本原則에 따라 責任을 지도록 하였는바, 기존 제463조만이 적용되는 瑕疵損害와 積極的 債權侵害가 적용되는 瑕疵後續損害의 구별이 불가피하게 되었고, 이에 관한 개별적인 법적 취급이 광범위하게 전개되어 심각한 法的 不安定이 초래되었다. 특히 瑕疵擔保請求權들의 消滅時效期間(§§ 477, 195 BGB a.F.)의 차이로 인한 문제점을 명백히 노출시켰다.

나아가 매수인의 瑕疵補修請求權(Nachbesserungsanspruch)에 상응하는 매도인의 第2의 提供可能性(Möglichkeit des Verkäufers zur zweiten Andienung)이 결여되어 實務的 必要에 부응하지 못하였고, 賣買法과는 다른 約定에 의존함으로써 法實務와의 괴리를 초래했다. 또한 독일민법 기존 제459조 이하와 제434조 이하에서 物件과 權利의 瑕疵責任를 달리 취급함으로써 양자의 限界劃定에 있어서 곤란을 초래하였는바, 판례는 結果指向的 解決을 도모하였다.

그밖에 독일민법 기존 제633조 이하에서는 도급인의 瑕疵補修請求權과 수급인의 瑕疵補修權을 규정하고 있었는바, 賣買와 都給契約法 사이의 하자담보의 규율에서도 判例는 法政策的으로 적정한 結果를 도출하기 위해서 賣買契約의 合意를 都給契約으로 취급하는 결과를 야기시켰다.

위와 같은 문제점들은 독일 國內法에서 그 收容性이 결여된 것은 물론이고, 그 외에 국제적 규율들, 특히 UN賣買法(UN-Kaufrecht, CISG)에 비교하여 독일 賣買法의 國際的 孤立을 초래하였다.

Ⅳ. 改正賣買法

獨逸聯邦法務省은 消費財賣買指針의 국내법 전환을 계기로 한 債務法의 現代化에 있어서 賣買法에서는 다음 사항의 構造變更을 제시하였다.

1) 物件의 無瑕疵性(Mängelfreiheit der Sache)은 매수인의 履行請求權의 대상이 되어야만 한다. 2) 매수인은 瑕疵補修(Nachbesserung) 또는 追完履行(Nachlieferung)의 法的 請求權을 보유하여야만 한다. 3) 消費財賣買의 개별 樣態에 따른 상이한 規律은 더 이상 용인되지 않는다. 4) 매매의 消滅時效期間은 6개월에서 2년으로 연장되어야만 한다. 5) 消費者의 法的 地位는 契約的 合意에 의해 약화시킬 수 없다. 6) 企業은 그의 供給者에 대하여 溯求權을 갖도록 하여야만 한다.

1. 一般體系의 構成

독일은 2001년 債務法改正에서, 위에서 지적한 바와 같이, 유럽공동체의 消費財賣買指針의 국법 전환에 필요한 최소한을 넘어 債務法 전반에 해당하는 給付障碍法의 體系的 構成를 변경하였다. 給付不能을 중심으로 하는 종래의 체계와 달리, 이미 債務法委員會가 제안한 바와 같이, UN賣買法의 표상에 따라 독일민법 개정 제280조에 義務違反을 중심요건으로 하는 統一的인 給付障碍法 規定을 두게 되었다. 따라서 이를 기반으로 하면서 消費財賣買指針에 상응한 개정은, 기존 매매법의 特別擔保法을 대신하여 一般給付障碍法의 적용을 전제하고 불가피하게 필요한 범위에서 수정한 것이다.

유럽공동체의 消費財賣買指針은 消費者인 買受人의 保護만을 목적으로 한 것으로서 賣買契約 전반이 아니라 매도인이 企業者(Unternehmer)이고 매수인이 消費者(Verbraucher)로서(vgl. §§ 13, 14 BGB) 動産을 去來對象物로 하는 賣買契約만을 목적으로 하는 것임에도 불구하고, 독일의 입법자는 이러한 消費財賣買에 국한하지 않고 給付障碍法의 體系的 構造를 변경하면서 賣買法 전반을 유럽공동체지침의 수준에서 개정하였다.

消費財賣買指針 제2조 1항은 매수인에게 매도인에 대한 瑕疵 없는 物件提供의 請求權을 인정하고 있다. 이는 普遍的인 法觀念에 비추어 특별히 부각되지 않는 條項이지만, 기존 獨逸民法典에는 이러한 양태의 履行請求權을 규정하지 않고 있었기 때문에 債務不履行法에서 體系構造의 交替를 요청하는 것이었다. 물론 독일민법전의 기존 매매법에 따라서도 매도인이 瑕疵 있는 物件을 提供한 경우에 免責되는 것은 아니었지만, 법기술적으로는 소비재매매지침과 달리, 매수인의 履行請求權은 物件의 提供과 그에 대한 所有權의 移轉에만 한정되어 있었다(§ 433 BGB a.F.). 즉, 物件의 瑕疵는 履行請求權이 아니라 特別擔保法의 규율 대상이었는바, 바로 이것을 EU指針에 따라 변경하여야만 하였다. 履行請求權의 도입이 강제되었고, 이에 따른 瑕疵補修請求權(Nachbesserungsanspruch)은 독일민법전에 없었던 履行請求權의 확충이다.

그런데 이러한 體系的 構造의 交替는 이미 債務法委員會에서 제안한 바였다. 그렇지만 債務法改正法律에서 賣買法의 討議案은 債務法委員會의 기본구상으로부터 한 걸음 더 나아갔다. 토의안은 채무법위원회가 통일적 매매법을 마련하면서 동시에 존치시키려던 家畜(Vieh)과 種子(Saatgut)에 관한 特別賣買法을 종국적으로 삭제할 것을 제안하였고, 이와 같은 근본결정은 변함 없이 債務法現代化法律로 확정되었다.

2. 體系의 變化

獨逸債務法은 消費財賣買指針이 직접 대상으로 하는 賣買法을 넘어서 改正되었는바, 제433조 이하에 그 영향을 파급시켰다. 瑕疵責任은 원칙적으로 給付障碍法에 편입되어(vgl. § 437 Nr.2, 3 BGB) 賣買法的 修訂을 통해 보완되었다(§§ 437 Nr.1; 439 bis 441 BGB). 매도인에게 瑕疵 없는 物件을 提供할 義務를 규정하고(§ 433 BGB), 그 違反에 대해 우선적으로 追完履行請求權을 인정하고 있다(§ 437 BGB). 이러한 개정에 의하면 瑕疵 있는 履行은 給付障碍法의 범주에서는 곧 (一部)不履行 (또는 不完全履

行)에 해당하므로, 이로부터 파생되는 다양한 法理構成의 문제를 해결하려는 것이 債務法, 특히 給付障碍法 改正의 본질적이고 체계적인 목표가 되었다. 이는 賣買法에 특별한 瑕疵擔保法을 두고 있는 종래의 體系를 포기하고, 賣買法의 物件의 瑕疵擔保(Sachmängelgewährleistung)를 一般的 給付障碍法(allgemeines Leistungsstörungsrecht)에 연계시켜 그 體系에 대폭적으로 동화시키는 것을 의미한다.

이러한 體系의 改革을 기초로 기존 瑕疵擔保의 解除(Wandelung; §§ 462, 467 BGB a.F.)와 損害賠償(§ 463 BGB a.F.)에 관한 特別規定이 삭제되고, 일반적인 解除(Rücktritt; §§ 323, 346 ff. BGB)와 義務違反으로 인한 損害賠償(§§ 280 ff. BGB)에 의해 규율된다. 따라서 性狀의 確約에 대한 責任(Haftung für die Zusicherung von Eigenschaften)도 독일민법 개정 제276조의 歸責事由(Vertretenmüssen)의 문제로 자리잡게 되었다.

法的 效果에서도 매수인은 매도인의 義務違反이 重大하지 않은(unerheblich) 경우에는 賣買契約의 解除 및 給付 전부(全給付)에 갈음한 損害賠償, 즉 塡補賠償(sog. großer Schadensersatz)을 요구할 수 없고(§ 281 Abs.1 S.3 BGB), 매수인의 순수한 賣買法的 救濟手段은 追完履行請求權(§ 439 BGB) 및 代金減額權(Minderung; § 441 BGB)만이 인정될 뿐이다.

3. 主要 改正內容과 構成

가. 主要 改正事項

독일민법전의 賣買法은 유럽공동체의 消費財賣買指針의 직접적인 적용대상으로서, 종전과 달리 瑕疵擔保에 관하여 債務法 總則의 규율과 연계됨으로써 독일민법 제433조 이하는 대폭적인 改正이 이루어졌는바, 그 주요 내용은 다음과 같이 요약할 수 있다.

(1) 物件과 權利의 瑕疵(Sach- und Rechtsmängel)의 法的 取扱에서의 구별이 원칙적으로 포기되었다. 단, 일정한 權利瑕疵에 관하여는 消滅時效期間이 상이한 경우가 있으나(§ 438 Abs.1 Nr.1 BGB) 그 밖의 경우에는 瑕疵의 樣態에 따른 구별의 실익이 없다.

(2) 物件瑕疵에 관한 特別擔保權이 폭넓게 삭제되었고, 一般的 給付障碍

法이 적용된다. 또한 特定物과 種類物 賣買의 구별도 현저히 축소되었다.

(3) 賣買法에도 一般的 損害賠償責任(allgemeine Schadensersatzhaftung)이 적용되는바, 매도인에게 瑕疵에 대한 歸責事由가 없으면 免責된다. 결과적으로 기존 제463조와 제437조는 삭제되었다.

(4) 統一的 賣買法만이 적용된다. 따라서 特別擔保權이 마련되어 있던 家畜과 種子에 관한 特別法規定은 삭제되었다.

(5) 消費者와의 賣買契約에 관하여 賣買法은 强行性을 갖는다.

(6) 消費財賣買에서 商人의 법적 지위는 특별한 溯求條項(Rückgriffs-vorschriften)을 통해 보완된다.

나. 編成과 構造

獨逸民法典(BGB)은 第2編 第8章 第1節에서 賣買契約을 규정하고 있다. 제433조에서 제453조에 이르는 第1款(Untertitel 1)은 一般規定들을 두고, 第2款(Untertitel 2)의 제454조 내지 제473조에서 제1관의 일반규정을 토대로 特別樣態의 賣買에 관하여 규율하고 있다. 기존과 동일하게 제454조 이하에서 試驗賣買(§§ 454 f. BGB: Kauf auf Probe), 제456조 이하에서 還買(§§ 456 ff. BGB: Wiederkauf), 제463조 이하에서 先買(§§ 463 ff. BGB: Vorkauf)에 관한 규정을 두고 있다.

第3款(Untertitel 3)에서는 제474조 내지 479조에 걸쳐 消費財賣買(Verbrauchsgüterkauf)에 관하여 특별한 규율을 하고 있다. 여기에서는 이미 제1관의 일반규정에서 消費財賣買指針에 전제된 일반사항들, 즉 擔保責任에 관한 債務不履行, 追完履行請求權, 擔保期間에 관하여 규정하고 있어, 비교적 적은 條項들을 두게 되었다. 賣買法의 新規定들은 모든 賣買契約들에 適用되며, 買受人이 消費者인가의 여부에 따라 구별되지 않으나, 제3관의 일부 規定들은 消費者에게만 적용된다. 그리고 제478조와 제479조에서는 매도인이 消費者로부터 瑕疵責任을 추궁당한 경우에 供給의 連鎖에 있는 공급자에게 遡求할 수 있는 根據規定을 마련하고 있다.

V. 個別 改正內容

法政策的으로 중요한 改正은, 다른 法的 救濟手段에 우선하여 매수인에게 追完履行請求權(Nacherfüllungsanspruch)을 인정하고, 이에 상응하여 매도인은 特定物賣買에서도 재차 履行할 수 있도록 하고(§§ 437 Nr.1, 439 BGB), 이러한 규율의 전제로서 瑕疵 없는 物件을 제공할 賣渡人의 義務를 도입한 것이다(§ 433 Abs.1 S.2 BGB). 이를 위한 法理構成은 瑕疵擔保責任의 본질에 관해 소위 債務不履行說(Nichterfüllungstheorie)에 따른 것이다. 賣買契約法에서의 이러한 변화는 구조적·내용적으로 瑕疵補修請求를 우선하는 都給契約의 瑕疵責任法(§§ 634 Nr. 1, 635; § 633 BGB a.F.)에 근접한다. 나아가 特定物賣買(Stückskauf)와 種類物賣買(Gattungskauf)의 峻別을 포기하고, 擔保期間을 종전의 최소 6個月에서 최소 2年으로 대폭 연장하고 있다.

1. 瑕疵 없는 給付義務

독일민법 제433조는 賣買契約에서 基本的 義務를 규정하고 있는바, 기존과 같이 제1항 1문에서 매도인의 매매목적물의 所有權과 占有의 移轉義務를, 제2항에서 매수인의 代金支給 및 受領義務를 정하고, 새로이 제1항 2문에서 매도인이 物件 및 權利의 瑕疵가 없는 目的物을 給付할 義務를 명백히 규정하고 있다. 이는 動産 및 不動産의 賣買契約 전부, 그리고 제453조에 의해 權利의 賣買 및 그 밖의 賣買契約에도 적용된다.

그러므로 매도인이 瑕疵 있는 給付를 한 때에는 그의 契約的 義務를 완전히 履行하지 않은 것이므로 權限 없는 一部給付(Teilleistung)가 된다(§ 266 BGB). 그러므로 매수인은 그 목적물의 瑕疵를 인식한 때에는 債權者遲滯에 빠지지 않고서(§ 294 BGB) 그 受領을 拒絶할 수 있다(§ 320 BGB). 또한 매도인은 瑕疵를 제거하든가 또는 瑕疵 없는 다른 物件을 제공하여야 한다.

이와 관련하여 제437조는 제434조와 제435조의 物件 및 權利의 瑕疵가 있는 경우에 매수인에 주어지는 權利와 請求權들을 정한 중심규정을 이룬다.

2. 追完履行請求權

매도인이 이미 賣買目的物의 所有權을 移轉하고 引渡하였으나 瑕疵가 없는 物件을 마련해 주어야 할 義務를 違反한 경우, 매수인에게는 제437조 1호, 제439조 1항의 權利들이 주어지며, 그의 선택에 따라 瑕疵의 除去 또는 瑕疵 없는 物件의 提供을 요구할 수 있다. 즉, 이러한 代案的 選擇決定의 自由는 買受人에게 주어진다. 그렇지만 다른 한편으로 제439조 3항은 매수인에 의해 선택된 追完履行의 어느 대안이 매도인에게 과도한 費用을 요하는 경우에는 매도인에게 給付拒絶權(Leistungsverweigerungsrecht)을 인정한다. 그밖에 제439조 1항에서 정하고 있는 2개의 代案 중 어느 하나가 가능하지 않은 때, 즉 매도인이 제275조 2항 또는 3항에 따라 給付拒絶權을 행사하거나 매수인이 選擇權을 행사하여 결정한 어느 追完이 가능하지 않은 때에는, 다른 追完履行請求權으로 구체화된다.

가. 追完履行의 優先

제437조를 일견하면 매수인이 追完履行(Nacherfüllung), 解除(Rücktritt), 代金減額(Minderung), 또는 損害賠償(Schadensersatz) 중에서 자유로이 선택할 수 있을 것처럼 보인다. 그렇지만 제280조 1항과 3항, 제281조 1항과 2항, 제323조 1항과 2항의 제한은 賣買法에도 적용되는바(vgl. §§ 440, 441 BGB), 賣買目的物의 瑕疵로 인한 契約의 解除 또는 給付에 갈음하는 損害賠償의 請求는 매수인이 매도인에게 追完履行를 위한 적정한 期間을 설정하였으나 그 期間이 성과 없이(erfolglos) 경과된 때에만 가능하다. 즉, 제433조 1항 2문에 의해 瑕疵 있는 提供은 제280조 1항의 '債務에 좇지 않은(nicht wie geschuldet)' 給付, 제323조 1항의 '契約에 適合하지 않은(nicht vertragsgemäß)' 給付를 한 것으로서, 追完履行은 그 밖의 瑕疵로 인한 매수인의 權利에 우선한다.

나. 賣渡人의 再提供權

위와 같은 매수인의 權限들에 대한 반면으로서 매도인에게 第2의 提供權(Recht der zweiten Andienung)이 있다. 매도인은 追完履行을 할 義務가 있을 뿐만 아니라 또한 그에게 허용된 적정한 期間內에서 매수인의 폭넓은 權利를 유예시킬 수 있는 權限이 있게 된다. 이러한 매도인의 權限은 외관상으로는 비록 은폐되어 있으나, 제437조 2호와 3호에서 解除와 損害賠償請求權과 연계되어 一般給付障碍法의 前提要件들로부터 도출되며, 賣買契約法의 代金減額에 관한 특별규율에 의해 보충된다.

이와 같은 매도인에게 부여되는 第2의 提供權은, 근본적으로 제437조 2호와 3호에 의한 買受人의 폭넓은 權利들을 배척할 수 있다는 귀결에서 다양하게 相對化가 이루어진다. 物件 및 權利의 瑕疵에 동등하게 적용되며, 瑕疵 있는 提供이 있는 경우에 매매계약 당사자의 利害葛藤을 적정하게 해결하기 위해서 제437조, 제439조, 제440조, 제441조, 제275조, 제280조, 제323조의 전체적 고려가 필요하다. 특히 제2의 提供權은 무제한이 아니라, 제275조 1항과 2항, 제281조 2항, 제323조 2항, 제439조 3항, 제440조에 의한 制限이 따른다. 더욱이 任意規定에 대해서는 계약 당사자가 다른 合意를 할 수 있으므로, 제437조 2호와 3호에 의한 買受人의 權限을 즉시 행사할 수 있도록 約定함으로써 매도인의 第2의 提供權을 배제시킬 수 있다.

3. 瑕疵槪念

瑕疵와 관련한 개정의 주요 내용은, 제434조 1항에서 廣告言明(Werbeaussagen) 및 동조 제2항 組立缺陷(Montagefehler)과 관련하여 物件瑕疵의 槪念을 상세화하고, 이를 동조 제3항에서 다른 物件의 提供(Aliudlieferung) 및 過少提供(Zuweniglieferung, Mankolieferung)에도 확장하고, 제477조에서 賣渡人의 擔保(Verkäufergarantie)에 관한 특별규정을 두고 있다는 것이다.

제434조는 物件瑕疵를 상술하여 규정하고 있는바, 主觀的 瑕疵槪念을 우선하고, 보완적으로 客觀的 瑕疵槪念이 적용된다. 이와 달리 제435조

의 權利瑕疵는 독일민법 기존 제434조와 일치하고 있어 종래의 解釋基準이 계속 적용된다.

가. 物件瑕疵

(1) 主觀的・客觀的 瑕疵槪念

어느 물건이 그 危險移轉時에 合意된 性狀(Beschaffenheit)을 갖추고 있으면 瑕疵는 없다(§ 434 Abs.1, S.1 BGB). 이에 관한 判斷規準은 契約的 合意이다(§ 434 Abs.1, S.2 BGB). 즉, 契約自治(Vertragsautonomie)에 따라 契約의 合意를 기준으로 그 品質이 上廻하거나 下廻하는 것을 고려하여야 한다. 그렇지만 어느 物件의 性狀이 특별히 合意되어 있지 않은 경우에는 그 물건이 契約에서 전제된 活用에 適合하다면 瑕疵는 없는 것이다(§ 434 Abs.1 S.2 Nr.1 BGB). 이와 같은 규율은 主觀的 瑕疵槪念下에서 일종의 一般捕捉要件(Auffangtatbestand)이다. 여기에는 性狀이 비록 구체적으로 언급되지 않고서 契約內容이 되었으나 契約의 前段階에서 당연히 기초로 되어진 경우들을 포함함으로써 質的 基準의 前提를 行爲基礎로 하는 것이다. 특히 장기간에 걸친 契約關係에서 매수인이 그 物件을 필요로 하며 그 活用에 관하여 당사자가 재차 특별히 언급하지 않는 것을 매도인이 認知한 경우가 이에 해당한다.

賣買目的物의 性狀에 관한 당사자의 合意 및 그 前提가 결여된 때에는, 通常의 活用에 적합하고 同種에 통상적이며 그 물건의 樣態에 따라 매수인이 期待할 수 있는 性狀을 갖추고 있는가의 여부가 중요하다. 이에 관하여 客觀的 瑕疵槪念이 제434조 1항 2문 2호에 立法化되었는바(§ 434 Abs.1 S.2 Nr.2 BGB), 一般基準 및 慣行과의 一致에 下廻하는 것은 瑕疵性(Mangelhaftigkeit)을 의미한다. 이와 관련하여서는 매매목적물의 일정 類型에 관한 單一基準이 없다는 것을 고려하여야 한다. 따라서 개별 사안에서 "通常의 活用(gewöhnliche Verwendung)" 槪念을 적용함에 있어서는 新品과 中古物, 일상 생활용품과 사치품, 통상 또는 극단 조건하의 투입 여부를 고려하여야 한다.

이와 같은 客觀的 性狀에는 賣渡人, 製造者(§ 4 ProdHaftG) 또는 그 補助者의 公的 表示(öffentliche Äußerungen), 특히 廣告 또는 標示로부터 매

수인이 期待가 허용되는 일정한 屬性(Eigenschaften)도 포함된다(§ 434 Abs.1 S.3 BGB). 그러므로 廣告 또는 製品說明이 일반적인 우수성뿐만 아니라 物件의 구체적인 屬性을 기술하고 있는 한, 瑕疵 判斷에 고려된다. 그리고 매도인 스스로 위와 같은 행위를 한 경우뿐만 아니라 매도인의 供給者 또는 製造者의 행위에 의해서도 瑕疵性, 즉 第3者 行態에 대한 賣渡人의 責任性(Verantwortlichkeit des Verkäufers für ein Drittverhalten)이 인정된다. 그렇지만 제434조 1항 3문 후단에서는 매도인의 責任을 적정하게 制限할 수 있는 例外를 규정하고 있다. 매도인이 廣告의 言及을 알지 못하였거나 알아야만 하는 것이 아니었을 때, 買受決定 前에 적시에 광고의 宣傳을 修正한 경우, 그리고 買受決定에 아무런 역할을 하지 않은 경우에는 因果關係가 결여되어 결과적으로 瑕疵가 없으며, 매수인의 責任은 배제된다.

(2) 缺陷 있는 組立

제434조 2항에서는 自家組立 目的物(Gegstände mit Selbstmontage)의 매매계약이 빈번히 체결되는 거래 상황을 고려하여 組立條項(Montage-klausel, sog. IKEA-Klausel)을 두고 있다. 이에 따르면 당사자 사이에 합의된 조립이 매도인 또는 그의 이행보조자에 의해 부적절하게 행해진 경우에 瑕疵를 인정하는바, 매매계약의 체결 전에는 제434조 1항의 통상의 物件瑕疵가 있는 것이며, 계약체결 후에는 제433조 1항과 관련하여서도 그로 인한 不完全給付(Schlechtleistung)는 당연히 物件瑕疵가 된다.

나아가 공급된 매매목적물에 개별 부분에는 결함이 없을지라도, 缺陷 있는 組立案內로 인해 매수인 또는 제3자에 의해 잘못된 組立을 초래하는 경우에도 物件瑕疵가 된다(§ 434 Abs.2 S.2 BGB). 그러나 組立案內의 缺陷에도 불구하고 매수인에 의해 缺陷 없이 조립된 경우에는 그 조립안내의 결점은 瑕疵가 되지 않는다. 그밖에 잘못된 使用案內(Betriebsan-leitung)도 瑕疵가 된다.

(3) 다른 物件 및 量의 不足

제434조 3항은 다른 物件(Aliud) 또는 過少量(Mindermengen)의 提供을

物件瑕疵로 정하고 있다. 여기에는 質的 劃定基準(qualitative Angrenzungskriterien)이 없으며 포괄적으로 적용된다. 이러한 법적 취급은 매도인이 그의 債務履行으로 給付를 하는 것으로서 다른 物件瑕疵가 있는 경우와 當事者의 利害狀況이 다르지 않다는 것을 전제한다.

매도인이 다른 物件을 제공하는 경우, 제439조의 追完履行請求權을 통해 통상적으로 瑕疵 없는 다른 物件의 提供이 고려되는바, 種類物賣買에서는 第1次的 履行請求權과 본질적으로 다르지 않다. 質的으로 다른 物件(Qualifikations-Aliud)을 제공하면 합의된 品質을 갖춘 다른 물건을 제공받을 수 있다. 특히 독일상법 제377조와 달리 매수인에게 특별한 檢査責務(Prüfobliegenheit)가 없는바, 다른 物件의 提供에 대한 매수인의 認識可能性(Erkennbarkeit)은 중요하지 않다. 特定物賣買인 경우에는 매도인이 同一性이 없는 物件(Identitäts-Aliud)을 제공하면 매수한 물건을 제공하도록 履行請求를 하는 외에 다른 追完請求權은 고려되지 않는다.

解除의 要件과 관련하여 제434조 3항은 一部 및 不完全給付(Teil- und Schlechtleistung)에 관한 제323조 5항의 特別規定이라는 점을 주의하여야 한다. 제434조 3항의 확장은 解除에 영향을 미치게 되는바, 物件瑕疵로 인한 解除는 제437조 2호에 의해 적용되는 제323조 5항 2문이 적용되며, 동조 동항 제1문은 적용되지 않는 것으로 보아야 할 것이다.

그밖에 過少量이 제공된 경우에는 결여된 量에 대해서는 대개의 경우 1次的 履行請求權으로 충족된다.

(4) 少額限界

개정 제434조에는 重大하지 않은, 즉 些少한 缺陷(unerhebliche Fehler)를 瑕疵概念에서 배제하는 少額條項(Bagatelklausel)이 없다. 그 이유는, 개정 매매법이 기존 매매법과 달리 瑕疵와 確約한 性狀의 缺如를 구별하지 않으며, 또한 物件의 瑕疵에 관하여 그 重大性의 制限(Erheblichkeitsschranke)을 두는 것은 일반적으로 給付義務에 대한 責任보다 그 보호가 제한되므로, 사소한 결함이 있는 경우에 追完履行請求權이 배제된다면 매수인의 履行請求權은 애당초 아무런 근거 없이 그 가치를 상실하는 것이 될 수 있기 때문이다. 따라서 개정 매매법에서는 사소한 瑕疵가 있는 경우에도 損害賠償請求權과 代金減額權을 행사할 수 있다.

(5) 立證負擔

위와 같이 物件瑕疵에 관한 규정을 개정하면서도 추가적으로 立證負擔에 관하여는 一般規定을 마련하지는 않았다. 瑕疵의 존재에 관한 立證負擔은 원칙적으로 제363조에 의해 판단되는바, 이 조항은 다른 物件 또는 不完全給付에 관하여만 규정하고 있으나 그 발생 연혁에 비추어 物件瑕疵가 있는 경우도 포괄할 수 있으므로, 履行으로 受領한 때로부터(ab Annahme als Erfüllung) 買受人이 瑕疵에 관한 立證을 부담한다.

그렇지만 消費財賣買(§§ 474 ff. BGB)에서는 제476조에서 例外規定을 두고 있다. 危險移轉 이후 6개월 이내에 物件瑕疵가 나타나면 제446조에 따른 危險移轉時에 이미 物件에 瑕疵가 있었던 것으로 推定되어 企業者가 立證을 부담한다. 그렇지만 物件 또는 瑕疵의 樣態와 일치하지 않는 때에는 그러하지 않다. 매도인과 擔保引受者가 서로 다른 경우에는 제423조 이하에 따라 連帶債務者(Gesamtschuldner)로서 책임을 진다.

나. 權利瑕疵

改正賣買法은 제434조에서 物件瑕疵의 槪念을 규정한 것에 상응하여 제435조에서는 權利瑕疵의 槪念을 규정하고 있다. 제435조 1문은 기존 제434조와 일치하며, 그리고 登記簿의 障碍評價(Bewertung fehlender "Grundbuchreinheit")도 기존 제435조와 마찬가지로 權利瑕疵로 취급한다.

기존 瑕疵擔保法의 문제는 權利瑕疵의 槪念 定義에 있었던 것이 아니라 物件과 權利의 瑕疵를 달리 취급한 데서 비롯되었는바, 양자의 구별에 따라 상이한 法的 結果를 초래하였기 때문이다. 특히 公法的 負擔 또는 建築制限의 경우에 結果指向的인 判斷으로 法的 不安定을 초래하였다. 그러나 이에 관해 독일입법자는 명확한 규정을 두지 않고서 物件 및 權利의 瑕疵에 대한 責任의 要件 및 效果를 근접시킴으로써 문제점을 축소시키고 있다.

그렇지만 物件瑕疵에서와 달리 權利瑕疵의 槪念에서는 물건의 活用目的(Verwendungszweck)에 관한 當事者의 合意를 중심으로 하지 않고 기존

賣買法에서와 같이 客觀的으로 파악한다. 除去할 수 있는 權利瑕疵가 있는 경우에는 제437조에 의한 追完履行請求가 적용되며, 除去할 수 없는 權利瑕疵가 있는 경우에는 追完履行이 不可能한 경우로서 제437조 2, 3호의 권리를 행사할 수 있다. 그러한 瑕疵가 原始的인 경우, 예를 들어 도난을 당한 物件을 매수한 경우에 所有者가 追認하지 않으면 賣買契約은 有效하게 존속하지만 損害賠償의 청구가 가능하다(§ 311a BGB). 또한 物件瑕疵에서와 동일하게 사소한 權利의 缺陷을 權利瑕疵 槪念에서 배제하지 않았으며, 解除에서만 예외적으로 制限한다(§ 323 Abs.5 S.2 BGB).

그리고 公法的 制限이 權利瑕疵인가에 관하여도 物件 및 權利의 瑕疵를 동등하게 취급하는 관점에서 法的 規律을 유보하고 있다. 다만 不動產所有에 관한 公法的 負擔에 관하여는 제436조에서 特別規定을 두고 있는바, 이는 權利瑕疵로 취급하지 않고 分擔金에 관하여 그 채무의 발생시점과 무관하게 매도인이 부담하도록 하는 費用負擔義務(Kostentragungspflicht)를 규정한 것으로서, 매수인이 公法規定에 따라 分擔金債務者가 되는 경우에도 매도인에게 義務違反이 성립하는 것은 아니다(vgl. § 436 Abs.2 BGB).

나아가 權利의 賣買에 관하여는 제453조에서 특별히 규율하고 있는바, 物件의 賣買에 관한 규정을 準用하고 있다. 따라서 權利의 매도인은 제433조 1항 2문에 의해 權利瑕疵가 없는 權利를 마련해 주어야 할 의무가 있다. 또한 제453조는 그 밖의 對象의 賣買에도 물건의 賣買에 관한 규정을 準用하도록 하고 있다. 따라서 자유전문업(berufliche Praxen), 전기, 열기체, 발명, Know-how, 소프트웨어, 광고아이디어 등의 有償讓渡에 물건의 賣買法이 적용될 수 있다. 특히 營業讓渡(Unternehmenskauf)에 의미가 있는바, 기존 영업의 실적이나 수익을 허위로 제시하는 경우에, 종래에 契約締結上의 過失責任을 적용한 것과 달리, 賣買의 瑕疵責任法에 의해 규율될 수 있는 가능성을 마련하고 있다. 그밖에 매도된 權利에 의해 매수인이 어느 物件을 占有할 權利가 있는 경우, 예를 들어 地上權(Erbbaurecht)의 讓渡에서는 그 不動產도 權利 및 物件의 瑕疵 없이 매도인에게 引渡하여야 할 매도인의 義務를 명확히 규정하고 있다(§ 453 Abs.3 BGB).

4. 瑕疵責任의 制限 및 排除

제442조 1항은 매수인이 瑕疵에 대해 賣買契約 締結時에 알았을 때에는 瑕疵로 인한 權利를 배제하고, 重過失로 알지 못한 경우에는 매도인이 惡意로 침묵하였거나 物件의 性狀에 관해 擔保(Garantie)한 때에만 權利를 행사할 수 있도록 하고 있다(vgl. § 460 BGB a.F.). 이는 매수인이 契約締結時에 契約違反, 즉 瑕疵의 존재를 알고 있었다면 瑕疵가 없다는 것을 의미하며, 物件 및 權利의 瑕疵에 통일적으로 적용된다. 그렇지만 동조 제2항에서는 登記簿에 기재된 權利는, 假登記(Vormerkung)를 포함하여, 不動産賣買의 거래 과정에서 公證人을 통해 알게되므로, 매수인이 惡意인 경우에도 賣渡人이 그 障碍를 제거하도록 하고 있다.

제444조에서는 매도인이 惡意이거나 擔保를 引受한 경우에는 매수인의 瑕疵로 인한 權利를 제한 또는 배제하는 合意를 援用할 수 없도록 하고 있다. 이 조항은 매수인 권리의 제한 내지 배제가 애당초 許容되는 한에서만 의미가 있다. 賣買法은 任意規定이므로 원칙적으로 당사자의 約定으로 解除 및 損害賠償 등의 瑕疵責任을 배제할 수 있다. 그러나 消費財賣買에 관한 제475조에서는 이에 관한 특별한 制限을 두고 있는바, 매수인이 瑕疵를 통보하기 전에 消費者(買受人)에게 불리한 瑕疵責任에 관한 約定은 매도인이 援用할 수 없다(§ 475 Abs.1 BGB). 즉, 이러한 合意를 無效(Nichtigkeit)로 하지 않고 매도인이 援用할 수 없도록 함으로써 契約 전체의 效力이 없게 되는 것을 방지하고 있다. 단, 損害賠償은 예외로 하고 있으나 不當約款의 통제가 유보되어 있으며(§ 475 Abs.3 BGB), 普通去來約款이 활용되는 거래에는 제307조 이하가 매도인이 瑕疵責任을 경감 내지 배제할 수 있는 規準으로 적용된다.

그밖에 제445조에서는, 公競賣에 의한 擔保權(Pfandrecht) 실행으로 인한 경우에는 매도인이 惡意로 瑕疵를 숨기거나 性狀에 관한 擔保를 한 때에만 매수인에게 瑕疵로 인한 權利를 인정한다.

5. 擔保責任

改正賣買法은 제443조를 통해 法定擔保責任(gesetzliche Garantiehaftung)을 마련하고 있다. 賣渡人 또는 第3者(도매상, 수입자, 생산자)가 賣買目的物의 性狀에 관해 擔保를 한 경우, 그 해당 事案이 발생한 때에는 그로부터 연유하는 擔保의 權利들이 買受人에게 주어진다. 第3者와 買受人 사이의 契約關係가 존재하여야만 하는 것은 아니다. 제3자가 담보를 인수한 경우는 準契約的 法定責任(gesetzliche Haftung von quasi-vertraglicher Natur)이라고 할 수 있다. 위 조항은 擔保表示의 內容에 관하여는 구체적으로 상술하여 정하지 않고 있는바, 擔保內容을 契約自由(Vertragsfreiheit)의 범주에서 擔保表示者의 處分權限(Dispositionsbefugnis)으로 파악하는 것이다. 이는 擔保의 物的, 時的, 人的 範圍 모두에 적용된다. 擔保表示는 書面의 형식으로 하지 않아도 되며, 擔保에 의한 매수인의 權利는 物件瑕疵로 인한 제437조의 권리들을 대체하는 것이 아니라 추가적으로 보장되는 것이다. 그러므로 危險移轉時에 瑕疵가 있는 경우에는 擔保에 의한 권리와 瑕疵責任法에 의한 權利들을 競合的으로 행사할 수 있다.

제443조 1항에서는 2가지 양태의 擔保를 정하고 있는바, 그 하나는 危險移轉時에 매매목적물의 특별한 性狀을 보장하는 것이며(Beschaffenheitsgarantie), 다른 하나는 "期限附性狀擔保(Haltbarkeitsgarantie)"로서 一定期間 동안 일정한 性狀이 유지되는 것을 보장하는 것이다. 동조 제2항은, 이른바 解釋規定으로서, 매수인에게 擔保期間 동안에 발생한 物件의 瑕疵로 인한 擔保內容에서 정한 權利가 주어지는 것을 推定하고 있다(eine widerlegliche Vermutung). 매수인은 擔保期間內에 賣買契約의 締結, 擔保言約의 存在, 擔保內容에 상응한 瑕疵의 發生, 擔保期間의 遵守를 主張・立證하여야 한다.

제443조의 擔保責任은 消費財賣買契約에도 적용되지만, 消費者情報(Information des Verbrauchers)를 목적으로 특별히 제477조를 두고 있다. 동조 1항은 擔保表示가 그 형식에서 簡單明瞭하여야 한다는 것(Verständlichkeit), 즉 瑕疵責任의 明白性・明瞭性, 그리고 소비자에게 法律로써 보

장된 權利를 擔保에 의해 제한·대체할 수 없도록 하여, 擔保內容과 그에 의한 權利行使의 가능성이 誤導되지 않도록 限界劃定性을 정하고 있다. 따라서 擔保表示가 約款의 형태로 이루어지는 경우에는 不明瞭에 관한 제305c조 제2항, 不透明에 관한 제307조 1항 2문이 적용될 수 있다. 결과적으로 불명료한 擔保(unklare Garantie)는 消費者에게 유리하게 解釋될 수도 있다. 그리고 동조 제2항은 소비자가 書面에 의한 擔保表示를 요구할 수 있도록 하고 있다. 그렇지만 이를 違反하여도 擔保表示의 有效性은 영향을 받지 않는다(§ 477 Abs.3 BGB). 따라서 擔保表示가 不明瞭하거나 誤解의 여지가 있는 경우, 그리고 口頭로만 통지된 경우에도 消費者에게 擔保된 權利들이 주어진다.

6. 危險負擔

危險負擔의 규율은 제446조와 제447조에서 종래와 같이 규정하고 있다. 그러나 義務違反과 物件瑕疵의 법적 취급에 관한 규율에 있어서 危險負擔의 규율이 의미가 없도록 하였는바, 매매목적물의 제공에 방해를 일으키는 給付障碍와 危險移轉時를 기준으로 판단하는 物件 및 權利의 瑕疵에 관한 法的 效果에 있어서 상호간에 격차가 적도록 하였다. 또한 종래와 마찬가지로 消滅時效에서 차이가 있으나 瑕疵責任에 적용되는 제438조의 消滅時效와 제195조의 通常消滅時效의 사이에서도 괴리가 적도록 개정하였다. 다만 消費財賣買에서는 제447조 送付賣買의 危險移轉規律이 적용되지 않는다(§ 474 Abs.2 BGB).

7. 消費財賣買

소비재매매지침의 국내법 전환에 따라 企業者(Unternehmer)과 消費者(Verbraucher) 사이에 체결된 動産의 賣買契約에 관한 규율 또한 본질적으로 변화되었다. 제474조 1항에서 消費財賣買契約을 定義하고, 동조 제2항에서 擔保權 實行의 公競賣에서의 瑕疵責任의 制限(§ 445 BGB)과 送付賣渡(Versendungsverkauf)의 危險移轉의 規律(§ 447 BGB)을 배제하고 있

다. 제475조 1항에서는 契約을 통해 매도인의 責任을 排除하거나 制限할 수 있는 가능성을 엄격히 한정하며, 脫法的 回避 또한 광범위하게 허용하지 않는다. 동조 제2항에서는 消滅時效期間을 단축할 수 없도록 하고 있다(新品: 2年, 中古品: 1年). 동조 제3항에서는 損害賠償請求權에는 제1, 2항의 適用을 제외한다. 제476조에서는 立證負擔의 轉換, 제477조에서는 擔保(Garantie)의 特則을 두고 있다.

이와 같은 消費者保護의 强化에 상응하여 供給의 連鎖에서의 엄격한 瑕疵責任을 지는 매도인의 法的 地位를 보완하여, 제478조에서는 賣渡人에게 물건을 공급한 자에 대해 溯求權(Regreßanspruch)과 費用賠償請求權(Aufwendungsersatzanspruch)을 용이하게 행사할 수 있도록 규정하고 있다.

8. 瑕疵責任의 效果

가. 追完履行請求權

매도인이 瑕疵 있는 給付를 한 경우에는, 이미 위에서 살펴본 바와 같이, 제433조 1항 2문의 違反이지만 매수인은 우선적으로 제439조에 의한 追完履行, 즉 瑕疵補修(Nachbesserung) 또는 完全物給付(Ersatzlieferung)을 請求하여야 한다(§ 437 Nr.1 BGB).

瑕疵補修는 瑕疵의 除去(Beseitigung des Mangels)를, 完全物給付는 瑕疵없는 物件의 提供(Lieferung einer mangelfreien Sache)을 의미하며, 瑕疵는 物件 및 權利의 瑕疵를 포괄하고, 物件은 特定物과 種類物을 구별하지 않는다.

체계적으로 瑕疵責任의 범주에서 買受人이 갖는 본질적인 權利는 제433조 1항 2문에 따른 瑕疵 없는 提供에 대한 請求權과 제439조 1항에 따른 追完履行請求權이라고 할 수 있다. 즉, 追完履行請求權은 瑕疵 없는 給付請求權을 포괄하는 본래의 履行請求權이 수정되어 存續하는 것이라고 할 수 있다(die modifizierte Fortsetzung des ursprünglichen Erfüllungsanspruchs). 따라서 매도인의 過責을 요건으로 하지 않아(verschuldensunabhängig) 매수인으로 하여금 그의 契約的 請求權을 포괄적으로 관철할 수 있도록 하고 있다.

瑕疵補修와 完全物給付라는 양자의 追完樣態의 選擇은 매수인에게 주어져 있으며, 제439조 2항에서는 追完履行에 소요되는 費用을 매도인이 부담하도록 하고 있다. 이에 상응하여 예외적으로 매도인은 제439조 3항의 일정 要件에 따라 매수인이 선택한 追完을 거절할 수 있다. 동조 동항 제1문에 의해 매도인은 매수인이 선택한 追完이 과도한 費用을 요하는 때가 이에 해당하며(Kriterium der Unverhältnismäßigkeit), 제2문은 瑕疵 없는 상태의 物件의 價値, 瑕疵의 意味, 그리고 다른 追完의 代案이 매수인에게 중대한 不利益 없이 취해질 수 있는가의 여부를 고려할 것을 정하고 있다.

특히 追完履行의 請求는 사소한 瑕疵가 있는 경우에도 인정된다. 이는 追完履行의 請求가 본래의 履行請求權에 다르지 않으므로 이러한 경우에 追完이 인정되지 않는다면 매수인의 履行請求權은 정당한 사유 없이 무시되는 것이기 때문이다. 그리고 追完履行이 매도인의 拒絶 또는 그 밖의 事由로 이루어지지 않은 경우에는 매수인은 제437조의 다른 救濟手段들(代金減額, 解除, 損害賠償)을 행사할 수 있다. 이들 權利를 행사하기 위한 構成要件은 다음과 같이 다양하게 구성되어 있다. 특히 期間設定을 통한 追完履行請求가 선행되어야 하는바, 그 예외가 중요하다. 제440조는 매도인의 2가지 樣態 전부의 追完拒絶, 또는 追完이 挫折되거나 매수인에게 期待不可能한 경우에는 즉시 제437조 2, 3호에 의한 權限을 행사할 수 있도록 하고 있다. 특히 매수인에게 追完이 期待될 수 없는 상황으로서는 惡意의 欺罔(arglistige Täuschung)이 특별한 의미를 갖는다. 그리고 동조 2문에서는 매도인에 의한 2차례의 瑕疵補修 試圖가 성과 없이 되는 경우에 追完履行이 좌절된 것으로 看做하고 있다.

債務法의 總則規定으로서 제281조 2항과 제323조 2항은 債務法 各則의 契約들에 원칙적으로 制限 없이 적용된다. 이들 조항의 전제요건들과 제280조 이하, 제323조 이하, 제441조의 要件이 갖추어져 있고 追完履行의 期間을 설정할 필요가 없으면, 매수인은 곧바로 제437조 2호와 3호에 의한 解除, 賣買代金의 減額, 또는 損害賠償을 요구할 수 있다. 특히 진지하고 종국적인 履行拒絶이 있는 경우들(§§ 281 Abs.2, 323 Abs.2 Nr.1 BGB), 즉시의 損害賠償請求 내지 解除를 정당화하는 그 밖의 特別한 事情

(§§ 281 Abs.2, 323 Abs.2 Nr.3 BGB)이 있는 경우가 이에 해당된다.

나아가 給付不能으로 인해 追完履行請求權이 없는 경우(§ 275 BGB)에는 당연히 이에 관련된 제281조 2항, 제323조 2항에 따른 期間設定은 고려되지 않아(§ 323 Abs.5 BGB) 매수인은 제437조 2호와 3호의 權限을 즉시 행사할 수 있다. 즉, 제275조 1, 2, 3항에 의한 給付不能 또는 給付拒絶權에 의해 매도인에게 追完의 期待可能性이 없는 때에는 追完履行請求權은 배제된다. 이는 特定物賣買(Spezieskauf)에서 의미가 있다. 改正賣買法이 追完履行과 관련하여 特定物과 種類物의 賣買를 구별하지 않고 있으나, 이 경우에는 債務法 總則의 概念推論에 따라 瑕疵 없는 다른 物件의 提供이 애당초 배제되는 것으로 해석될 수 있으며, 瑕疵除去에서도, 예를 들어 골동품 또는 매도인에 의해 제거할 수 없는 權利瑕疵가 있는 때에는, 瑕疵補修 자체가 고려되지 않는다(qualitative Unmöglichkeit).

그밖에 매도인은 追完履行에 요구되는 費用을 부담하며(§ 439 Abs.2 BGB), 完全物給付가 이루어진 경우에는 이미 제공한 瑕疵 있는 物件의 返還 또는 반환할 수 없게 된 物件의 價額 및 用益의 賠償을 解除의 效果에 관한 규정에 따라 청구할 수 있다(§§ 439 Abs.4, 346 bis 348 BGB).

이상과 같이 매수인은 일차적으로는 매도인에게 追完履行을 요구하고, 그 履行의 不能, 期待不可, 매도인의 拒絶, 또는 追完의 성과가 없는 경우에 비로소 契約의 解除 또는 代金減額을 하거나(§ 437 Nr.2 BGB), 損害賠償 또는 費用賠償의 請求를 할 수 있다(§ 437 Nr.3 BGB). 그런데 契約解除와 損害賠償의 請求는 一般給付障碍法의 범주에서 보장되는 권리이므로, 순수한 賣買法의 구제수단은 追完履行請求權(§ 439 BGB) 및 代金減額權(Minderung; § 441 BGB)이 인정될 뿐이다.

나. 解除權

제437조 2호, 제323조, 제326조 5항에 따라 瑕疵를 계기로 매수인은 매매계약을 解除할 權利를 갖는다. 특히 一般給付障碍法의 解除法에 상응하여, 有效한 賣買契約, 瑕疵 및 제439조 1항에 의한 追完의 挫折이 요구되며, 제275조 1, 2항과 3항의 보충이 고려되는 제323조 2항 1호 내지 3호, 제439조 3항, 제440조에 따른 期限設定의 例外가 함께 적용된다.

그 要件으로서는 우선적으로 매매목적물의 瑕疵 있는 제공으로 계약에 적합하지 않은 給付가 되는 義務違反(Pflichtverletzung)이 있어야 한다. 그렇지만 그에 관한 過責은 묻지 않으며, 위반한 義務의 종류와 양태에 관하여도, 일부 규정의 예외(§§ 281, 282, 323, 324 BGB)가 있으나 원칙적으로 구별하지 않는다. 다만 義務違反이 중대하지 않은 경우에는 解除는 배제된다(§§ 437 Nr.2, 323 BGB). 따라서 매매목적물의 유용성이나 가치의 사소한 減少가 있는 때에는 매수인은 解除의 權限이 없다. 또한 제323조 6항에 의해 瑕疵있는 給付가 매수인의 責任으로 발생한 경우에도 解除權은 배제된다. 그리고 매수인이 追完을 요구하였으나 매도인이 적정한 期間內에 그 履行을 하지 않았어야 한다.

期間設定에 있어서는 항상 제323조와 동일한 정도에 요건을 갖추어야 하는 것은 아니라고 할 수 있다. 기존 解除法에서 요구되었던 拒絶豫告(Ablehnungsandrohung)은 필요하지 않게 되었는바, 매수인이 기간을 설정하면서 곧바로 매도인이 기간을 준수하지 않을 시에 행할 法的 措置를 확정할 것을 期待할 수는 없기 때문이다. 기간설정이 필요하지 않은 경우는, 위에서 언급한 바, 追完의 要求가 불필요한 경우에 해당한다. 특히 제326조 5항은 追完履行이 不可能한 경우에 期間設定 없이 解除할 수 있도록 하고 있다. 그리고 매도인이 제443조의 擔保(Garantie)를 한 경우에는 그가 擔保로서 어떠한 約定을 하였는가에 따라서 期間設定이 필요성이 달라질 수 있다. 擔保約定에 그 條件 및 부여되는 權利가 구체적으로 정하여진 경우에는 期間設定이 별도로 필요하지 않으나, 擔保期間 중에 매매목적물에 瑕疵가 없을 것만을 약정한 期限附性狀擔保(Haltbarkeitsgarantie)에서는 期間設定이 필요할 것이다.

나아가 기존의 매매법에서의 擔保解除(Wandelung)와는 달리 形成權(Gestaltungsrecht)으로 규정함으로써 이제는 더 이상 매도인이 同意하여야만 하는 擔保解除의 要求(Wandlungsbegehren)가 아니다(§§ 462, 465 BGB a.F.). 또한 一部給付만이 있는 경우에는 원칙적으로 一部解除(Teilrücktritt)가 이루어져야 할 것이다. 그런데 제434조 3항에서는 瑕疵 있는 不完全給付(Schlechtleistung)와 缺損提供(Mankolieferung)을 동일시하고 있으나, 제323조 5항 1문에서는 一部給付의 경우에도 채권자가 그 部分의

給付에 利益이 없는 때에는 契約 전부를 解除할 수 있도록 하고 있으며, 제2문에서는 계약에 적합하지 않게 給付한 경우에 그 義務違反이 중대하지 않은 때에는 解除할 수 없도록 하고 있는바, 전자는 量的 一部給付(quantitative Teilleistung)를, 후자는 質的 一部給付(qualitative Teilleistung)를 규정한 것으로서 瑕疵 있는 給付에는 후자가 적용된다.

그밖에 개정 解除法에서 주목할 점은, 종래와는 근본적으로 달리, 제325조에서 解除와 損害賠償의 權限을 양립할 수 있도록 함으로써 매수인으로 하여금 解除 前에 損害賠償請求權을 포기할 것인가를 숙고하여야 하는 부담을 덜어주게 되었다.

다. 代金減額權

제441조 1항 1문에서는 매수인에게 解除에 갈음하여 代金減額의 權限을 인정한다. 代金減額의 要件은 解除에 상응하는바, 有效한 賣買契約, 瑕疵 및 제439조 1항에 의한 追完의 挫折을 요건으로 한다. 그러나 解除權은 사소한 義務違反의 경우에는 제323조 5항 2문에 따라 배제되는 반면, 제441조 1항 2문에 의해 이 경우에도 代金減額을 할 수 있다. 기간설정에 있어서는 代金減額이 이루어질 것이라고 매도인이 확실히 예견할 수 있을 정도로 確定될 필요는 없고 그에 상응하는 眞正性이 있는 것으로서 족하다. 또한 義務違反에 대한 매도인의 過責을 요하지 않으며, 物件 및 權利의 瑕疵를 구별하지 않는다.

代金減額權은 매매계약을 존속시키면서 매수인에게 賣買代金을 減縮시킬 수 있는 일방적이고 직접적인 可能性을 부여한다(§ 441 Abs.1 S.1 u. Abs.3 S.1 BGB). 특히 代金減額權은 解除權과 병행하여 形成權(Gestaltungsrecht)으로 구성되었다(§ 441 Abs.1 BGB). 따라서 매수인이 代金減額의 意思表示를 함으로써 解除와의 選擇權은 소멸하며, 一部無效에 관한 제139조의 法的 觀念에 상응하는 不可分性이 이끌어지는바, 제441조 2항은 매수인, 매도인 또는 계약당사자 양측에 多數가 관여된 경우에는 모두를 위해서, 그리고 모두에 대하여 代金減額을 表示하도록 하고 있다.

代金減額의 權利(Recht zur Minderung)는 제439조의 追完이 적용되지 않는 범위에서 가장 광범위한 효력을 갖는다. 代金減額에 의해 애당초 賣

買代金이 낮게 合意된 것과 같이, 즉 제433조 2항에 의한 매도인의 賣買代金請求權은 유효하게 減額되었을 만큼 감축된다(§ 441 Abs.3 BGB). 減額算定은 契約締結時의 瑕疵 없는 상태에서의 물건의 價額과 실제의 價額에 比例해서 이루어진다(瑕疵 없는 物件 價額 : 瑕疵 있는 物件 價額 = 賣買代金 : 減額된 代金). 그밖에 評價(査定: Schätzung)에 의한 減額算定도 가능하도록 하고 있다(§ 441 Abs. 3 S.2 BGB). 감액산정에서 주의할 점은 瑕疵補修의 費用을 고려하지만 종종 高額의 費用을 요하는 경우가 있어 이에 종속되어 판단하여서는 안되며, 또한 主觀性은 배제되어야 하는바, 특히 매수인의 嗜好利益(Affektionsinteresse)이 침해되어 高費用을 요하는 경우에 제439조 3항에 의해 追完履行이 배제되거나 포괄적인 利益較量에서 매수인의 주관적인 평가가 반영되기 때문이다. 나아가 瑕疵에 대해 매수인에게 責任이 있는 경우에는 過失相計에 관한 제254조의 一般 法觀念에 따라 대금감액이 축소되어질 수 있다.

그밖에 매매대금을 전부 지불한 후 代金減額을 하는 경우에는 매수인에게 減額에 상응한 還給請求權(Rückzahlungsanspruch)이 주어진다(§§ 441 Abs.4, 346 BGB). 여기에는 과도하게 지불된 賣買代金의 用益賠償(Nutzungsersatz), 즉 利子支拂(Zinszahlung)의 請求權(§ 347 Abs.1 BGB)이 포함된다.

라. 損害賠償請求權

(1) 給付에 갈음한 損害賠償

매도인의 瑕疵 있는 物件의 提供은 제433조 1항 2문에 의해 義務違反이 되며, 이로써 제280조 1항에 따른 損害賠償請求權이 성립한다(§ 437 Nr.3 BGB). 그렇지만 우선적으로는 제280조 3항, 제281조 1항에 따라 매수인은 제439조 1항에 의한 追完을 위한 적정한 期間을 설정하여야 하며, 이와 관련하여 제440조의 例外를 두고 있다. 또한 瑕疵로 인해 全給付에 갈음하는 損害賠償請求는, 解除에서와 같이, 매도인의 義務違反이 重大하지 않은(unerheblich) 경우에 그 행사가 제한된다(§ 281 Abs.1 S.3 BGB).

매도인은 제280조 1항에 따라 모든 형태의 過責(Verschulden)에 대해(§ 276 BGB), 나아가 履行補助者의 行態(§ 278 BGB), 그리고 擔保 또는

調達危險의 引受(Übernahme einer Garantie oder eines Beschaffungsrisikos)에 대해서도 責任을 진다(§ 276 Abs.1 Alt. 2, 3 BGB).

나아가 追完履行이 不可能한 경우의 損害賠償에서는 다소 복잡한 累層體系的인 法規定이 적용된다. 後發的으로 不能인 경우에는 제283조, 제280조, 제281조 1항 3문이 적용되며, 原始的으로 제거할 수 없는 瑕疵인 경우에는, 原始的·客觀的 不能이지만 종래와 달리 賣買契約은 有效하며(§ 311a Abs.1 BGB), 歸責事由가 있는 경우에 제311a조 2항에 의해 期間設定 없이 損害賠償責任이 성립한다.

改正賣買法에서는 解除 또는 代金減額에 부수하여 損害賠償을 청구할 수 있으며, 매매목적물 자체의 瑕疵로 인한 損害賠償에 관한 賣渡人의 責任은 기존 제463조에 비하여 강화되었다. 특히 瑕疵損害(Mangelschaden)에 대해서도 매도인의 過責이 있는 경우에 損害賠償責任을 도입한 것은 기존 賣買法에 비교하여 결정적인 변경이라 할 수 있다(§§ 280 Abs.1, 3 i.V.m. 281 BGB). 또한 제280조 1항이 포괄적으로 적용됨으로써 종래에 혼란을 초래하던 瑕疵 및 瑕疵後續損害의 區別·劃定은 더 이상 요구되지 않도록 하고 있다. 그렇지만 이하에서 언급되듯이, 義務違反과 損害賠償의 關係가 구체적으로 어떻게 설정되는가에 따라 양자의 損害類型의 劃定問題를 여전히 남기고 있다.

나아가 過少量이 提供된 경우, 제434조 3항는 物件瑕疵로 취급하고 있다. 따라서 解除에서와 마찬가지로, 제281조 1항 2문의 一部給付(Teilleistung)가 아니라 동조 동항 제3문의 債務의 內容에 좇지 않은 給付(nicht wie geschuldete Leistung)로 취급할 것인가에 의문이 제기되는바, 種類物賣買에서 통상적인 缺損提供(Mankolieferung)은 一部給付로 취급하여야 할 것이다.

그밖에 매수인은 損害賠償을 청구함으로써 追完履行請求權(제439조)을 포함하여, 제433조 1항에 의한 給付請求權을 상실한다(§ 281 Abs.4 BGB).

(2) 附隨的 義務違反과 損害賠償

매도인이 瑕疵 있는 물건을 제공하면서 附隨的 義務(보호 및 설명의무 등)를 違反하여 매매목적물 이외의 매수인의 다른 法益 또는 權利〔예: 身

體의 完全性, 所有權에 대한 權利]를 侵害한 경우에 매수인은 給付에 부가하여 損害賠償을 요구할 수 있다(§§ 280 Abs. 1, 241 Abs.2 BGB). 이 경우에는 追完履行을 위한 期間設定은 필요하지 않다. 따라서 위에서 언급한 바와 같이, 改正賣買法이 근본적으로 瑕疵損害와 瑕疵後續損害의 구별하는 난점을 극복하려고 할지라도, 이들 損害類型들을 劃定할 필요성이 있다.

(3) 遲滯損害

매도인은 제280조 2항, 제286조에 따라 債務者遲滯에 빠져 있는 때에는 遲滯損害(Verzögerungsschaden)의 賠償責任을 지는바, 이는 본래의 給付提供에서는 물론, 瑕疵 있는 提供으로 인한 追完履行을 遲滯하는 경우에도 적용된다. 예를 들어 매수인이 439조에 따른 追完을 요구하였으나 그 履行을 하지 않아 訴訟을 제기하게 되어 발생되는 損害(Rechteverfolgungs-kosten)가 이에 해당한다. 근본적으로 遲滯는 催告를 전제하고 있으나(§ 286 Abs.1 S.1 BGB), 제286조 2항 1호 내지 4호에서 催告가 요구되지 않는 사례을 정하고 있다. 瑕疵의 通告(Möngelrüge)와 제439조 1항에 따른 追完履行의 요구는 통상 매도인에 대해 제433조 1항 2문에 따른 瑕疵 없는 給付에 관한 매수인의 催告가 되므로, 이러한 催告가 도달된 때로부터 매도인의 遲滯責任이 성립된다. 그밖에 매도인이 진지하고 종국적으로 給付를 拒絶하는 경우에도 이와 다르지 않다(§ 286 Abs.2 Nr.3 BGB).

나아가 追完履行을 위한 期間이 경과하면서 발생하는 損害의 賠償責任에 관해 의문이 제기된다. 이 경우에 제280조 1항에 의한 買受人의 損害賠償請求權과 賣渡人의 追完履行權은 충돌되지 않으며, 또한 이 때의 損害賠償은 給付에 갈음하는 것이 아니라 매도인의 올바른 行態에 관한 것으로서, 追完을 위한 期間設定은 요구되지 않는다. 이 損害는 유형적으로 통상 遲滯損害에 속한다. 예를 들어 잘못된 組立案內로 인하여 물건의 조립이 완성되지 않아 이를 다시 분해하고 새로이 追完된 組立案內에 따라 재조립하는 동안에 헛되이 들인 시간과 비용으로, 또는 瑕疵 있는 기계를 제공받은 매수인이 瑕疵 없는 기계의 追完을 요구한 경우에 그 履行의 期間 동안에 생산이 결여되어 발생하는 損失은 瑕疵 없는 給付를 할 債務履

行을 遲滯하여 발생한 損害이다. 그러므로 제280조 이하의 體系에 따라 제286조에 따른 遲滯要件이 갖추어지고(§ 280 Abs.2 BGB), 追完履行을 요구하는 것은 동시에 催告가 되므로, 결과적으로 매도인은 追完履行 중에 매수인에게 발생한 遲滯損害에 대한 賠償責任을 져야한다.

매수인이 追完履行을 요구한 후, 그 履行이 不可能하게 되거나 事實的 不能으로 매도인으로부터 거절되는 경우(§ 275 Abs.1, 2 BGB)에는 제280조와 제281조가 아니라 제283조와 제281조가 請求權根據가 된다. 그렇지만 법적 결과에 있어서는 동일하다.

(4) 損害의 算定

기존 債務法에서 매수인은 瑕疵 있는 物件을 그대로 보유하면서 差額(Differenzwert)과 그 밖의 損害項目들을 주장할 수 있는 小損害賠償請求權(kleiner Schadensersatzanspruch), 또는 瑕疵 있는 物件을 매도인에게 返還하고 損害 전부를 주장할 수 있는 大損害賠償請求權(großer Schadensersatzanspruch)을 행사할 수 있었다. 이들 양자의 損害算定의 방법은 改正債務法에도 적용된다(§ 281 Abs.1 S.1 BGB: "Schadensersatz statt der Leistung", § 281 Abs.1 S.3, Abs.5 BGB: "Schadensersatz statt der ganzen Leistung"). 그렇지만 제281조 1항 3문은 義務違反이 重大하지 않은 경우에 大損害賠償請求權을 배제한다. 이 규정은 債務에 適合하지 않게 給付가 행해진 모든 사안(§ 280 Abs.1 BGB)에 적용되는바, 제434조, 제435조의 瑕疵 있는 提供에도 적용된다(§ 433 Abs.1 S.2 BGB).

(5) 費用賠償

제437조 3호는 매수인이 제284조에 의해 給付에 갈음하는 損害賠償 대신에 給付의 보유를 신뢰하여 정당하게 지출한 費用의 賠償을 요구할 수 있도록 하고 있다. 그렇지만 費用을 들여 채권자가 추구한 目的(Zweck)이 債務者의 義務違反 없이도 달성될 수 없었던 경우에는 그 적용이 배제된다. 특히 위의 費用에는 契約費用(Vertragskosten)도 포함되는바, 기존 매매법에서와 달리 더 이상 過責 없이는 그 賠償을 청구할 수 없다(vgl. § 467 BGB a.F.).

9. 消滅時效

改正賣買法은 제438조에서 총칙편 通常消滅時效의 特則을 두고 있다. 동조 1항 3호에 따라 瑕疵 있는 提供으로 연유하는 請求權의 一般的 消滅時效期間은 2년이다. 그리고 物件 및 權利의 瑕疵를 원칙적으로 차별하지 않고 있다. 그렇지만 第3者가 物權에 의해 매매목적물의 返還을 요구할 수 있는 경우, 또는 登記되어 있는 그 밖의 權利에 의한 瑕疵로 인한 請求權은 30年의 時效에, 그리고 建築資材 및 建築物에는 5年의 時效에 걸리도록 하는 例外를 규정하고 있다(§ 438 Abs.1 Nr.1, 2 BGB).

그리고 故意를 제외하고 時效期間을 단축할 수 있으나(§ 202 Abs. 1 BGB), 新品賣買에서는 約款에 의한 時效期間의 短縮을 1년 미만으로 할 수 없도록 하고 있다(§ 309 Nr.8 b, ff. BGB). 消費財賣買에서는 新品賣買인 경우에 2년 미만, 中古品賣買에서는 1년 미만으로 時效期間을 단축할 수 없다(§ 475 Abs.2 BGB). 또한 제438조 3항에서는 매도인이 瑕疵를 故意로 침묵한 경우에는 通常時效期間을 적용하도록 함으로써, 동조 제2항에 의한 引渡(Übergabe) 내지 交付(Ablieferung)로부터가 아니라 제199조에 의해 瑕疵를 認知하거나 重大한 過失로 알지 못한 시점으로부터 起算된다(§ 199 Abs.1 Nr.2 BGB).

나아가 제438조의 消滅時效期間은 瑕疵와 관련되어 제437조에서 정하고 있는 매수인의 모든 權利들에 적용된다. 그렇지만 소멸시효에 관한 基本條項인 제194조 1항은 請求權에만 적용되며 形成權에는 적용되지 않는다. 따라서 종래의 擔保解除(Wandelung)가 形成權인 解除(Rücktritt)에 의해 규율되고 代金減額도 形成權으로 변환됨에 따라, 매수인이 解除 또는 代金減額의 의사표시를 하는 때에 이미 追完履行請求權의 消滅時效가 완성되어 있어 채무자(매도인)가 이를 援用하면(§ 218 Abs.1 BGB: Unwirksamkeit des Rücktritts) 解除 및 代金減額이 배제되도록 하였다(§ 438 Abs. 4, 5 BGB). 이와 같이 援用하도록 한 것은 形成權의 排除를 消滅時效法, 즉 제214조 1항의 抗辯權能(Einredebefugnis)과 조화시킨 것이다. 그리고 매도인의 매수인에 대한 請求權은 3년의 通常消滅時效가 적용되므로(§

196 BGB), 시효기간이 2년인 매수인의 追完履行請求權(§ 438 Abs. 1 Nr. 3 BGB)과 괴리가 발생한다. 따라서 매수인은 매도인의 代金請求에 대해 瑕疵의 抗辯을 할 수 있도록 하고(§ 438 Abs.4 S.2 BGB), 매수인이 이러한 抗辯을 한 경우에 매도인은 契約을 解除할 수 있도록 하고 있다(§ 438 Abs.4 S.3 BGB).

그밖에 제437조 3호의 損害賠償請求權은, 그 損害類型을 불문하고 제438조가 적용되도록 하고 있다. 따라서 瑕疵損害와 瑕疵後續損害의 구별은 원칙적으로 불필요하다. 그렇지만 改正賣買法에서도 瑕疵後續損害에 대한 請求權 모두가 제438조의 期間에 의해 時效가 완성되지는 않는다는 문제점이 지적된다. 즉, 瑕疵로 인해 賣買目的物 이외의 다른 法益을 침해하여 발생한 附加的 損害에 대한 損害賠償은 給付에 갈음하는 損害賠償(Schadensersatz statt der Leistung)이 아니라 給付에 附加되는(additiv zur Leistung) 損害賠償으로서, 제437조 3호 이외의 請求權基礎가 고려되므로 제195조 이하의 3年의 通常消滅時效가 적용된다. 그러므로 瑕疵 및 瑕疵後續損害의 損害類型의 區別標識가 다시 등장하게 된다.

10. 所有權留保附賣買

제449조 1항에서는, 기존과 마찬가지로, 所有權留保의 合意가 불분명한 경우에는(Im Zweifel) 停止條件的 所有權移轉으로 解釋하도록 하고 있다. 그렇지만 改正賣買法에서는 매도인이 賣買目的物의 返還을 요구할 수 있는 要件을 변경하였는바, 제2항에서 매도인이 契約을 解除한 경우에만 가능하도록 하고 있다. 즉, 매수인이 支拂을 遲滯하고 있다는 있는 것만으로는 매도인은 解除할 수 없는바, 기존 제455조 1항(§ 455 Abs.1 BGB a.F.)에 상응하는 규율을 하고 있지 않아 매도인은 解除의 一般規定인 제323조에 따라 매수인에게 給付 내지 追完履行을 위한 적정한 期間을 설정하여만 한다. 그밖에 期間設定의 例外도 제323조 2항이 적용된다. 결과적으로 매도인이 遲滯時에 곧바로 解除하기 위해서는 매수인과 그에 관해 명백한 合意가 있어야만 한다.

11. 請求權 競合

瑕疵責任에 의한 請求權들과 다른 規範들과의 競合關係는 개정 賣買法에서도 근본적인 변화가 없다.

가. 取消可能性

우선 詐欺·强迫에 의한 意思表示의 取消可能性은 존속한다(§ 123 Abs.1 BGB). 物件의 去來本質的 屬性(Eigenschaften)에 관한 錯誤로 인한 買受人의 取消可能性(§ 119 Abs.2 BGB)은 物件의 瑕疵인 경우에는 배제된다는 견해가 우세하다. 이는 매수인에게 유리한 瑕疵責任法의 特別規律이 錯誤에 의한 取消에 의해 배제되는 것은 타당하지 않기 때문이며, 이러한 논거는 改正賣買法에서 매도인의 第2 提供에 의한 完全物給付權(Nachlieferungsrecht)에 의해 추가적으로 뒷받침된다.

그러나 危險의 移轉時로부터 비로소 錯誤에 의한 取消可能性이 배제되는가에 관하여는 의문이 제기된다. 이에 관한 구체적 판단은 실무에 남겨진 과제라고 할 수 있겠으나, 瑕疵責任法에서 매수인의 救濟手段이 확충된 改正賣買法에서는 物件의 屬性에 관한 錯誤는 애당초 배제되는 것으로 파악할 수 있는 여지가 있다. 나아가 權利瑕疵인 경우에도, 종래에는 取消가 배제되지 않았으나, 改正賣買法에서는 物件 및 權利의 瑕疵의 법적 취급과 消滅時效의 적용을 통일하고 있어 동일하게 취급될 수 있을 것이다.

나. 契約締結上 過失責任

契約締結上 過失의 法理는, 기존 제459조 이하를 무의미하게 하지 않도록 한다는 종래의 지배적 견해에 따르면, 瑕疵 있는 給付의 危險移轉時로부터(ab Gefahrübergang) 그 적용이 배제되는바, 제311조 2항, 제280조 1항, 제241조 2항의 적용에서도 다를 바 없을 것이다. 특히 瑕疵責任法에 적용되는 2년의 消滅時效가 무의미하게 될 여지가 있으며, 위 조항들을 적용하여 곧바로 契約關係를 解消할 수 있게 되는 것은 改正賣買法이 追完履行을 우선하는 것에 모순될 수 있기 때문이다.

다. 不法行爲責任

賣買法과 더불어 消滅時效法의 改正을 계기로 소위 "蠶食的(波及的)" 瑕疵(weiterfressende Mängel), 즉 매수인이 소유권을 취득한 매매목적물에 확산되어 애당초의 瑕疵와 "素材的으로 同一"하지 않은(nicht "stoffgleich") 損害를 초래하는 瑕疵에 대해 不法行爲法을 적용하여 온 獨逸聯邦法院의 判決이 無爲로 될 수 있는가라는 의문이 제기된다. 改正賣買法에서는 실무에서 위와 같은 判例 형성의 원인이 되었던 기존 제477조의 지나치게 短期인 時效期間을 삭제하고 제438조를 마련하고 있다. 그러나 政府案의 理由에서는 이에 관해 判例에 맡기면서 신중한 입장을 표명하였다.

12. 都給契約과의 關係

改正賣買法은 매도인의 瑕疵 없는 給付義務를 규정함으로써(§ 433 BGB), 一般給付障碍法과의 體系的 統一을 도모하고, 追完履行請求權을 도입함으로 종국적으로는 都給契約法과의 차이를 좁히고 있다. 종래의 실무는 기존 賣買法의 擔保規定들, 특히 短期의 消滅時效, 追完履行請求權의 缺如, 그리고 자의적인 賣買時點(부동산의 설치 전, 중, 후)에 따른 법적 취급의 차별을 회피하기 위해 都給契約法을 적용하였다. 그러나 改正賣買法에서는 消滅時效와 관련하여 제438조 1항 2호 a)를 마련함으로써 消滅時效法의 불이익 없이 취득자의 측면에서 賣買契約으로 취급할 수 있는 기초를 마련하였다. 또한 제651조에서는 製作 또는 生産되는 動産의 供給을 목적으로 하는 契約에는 賣買法을 적용하도록 하고 있다. 따라서 종래의 製作物供給契約(Werklieferungsvertrag)과 달리 代替物이 아닌 경우에도 賣買契約法이 적용된다.

Ⅵ. 評價的 考察

위에서 살펴본 바와 같이 독일은 유럽공동체의 消費財賣買指針을 國內法으로 전환함에 있어서 賣買法을 債務法의 一般給付障碍法에 統合하여 규율하는 개정을 시도하였다. 따라서 瑕疵 있는 給付에 대한 賣渡人의 責任은 대부분 一般給付障碍法에 의해 규율되지만, 다단계의 추상적 차원으로 구성된 獨逸民法典의 구성에 따라 損害 및 費用의 賠償은 제2편 제1장(Inhalt der Schuldverhältnisse), 解除는 제3장(Schuldverhältnisse aus Verträgen), 그리고 追完履行과 代金減額은 특별한 瑕疵責任으로서 賣買法에서 규정하고 있다. 이와 같은 構成體系는 瑕疵 없는 給付도 매도인의 기본적 債務內容으로 하는 統一的 請求權基礎를 갖춘 UN賣買法을 모델로 함으로써 유럽共同體法의 발전노선에서 普遍性을 추구하는 것이다. 나아가 기존 賣買法에서 법리적으로 문제가 제기된 각종 槪念區別을 포기하였는바, 실용성의 관점에서 權利瑕疵와 物件瑕疵 및 特定物과 種類物 賣買의 법적 취급에서의 구별을 현저히 축소시켰다. 이는 瑕疵損害와 瑕疵後續損害(Magel- u. Mangelfolgeschäden)의 구별에도 영향을 미치게 되었다.

法政策的으로는 一般給付障碍法을 기초로 하여 追完履行請求制度를 도입한 것이 주목할만하다. 이는 종래의 실거래 상황에 부합시키는 것으로서, 特定物賣買를 중심으로 규율된 기존 賣買法과는 달리, 代替物에 대한 種類物賣買를 중심으로 규율하는 것을 의미하는바, 독일 債務法의 槪念 및 法理의 體系에 비추어 解釋에 있어서 난점을 초래할 수도 있을 것이다. 그렇지만 改正債務法은 독일에 고유한 전통적 槪念 및 그에 관한 확립된 嚴密性에 집착하기보다는, 세계적인 法發展에 상응하는 普遍性을 기반으로 하여 실무적인 法的 結果의 妥當性과 效率性을 추구한 것으로 평가할 수 있다. 결과적으로 합리적인 法理構成과 槪念의 具體化는 학계와 실무의 과제로 남겨져 있다.

위와 같은 獨逸賣買法의 改正에 비추어 우리 民法典의 賣買法 體系를 비교한다면, 근본적인 관점에 따라 상이하게 평가할 수 있으며, 또한 개별 改正條項과 관련해서도 구체적인 事項들에 대해 세부적으로 달리 비교·평가할 수 있다. 그러나 獨逸民法典과 體系構成 및 法理的 槪念에 있어서 사실상 동일한 기반을 갖추고 있는 점에서 解釋論과 立法政策에 긍정적으로 시사하는 바가 적지 않다.

특히 독일이 一般的 給付障碍法의 體系를 도입한 것과 관련해서는, 우리 民法典은 이미 제390조에서 給付障碍에 관한 一般條項을 갖추고 있다는 점에 주목하여야 할 것이다. 이는 종래에 賣買의 瑕疵擔保法에 관한 독일 고유의 法理에 따른 편중된 시각에서 탈피하여 보다 普遍的 法觀念에 상응한 解釋論을 전개할 수 있는 토대를 갖고 있다는 것을 의미한다. 나아가 우리 民法은 賣買法의 규정들을 有償契約 전반에 적용할 수 있도록 하고 있는바(민법 제567조), 최소한 讓渡型契約에만 국한할지라도, 債權法에서 賣買契約法 指導的 役割을 함께 고려하여야 할 것이다. 이러한 解釋的 觀點은 독일의 改正賣買法이 解除와 損害賠償을 일반적 給付障碍法으로 환원함으로써, 解除法에서는 機能的 實效性에, 損害賠償法에서는 私的自治와 過責原理에 충실을 기하고 있다는 점에서 比較法的 考察의 重要性을 찾을 수 있다. 기존 瑕疵擔保法의 沿革에서 유래하는 특수한 體系構造와 概念標識에 얽매임에서 탈피하여 그 法理的 機能性을 再考하는 解釋論의 構成이 요청된다.

우리 民法典 改正을 위한 立法政策에 있어서도 위와 같은 解釋論의 改善的 定向의 要請은 근본적으로 다르지 않다고 할 수 있다. 學界에서는 현행 民法規定에 대한 解釋論을 비판적으로 熟考하고, 이를 기초로 改正立法의 目的이 실천적으로 具體化되어진다면 독일의 改正賣買法은 우리의 賣買法 解釋과 改正에 있어서 긍정적이고 부정적인 모든 측면이 他山之石으로 작용할 것이다.

참고문헌

金亨培, 獨逸債權法現代化法案, 저스티스 제34권 제5호(2001. 10.), 82면 이하

安法榮, 賣買目的物의 瑕疵로 인한 損害賠償, 民事法學 제11 · 12호(1995), 194면 이하

同, 種類物의 特定과 債權者遲滯, 그리고 瑕疵擔保責任 - 特定과 給付危險의 再認識을 위한 小考 -, 社會變動과 私法秩序(金亨培敎授停年退任記念論文集), 2000, 96면 이하

同, 獨逸民法의 改正과 普通去來約款法의 統合, 주요 거래분야 약관이용 실태 분석 및 표준약관(안) 작성, 소비자보호원(2001. 11.), 471면 이하

同, 改正 獨逸民法의 解除 · 解止法의 一瞥 —우리 民法典의 改正試案에 관한 論議에 부쳐서—, 比較私法(比較私法學會) 第9卷 3號(2002.10.), 1면 이하

同, 法務部 民法改正試案에 관한 一瞥 -債權法編 試案 第390條 · 第580條 · 第581條를 中心으로 -, 韓國民事法學會 2002년 春季學術大會(2002. 4. 27.) 발표자료집, 79면 이하

이상영, 독일 개정민법상의 소멸시효제도, 比較私法 제9권 2호(통권 17호, 2002. 8.), 比較私法學會, 1면 이하

林建勉, 消滅時效制度의 目的과 改正 獨逸民法上의 通常의 消滅時效, - 독일민법 제195조 와 제199조를 중심으로 -, 比較私法 제9권 2호(통권 17호, 2002. 8.), 比較私法學會, 39면 이하

註釋民法 債權總則(1), 제3판, 2000

Verbrauchsgüterkaufrichtlinie, Richtlinie 1999/44/EG vom 25. 5. 1999 zu bestimmten Aspekten des Verbrauchsgüterkaufs und der Garantien für Verbrauchsgüter
e-commerce Richtlinie, Richtlinie 2000/31/EG vom 8. 6. 2000 über bestimmte rechtliche Aspekte der Dienste der Informationsgesellschaft, insbesondere des elektronischen Geschäftsverkehrs, im Binnenmarkt
Zahlungsverzugsrichtlinie, Richtlinie 2000/35/EG vom 29. 6. 2000 zur Bekämpfung von Zahlungsverzug im Geschäftsverkehr
Diskussionaentwurf eines Schuldrechtsmodernisierungsgesetzes (Stand: 4. August 2000)
Bundesminister der Justiz, Gutachten des Schuldrechts, I, II(1981), III(1983)
ders., Abschlußbericht der Kommission zur Überarbeitung des Schuldrechts, 1992
Bundesministerium der Justiz, Einführung in den Entwurf der Bundesregierung und der Koalitionsfraktionen für ein Gesetz zur Modernisierung des Schuldrechts, BR-Drs. 338/01, BT-Drs. 14/6040, Stand: 15. Juni 2001
dass., Konsolidierte Fassung des Diskussionsentwurfs eines Schuldrechtsmodernisierungsgesetzes, 6. März 2001, BR-Drucks. 338/01
dass., BT-Drucks. 14/6040 (= Entwurf der Fraktionen der SPD sowie Bündnis 90/Die Grünen)
dass., BT-Drucks. 14/6857 u. Anlage 3, 14/7052
http://bundesrecht.juris.de/bundesrecht/bgb
Übereinkommen der Vereinten Nationen über Verträge über den Internationalen Warenkauf(CISG)
UNIDROIT, Principles of International Commercial Contracts, 1994
Gesetz über Fernabsatzverträge und andere Fragen des Verbraucherrechts sowie zur Umstellung von Vorschriften auf Euro
Beschlüsse von der Verhandlungen des 60. DJT 1994, Teil K (Abteilung Zivilrecht): abgedruckt in NJW 1994, S. 3075.
Mitteilungen: Symposium Schuldrechtsmodernisierung 2001, NJW 2001, S.424 ff.
24. Deutscher Notartag Hamburg 1993,
Müncher Kommentar, 3.Aufl., 1994, 4.Aufl., 2001
Palandt Kommentar, 61.Aufl., 2002
Soergel Kommentar, 12.Aufl., 1990, 1991
Staudinger Kommentar, 13.Aufl., 1995

Ackermann, Th., Die Nacherfüllungspflicht des Stückverkäufers, JZ 2002, S.378 ff.
Ahn, B. -Y., Kriterien der Zurechnung von Schäden aus Sachmängeln beim Kauf, 1992
Altmeppen, H., Untaugliche Regeln zum Vertrauensschaden und Erfüllungsinteresse im Schuldrechtsmodernisierungsentwurf, DB 2001, S.1399 ff.
ders., Nochmals: Schadensersatz wegen Pflichtverletzung, anfängliche Unmöglichkeit und Aufwendungsersatz im Entwurf des Schuldrechts modernisierungsgesetzes, - Replik auf Canaris(DB 2001, S. 1815), DB 2001, S.1821 ff.
Arp, T., Anfägliche Unmöglichkeit, Zum verständnis von § 306 BGB, 1988
Artz M., Die Schuldrechtsreform vor dem Hintergrund des Gemeinschaftsrechts, NJW 2001, S. 1703 f.
Basedow, J., Die Reform des deutschen Kaufrechts, 1988
ders., Das BGB im könftigen europäischen Privatrecht: Der hybride Kodex, AcP 200(2000), S.445 ff.
Basedow, J.(Hrsg.), Europäische Vertragsrechtsvereinheitlichung und deutsches Recht, 2000
Birk, A., § 119 BGB als Regelung für Kommunikationsirrtümer, JZ 2002, S.446 ff.
Bitter, G./Meidt, E., Nacherfüllungsrecht und Nacherfüllungspflicht des Verkäufers im neuen Schuldrecht, ZIP 2001, S.2114 ff.
Boerner, D., Kaufrechtliche Sachmängelhaftung und Schuldrechtsreform, ZIP 2001, S.2264 ff.
Buck, P., Kaufrecht, in: H. P. Westermann(Hrsg.), Das Schuldrecht 2002, 2002, S.105 ff.
Brüggemeier, G., JZ 1999, S.99 in Anmerkung zu BGH, JZ 1999, 97.
ders., Zur Reform des deutschen Kaufrechts - Herausforderungen durch die EG-Verbrauchsgüterkaufrichtlinie, JZ 2000, S. 529 ff.
Büdenbender, U., Drittschadensliquidation bei obligatorischer Gefahrentlastung - eine notwendige oder überflüssige Rechtsfigur? NJW 2000, S.986 ff.
ders., Der kaufvertrag, in: Dauer-Lieb, B./Heidel, Th./Lepa, M./Ring, G., Das neue Schuldrecht, 2002, § 8
Canaris, C. - W., Schuldrechtsreform 2002, 2002
ders., Die Reform des Rechts der Leistungsstörungen, JZ 2001, S.499 ff.
ders., Schadensersatz wegen Pflichtverletzung, anfängliche Unmöglichkeit und Aufwendungsersatz im

Entwurf des Schuldrechtsmodernisierungsgesetzes, DB 2001, S.1815 ff.
ders., Das allgemeine Leistungsstörungsrecht im Schuldrechtsmodernisierungsgesetz, ZRP 2001, S.329 ff.
Däubler-Gmelin, H., Die Entscheidung für die so genannte Große Lösung bei der Schuldrechtsreform, NJW 2001, S.2281 ff.
Dauner-Lieb, B., Die geplante Schuldrechtsmodernisierung – Durchbruch oder Schnellschluß? – JZ 2001, S.8 ff.
Dauer-Lieb, B./Heidel, Th./Lepa, M./Ring, G.(Hrsg.), Das neue Schuldrecht, 2002
dies.(Hrsg.), Anwaltkommentar Schuldrecht, 2002
Egermann, F., Verjährung deliktischer Haftungsansprüche, ZRP 2001, S.343 ff.
Ehmann, H./Rust, U., Die Verbrauchsgüterkaufrichtlinie, JZ 1999, S.853 ff.
Ernst, W., Kernfrage der Schuldrechtsreform, JZ 1994, S.801 ff.
Ernst, W./Gsell, B., Kaufrechtrichtlinie und BGB, ZIP 2000, S.1410 ff.
dies., Nochmals für die kleine Lösung, ZIP 2000, S.1812 ff.
Ernst, W./Zimmermann, R., Zivilrechtswissenschaft und Schuldrechtsreform, 2001
Esser, J.-Schmidt, E., Schuldrecht I/1, 8.Aufl., 1995
dies., Schuldrecht I/2, 8.Aufl., 2000
Esser, J.-Weyers, H.-L., Schuldrecht II/1, 8.Aufl., 1998
dies., Schuldrecht II/2, 8.Aufl., 2000
Faust, F., Von beiden Teilen zu vertretende Unmöglichkeit, JuS 2001, S.133 ff.
Flessner, A., Richtlinie und Reform – Die Einpassung der Kaufgewährleistungs-Richtlinie ins deutsche Recht –, in: Grundmann/Medicus/Rolland(Hrsg.), Europäisches Kaufgewähr leistungsrecht, 2000, S.251 ff
Flume, W., Zu dem Vorhaben der Neuregelung des Schuldrechts, ZIP 1994, S.1497 ff.
ders., Vom Beruf unserer Zeit für Gesetzgebung, ZIP 2000, S.1427 ff.
Foerste, U., Unklarheit im künftigen Schuldrecht: Verjährung von Kaufmängel-Ansprüchen in zwei, drei oder 30 Jahren? ZRP 2001, S.342 f.
Gaier, R., Die Minderungsberechnung im Schuldrechtsmodernisierungsgesetz, ZRP 2001, S.336 ff.
Gandolfi, G., Der Vorentwurf eines Europäischen Vertragsgesetzbuchs, ZEuP 2002, S.1 ff.
Gass, P., Die Schuldrechtsüberarbeitung nach der politischen Entscheidung zum Inhalt der Richtlinie über den Verbrauchsgüterkauf, in: FS für W. Rolland, 1999, S.129 ff.
Geiger, H., Sondertagung Schuldrechtsmodernisierung, JZ 2001, S.473 f.
Grundmann, S./Medicus, D./Rolland, W., Europäisches Kaufgewährleistungsrecht, 2000
Grunewald, B., Vorschläge für eine Neuregelung der anfänglichen Unmöglichkeit und des anfänglichen Unvermögens, JZ 2001, S.433 ff.
Gsell, B., Kaufrechtsrichtlinie und Schuldrechtsmodernisierung, JZ 2001, S.65 ff.
Gsell, B./Rüfner, Th., Symposium Schuldrechtsmodernisierung 2001, NJW 2001, S.424 ff.
Haas, L., Entwurf eines Schuldrechtsmodernisierungsgesetzes: Kauf- und Werkvertragsrecht, BB 2001, S.1313 ff.
Heinrichs, H., Entwurf eines Schuldrechtsmodernisierungsgesetzes: Neuregelung des Verjährungsrechts, BB 2001, S.1417 ff.
Hoffmann, J., Verbrauchsgüterkaufrechtsrichtlinie und Schuldrechtsmodernisierungsgesetz, ZRP 2001, S. 347 ff.
Honsell, H., Die EU-Richtlinie über den Verbrauchsgüterkauf und ihre Umsetzung ins BGB, JZ 2001, S.278 ff.
Huber, P./Faust, F., Schuldrechtsmodernisierung, 2002
Huber, U., Die Unmöglichkeit der Leistung im Diskussionsentwurf eines Schuldrechtsmodernisierungs-gesetzes, ZIP 2000, S.2137 ff.
ders., Die Pflichtverletzung als Grundtatbestand der Leistungsstörung im Disskussionsentwurf eines Schuldrechsmodernisierungsgesetzes, ZIP 2000, S.2273 ff.
Jorden, S./Lehmann, M., Verbrauchgüterkauf und Schuldrechtsmodernisierung, JZ 2001, S.952 ff.
Kaiser, D., Die Rechtsfolgen des Rücktritts in der Schuldrechtsreform, JZ 2001, S.1057 ff.
Knöpfle, R., Zum Inhalt des Fehlers und der Zusicherung i.S. des § 459 I, II BGB, NJW 1987, S.801 ff.
Koller, I./Roth, H./Zimmermann, R., Schuldrechtsmodernisierungsgesetz 2002, 2002
Köndgen, J., Die Positivierung der culpa in contrahendo als Frage der Gesetzgebungsmethodik, in: Schulze/Schulte-Nölke, Die Schuldrechtsreform vor dem Hintergrund des Gemeinschaft-srechts, 2001, S.231 ff.
Kötz, H., Savigny v. Thibaut und das gemeineuropäische Zivilrecht, ZEuP 2002, S.431 ff.

Knütel, R., Zur Schuldrechtsreform, NJW 2001, S.2519 f.
Krebs, P., Die große Schuldrechtsreform, DB-Beilage Nr.14 zu Heft 48/2000
Lando, O./Beale, H., Principles of European Contract Law, Part I(1995), II
Looschelders, D., Die Verteilung des Schadens bei beiderseits zu vertretender Unmöglichkeit - OLG Frankfurt a.M., NJW-RR 1995, S.435 ff.
Lorenz, S., Schadensersatz wegen Pflichtverletzung - ein Beispiel für die Übertragung der Kritik an der Schuldrechtsreform, JZ 2001, S.742 ff.
http://www.lrz-muenchen.de/~Lorenz/schumod
Lorenz, S./Riehm, Th., Lehrbuch zum neuen Schuldrecht, 2000
Magnus, U., Die Verbrauchsgüterkauf-Richtlinie und das UN-Kaufrecht, in: Grundmann/Medicus/Rolland(Hrsg.), Europäisches Kaufgewährleistungsrecht, 2000, § 6, S.79 ff.
Medicus, D., Schuldrecht I, 13.Aufl. 2002
Mischke, W., Zur Haftung des Verkäufers für Sachmängel und Produktfehler der verkauften Waren nach deutschem, europäischem und internationalem Recht, BB 1997, S.1494 ff.
Motsch, R., Risikoverteilung im allgemeinen Leistungsstörungsrecht, JZ 2001, S.428 ff.
Oetker, H., Versendungskauf, Frachtrecht und Drittschadensliquidation, JuS 2001, S.833 ff.
Rengier, B., JZ 1977, S.346 f. in Anmerkung zu BGH, JZ 1977, 342 (Schwimmschalter)
Rolland, W., Schuldrechtsreform - Allgemeiner Teil, NJW 1992, S.2376 ff.
Roth, H., Das neue Kauf- und Werkvertragsrecht, in: Koller/ Roth/Zimmermann, Schuldrechtsmodernisierungsgesetz 2002, S.67 ff.
Roth, W.- H., Europäischer Verbraucherschutz und BGB, JZ 2001, S.475 ff.
ders., Die Schuldrechtsmodernisierung im Kontext des Europarechts, in: Ernst/Zimmermann, Zivilrechtswissenschaft und Schuldrechtsreform, 2001, S.225 ff.
Schapp, J., Enpfehlt sich die Pflichtverletzung als Generaltatbestand des Leistungsstörungsrechts?, JZ 2001, S.583 ff.
Schimmel, R./Buhlmann, D., Frankfurter Handbuch zum neuen Schuldrecht, 2002
Schlechtriem, P., Wandelungen des Schuldrechts in Europa - wozu und wohin, ZEuP 2002, S.213 ff.
Schmidt-Räntsch, J., Das neue Schuldrecht, 2002
ders., Der Entwurf eines Schuldrechtsmodernisierungsgesetzes, ZIP 2000, S.1639 ff.
Schmidt-Räntsch, J./Maifeld, J./Meier-Göring, A./Röcken, M., Das neue Schuldrecht, 2002
Schnyder, A. K./Straub, R. M., Das EG-Grünbuch über Verbrauchergütergarantien und Kunden dienst - Erster Schritt zu einem einheitlichen EG-Kaufrecht? ZEuP 1996, S.8 ff.
Schröder, R./Thiessen, J., Von Windscheid zu Beckenbauer - die Schuldrechtsreform im Deutschen Bundestag, JZ 2002, S.325 ff.
Schubel, Ch., Nacherfüllung im Kaufrecht, ZIP 1994, S.1330 ff.
Schulze, R./Schulte-Nölke, H., Die Schuldrechtsreform vor dem Hintergrund des Gemeinschaftsrechts, 2001
Schwab, M., Das neue Schuldrecht im Überblick, JuS 2002, S.1 ff.
Schwab, M./Witt, C.- H., Einführung in das neue Schuldrecht, 2002
Siehr, K., Verjährung der Vindikationsklage? ZRP 2001, S. 346 f.
Staudenmayer, D., EG-Richtlinie 1999/44/EG zur Vereinheitlichung des Kaufgewährleistungssrechts, in: Grundmann/Medicus/Rolland(Hrsg.), Europäisches Kaufgewährleistungsrecht, 2000, § 3, S.27 ff.
Stoll, H., Notizen zur Neuordnung des Rechts der Leistungsstörungen, JZ 2001, S.589 ff.
Timme, M., Rechtsfolgen anfänglichen Unvermögens beim Kaufvertrag, JuS 1999, S.L1 ff.
Tonner, K., Die kaufrechtlichen Vorschriften im Diskussionsentwurf eines Schuldrechtsmodernisierungsgesetzes, VuR 2001, S.87 ff.
Weick, G., Schuldrechtsreform, Transparanz und Gesetzgebungstechnik, JZ 2002, S.442 ff.
v. Westphalen, Fr. G., Die Neuregelungen des Entwurfs eines Schuldrechtsmodernisierungsgesetzes für das Kauf- und Werkvertragsrecht, DB 2001, S.799 ff.
Westermann, H. P., Vorschlag für eine Einpassung der Kaufgewährleistungs-Richtlinie insdeutsche Recht, in: S. Grundmann/D. Medicus/W. Rolland(Hrsg.), Europäisches Kaufgewährleistungsrecht, 2000, S.251 ff.
ders., Kaufrecht im Wandel, in: Schulze/Schulte - Nölke(Hrsg.), Die Schuldrechtsreform vor dem Hintergrund des Gemeinschaftsrechts, 2001, S.109 ff.
ders., Das neue Kaufrecht einschließlich des Verbrauchsgüterkaufs, JZ 2001, S.530 ff.
ders., Das neue Kaufrecht, NJW 2002, S.241 ff.
Wilhelm, J., Schuldrechtsreform 2001, JZ 2001, S.861 ff.
Zimmer, D., Das geplante Kaufrecht, in: Ernst/Zimmermann(Hrsg.), Zivilrechtswissenschaft und Schuld-

rechtsreform, 2001, S.191 ff
Zimmermann, R., Schuldrechtsmodernisierung? JZ 2001, S.171 ff.
Zimmermann, R./Leenen, D./Mansel, H.-P./Ernst, W., Finis Litium? Zum Verjährungsrecht nach dem Regierungsentwurf eines Schuldrechtsmodernisierungsgesetzes, JZ 2001, S.684 ff.

[3] 獨逸 改正 都給契約法의 體系*

金 奎 完**

Ⅰ. 序

2001년 11월 26일 공포된 채무법현대화법률(Gesetz zur Modernisierung des Schuldrechts)[1]에 기초하여 2002년 1월 1일부터 개정·시행되고 있는[2] 독일민법의 도급계약법체계도 적지 않은 변화를 겪었다. 그러나 특히 賣買法에 비교한다면[3] 도급계약법의 그동안 익숙한 규율체계의 大綱은 그대로 보존되고 있다고 할 수 있다.[4]

독일연방정부의 법률안(Regierungsentwurf=RE)[5]에서 알 수 있듯이 도급계약법의 개정은, 편집상의 교정을 제외한다면, 대체로 다음 세 가지

---

* 이 글에서 지시된 법조항은 개정된 독일민법에 해당하며, 구민법의 그것은 구민법임을 밝혀두었다.

** 고려대학교 법과대학 강사, 법학박사(Dr. jur.)

1) BGBl. Teil I Nr.61/2001 v. 29.11.2001, S. 3138 ff.(http://bundesrecht.juris.de/bundesrecht/bgb).

2) 이에 관해서는 김형배, 독일채권법현대화법안, 저스티스 제34권 제5호, 2001, 82쪽 이하 및 이 책에 함께 실린 김형배, 일반급부장애법의 체계와 내용 참조.

3) 이에 관해서는 이 책에 함께 실린 안법영, 개정 독일 매매법의 개관 참조.

4) 도급계약의 주체와 관련한 법률용어로 독일에서는 그동안 수급인을 "Unternehmer"로 지시하여 왔으나, 이미 채무법현대화법률의 討議案(Diskussionsentwurf eines Schuldrechts-mordenisierungsgesetzes=DiskE v. Aug. 2000)에서도 이를 "Hersteller"(굳이 우리말로 번역한다면 "제작인"이 될 수도 있겠으나, 독일어의 어떤 표현도 우리는 "수급인"으로 번역해도 된다)로 바꿀 것이 제안되었다(이에 관해서는 Seiler, Das geplante Werkvertragsrecht I, in: Ernst/Zimmermann, Zivilrechtswissenschaft und Schuldrechtsreform, 2001, S. 264 f. 참조). 이는 독일 개정 민법에서 "消費者"개념(제13조)에 대응하는 법개념으로 "事業者"를 또한 "Unternehmer"로(제14조) 지시하고 있기 때문이기도 하다. 그러나 "Hersteller" 역시 제434조 제1항 제3문에서는 제조물책임법(ProdHaftG) 제4조에서 말하는 "生産者"의 의미로 쓰이고 있다. Maifeld, in: Westermann(hrsg.), Das Schuldrecht. Systematische Darstellung der Schuldrechtsreform, 2002, S.252 f. 참조.

5) Entwurf eines Gesetzes zur Modernisierung des Schuldrechts, 연방관보(이하 BT-Drucks) 14/6040, S. 30 ff. =BT-Drucks 14/6587, S. 5.

규율체계로 집약된다. 첫째, 일의 瑕疵에 대한 受給人의 책임을 규율하는 이른바 瑕疵擔保責任의 特別規定(구민법 제633조 내지 제639조)을 給付障碍(Leistungsstörungen)에 관한 一般規定(이하 "일반급부장애법"으로 줄인다)으로 연계하여 체계적으로 통일하는 동시에 가능한 한 賣買法의 그것과 同化되도록 개정한다. 이때 하자로 인한 都給人의 권리들(Bestellerrechte)의 消滅時效에 관한 규율도 개정한다. 둘째, 費用見積(Kostenanschlag)에 대한 無報酬의 원칙규정을 신설한다(제632조 제3항). 셋째, 매매법과 도급계약법의 規律領域을 새로이 區劃한다(제651조). 이하에서 편의상 逆順으로 개정된 규율내용을 개관한다.

Ⅱ. 다른 契約과의 區別

1. 雇傭契約과의 區別

도급계약과 고용계약을 구별하는 전통적 표지는 민법개정의 영향을 받지 않았다. 따라서 고용계약은 그 목적이 勞務給付 그 자체라는 점에서 수급인이 노무급부 (그 자체)와는 구별되는 어떤 結果의 惹起(Herbeiführung eines Erfolges, 따라서 우리 민법에서 말하는 "일의 完成")를 전형적 의무로 부담하는 도급계약과 구별된다.[6] 일단 구별되면 도급계약에서는 급부를 실현하기 위하여 들인 노력, 즉 노무급부 그 자체가 전부 또는 일부 無用하게 되는 경우, 즉 약속한 결과를 야기할 수 없는데 따른 危險을 수급인이 부담한다. 다른 한편 당사자의 합의가 도급계약으로 분류되면 노동법상의 특별규정은 그 적용이 자동적으로 배제된다.

6) 이렇듯 소박하여 불투명할 수 있는 구별표지과 결합되어 있는 여러 문제점에 관해서는 Staudinger/Peters, Kommentar zum BGB, 1994, Rn. 21 ff. vor § 631 참조.

2. 賣買契約과의 區別

가. 예전의 法律狀態

전통적으로 매매계약은 그 목적이 어떤 또는 그 물건의 所有權과 占有의 移轉(Verschaffung von Eigentum und Besitz an einer [der] Sache)이라는 점에서 도급계약과 구별된다. 따라서 지금까지는 전적으로 도급인이 제공하는 재료를 가지고 수급인이 어떤 일을 완성해야 하는 계약은 도급계약으로 분류되었으며, 이는 부품교환 없는 수선계약에서처럼 수급인이 物件調達義務(Pflicht zur Sachbeschaffung)는 부담하지 않은 채 그저 노무급부를 제공하여 일을 완성할 의무만을 부담하기 때문이다(이를 純粹都給契約 reiner Werkvertrag이라 불렀다).

그러나 수급인이 채무를 이행하기 위하여 스스로 물건을 조달해야만 하는 경우에는 그 물건의 소유권과 점유를 도급인에게 이전하는 문제 때문에 도급계약과 매매계약을 구분하는 것이 그리 간단하지 않다. 우선 구민법 제651조 제2항에 따르면 수급인이 단지 部品 기타 從物을 조달해야 하는 의무만을 하여야 하는 경우(예컨대 수도꼭지를 손보면서 고무이음새를 교체하는 작업)에는 도급계약법이 적용되었다. 그러나 물건조달의무의 내용이 그 이상인 때(구민법 제651조 제1항 제1문), 즉 이른바 製作物供給契約의 경우에는 구민법 제651조 제1항 제2문에 따라 수급인이 완성해야 하는 물건이 代替物인가 또는 不代替物인가에 따라 적용법규를 달리하였다.[7] 전자인 不眞正 제작물공급계약의 경우에는 매매법이 전면적으로 적용되었으며(구민법 제651조 제1항 제2문 전단), 후자인 (眞正) 제작물공급계약의 경우에도 원칙적으로는 매매법의 적용을 받는다고는 하지만, 도급계약법의 특히 하자담보책임규정이 매매법의 그것을 驅逐하는 결과로 되었다(구민법 제651조 제1항 제2문 후단).

---

7) 우리 현재의 법률상태와 다르지 않다. 대판 1996.6.28, 94다42976; 대판 1987.7.21, 86다카2446 참조.

나. 새로운 法律狀態

(1) 改正背景

주지하다시피 이번 독일에서의 "民法 자체의 大幅改正"(eine große Lösung)의 구속력 있는 動因은 늦어도 2002년 1월 1일까지는 國內法으로의 轉換(Umsetzung ins innerstaatlichen Recht)이 요구되었던 "소비재매매 및 소비재보증의 일정측면에 관한 1999년 5월 25일자 유럽의회 및 이사회의 指針"[8](sog. Verbrauchsgüterkaufrichtlinie, 이하 "소비재매매지침"으로 줄인다)이다. 동 지침 제1조 제4항은 "장래 제작되거나 생산될 소비재의 공급에 관한 계약도 본 지침에 해당하는 매매계약으로 본다"고 규정한다. 그러나 제633조 제1항에 따르면 이러한 계약은 도급계약으로 분류될 것이다. 따라서 독일 입법자는 예컨대 매매법과 마찬가지로 도급인에게 追完履行의 방법에 관한 選擇權을 부여하거나(제439조 참조) 하자의 존재에 관한 立證負擔의 轉換(제476조 참조)을 규정한다든지 또는 아예 이를테면 "消費者都給契約"에 관한 규정을 신설함으로써 소비재매매지침의 지시사항을 도급계약과 관련하여서도 전면적으로 고려할 것인가를 두고 고민했을 것이다. 그러나 독일 입법자는 이를 다른 방법으로 해결하였다. 즉, 그는 제651조에서, 이미 구민법도 製作物供給契約과 관련하여 어느 정도는 규정한 바, 매매법의 적용범위를 소비재매매지침에서 지시하는 범위에로까지 확장하기로 하였던 것이다. 따라서 도급계약과 관련하여 소비재매매지침을 국내법으로 전환하면서도, 지침의 지시사항은 매매법규정과 관련하여서만 고려하는 것으로 충분하게 된다. 결국 독일입법자는 도급계약법에 관한 한 지침의 지시사항에서 자유로웠다고 할 수 있다.[9]

(2) 賣買법의 全面的 適用

민법개정으로 매매법은 그 규율영역을 확대하였다. 즉, 動産의 製作이나 生産을 그 내용으로 하는 모든 계약에는 매매법이 적용된다(제651조 제1문). 이때 물건의 재료를 도급인이 제공하는가, 또는 수급인이 조달하

---

8) Richtlinie 1999/44/EG zu bestimmten Aspekten des Verbrauchsgüterkaufs und der Garantien für Verbrauchsgüter v. 25. 5. 1999, ABl. EG L 171/12(이 책의 부록A 참조).

9) Maifeld, in: Westermann(hrsg.), Das Schuldrecht (주 4), S. 252.

는가를 더 이상 문제 삼지 않는다.[10] 따라서 이제는 재단사가 고객이 가져온 옷감을 재단하여 양복을 만드는 경우에도 매매법의 적용을 받게 된다. 다만 완성된 일의 어떤 하자가 도급인이 제공한 재료에 기인하는 때에는 제651조 제2문의 準用指示에 의하여 제442조 제1항 제1문에 따라 "그 하자"로 인한 도급인의 권리는 배제된다. 이미 개정배경에서 언급한 바, 매매법의 적용범위확대는 제작 또는 생산된 소비재의 제공에 관한 계약도 포함하고 있는 소비자매매지침의 적용범위 때문이다. 도급계약법규정이 부분적으로 이 지침과 충돌하므로 입법자는 문제된 계약을 매매법의 적용을 받도록 함으로써 指針의 국내법으로의 전환이 불충분하다는 비난을 최소화하려 하였다.[11]

(3) 都給契約法의 補充的 適用

不代替物의 製作에 관한 계약과 관련하여서는 매매법의 준용이 제한된다. 이 경우 重點은 비록 이동하였지만 예전의 법률상태와 마찬가지로 매매법과 도급계약법이 혼재되어 적용되는 법률상태가 된다.[12] 특히 하자가 문제될 경우, 물건하자와 권리하자로 인한 책임은 원칙적으로 제434조 이하의 규정에 따라 - 소비재매매의 경우 제474조 이하도 고려하여 - 규율되지만, 그 밖에 도급계약법에 특유한 규정들이 부분적으로 수정되어 적용된다. 예컨대 제651조 제3문에 따르면 도급인에의 (反對給付의) 危險移轉에 관해서는 受取가 아닌 引渡 내지 送付의 시점(제446조, 제447조)이 規準이 된다.

그러나 이 경우에도 도급계약법에 특유한 규정들이 매매법의 규정들을 전부 또는 부분적으로 代替하는 것은 아니며, 적절한 규율이 구비되지 못한 매매법의 規律欠缺(Regelungslücke)을 補充하는 역할만을 하게 된다.[13]

---

10) Raab, in: Dauner-Lieb/Heidel/Lepa/Ring(Hrsg.), Anwaltkommentar Schuldrecht, 2002, § 651 Rn. 5.

11) 입법이유서(이하 Begründung) zur Neufassung des § 651, BT-Drucks 14/6040, S. 268.

12) Raab, in: Dauner-Lieb u.a.(Hrsg.), AnwaltKomm-Schuldrecht (주 10), § 651 Rn. 7.

13) 연방의회 법사위원회(제6위원회) 의결권고 및 보고서(이하 Beschlussempfehlung) zur Änderung des § 651, BT- Drucks 14/7052, S. 205 참조.

(4) 都給契約法의 全面的 適用

물건이 아닌, 정신적(예컨대 施工書나 設計圖의 작성)이거나 학술적(예컨대 鑑定書나 專門意見書의 작성) 또는 예술적인(예컨대 藝術公演) 급부와 같이 無形的 일이 계약의 목적인 경우 또는 "動産이 아닌 物件"(unbewegliche Sache)[14]의 제작이나 생산이 계약의 내용인 경우에는 도급계약법이 적용된다.[15] 후자의 가장 대표적인 경우는 (土地와 불가분한, 제94조 제1항) 建物의 新築이다. 또한 새로이 제작된 동산이 계약내용에 좇아 건물의 本質的 構成部分으로(제93조, 제94조 제2항) 결합된 경우도 이에 해당한다.

또한 물건의 제작이나 생산이 계약의 1차적 내용이 아니라, 오히려 수급인의 노무급부에 중점이 놓여 문제의 계약을 특징짓는 경우에는 도급계약법이 적용된다. 어떤 물건을 그 대상으로 삼고는 있지만, 그 물건을 단지 變更하는 것, 즉 물건의 同一性을 파괴하지 않으면서 물건을 更新(Erneuerung)하거나, 改善(Verbesserung)하는 것을 내용으로 하는 계약들이 이에 해당한다. 政府案立法理由書에서도 순수한 修繕契約은 도급계약으로 분류하고 있다.[16]

민법개정의 결과 도급계약법에 비해 매매법의 적용범위가 확장되었다. 민법개정으로 말미암아 이제는 두 계약법 영역의 하자책임에 대한 규율이 유사해졌기 때문에 적용법규의 차이로 인한 波及效果가 예전처럼 심각하지는 않겠지만, 예컨대 매수인은 도급인과는 달리 救措置權(제637조)을 가지지 않는다. 따라서 필요하다면 특히 소비재매매와 관련된 强行法規에 위반하지 않는 한도 내에서 도급계약법의 전면적 적용 또는 최소한 하자책임법적 규정의 적용을 당사자가 약정할 수는 있을 것이다.

---

14) 참고로 독일민법에서는 토지의 정착물과 특히 건물을 토지의 본질적 구성부분에 속하는 것으로 하여, 독립된 不動産으로 보지 않는다. 제93조, 제94조 참조.

15) Raab, in: Dauner-Lieb u.a.(Hrsg.), AnwaltKomm-Schuldrecht (주 10), § 651 Rn. 9 ff.

16) Begründung zur Neufassung des § 651, BT-Drucks 14/6040, S. 268.

Ⅲ. 費用見積에 대한 無報酬의 原則

1. 問 題 點

가옥을 매도하려는 자는 매매대금을 미리 확정지을 수가 있지만, 가옥을 신축하거나 또는 리모델링하고 싶은 자가 그 비용을 예측하기는 쉽지 않다. 실제 애초에 예상했던 비용을 다소간 상회하는 것 또한 일상생활의 經驗則에 부합한다. 이러한 문제점을 해결하는 방법은 우선 일의 완성 후 수급인이 들인 비용에 의거하여 報酬를 지급하도록 당사자가 합의하는 것이다. 물론 계약체결 당시 도급인으로서는 궁극적으로 자신이 주문한 일에 비용이 얼마나 들지를 전혀 알 수 없다는 단점이 있다. 따라서 "장래의" 도급인이 費用見積(Kostenanschlag)을 "장래의" 수급인에게 요구함으로써 이러한 불안요소를 제거할 수 있다. 제650조 제2항에 따라 수급인은 비용이 견적을 본질적으로 초과하는 경우 이를 도급인에게 告知하여야 하며, 도급인은 이를 계기로 제650조 제1항에 따라 보수전액을 지급할 필요 없이[17] 계약을 해지할 수도 있기 때문에 도급인으로서는 보다 확실한 계획을 수립할 수가 있다. 반면 수급인으로서는 도급계약이 체결된다면 비용견적은 그에게 제650조 제2항에 따른 告知義務를 부과할 뿐만 아니라, 비용견적을 살펴본 도급인이 계약의 체결을 포기하는 경우에는 수급인의 상당한 작업과 노력이 물거품이 될 수도 있다.

비용견적에 대한 보수지급 여부는 결국 수급인의 事前作業(Vorarbeiten) 일반에 대한 보수지급 여부의 문제 중 가장 대표적인 것이다. 이때 사전작업은 비용견적 뿐만 아니라 계약체결의 前哨段階에서 이를 준비하는 일체의 활동으로서, 예컨대 급부에 대한 圖面이나 說明書 또는 그 見本이나 모델을 작성하는 일도 이에 해당할 것이다.

---

17) 이 경우 수급인은 제645조 제1항에 따라 이미 급부된 작업에 상응하는 부분보수 및 보수에는 포함되지 않은 비용의 배상에 대한 청구권을 가질 뿐이다.

2. 예전의 法律狀態

계약체결 전에 행한 事前作業에 대한 수급인의 報酬請求權은 당사자의 특약이 없는 한 제632조 제1항에 의하여 판단될 사안이었다. 다시 말하면 사전작업의 수행과 관련하여 당사자 사이에 합의가 있어 "별도의" 도급계약이 적어도 묵시적으로 체결되었고 정황에 비추어 사전작업의 수행에 대한 보수가 기대되는 경우에 도급인은 이를 지급할 의무를 진다.18) 通說은 이 때 사전작업이 누구의 利益을 위한 것인가를 규준으로 보수지급 여부를 판단한다. 따라서 도급인에게 請約의 意思表示를 비로소 가능하게끔 하는 必要的 事前作業에 대하여는 도급인의 보수지급의무를 부인하였다. 이러한 비용은 수급인이 다른 청약자들과 경쟁하면서 도급계약의 체결("계약 따내기")이라는 자신의 이익을 위하여 자신이 위험을 감수하면서 들이는 것이기 때문이다. 반면에 사전작업이 대체로 도급인의 이익을 위한 것인 때, 특히 방금 기술한 작업비용을 명백히 상회하고 또한 계약체결여부와 상관없이 그 작업이 도급인에게 이익을 주는 경우에는 이는 별도로 보수를 지급할 급부에 해당하는 전형적인 경우이므로 수급인의 보수지급청구권이 긍정되었다. 이러한 맥락에서 판단한다면 비용견적에 대한 수급인의 보수청구권은 통상의 경우라면 전자에 해당하여 부인될 것이다.19)

3. 새로운 法律狀態 - 제632조 제3항의 新設

독일 입법자는 "비용견적에 대하여는 의심스러운 경우 보수를 지급하지 아니한다"고 정하는 제632조 제3항을 신설함으로써 지금까지의 법률상태를 대체로 확인하였고, 그럼으로써 법률상태를 명확히 하였다. 독일 입법자는 비용견적은 受給人의 通常費用에 해당한다는 大衆의 期待는 정당하

18) Palandt-Sprau, BGB, 2001, § 632 Rn. 5; Soergel-Teichmann, BGB, 1997, § 632 Rn. 7 f.; Staudinger-Peters (주 6), § 632 Rn. 38.

19) BGH NJW 1979, 2202 (2203); BGH NJW 1982, 765 (766); Münch-Komm-Soergel, BGB, 1998, § 632 Rn. 5; Soergel-Teichmann (주 18), § 632 Rn.8.

다는 입장에서 출발하였다.[20] 수급인은 장차 계약의 체결을 기대하면서 자신의 위험 아래 비용견적을 작성한다는 것이다. 이는 수급인이 비용견적을 작성할 의무를 부담한다는 도급인과의 합의가 정황에 비추어 그 작업에 대하여 보수가 기대되는 경우로 이해하는 것이 대중의 기대에 부합하지 않는다는 것을 의미한다. 따라서 만일 수급인이 비용견적에 대한 보수를 원한다면 이에 관한 도급인과의 명시적인 합의를 도출해야만 한다.[21] 결국 제632조 제3항은 비용견적이라는 사전작업의 특수한 경우와 관련하여 제632조 제1항을 구체화시킨 解釋規定(Auslegungsregel)이다.[22]

한편 비용견적에 대한 보수지급의무를 普通去來約款의 형태로 규율할 수 없음은 예전에도 마찬가지였다. 즉, 연방대법원도 비용견적은 거래관념상 無償으로 작성되는 것이기 때문에 意外條項(Überraschungsklausel)에 해당한다고 판단하였다.[23] 이러한 약관조항은 제632조 제3항이 신설되었기 때문에 法規의 本質的 基本思想에 반한다는 이유로 제307조 제2항 제1호에 위반하는 것으로 판단될 것이다.[24]

다른 한편 제632조 제3항은 명백한 文面으로 인하여 비용견적에 대해서만 적용되며, 그 밖의 사전작업에 대한 보수에 대해서는 적용될 수 없다. 따라서 그 밖의 사전작업에 대한 보수지급의 문제는 앞서 기술한 바 제632조 제1항에 따라 "누구의 이익을 위한 것인가"라는 規準에 의해 해결될 수밖에 없다.[25]

---

20) Begründung zur Einfügung eines § 632 Ⅲ, BT-Drucks 14/6040, S. 260.

21) Raab, in: Dauner-Lieb u.a.(Hrsg.), AnwaltKomm-Schuldrecht (주 10), § 632 Rn. 9.

22) 이러한 해석규정과는 다른 약정을 원용하는 수급인이 그에 대한 입증책임을 진다. Raab, in: Dauner-Lieb u.a.(Hrsg.), AnwaltKomm-Schuldrecht (주 10), § 651 Rn. 10.

23) BGH NJW 1982, 765 (766). 물론 법원은 이로 인해 수급인이 일을 조잡하게 할 위험(Überrumpelungsgefahr)이 고객에게 발생한다는 논거도 제시한 바 있다.

24) Ch. Teichmann, Schuldrechtsmodernisierung 2001/2002 - Das neue Werkvertragsrecht, JuS 2002, 417 (418). 민법에 편입된 보통거래약관에 관한 규율에 관해서는 이 책에 함께 실린 박종희, 보통거래약관법의 민법에로의 통합 참조.

25) Raab, in: Dauner-Lieb u.a.(Hrsg.), AnwaltKomm-Schuldrecht (주 10), § 632 Rn. 12.

Ⅳ. 일의 瑕疵로 因한 受給人의 責任

1. 改正의 目標와 原則

도급계약법에 있어서도 가장 주요한 개정의 대상은 역시 瑕疵로 인한 수급인의 責任에 관한 規律, 즉 이른바 瑕疵擔保責任法이다. 입법자의 주된 목표는 이러한 하자책임규율을 일반급부장애법과 가능한 한 일치시키는 것이었다(瑕疵責任規定의 一般給付障碍法으로의 連繫). 따라서 하자책임에 특유한 권리를 최소화하고, 가능한 한 일반급부장애법을 準用하도록 하였다. 이는 하자 있는 급부란 급부가 실현되지 않은 것이며, 따라서 義務違反(Pflichtverletzung, 제280조 제1항)의 한 경우일 뿐이라는 改正民法의 基本構想(Grundkonzeption)이 표현된 것이라고 할 수 있다.[26]

다른 한편 입법자는 급부의 하자로 인하여 수급인과 매도인이 각각 부담하게 될 책임의 내용을 調整함으로써 매매법과 도급계약법의 同化를 모색하였다.[27] 이러한 동화는 내용적으로 도급계약법을 매매법에 근접시키는 방법이 아니라, 그 반대로 도급계약법의 규율을 매매법에서 受用하는 방식으로 이루어졌다.[28]

2. 都給人의 權利(槪觀)

가. 受給人의 主된 給付義務

구민법 아래서는 물론 개정민법에서도 제631조 제1항과 제633조 제1항에 따라 수급인은 하자 없는 일을 완성할 의무를 부담한다. 일의 無瑕疵性(Mangelfreiheit des Werkes)은 수급인의 1차적 主된 給付義務에 속한다. 따라서 일에 하자가 있는 경우 수급인은 이러한 1차적 급부의무를

---

26) Raab, in: Dauner-Lieb/Heidel/Lepa/Ring(Hrsg.), Das neue Schuldrecht, 2002, § 9 Rn. 17.

27) Begründung zur Neufassung der §§ 633 bis 638, BT-Drucks 14/6040, S. 260.

28) Roth, Die Reform des Werkvertragsrecht, JZ 2001, 543 (546).

이행하지 않은 것이 되며, 도급인이 하자 없는 일의 완성, 즉 수급인이 본래 실현해야 할 급부를 그대로 실현하라고 요구할 수 있는 (契約) 履行請求權(Erfüllungsanspruch)을 여전히 보유하는 것은 자명한 法律論理라고 할 수 있다.

나. 舊民法에 따른 權利들

수급인이 완성한 일에 하자가 있는 경우에 인정되는 도급인의 권리, 즉 수급인 쪽에서 보면 그의 이른바 瑕疵擔保責任은 구민법 제633조 내지 제635조에서 규율되었다. 도급인은 우선 瑕疵除去請求權(Anspruch auf Mangelbeseitigung, 구민법 제633조 제2항)과 수급인이 하자제거에 관해 이행지체에 빠지는 경우 自救措置權(Recht auf Selbstvornahme, 구민법 제633조 제3항)을 가지며, 일의 하자가 여전한 경우 일정한 요건 아래 擔保解除 또는 報酬減額을 요구하는 請求權(Ansprüche auf Wandlung oder Minderung, 구민법 제634조)을 가지며, 일의 하자에 대해 수급인이 책임을 져야 하는 경우에 한하여 계약해제 또는 보수감액의 청구에 갈음하여 不履行으로 인한 損害賠償請求權(Anspruch auf Schadensersatz wegen Nichterfüllung, 구민법 제635조)을 가졌다.

이상의 권리들은 엄격한 選擇的 關係에 있었다. 도급인이 하자제거를 위해 상당한 기간을 설정하고,[29] 이 기간이 "헛되이 경과"(=徒過)하면 법률의 명문규정에 의하여(구민법 제634조 제1항 제3문 후단) 도급인의 履行請求權, 따라서 하자제거청구권과 자구조치권은 배제되었다. 이행청구권이 돌이킬 수 없이 배제된 후 도급인이 가지는 구민법 제634조에 따른 계약해제청구권 또는 보수감액청구권(이 두 청구권 역시 선택적이다)과 구민법 제635조에 따른 損害賠償請求權도 선택적 관계에 있다. 도급인의 선택권한은 수급인이 담보해제나 보수감액 또는 손해배상에 합의하면 소멸하였다.[30] 열거한 다섯 개의 권리를 도급인이 重疊的으로 행사하는 것이 법률체계상 봉쇄되어 있었다.

29) 이 상당기간은 급부거절위하(Ablehnungsandrohung)의 의사표시와 함께 설정되어야만 했다.

30) Palandt-Sprau (주 18), Rn. 5a vor § 633; Soergel-Teichmann (주 18), § 634 Rn. 11; Staudinger-Peters (주 6), § 634 Rn. 40, 58.

다. 改正民法에 따른 權利들

개정민법은 일단 제634조에서 일에 물건하자 또는 권리하자가 있는 경우 도급인에게 귀속되는 권리들을 열거한 후, 제635조 내지 제638조에서 각 권리를 그 특성을 고려하여 다시 규정한다. 그 권리들이란 追完履行請求權(제635조) 또는 自救措置權(제637조)과 契約解除權(제636조, 제323조, 제326조 제5항) 또는 報酬減額權(제638조)과 損害賠償請求權(제636조, 제280조, 제281조, 제283조, 제311조의a) 또는 費用賠償請求權(제284조)이다.

3. 일의 瑕疵

우선 수급인이 "나름대로" 완성한 (또는 완성 중인) 일에 하자가 있는지 여부를 판단하는 규준, 즉 도급계약에 있어서의 瑕疵概念이 문제된다. 크게 물건하자와 권리하자로 나뉜다.

가. 物件瑕疵

(1) 主觀的 缺陷概念에 입각한 瑕疵概念

일의 물건하자와 관련하여 법률은 제434조 제1항에서 정한 매매목적물의 물건하자와 마찬가지로 객관적인 거래관념이 아닌, 당사자의 합의내용에 초점을 맞춤으로써 주관적 결함개념에 입각하고 있다. 구민법 아래서 "缺陷(Fehler)"이란 "擔保된 屬性의 缺如(Fehlen zugesicherter Eigenschaften)"와 함께 瑕疵의 下位概念이었다. 그러나 민법개정과 함께 "담보된 속성의 결여"라는 하자유형은 폐기되고, 하자개념은 과거 주관적 결함개념으로 구성되었다. 구민법에서 일의 결함은 當爲性狀과 現存性狀 사이에 차이(Abweichung der Ist-Beschaffenheit von der Soll-Beschaffenheit)가 있을 때 인정되었다. 제633조 제2항은 이러한 概念定義(Definition)를 받아들여 일이 계약에서 부담한 성상을 가지는 한 물건하자가 없다고 규정한다.

(2) 當爲性狀의 確定을 위한 검토과정

주관적 결함개념의 기본발상은 구체적인 당사자합의가 가장 중요한 의미를 가진다는 것이다. 즉, 계약의 내용에 좇아 지녀야 할 속성이 일에 결여되면 그 일에는 물건하자가 존재하며(제633조 제2항 제1문), 이 때는 그러한 속성의 결여가 일의 價値 또는 有用性을 제한하거나 배제하는지 여부를 묻지 않는다. 〔**"合意된 性狀"이라는 제1규준**〕

계약당사자가 일정한 속성의 존재가 명시적으로 합의하지 않았다면, 어떤 속성의 결여로 인하여 계약에서 전제된 사용에 관한 일의 적합성이 의문시되는 경우 그 속성의 결여는 물건하자로 평가된다(제633조 제2항 제2문 제1호). 이 때에도 결국은 계약당사자의 個別的인 目的設定(individuelle Zwecksetzung)이 판단규준으로 작동한다. 〔**"契約에서 전제된 使用目的에의 適合性"이라는 제2규준**〕

일의 구체적인 사용목적을 계약내용으로부터 추출할 수 없다면, 일이 통상의 사용목적에 적합성을 가지는 한 그 일에는 물건하자가 없다고 판단된다(제633조 제2항 제2문 제2호). 이러한 "객관적인" 판단규준[31]도 궁극적으로는 주관적 결함개념의 연장선상에 놓여 있다고 할 수 있는 바, 다른 구체적인 당사자의 의사를 확인할 수 없다면 그들이 이러한 유형의 거래를 통해 통상적으로 추구하는 목적을 기초로 삼고 있다고 판단할 수 있기 때문이다. 즉, 결과적으로 "통상의 사용목적 내지 용법"이란 假定的인 當事者意思를 확정하기 위한 보조수단에 지나지 않다.[32] 제633조 제2항 제2문 제2호에 따르면 일은 동종의 일에 있어서 통상적이고 또한 그 일의 종류에 비추어 도급인도 기대할 수 있는 성상을 지녀야만 한다고 규정하고 있다. 이러한 표현은 제633조 제2항을 제434조 제1항 제2문과 동화시키기 위해 채택되었다.[33] 그런데 후자의 조항은 소비재매매지침 제2조 제2항 d호를 국내법으로 전환하는 과정에서 그러한 표현을 사용하였다. 즉, 독일 입법자는 제434조 제1항 제2문이 물건하자의 개념을 지침보다 협소하게 정의한다는 인상을 불식하기 위해 지침의 字句를 그대로 따왔다고 한다.[34] 그러나 이러한 표현이 부가되었다고 해서 새로운 구성

31) Schwab/Witt, Einführung in das neue Schuldrecht, 2002, S. 164.
32) Soergel-Teichmann (주 18), Rn. 24 vor § 633.
33) Beschlussempfehlung zu § 633, BT-Drucks 14/7052, S. 204.
34) Haas, Entwurf eines Schuldrechtsmodernisierungsgesetzes: Kauf- und Werkvertragsrecht, BB 2001, 1313 (1314).

요건이 추가된 것은 아니며, 실질적으로는 통상의 사용목적에의 적합성을 어떻게 이해할 것인가에 대한 부연설명에 지나지 않다.[35] 왜냐하면 통상의 사용이란 바로 일의 종류에 따라 통상적이고, 따라서 도급인이 과실 없이 선의로 기대할 수 있는 그러한 사용을 의미하기 때문이다. 〔**"通常의 使用目的에의 適合性" 내지 "通常의 性狀"이라는 제3규준**〕

한편 독일 입법자는 하자개념조항과 관련하여 一般的으로 承認된 技術規則의 遵守(Einhaltung der anerkannten Regeln der Technik)를 의도적으로 명시하지 않았다. 당사자 사이에 달리 약정이 없는 한 일반적으로 승인된 기술규칙은 준수되어야 할 것이고, 이것이 준수되었다면 위의 제2 또는 제3규준에 따라 일에는 하자가 없다고 판단될 것이지만, 기술규칙이 준수되었다 하더라도 일이 합의된 성상을 갖추지 못하는 한 이는 위의 제1규준에 따라 일에 하자가 있다고 판단되어야 한다는 것이 그의 의도였기 때문이다.[36]

다른 한편 독일 입법자는 제434조 제1항 제3문에서 규정한 바 廣告行爲(Werbeaussage)에 대한 하자책임의 확대를 도급계약법에는 도입하지 않았다. 스스로 제작의무를 부담하는 수급인이 生産者와 구별되지 않으며, 생산자인 수급인이 광고행위를 한다면 이는 통상적으로 도급인과의 성상에 대한 합의가 있는 것으로 되어 하자 유무에 대하여는 제1규준이 적용될 수 있을 것이기 때문이다.[37]

(3) "擔保된 屬性의 缺如"라는 瑕疵類型의 廢棄

이미 언급한 바와 같이 개정민법은 하자를 "담보된 속성의 결여"와 "결함"이라는 하위유형으로 구별하던 구민법 제633조 제1항 (및 그에 상응하는 매매계약에 관한 구민법 제459조)과는 달리 이의 구별을 폐기하고 물건하자의 개념만을 사용한다. 瑕疵概念의 單一化에 따른 법적 파급효과는 물론 매매법의 경우가 보다 심각하다. 왜냐하면 매매법에서는 매도인의 의사표시가 屬性의 擔保인가 또는 性狀의 단순한 言及인가로 구분되느냐

35) Haas, a.a.O.; Westermann, Das neue Kaufrecht einschließlich des Verbrauchsgüterkaufs, JZ 2001, 530 (532).,

36) Begründung zu § 633, BT-Drucks. 14/6040, S. 261.

37) A.a.O.

에 따라 구민법 제463조와 제480조 제2항에 따른 매수인의 손해배상청구권의 성립 여부가 좌우되었기 때문이다. 그러나 도급계약법에서는 구민법 제635조에서 언제나 수급인이 책임져야 하는(vertretenmüssen) 하자의 경우에만 도급인에게 손해배상청구권을 인정하였다. 따라서 구민법 아래서 도급계약에서의 屬性擔保(Eigenschaftszusicherung)는 매매법의 그것과 달리 이해되었다. 즉, 매매에 있어 속성담보가 인정되려면 담보된 속성이 존재한다는, 그리고 그 결여에 따른 일체의 결과에 대해서 책임을 지겠다는 매도인의 意思가 인식되어야 하지만,[38] 도급에 있어서는 일이 일정한 속성을 가진다고 수급인이 특별한 방식으로 약속하면 이러한 의사표시가 설령 담보(Garantie)와 유사한 의미에서의 책임의 인수로 이해될 수 없는 경우에도 속성담보로는 인정되었다.[39]

(4) 다른 給付 또는 過少給付와 瑕疵의 同視

제633조 제2항 제3문에서는 수급인이 주문받은 일과 다른 일을 제작하거나(이른바 異種物給付 aliud-Leistung) 또는 量的으로 過少한 급부(Manko-Leistung)를 한 경우를 하자로 다룬다. 수급인이 하자 있는 물건을 급부한 경우와 전혀 다른 종류의 물건을 급부한 경우를 구별하는 작업은 特定物賣買의 경우 특별히 문제되지 않지만, 種類物賣買의 경우 구민법 아래서 대표적인 難題 중의 하나였다. 만일 도급계약의 목적이 種類標識에 의해 정해진 경우 이는 대개 代替物의 製作에 관한 계약이 되고 구민법 제651조 제1항에 따를 경우는 물론 현행 제651조 제1문에 따를 경우에도 매매계약법의 적용을 받게 된다. 따라서 다른 給付나 過少給付를 하자로 다루는 규정은 도급계약법의 특유한 문제를 해결하기 위해서라기보다 매매법과 도급계약법의 하자책임규정을 동화시킨다는 노력의 일환으로 볼 것이다.

어쨌든 수급인이 약정과는 다른 급부를 하거나, 약정보다 과소한 급부를 한 경우에[40] 이를 하자 있는 급부와 동일시하는 제633조 제2항 제3

38) Palandt-Putzo (주 18), § 459 Rn. 15.

39) BGHZ 96, 111 (114); Palandt-Sprau (주 18), § 633 Rn. 2, 3.

40) 예컨대 자동차정비공장에서 정기검사에 필요한 모든 작업을 수행하지 않았다거나, 또는 이와는 전혀 관계없이 부탁하지도 않은 타이어 교체를 해 놓은 경우를 상정할 수 있겠다.

문의 규정을 두지 않았다면 이러한 경우에 一般給付障碍法이 적용될 수밖에 없다. 이는 제280조 제1항 제1문("의무위반"), 제281조 제1항 제1문("부담한 채무와 달리") 및 제323조 제1항("계약에 합치하지 않는")에 해당하며, 이 규정들로부터 도급인에게 귀속되는 권리들은 通常 消滅時效의 적용을 받게 된다. 그러나 이 경우들이 일의 "하자"로 판단된다면 도급인에게는 제634조에 따라 "하자로 인한" 권리가 귀속될 것이며 제634조의a에 따른 도급계약에 특유한 소멸시효가 적용된다.[41]

나. 權利瑕疵

구민법 제633조는 권리하자를 규율하지 않았기 때문에 매매법에 관한 규정들(구민법 제434조 이하)이 유추적용되었다. 물론 이 경우에도 도급인은 구민법 제633조 제2항에 따라 瑕疵除去請求權을 가진다고 이해되었다.[42] 개정민법은 권리하자를 명문으로 규정하고, 그 법률효과를 물건하자의 경우와 동일하게 규율한다. 독일 입법자는 예컨대 제3자의 著作權이나 營業權保護와 관련하여 도급계약에서도 권리하자가 문제될 수 있다고 판단하였기 때문이다.[43] 그러나 이러한 입법이 기왕의 법률상태에 실질적인 변화를 주지는 않는다. 왜냐하면 제634조 제3호와 제4호에 따르면 해제와 손해배상에 관해서는 일반급부장애법을 준용하므로 구민법 제440조 제1항, 제434조 및 제320조 이하의 규정에 따라 규율되던 경우와 유사하며, 제634조 제1호는 도급인에게 추완이행청구권을 보장하고 있기 때문이다.

한편 제633조 제3항은 상응하는 제435조 제1문과 전혀 마찬가지로[44] 구민법 제434조를 모범으로 권리하자개념을 정하고 있다. 따라서 제3자가 일과 관련하여 도급인에게 권리들을 행사할 수 있는 경우에 그 일에는 권리하자가 있다고 판단된다. 물론 도급인에 대한 직접적인 청구권을 제

41) Schwab/Witt, Schuldrecht (주 31), S. 165. 도급계약에 특유한 소멸시효에 관해서는 아래 V. 참조.

42) Palandt-Sprau (주 18), Rn. 1 vor § 633; Staudinger-Peters (주 6), § 633 Rn. 48.

43) Begründung zu § 633, BT-Drucks. 14/6040, S. 261.

44) 제633조 제3항에 관한 입법이유서는 제435조 제1문에 관한 입법이유를 참조하도록 지시하고 있다, BT-Drucks. 14/6040, S. 261.

3자에게 부여하는 경우뿐만 아니라, 제3자의 권리로 인하여 일을 계약에서 전제된 목적을 위해 사용할 수 없거나 사용이 제한되는 경우도 권리하자로 볼 것이다.[45]

물론 일과 관련하여 제3자의 권리가 존재하더라도 도급인이 이러한 권리를 계약에서 인수한 경우에는 권리하자가 있다고 할 수 없다. 이는 主觀的 瑕疵概念의 당연한 귀결이라고 할 수 있다. 어떤 조건이 충족되는 경우에 일이 계약에 합치하는가 하는 판단규준을 1차적으로 당사자의 합의로 정하기 때문에 일과 관련하여 제3자의 권리가 존재한다는 것을 도급인이 認容하였다면 이는 권리하자로 판단될 수가 없기 때문이다.

4. 追完履行請求權

가. 履行請求權과 追完履行請求權

도급계약에 의해 수급인이 약정한 일을 하자 없이 완성할 의무를 부담한다면(제631조 제1항, 제633조 제1항), 도급인은 그에 상응하여 하자 없는 일의 완성을 요구할 수 있는 履行請求權을 가진다. 수급인이 이러한 의무를 제대로 실현하지 않으면 도급인의 본래의 이행청구권은 존속한다.[46] 따라서 일에 하자가 있을 때 도급인에게 우선적으로 귀속되는 追完履行請求權은 하자책임에 특유한 권리라고 할 수가 없다. 왜냐하면 계약에 의하여 수급인이 부담하는 1차적 급부를 본래 모습대로 실현할 것을 요구하는 청구권이기 때문이다.[47] 1차적 (본래의) 이행청구권과 (일의 하자로 인한) 추완이행청구권은 두개의 서로 다른 청구권이 아니라,[48] 하나의 청구권을 指示하는 서로 다른 命名일 뿐이다.[49] 이는 제635조 제1

---

45) Raab, in: Dauner-Lieb u.a.(Hrsg.), Schuldrecht (주 26), § 9 Rn. 36.

46) Maifeld, in: Westermann(hrsg.), Schuldrecht (주 4), S. 257.

47) 買受人의 추완이행청구권에 관한 Begründung zu § 433, 437 BT-Drucks 14/6040, S. 209, 219f.도 참조.

48) 판례는 이를 구분하는 경향이었다. BGH NJW-RR 1988, 310 또는 BGH NJW 1999, 2046 (2047) 참조.

49) 본래의 이행청구권(Erfüllungsanspruch)과 하자제거청구권(Mängelbeseitigungs-anspruch)의 관계를 도급인의 이행청구권에 대한 체계적 이해의 문제로 파악하여 판례와 학설에서의 이에 대한 논의의 과정을 상술한 K.-W. Kim, Ein "falsches" Werk, Diss. Jena 2000, §8. 참조.

항에서도 이미 명문으로 규정한바(expressis verbis) 일의 再制作 내지 再完成(Neuherstellung)도 추완이행을 위한 하나의 방안에 지나지 않는다는 점에서도 분명해진다. 구민법 아래서도 "瑕疵除去"가 반드시 "이미 現存하는 일"의 同一性을 유지하는 "補修(Nachbesserung)"에 한정되지 않고 재제작의 형태로도 이루어 질 수 있다는 1985년 연방대법원의 판결[50]은 폭넓은 지지를 받은 바 있다.

한편 추완이행, 즉 하자제거나 재제작에 필요한 비용은 제635조 제2항에 따라 수급인이 부담한다. 이 점에 관한 한 예전의 법률상태와 다를 바 없으며(구민법 제633조 제2항 제2문, 제476조의a), 법률은 운송비, 교통비, 인건비 및 재료비를 특별히 언급하고 있다.

나. 受給人의 選擇權限

도급인이 추완이행을 특정한 형태로 실현할 것을 수급인에게 요구할 수 있는가 하는 문제와 관련하여 독일 입법자는, 매매법(제439조 제1항)에서와는 달리, 이를 부인한다. 도급계약은 매매계약과는 달리 給付의 단순한 交換이 아니며, 일을 제작해야 하는 수급인은 매도인과는 달리 그러한 제작과정에 밀접하게 관여하고 따라서 하자제거를 위한 최선의 방법 역시 도급인보다는 專門的으로 판단할 수 있기 때문이다.[51] 그리하여 법률은 명시적으로 瑕疵除去(=補修)와 再製作 중 하나를 선택할 권한을 수급인에게 부여한다(제635조 제1항). 이는 물론 보수의 방법이 여러 가지일 경우에도 마찬가지이다. 결국 수급인은 자신이 부담하고 있는 결과를 실현하기 위하여 어떤 수단을 선택할 것인지를 스스로 결정할 수 있다. 그가 만일 일을 처음부터 새로이 제작하기로 하는 경우 도급인은 제346조 내지 제348조의 규정에 따라 하자 있는 일을 반환해야 한다(제635조 제4항). 하자 있는 일의 반환을 요구할 수 있는 수급인의 청구권의 성립시기에 관하여 법률은 침묵하고 있지만, 새로이 제작된 일을 도급인이 수취하는 시점을 기준으로 함이 타당할 것이다.[52]

---

50) BGHZ 96, 111 (118).
51) Begründung zu § 635, BT-Drucks. 14/6040, S. 265.
52) Huber, in: Huber/Faust, Schuldrechtsmodernisierung, 2002, Rn. 18/33.

다. 追完履行請求權의 排除

(1) 瑕疵除去의 不能

하자제거가 객관적으로 불가능한 경우 추완이행청구권은 배제된다.[53] 제635조가 제275조 제1항을 언급하지는 않지만, 추완이행청구권은 이행청구권이므로 1차적 급부의무에 관해 적용되는 규율이 이에 적용되어야 하는 것은 自明한 法律論理이다. 이번 채무법개정의 기본구상에 따르면 客觀的 給付不能의 경우 채무자가 이에 대해 책임져야 하는지 여부를 묻지 않고 1차적 급부청구권, 즉 履行請求權은 배제된다.[54]

다른 한편 제275조 제1항은 채무자에게만 주관적으로 급부가 불가능한 경우, 즉 主觀的 給付不能(Unvermögen)도 객관적 불능과 동일하게 취급하고 있다.

(2) 受給人의 給付拒絶權

우선 추완이행에 필요한 비용이 채권자, 즉 도급인의 급부이익에 비해 현저히 불균형한 경우 수급인은 제275조 제2항에 따라 추완이행을 거절할 수 있다. 입법이유서에서는 이 규정이 구민법 제633조 제2항 제3문의 내용과 일치한다고 한다.[55] 이 경우 수급인에게 永久的 抗辯權으로서 給付拒絶權이 귀속된다. 물론 費用과의 比例性을 평가하는 규준은 하자 없는 급부에 관한 債權者의 利益이다. 이러한 이익이 크면 클수록, 즉 채권자에게 추완이행 이외의 다른 法的救濟에 問議하도록 함으로써 그에게 발생하는 불이익이 현저할수록 하자의 제거에 수급인이 보다 많은 비용을 투입하도록 기대할 수 있을 것이다. 이 때에 하자에 대하여 수급인에게 故意·過失이 존재하는지, 한다면 그 程度가 어떠한지도 함께 고려되어야 한다. 반면에 합의된 보수에 대한 하자제거비용의 비례성은 통상적으로는 의미가 없다.

계약의 내용이 수급인 스스로 급부를 실현하도록 하는 경우 그에게는 제275조 제3항에 따른 급부거절권이 귀속된다. 다만 일신전속적인 급부

53) Begründung zu § 635, BT-Drucks 14/6040, S. 265.

54) Canaris, Die Reform des Rechts der Leistungsstörungen, JZ 2001, 499 (500).

55) Begründung zu § 635, BT-Drucks 14/6040, S. 265.

의무를 부담하는 도급계약이 그리 흔하지는 않을 것이다.[56]

다른 한편 제633조 제3항은 추완이행이 불합리한 비용을 요구하는 경우 수급인이 추완이행을 거절할 수 있는 권한을 부여한다. 비용의 불합리성을 평가하는 규준을 법률이 구체적으로 제시하고 있지는 않지만 이 때에도 하자 없는 급부에 대하여 도급인이 가지는 이익이 결정적일 것이다.[57] 그렇다고 하면 제275조 제2항에 따라 추완이행에 따른 비용과 도급인의 급부이익 사이의 비례성을 검토하였을 때 수급인에게 여전히 추완이행을 기대할 수 있다고 판단되는 경우에도 수급인은 제633조 제3항에 기초하여 비용의 불합리성을 이유로 추완이행을 다시 거절할 수 있게 된다. 물론 비용의 불합리성을 이유로 추완이행의 특정한 방법이 거절될 수 있더라도 수급인은 다른 방법이 불합리한 비용을 수반하지 않는 한 그 방법에 의한 추완이행의 의무를 부담한다.[58] 결국 제633조 제3항은 제275조 제2항 및 제3항에 따른 항변권의 행사범위를 확장한다고 볼 수 있다.[59]

5. 都給人의 2次的 權利들

가. 權利行使를 위한 共通의 要件

(1) 追完履行을 위한 相當한 期間의 設定 및 그 期間의 徒過

일에 하자가 있는 경우 바로 그 사실 이외의 다른 요건을 충족할 필요 없이 도급인에게는 추완이행청구권이 귀속된다. 그러나 추완이행청구권을 제외한 도급인의 다른 모든 권리들은 특별한 요건을 충족시켜야만 비로소 행사가 가능하다. 그 요건이란 도급인이 수급인에게 추완이행을 위한 상당한 기간을 설정해야 하며, 그 기간이 아무 효과 없이, 즉 하자가 제거되지 않은 채 경과(=徒過)해야 한다는 것이다. 이는 다시 말하면 수급인

---

56) 독일 입법자는 생명이 위급한 자식의 질병을 이유로 출연하고 싶지 않은 여가수의 경우를 예로 든다, Begründung zu § 275 II 2, BT-Drucks. 14/6040, S. 130.

57) Raab, in: Dauner-Lieb u.a.(Hrsg.), Schuldrecht (주 26), § 9 Rn. 46.

58) Huber, in: Huber/Faust, Schuldrechtsmodernisierung (주 52), Rn. 18/31, 32.

59) Maifeld, in Westermann(hrsg.), Schuldrecht (주 4), S. 259; Sschwab/Witt, Schuldrecht (주 31), S. 168 mit Fußn. 67.

에게 계약이행을 위한 두 번째 기회가 주어져야만 한다는 것을 의미한다. 이 요건이 충족된 후 비로소 행사할 수 있는 도급인의 2차적 권리인 자력구제권, 해제권, 보수감액권 및 급부에 갈음한 손해배상청구권(또는 비용배상청구권)은 수급인의 더 이상 계약이행을 위한 노력을 차단할 뿐만 아니라, 수급인의 보수청구권의 전부 또는 일부를 제한하게 된다.

(2) 舊民法과 구별되는 점

구민법에 따르더라도 도급인이 담보해제청구권이나 보수감액청구권(구민법 제634조 제1항) 또는 불이행으로 인한 손해배상청구권(구민법 제635조)을 행사하기 위해서는 期間設定(Fristsetzung)이 요구되었다. 그러나 개정민법은 한편에서는 구민법에서 요구하였던 바 기간설정이 拒絶威嚇의 意思表示(Ablehnungsandrohung)와 결부되어야 한다는 요건을[60] 폐기하였다.[61] 실무에서는 이 의사표시의 명확성을 요구하였던바 법률지식이 없는 도급인에게 이 요건은 하나의 함정으로 판명되었기 때문이다.

다른 한편 개정민법은 구민법과는 달리 도급인의 2차적 권리들의 행사요건을 공통적으로 규정하였다. 특히 구민법 제633조 제3항에 따르면 도급인이 자력구제권을 행사하기 위해서는 수급인이 하자제거에 관하여 履行遲滯 중에 있어야 한다는 요건을 요구하였다. 그러나 제325조 제1항과 마찬가지로 제637조는 이러한 요건을 폐기하고, 공통의 요건인 "설정된 기간의 도과"로 통일하였다. 이러한 개정의 기저에는 불완전이행의 경우 손해배상청구권을 제외한 2차적 권리들은 채무자가 계약에 합치하지 않는 급부에 대해 제276조 제1항의 의미에서 책임져야 하는지와 무관하게 채권자에게 귀속되어야 한다는 가치평가가 놓여 있다.[62]

(3) 期間設定이 불필요한 경우

우선 수급인이 자신에게 주어진 두 번째 이행기회를 활용할 수 없거나,

---

60) Begründung zu § 281 I 2, BT-Drucks 14/6040, S. 139; Roth (주 28), JZ 2001, 543 (549).

61) 마찬가지로 거절위하의 표시를 요구하던 구민법 제326조 제1항도 개정민법 제323조 제1항에서 이를 폐기하는 것으로 개정되었다, Begründung zu § 323 I, BT-Drucks 14/6040, S. 184.

62) Huber, in: Huber/Faust, Schuldrechtsmodernisierung (주 52), Rn. 18/34.

활용하려 들지 않기 때문에 처음부터 期間設定이 무의미한 경우 이는 불필요하다. (적어도 상당한 기간 내에) 하자제거가 객관적 또는 주관적으로 불가능한 경우나 수급인이 급부를 정당하게 또는 부당하게 거절하는 경우가 이에 해당된다.

다른 한편 추완이행을 통해서도 도급인의 이행이익이 만족될 수 없거나 그 밖의 이유에서 수급인에게 제2의 이행기회를 허용하도록 도급인에게 기대할 수 없는 경우 기간설정은 불필요하다. 특히 추완이행이 (거듭) 실패하거나 또는 도급인이 수급인에 대한 신뢰를 완전히 상실한 경우가 후자에 해당할 것이다.

(4) 設定한 期間이 相當하지 않은 경우

구민법 아래서는 도급인이 설정한 (거절위하의 의사표시와 결부된) 기간이 짧아 상당하지 않다고 판단되는 경우 기간은 자동적으로 상당한 기간으로 연장되고, 따라서 기간설정 자체는 유효하지만 자동 연장된 상당기간이 경과한 후에 비로소 도급인이 해제, 보수감액 또는 손해배상에 관한 청구권을 행사할 수 있다고 이해되었다.[63] 이러한 내용을 담은 규율이 토의안(DiskE) 제323조 제1항 제2문과 관련하여서 제안되었으나, 이 규정은 후에 삭제되었다. 이러한 의도적인 삭제로부터 개정민법에 따르면 기간설정의 유효성 자체가 기간의 상당성 여부에 종속되어 있다는 推論도 가능하다.[64] 다만 명문으로 규정된 바 없기 때문에 실무에서 명백해 질 때까지는 기간이 충분히 상당하도록 설정할 필요가 있다는 지적도 있다.[65]

(5) 履行請求權의 存續

구민법과 달라진 규율은 추완기간의 경과한 경우에도 도급인의 이행청구권이 여전히 존속한다는 점이다. 이는 한편에서는 기간설정에 더 이상 거절위하의 의사표시가 결부될 것을 요구하지 않음에 따른 논리적 결과이

63) 동일한 규율내용을 가졌던 구민법 제326조 제1항에 대한 해설로 Palandt-Heinrichs (주 18), § 326 Rn. 17 참조.

64) Canaris (주 54), JZ 2001, 499 (510).

65) Raab, in: Dauner-Lieb u.a.(Hrsg.), Schuldrecht (주 26), § 9 Rn. 51.

기도 하지만, 다른 한편 개정민법에서는 구민법 제634조 제1항 제3문 전단의 규정을 존치시키지 않았기 때문이기도 하다. 따라서 기간의 도과 후 도급인은 2차적 권리들을 행사할 수도 있지만, 반드시 이를 행사하지 않아도 된다. 즉, 그는 수급인에 의한 추완이행을 고집할 수도 있다. 유의할 것은 추완기간의 도과 후에는 수급인이 더 이상 "이행할 권리"(Recht auf Erfüllung)를 가지지는 않는다는 점이다.

나. 自救措置權과 事前費用賠償請求權

구민법 제633조 제3항에 따르면 도급인은 스스로 하자를 제거하고 이에 들어간 비용의 배상을 수급인에게 요구할 권리를 가졌다. 이러한 권리는 그 행사를 위한 요건이 변경되는 한편 그동안 판례와 학설에서 널리 인정되어 왔던 사전비용배상청구권(Vorschußanspruch)이 신설되어 제637조에 규율되어 있다.

구민법의 규율에 따르면 도급인의 자구조치권은 수급인이 하자제거에 관해 履行遲滯에 빠질 것을 요건으로 하였다. 따라서 수급인이 도급인의 하자제거요구에 고의·과실로 응하지 않을 것이 요구되었다. 도급인의 자구조치권 행사 여부를 수급인의 과책 유무에 종속시키는 것은 적절하지 않은 것으로 평가되어[66] 개정민법은 이를 삭제하였다.

도급인의 자구조치권은 말하자면 도급인에 의한 추완이행이다. 따라서 이러한 권리는 그가 추완이행청구권을 여전히 보유한 경우에 한해서만 인정될 수 있다.[67] 결국 하자 없는 일의 완성이 불가능하거나 수급인이 제635조 제3항, 제275조 제2항 또는 동조 제3항에 따라 추완이행을 정당하게 거절할 수 있는 경우에 도급인은 자구조치를 할 수가 없다.

다른 한편 구민법 아래서도 판례[68]와 학설[69]은 도급인이 하자제거에 드는 비용을 사전배상할 수 있는 청구권을 가진다고 판단하였다. 그러나 그 법적 근거에 관해서는 의견이 분분하였고,[70] 따라서 개정민법은 사전

---

66) Schmidt-Räntsch, Das neue Schuldrecht, 2002, Rn. 987, 988.

67) Raab, in: Dauner-Lieb u.a.(Hrsg.), Schuldrecht (주 26), §9 Rn. 54.

68) BGHZ 47, 272 (273); BGHZ 68, 372 (378).

69) Palandt-Sprau (주 18), § 633 Rn. 9; Soergel-Teichmann (주 18), § 633 Rn. 25 ff.

구상청구권을 明文化함으로써(제637조 제3항) 법적기초를 분명히 하였다.

다. 契約解除權

구민법에 따르면 도급인은 그가 수급인에게 설정한 기간이 도과한 후 담보해제를 할 수 있는 청구권을 취득하였으나, 개정민법은 도급인에게 일방적 의사표시로 해제할 수 있는 形成權을 부여하였다. 이로 인하여 해제의 의사표시와 함께(제349조) 도급인은 이미 지급한 보수의 반환을 요구할 수 있는 청구권을 가진다는(제346조 제1항) 法理는 아무 문제없이 해명될 수 있게 되었다.71)

계약의 해제는 報酬請求權을 상실하는 한편 일을 다른 곳에 轉用하기도 쉽지 않은 수급인에게는 가혹한 결과가 될 수도 있다. 따라서 개정민법은 제634조 제4호에서 제323조 제5항 제2문을 준용함으로써 수급인의 의무위반, 즉 일의 하자가 些少한 경우에는 도급인에게서 해제권을 박탈한다. 도급인의 권리는 그 밖의 권리들, 따라서 대개는 보수감액권으로 제한된다. 또한 예전의 법률상태(구민법 제634조 제3항)와 마찬가지로 일의 하자에 대하여 도급인이 전적으로 또는 주로 책임이 있는 경우에도 해제권은 배제된다.

라. 報酬減額權

보수감액권 역시 개정민법에서는 청구권이 아닌 形成權으로 구성되어 있다. 따라서 도급인은 일방적 의사표시로 보수를 감액할 수 있다. 보수감액분은 기존에서와 같이 하자 없는 일과 실제 하자 있는 일과의 比例關係에 따라 산정된다.72) 도급인이 보수의 전부 또는 일부를 이미 지급하였다면 과지급분에 대한 반환을 해제에 관한 규정에 따라 청구할 수 있다

---

70) 의문을 제기하는 견해로 특히 Staudinger-Peters (주 6), § 633 Rn. 198 참조.

71) 따라서 구민법 아래의 難題 중의 하나였던 이른바 契約說, 形成行爲說 및 法官의 形成行爲說 사이의 논쟁은 法制史的인 의미만을 가지게 되었다. Palandt-Putzo (주 18), § 465 Rn. 2-6 참조.

72) 예컨대 약정한 보수가 1천만원이고 하자 없는 일의 시장가치(시가)가 1천2백만원인 경우 하자있는 일의 시가는 6백만원이라면 하자없는 일과 하자있는 일 사이의 가치의 비례관계는 2:1이 되고, 이 비례관계로 보수가 감액되는 경우 도급인이 지급할 보수는 5백만원이 된다. Schwab/Witt, Schuldrecht (주 31), S. 172 참조.

(제638조 제4항, 제346조 제1항, 제347조 제1항).

보수감액권은 해제권과 선택적 관계에 있기 때문에(제638조 제1항) 도급인이 일방적으로 보수를 감액할 수 있기 위해서는 해제가 유효할 수 있는 요건이 충족되어야 한다. 그렇다면 해제권이 배제되는 경우 도급인은 보수감액 역시 할 수 없다고 해야 할 것이나, 제638조 제1항 제2문에서는 일의 하자가 사소하기 때문에 해제권이 배제되는 경우에는 보수감액권을 인정하는 예외를 두었다.

만일 도급인이 다수라면 모든 도급인이 보수감액의 의사표시를 해야 하며, 수급인이 다수라면 도급인의 의사표시 역시 수급인 모두에 대해서 행해져야 한다(제638조 제2항). 이는 과거와 달리(구민법 제634조 제4항, 제474조 제1항 참조) 보수감액권이 청구권이 아닌 형성권으로 구성된 결과이다.

마. 損害賠償請求權

(1) 예전의 法律狀態

채무법의 개정과 관련하여 중요한 관심사 중 하나는 일의 하자로 인하여 도급인에게 발생한 손해를 배상하는 문제와 관련하여 "도급계약법에 특유한 손해배상청구권"(구민법 제635조)과 일반급부장애법 중 이른바 "積極的契約侵害(pVV) 내지 不完全履行이라는 法官法(Richterrecht)에 기초한 손해배상청구권"의 규율영역을 구획하는 어려움을 해소하는 문제였다. 文面에 따른다면 구민법 제635조는 하자로 인한 모든 손해항목을, 즉 일의 價值減少 뿐만 아니라 하자로 인해 도급인의 다른 법익에 발생한 손해들을 포함한다고 볼 수도 있다. 그러나 특히 法院은 일정한 손해항목만을 구민법 제635조에 기초하여 배상되어야 할 손해로 분류하였다. 즉, 판례는 "하자손해"(Mangelschäden)와 "근접하고 직접적인 하자결과손해"(enge und unmittelbare Mangelfolgeschäden)는 구민법 제635조에 의하여 배상될 손해로, 그러나 "원격의 하자결과손해"(entfernte Mangelfolgeschäden)는 적극적계약침해라는 법관법에 의하여 배상될 손해로 판단하였다. 구민법 아래서 매매법에서의 유사한 문제는 담보된 속성의 결여 또는 하자의 악의적 묵비의 경우 구민법 제463조 또는 제480조 제2항에 따라 (매도인의 과실 유무와는 무관하게) 매수인에게 인정되는 손해배상청구권 이외에 매도인의 "과실 있는 불완전이행"에 대해서도 일반급부장애법에 따라 손해배상청구권을 인정할 수 있는가 하는 점이었다. 따라서 이는 損害賠償請求權의 成立要件의 문제였다. 그러나 구민법 아래서 도급계약법과 일반급부장애법에서 각각 도출되는 "두 개"의 손해배상청구권들은 모두 債務不履行, 즉 瑕疵에 대하여 수급인에게 고의·과실이 있을 것을 그 성립요건으로 한다는 점에서는 서로 구별되지 않았다. 오히려 결정적인 차이는 서로 다른 소멸시효기간이 적용된다는 점이었다. 다시 말하면 구민법 제635조에 따른 도급인의 손해배상청구권은 구민법 제638조 제1항 제1문에서 정한 이른바 短期 소멸시효기간(일의 종류에 따라 6개월, 1년 또는 5년)이 도급인이 일을 受取한 때로부터(동조항 제2문) 진행되었으며, 적극적계약침해라는 법관법에 따른 도급인의 손해배상청구권은 구민법 제195조에서 정한 通常 소멸시효기간(30년)이 청구권이 成立한 때로부터(동법 제198조 제1문) 진행되었다. 그러나 법원이 근접하고 직접적인 하자결과손해와 원격의 하자결과손해를 구별하는 것이 왕왕 도급인의 여타 법익에 발생한 손해가 심각하여 이에 대한 손해배상청구권이 단기소멸시효에 걸리는 것을 우회하려는 노력으로 밖에는 설명될 수 없는 사정 아래, 법원이 제시하는 그 구별기준도 예측가능성은 차치하고라도 사후에 수긍하기조차 곤란하다는 이유로 문헌에서는 상당한 비판을 받았다.[73]

(2) 民法改正을 통한 문제해결

도급계약에 특유한 손해배상청구권과 일반급부장애법에 따른 손해배상청구권과의 구별의 난제를 개정민법은 손해배상에 관한 도급계약 특유의 청구권기초를 포기하고, 제634조 제4호에서 일반규정, 특히 기존의 적극적계약침해라는 채무불이행 유형도 포함하는 제280조 제1항을 준용함으로써 해결하고자 하였다. 다만 제634조 제4호에 따른 도급인의 손해배상청구권, 즉 일의 "하자로 인한 손해배상청구권"은 제634조의a 제1항에 따른 도급계약 특유의 소멸시효의 적용을 받는다.

73) 이러한 비판에 관해서는 Soergel-Teichmann (주 18), § 635 Rn. 6 ff.

반면 일의 하자와 관련이 없는 수급인의 의무위반으로 인한 손해에 대해서는 제280조 이하의 규정이 직접적으로 적용된다. 이는 수급인이 작업 중에 도급인의 신체나 재산을 침해한 경우로 이는 제241조 제2항에 따른 의무를 위반한 것이고 따라서 "제282조를 경유하여" 제280조 제1항에 따라 손해배상의무를 부담하게 된다. 그 결과 그에 따른 손해배상청구권은 통상 소멸시효의 적용을 받게 된다.[74] 또한 구민법 아래서의 법률상태와 마찬가지로[75] 도급계약법의 특별규정은 不法行爲에 기인한 도급인의 수급인에 대한 손해배상청구권을 배제하지 않는다.[76] 불법행위를 이유로 하는 도급인의 손해배상청구권 역시 통상 소멸시효에 걸린다.

(3) 都給人의 損害賠償請求權과 費用賠償請求權

a) 請求權의 法的基礎와 責任歸屬根據

하자로 인하여 도급인에게 귀속되는 損害賠償請求權의 法的基礎는 제634조 제4호와 여기서 관계를 설정한 일반급부장애법, 즉 제280조, 제281조, 제283조 및 제311조의a이다. 결국 손해배상청구권의 법적기초는 제280조 제1항이며, 다만 給付義務의 原始的 排除(제275조)의 경우에는 제311조의a 제2항이다.[77] 제280조 제1항이 적용되려면 또한 동조 제2항 및 제3항을 고려해야 하므로 급부에 갈음한 손해배상에 대한 청구권은 제281조 또는 제283조의 추가적인 요건이 충족되어야만 성립하며, 급부의 지체를 이유로 하는 손해배상은 제286조의 추가적 요건을 충족해야만 성립한다.[78]

우선 제635조에서 말하는 추완이행으로 제거될 수 없는, 계약체결 당시 존재하는 原始的 瑕疵가 있는 경우[79]에는 수급인은 제275조 제1항에

74) Lorenz/Riehm, Lehrbuch zum neuen Schuldrecht, 2002, Rn. 666 참조.

75) BGH NJW 1998, 2282 (2283).

76) Lorenz/Riehm, Schuldrecht (주 74), Rn. 667 참조.

77) Huber, in: Huber/Faust, Schuldrechtsmodernisierung (주 52), Rn. 18/62.

78) Huber, in: a.a.O., Rn. 18/63.

79) 계약체결 후에 비로소 일의 제작이 개시되므로 원시적으로 제거될 수 없는 하자란 수급인이 부담한 일이 객관적으로 그가 약속한 것처럼 수행될 수 없는 경우에만 상정이 가능하다. 따라서 수급인이 주관적으로 하자 없는 일의 완성을 할 수 없는 경우에는 일신전속적 급부의무에 있어서만 제거할 수 없는 원시적 하자가 존재한다고 할 수 있다. Lorenz/Riehm, Schuldrecht (주 74), Rn. 646.

따라 하자 없는 일을 완성할 의무에서 해방된다. 이때 수급인의 손해배상 책임의 청구권기초는 제311조의a 제2항이다. 따라서 수급인이 일의 완성이 수행될 수 없음을 알지 못했고 또한 그 不知에 대해 책임지지 않아도 된다는 점을 입증하지 못하는 한 그는 도급인의 선택에 좇아 급부에 갈음한 손해배상의무 또는 제284조에서 정한 비용배상의무를 부담하게 된다.

반면 제635조에서 말하는 추완이행으로 제거될 수 없는, 계약체결 후에 드러난 후발적 하자에 대한 수급인의 손해배상책임은 제634조 제4호, 제283조 및 제280조 제1항에 따라, 추완이행으로 제거될 수 있는, 계약체결 후에 드러난 후발적 하자에 대한 수급인의 손해배상책임은 제634조 제4호, 제281조 및 제280조 제1항에 따라 각각 정해진다. 전자의 경우에는 손해배상청구를 위한 요건으로서 期間設定이 무의미하다는 점에서 기간설정의 前置가 요구되는 후자와 구별된다. 그러나 어느 경우에나 수급인이 제276조 제1항에 따라 일의 하자에 대해 책임져야 하는 경우에 도급인의 손해배상청구권이 성립한다. 물론 동조항은 고의·과실에 대한 책임 이외에 채무자의 性狀擔保(Garantie)에 대한 책임(Einstandpflicht)도 규율하고 있기 때문에 수급인이 일이 일정한 속성을 가진다는 것에 관하여 책임을 인수한 경우 수급인은 계약에 합치하지 않는 일의 성상으로 말미암아 도급인에게 발생한 손해에 대하여 고의·과실과 무관하게 책임을 진다.

손해배상청구권의 행사와 함께 제281조 제4항에 따라 도급인의 하자 없는 일에 대한 이행청구권은 소멸하고, 따라서 그의 자구조치권도 소멸한다.

b) 賠償範圍 및 큰 損害賠償과 작은 損害賠償

급부에 갈음한 손해배상의 범위는 일의 價値減少分뿐만 아니라, 일의 하자에 기인하는 모든 後續損害, 특히 逸失利益에까지 미친다.[80] 수급인은 손해배상을 통하여 자신이 제때 제대로 계약이행을 했더라면 도급인에게 있을 상태를 회복해야만 한다.

80) Lorenz/Riehm, Schuldrecht (주 74), Rn. 651.

도급인의 손해배상청구권과 관련하여서도 이른바 "큰 손해배상"(großer Schadensersatz)과 "작은 손해배상"(kleiner Schadensersatz)의 구별은 원칙적으로 필요하다. 하자 있는 일을 반환하면서 不履行에 따른 損害(Nichterfüllungsschaden＝履行利益, Erfüllungsinteresse) 전부의 배상을 구하는 "큰 손해배상"은 제281조 제1항 제3문에 따라 하자가 현저한(nicht unerheblich) 경우에 한해 요구될 수 있다. 그렇지 않은 경우 도급인은 그저 "작은 손해배상"을 요구할 수 있는 것으로 제한되므로 그는 하자 있는 일을 보유해야 하며, 단지 가치감소로 인한 손해의 배상만을 요구할 수 있게 된다.[81] 다만 동산제작의 모든 경우가 이번 개정으로 매매법의 적용을 받게 되었고, 물건이 아닌 "일"이라는 급부를 반환한다는 것이 대개는 비현실적일 것이므로[82] 순수한 도급계약에서는 주로 "작은 손해배상"이 문제될 것이다.

c) 瑕疵損害와 瑕疵結果損害

하자손해와 하자결과손해는 이들 손해의 배상을 청구할 수 있는 법적 기초가 제280조 제1항으로 단일화되었고, 그에 기초한 손해배상청구권이 제634조의a에서 정한 소멸시효의 적용을 받기 때문에 이를 이유로 구별할 필요는 없다. 그러나 도급인이 일의 하자 그 자체, 즉 전형적인 하자손해에 대한 배상을 요구하는 경우 이는 급부에 갈음한 손해배상의 청구권이 문제되므로 제281조 또는 제283조에 따른 요건이 충족되어야 성립한다. 따라서 특히 도급인이 추완이행을 위하여 설정한 기간이 도과한 때 비로소 청구권이 성립한다. 반면에 하자결과손해에 대한 도급인의 손해배상청구권은 직접적으로 제280조 제1항의 규율관할에 속하여 그에 따라 즉시 성립한다.[83] 왜냐하면 이는 급부에 갈음한 손해배상청구권이 아니라, 도급인의 이행청구권에 부가되는 손해배상청구권으로 급부(일)와 반대급부(보수)의 等價性利益(Äquivalenzinteresse)이 아닌 채권자인 도급인의 完全性利益(Integritätsinteresse)에 관련되기 때문이다.[84]

81) Canaris (주 54), JZ 2001, 499 (513f.) 참조.
82) Lorenz/Riehm, Schuldrecht (주 74), Rn. 651.
83) Schwab/Witt, Schuldrecht (주 31), S. 174.
84) Raab, in: Dauner-Lieb u.a.(Hrsg.), Schuldrecht (주 26), § 9 Rn. 63 참조.

d) 都給人의 費用賠償請求權

제634조 제4호에서는 제284조를 준용지시하고 있다. 이에 따라 도급인은 급부에 갈음한 손해배상 대신에 선택적으로 그가 하자 없는 급부의 획득을 기대하여 지출하였고, 그 지출이 정당한 것으로 판단되는 비용의 배상을 요구할 수도 있다. 물론 수급인의 의무위반이 없더라도 비용의 목적을 달성할 수 없었을 경우에는 비용배상청구권은 배제된다(제284조 단서).

6. 責任의 排除

하자로 인한 도급인의 권리는 우선 법률의 규정에 의하여 배제될 수 있다. 첫째, 도급인이 하자를 인식하고도 일을 受取한 경우이다(제640조 제2항). 이 법조항은 실질적으로는 변경된바 없으며, 단지 제634조에서 새로이 규율한 도급인의 권리에 적합하게 편집되었을 뿐이다.[85] 둘째, 도급인이 제공한 재료로 일이 제작되었고 하자가 그 재료에 원인을 가지는 경우로서 제651조의 새로운 구별기준에 따라 매매계약이 문제되는 경우이다(제651조 제2문, 제442조 제1항 제1문).

다른 한편 당사자는 하자로 인한 도급인의 권리를 배제하거나 제한하는 합의를 할 수 있다. 그러나 제639조는 일정한 경우에 수급인이 이러한 합의를 원용할 수 없게 함으로써 도급인의 권리가 여전히 보존되도록 하여 사적자치의 원칙에 제한을 가한다. 우선 책임배제의 합의가 수급인이 악의로 묵비한 하자와 관련되는 경우이다. 이러한 의미에서 제639조는 구민법 제637조의 규율내용과 동일하다. 새로이 규율된 것은 수급인이 일의 성상에 관하여 담보를 인수한 경우이다. 예전의 보통거래약관법(AGBG)의 제11조 제11호에 견줄 내용이지만, 제639조의 신설로 인해 책임배제 또는 제한의 합의가 약관을 통해서가 아니라, 설령 개별약정에 의하더라도 그 효력이 없게 되었다.

---

85) 도급계약에서 수취가 갖는 의미는 이 글 VI. 참조.

7. 要略 - 瑕疵로 인한 都給人의 權利들의 二重的 二元性

하자로 인한 수급인의 책임은 도급인에게 귀속되는 권리들의 "두 가지 의미에서의 二元性"(Zweispurigkeit im doppelten Sinne)으로 풀이될 수 있다.86) 즉,

일의 하자로 인한 도급인의 권리는 한편에서는 추완이행청구권과 비용의 사전 또는 사후 배상의 청구권과 결합된 자구조치권, 다른 한편에서는 계약해제권과 보수감액권 및 손해배상청구권 또는 비용배상청구권이다. 전자의 권리들이 하자를 제거함으로써 契約履行을 완성하는 측면(Vertragserfüllungsebene)에 놓여 있다면 후자의 권리들은 하자를 그대로 둔 채 이루어지는 契約淸算의 측면(Vertragsliquidierungsebene)에 놓여 있다고 할 수 있다. 전자의 측면에서의 권리들이 후자의 권리들보다 우선한다. 즉, 契約履行이 契約淸算에 우선한다.

다른 한편 도급인의 손해배상청구권과 비용배상청구권을 제외한 도급인의 권리들은 도급인의 故意·過失이나 擔保引受와는 무관하게 인정된다. 따라서 전자의 권리는 過責에 從屬된 수급인의 責任(Verschuldenshaftung)에 기인하는 權利로, 후자는 過責과 無關한 수급인의 책임(Erfolgshaftung)에 기인하는 權利로 파악할 수 있다.87)

요컨대 일의 하자로 인한 도급인의 권리들은 한편 계약의 이행을 위한 것이냐 계약의 청산을 위한 것이냐 라는 의미에서 이원적이며, 다른 한편 수급인이 하자, 즉 자신의 의무위반에 대해 제276조 제1항의 의미에서의 책임을 지는가 그렇지 않은가 라는 의미에서 또한 이원적이다.

---

86) Huber, in: Huber/Faust, Schuldrechtsmodernisierung (주 52), Rn. 18/20 참조.

87) Schwab/Witt, Schuldrecht (주 31), S. 164.

V. 消滅時效

1. 都給契約에 特有한 消滅時效

제634조의a는 하자로 인하여 제634조가 도급인에 부여하는 청구권들의 소멸시효에 관한 특별규정이다. 구민법 제638조에서와 마찬가지로 개정민법은 契約目的의 種類에 따라 都給契約에 特有한 消滅時效를 규정하는바, 通常 消滅時效[88]와는 한편 그 期間에 있어서, 다른 한편 時效期間의 起算點을 하자에 대한 도급인의 認知 여부와 상관없이 그가 일을 수취한 시점으로 규정한다는 점에서 차별된다. 통상 소멸시효의 기산점이 원칙적으로 主觀的體系를 채택함으로써 그 기간은 채권자(도급인)가 청구권을 근거지우는 상황(하자) 및 채무자(수급인)의 身元을 인지하거나 또는 중대한 과실로 인지하지 못한 사실이 있는 해(年)가 종료한 때로부터 진행되기 때문이다(제199조 제1항 참조).

2. 時效期間과 그 起算點

가. 급부가 物件과 관련된 경우

수급인의 급부가 물건에 관련된 경우 하자로 인한 도급인의 모든 청구권은 2년간 행사하지 않으면 시효가 완성한다(제634조의a 제1항 제1호). 시효기간은 원칙적으로 일의 受取와 함께(제634조의a 제2항), 보충적으로는 完成畢證(Fertigstellungsbescheinigung)의 發給과 함께(제641조의a 제1항) 진행된다.

나. 급부가 建築物과 관련된 경우

수급인의 급부가 建築物(Bauwerk)과 관련된 경우 시효기간은 5년이다(제634조의a 제1항 제2호). 기간의 기산점은 방금 기술한 가.의 경우와 동

---

88) 이에 관해서는 이 책에 함께 실린 신유철, 독일개정민법상의 소멸시효 참조.

일하다.

구민법[89]과는 달리 개정민법은 수급인의 급부가 土地에 관한 作業일 경우의 시효기간에 관해서는 의도적으로 침묵한다. 따라서 제634조의a에 따르면 결국 토지에 관한 작업이 건축물과 관련된 것인지 그저 토지 자체에 관한 것인지가 문제해결의 관건이 될 것이다. 전자의 경우라면 제634조의a 제1항 제2호에 따라 5년의 시효기간에, 후자의 경우라면 "物件의 變更"에 해당하여 제634조의a 제1항 제1호에 따라 2년의 시효기간에 해당할 것이다.[90]

다. 급부가 無形的 일과 관련된 경우

수급인의 급부가 無形的 일인 경우는 통상 소멸시효기간인 3년이 적용된다(제634조의a 제1항 제3호, 제195조). 이 기간은 도급인이 일을 수취한 시점이 아닌, 그가 하자를 인지하거나 또는 중대한 과실로 이를 인지하지 못한 시점에 진행한다. 제634조의a 제2항은 동조 제1항 제3호를 언급하지 않으며, 그 제3호에서는 통상 소멸시효를 준용하도록 하고 있으므로 통상 소멸시효기간의 기산점을 규율하는 제199조도 당연히 포함하기 때문이다. 물건과 무관한 도급계약의 경우 主觀的體系를 근간으로 하는 통상 소멸시효가 적용되는 이유는 우선 독일 입법자가 무형적인 일의 경우 대개는 도급인이 하자를 즉시 인지하기가 쉽지 않다는 사정을 고려하였기 때문이다.[91] 또한 무형적 일을 목적으로 하는 도급계약은 왕왕 고용계약과의 구별이 용이하지 않음에도, 고용계약에는 구민법에서는 물론 개정민법에서도 短期의 특별 소멸시효가 적용되지 않기 때문이기도 하다.[92] 수급인으로서는 경우에 따라서는 10년간 하자로 인한 도급인의 권리를 염두에 두어야 하므로(제199조 제3항 제1호 참조) 불만족스러운 입법일 것이다. 다만 주의할 것은 수급인의 급부가 企劃이나 監督인 경우(예컨대 건물의 設計나 施工監理)에는 경제적으로나 실질적으로도 (물건의 완성과) 서로

---

89) 구민법 제638조 제1항 제1문에서는 토지에 관한 작업의 경우 1년의 소멸시효기간을 규정하고 있었다.

90) Ch. Teichmann (주 24), JuS 2002, 417 (420).

91) Begründung zu § 634a I Nr.3, BT-Drucks 14/6040, S. 264.

92) Canaris, Schuldrechtsreform 2002, 2002, S. XXIX (29).

연계된 과정이므로 제634조의a 제1항 제1호 또는 제2호에 따라 도급계약에 특유한 소멸시효기간과 기산점의 적용을 받는다는 점이다.

라. 瑕疵를 惡意로 默秘한 경우

수급인이 하자를 알면서도(惡意로) 이를 默秘한 경우 도급계약에 특유한 소멸시효기간과 기산점이 적용된다면 이는 衡平에 반할 것이므로 제634조의a 제3항 제1문은 이 경우 통상 소멸시효기간과 기산점이 적용되도록 규정한다. 물론 통상 소멸시효기간이 수급인이 악의가 아닌 경우보다 더 먼저 경과하여 완성한다는 것은 불합리하므로 동조항 제2문에서는 수급인의 급부가 건축물에 관련된 경우 하자로 인한 도급인의 권리는 아무리 빨라도 5년의 기간이 경과해야만 시효로 소멸한다고 정하고 있다(이른바 消滅時效完成의 猶豫 Ablaufhemmung der Verjährung). 물론 이 5년의 기간은 도급인이 일을 수취한 시점부터 진행한다.

3. 解除權와 報酬減額權의 排除

제194조 제1항에 따르면 請求權만이 시효로 소멸한다. 그렇다면 形成權인 도급인의 解除權과 報酬減額權이 시효로 소멸할 수는 없다. 그러나 제218조 제1항에서는 급부청구권의 시효가 완성하여 채무자가 이를 원용하는 경우 해제권을 배제한다(解除의 無效, Unwirksamkeit des Rücktritts). 이에 따라 追完履行請求權의 시효가 완성되면 해제권(제634조의a 제4항 제1문)과 보수감액청구권(제634조의a 제5항)도 배제된다. 이 시점까지 보수를 지급하지 않은 도급인은 해제권 또는 보수감액권을 행사했더라면 그러할 권한이 있는 한도 내에서 보수의 지급을 거절할 수는 있다(해제권의 경우 제634조의a 제4항 제2문; 보수감액권의 경우 제634조의a 제5항, 제4항 제2문). 해제권을 이유로 도급인이 보수지급을 거절하면 수급인 쪽에서 계약을 해제함으로써(제634조의a 제4항 제3문) 하자 있는 급부(일)의 반환을 청구할 수 있다.

Ⅵ. 結語에 갈음하여 - 都給契約에 있어서 "受取"가 갖는 意味

제640조 제1항 제1문에 따르면 일의 성상이 이를 배제하지 않는 한,[93] 도급인은 계약의 내용에 좇아 완성된 일을 受取(Abnahme)할 의무를 부담한다. 도급인의 수취에는 도급계약관계의 전개과정에서 중요한 의미를 가지는 법률효과가 결부되어 있다. 우선 제641조 제1항에 따르면 수취와 함께 수급인의 報酬請求權이 履行期에 도달한다. 그와 동시에 비록 하자 있는 일을 완성했을지라도 수급인의 先履行義務가 소멸하게 된다. 다른 한편 도급인은 기한유예의 약정이 없는 한 제641조 제2항에 따라 報酬의 利子를 지급하여야 한다. 둘째, 도급인이 수취 당시 일에 하자가 있음을 알았던 경우에는 이를 이유로 자신의 權利를 留保하지 않는 한 그는 제640조 제2항에 따라 제634조 제1호 내지 제3호에서 정한 권리를 상실한다.[94] 따라서 도급인은 제641조 제3항 내지 제634조의a 제4항 제2문과 동조 제5항에 기초한 抗辯權을 상실한다. 셋째, 하자로 인한 도급인의 권리 중 제634조 제1호, 제2호 및 제4호에서 정한 청구권들의 消滅時效는 제634조의a 제2항에 따라 수취와 함께 진행된다. 끝으로 수취로 말미암아 제644조 제1항 제1문에 따라 反對給付危險이 수급인으로부터 도급인에로 이전하므로 수취시점 이후 일의 우연한 멸실 또는 훼손에 따른 위험을 도급인이 부담하게 된다. 따라서 이 경우 수급인은 다시 급부할 위험, 즉 급부위험을 부담하지 않으며, 합의된 보수 전부에 대한 청구권을 가진다.

따라서 이러한 "수취"를 어떻게 이해할 것인가는 주요한 의미를 가진다. 독일의 通說[95]은 이를 통일적인, 그러나 二枝的 槪念(zweigliedriger Abnahmebegriff)으로 구성하였다. 즉, 일에 대한 점유이전 뿐만 아니라, "일이

---

93) 이 경우 일의 "完成(Fertigstellung)"이 受取에 갈음한다, 제646조.

94) 독일 입법자는 제640조 제2항에서는 도급인의 손해배상청구권을 의도적으로 배제하였다(Begründung zur Änderung des § 640 II, BT-Drucks. 14/6040, S. 267). 따라서 이에 기초한 급부거절권을 가질 수는 있다.

95) BGHZ 48, 257 (262); Palandt-Sprau (주 18), § 640 Rn. 2 m.w.N.

大綱에 있어 계약에 합치한다는 도급인의 承認"(Anerkennung der Leistung als in der Hauptsache dem Vertrag entsprechend)을 포함하는 행위로 이해한다. 구민법 아래서 이러한 수취의 "승인"기능은 수취가 그에 따른 "法定"의 법률효과 이외에 "계약의 목적물을 수취한 일에 特定하는 효과" (schuldkonkretisierende Wirkung)을 가진다는 解釋論의 端緖가 되었다. 이는 다시 수취 이후 도급인의 일의 재제작에 대한 요구를 "특정된" 계약목적물의 同一性을 파괴한다는 이유에서 배제하려는 해석과 연계되었다. 그러나 구민법 아래서 이미 - 그러나 비로소 - 1985년에 연방대법원은 도급인의 일의 재제작청구를 하자제거청구의 - 예외적인 - 現像形態로 認容한 바 있다. 제635조 제1항을 규정하는 개정민법 아래서는 수취가 법정법률효과 이외의 이러한 효과를 가질 수 없음은 자명하다.[96)]

도급인은 일의 하자가 추완이행을 통해 제거될 수 있는 한, 하자 있는 일의 수취를 거부함과 동시에 보수 전액의 지급을 거절할 수 있다. 이 경우 매수인과는 달리 도급인은 同時履行의 抗辯(제320조)조차 할 필요가 없는바, 이는 수급인의 보수청구권은 도급인의 수취가 없으면 기한이 도래하지 않기 때문이다. 따라서 제641조 제3항의 제한도 적용되지 않는다. 이 때 도급인은 여전히 수급인에게 하자 없는 이행을 요구할 수 있는바 이는 본래의, 즉 "변용되지 않은" 이행청구권으로서 제195조의 通常消滅時效의 적용을 받는다. 수급인이 계속해서 이행하지 않는다면, 도급인은 이행청구권이 소멸시효에 걸리지 않는 한 하자에 대한 수급인의 책임 여부와 무관하게 제323조에 따라 계약을 해제할 수 있으며, 하자에 대해 수급인이 책임을 지는 경우에는 제280조 제1항, 동조 제3항 및 제281조에 따라 급부에 갈음한 손해배상을 청구할 수 있다. 다른 한편 도급인은 하자 있는 일을 수취하고 보수감액의 의사표시를 할 수도 있다.

반면 하자를 이유로 도급인이 일의 수취를 거부하였으나, 하자의 제거가 불가능한 경우에는 일의 無瑕疵性에 대한 도급인의 이행청구권은 제275조 제1항에 따라 소멸한다. 그런 연후에 도급인은 제326조 제5항에 따라 계약을 즉시 해제할 수 있거나, 또는 제311조의a 제2항 또는 제

96) 앞의 Ⅳ. 4. 가. 참조.

280조 제1항 및 동조 제3항 및 제283조에 따라 급부에 갈음한 손해배상을 청구할 수 있다. 이들 청구권들도 모두 통상 소멸시효에 걸린다.

[4] 消費者保護法의 統合受容

河 京 孝*

Ⅰ. 序 - 消費者保護法의 民法典에의 受容

1. 消費者保護法의 核心概念으로서 消費者, 事業者

소비자보호법의 핵심개념인 소비자와 사업자에 대한 정의규정은 2000년 6월 27일 통신판매법의 제정과 함께 소비자보호법상의 다른 문제와 유럽 입법지침에 따른 규율문제를 해결하고자 민법전에 들어오게 된 것이다. 이로서 사법의 통일이라는 관점에서 종래 소비자보호를 위한 특별사법으로서 여러 단행법률들로 이루어진 소비자보호법을 민법에 통합하기 위한 중요한 진전이 이루어 진 것이다. 금번 채권법현대화를 위한 민법개정에서 각종 소비자보호법률을 민법전에 수용하여 통합규율한 것도 민법에 이미 규율된 소비자와 사업자개념(제13조, 제14조)을 토대로 하였다. 이 정의개념은 통신판매계약(제312조의b), 방문판매(제312조), 소비자소비대차계약(제491조), 일시거주권계약(제481조) 등에 그대로 적용된다. 결국 소비자와 사업자라는 기본개념에 대한 정의규정을 민법전에 먼저 둔 다음 이를 기초로 주요 소비자보호관련 각종 단행법률을 민법전에 통합시킴으로써 소비자보호법이 민법전에 체계적으로 수용되게 된 것이다.

가. 消費者 概念

소비자는 영업적 또는 독립적 직업활동의 목적으로 행하는 것이라고 볼 수 없는 법률행위를 하는 자연인으로 정의되고 있다(제13조). 즉 사적 목

---

* 고려대학교 법과대학 교수.

적으로 행하는 법률행위에 연결시키고 있다. 이러한 소비자개념은 종래 보통계약약관법에서 정한 개념(§24 a S.1 AGBG a.F.)과 동일하게 규정한 것이다.

소비자보호법의 적용도 제13조에서 정한 소비자개념을 전제로 하는 것이다. 따라서 영업이나 독자적 직업활동과 상관없이 사적 목적으로 계약을 체결하는 경우 민법상의 소비자계약으로 되고 소비자보호규정의 적용대상으로 되는 것이다.

나. 事業者 槪念

사업자는 영업적 또는 독립적 직업활동으로서 법률행위를 하는 자연인, 법인 내지 권리능력 있는 인적 회사로 정의되어 있다(제14조). 이에 따라 영리목적이 있는지 여부와 상관없이 시장에서 대가를 받고 일하는 모든 자연인과 법인 그리고 권리·의무의 주체가 될 수 있는 인적 회사는 사업자가 되어 소비자보호법에 따른 제한과 의무를 부담하게 된다.

2. 改正民法에서의 主要 消費者保護關聯 規律槪觀

가. 特殊한 販賣方式에서의 消費者保護(제312조 내지 312조의f)

방문판매, 통신판매, 그리고 전자거래에서의 소비자보호에 관하여 규율하고 있다. 이에 따라 종래 방문판매법이나 통신판매법을 민법전에서 수용하는 한편 전자거래에 관한 유럽입법지침에 따른 규율을 하게 된 것이다. 전자거래에서는 소비자(Verbraucher)가 아닌 고객(Kunden)의 보호에 관련하여 규율하고 있으며, 고객이 사업자인 경우에도 적용된다는 점에서 다른 소비자보호규정과는 구별된다고 할 수 있다. 소비자보호의 내용으로서 사업자의 정보제공의무와 소비자의 철회권과 반환권이 핵심을 이루고 있다.

나. 事業者와 消費者간의 金錢消費貸借契約, 金融支援, 割賦去來 (제491조 내지 507조)

소비자가 차주가 되어 금전소비대차계약을 하거나 사업자로부터 기타 금융지원을 받는 경우의 소비자보호와 관련하여 서면방식, 철회권, 이행지체시의 지연이자의 취급, 부분변제의 원금에의 충당 및 해지의 제한 등에 관하여 규율하고 있다.

다. 消費者의 撤回權과 返還權(제355조 내지 제359조)

소비자계약에서 소비자는 2주내에 철회권을 행사함으로써 계약에의 구속에서 벗어날 수 있도록 하였다. 또한 철회권에 갈음하여 반환권이 계약내용으로 된 경우에는 원칙적으로 인도된 물건의 반송으로 철회와 같은 효력이 인정되도록 하고 있다. 철회의 법률효과는 해제를 준용하도록 함으로써 철회권과 반환권의 행사로 소비자는 더 이상 계약상의 의무를 부담하지 않고 원상회복의 청산관계로 전환되어 이에 따른 급부반환의무가 인정되는 것으로 하였다. 다만 소비자보호를 위하여 철회기간의 기산시점과 반송에 따른 비용과 위험부담에 관하여 별도의 규율을 하고 있다. 이밖에 소비자계약에 결합되어 금전소비대차계약이 이루어 진 경우에는 어느 한 계약의 철회의 효과가 다른 계약에도 미치도록 규정하였다.

이 철회권과 반환권에 관한 규정은 소비자보호와 관련하여 인정되는 철회권과 반환권에 일반적으로 적용된다. 그리하여 개정민법에서는 이를 약정채권관계편의 제5장에서 해제에 이어 규정하고 있다.

Ⅱ. 特殊한 販賣形式

1. 槪 觀

개정민법 제312조 내지 제312조의f 에서는 종래 "방문판매 및 유사한 거래에서의 철회에 관한 법률"(Gesetz über den Widerruf von Haustürgeschäften und ähnlichen Geshäften=Haustürwiderrufsgesetz)과 "통신판매법"(Fernabsatzgesetz)을 민법전에 통합수용하는 동시에 전자거래에서의 계약체결상의 특수성에 대하여 규율하고 있다. 이를 통하여 본질적으로 다음과 같은 세 가지 목적을 추구하고 있다.[1)]

첫째 이러한 통합규율로 법적용자의 실무적 편의를 기할 수 있게 한다. 종래 구체적 사안의 법적 해결과 관련하여 민법전 외에 여러 가지 민사특별법을 살펴보아야 하였으나 이제는 계약체결이나 사업자의 설명고지의무, 소비자의 철회권에 관하여 민법전을 검토하면 되는 것이다.

둘째, 여러 단행법률에 별도로 규율됨으로써 나타나게 되는 상이한 해결관점과 비통일적인 개념형성, 그리고 이에 따른 법리적 혼란의 위험을 예방할 수 있게 한다는 점이다. 그리하여 각 특별법에서의 개별규정상의 상호 모순적이거나 민법전과 일관되지 못한 규율을 방지하고자 한다. 또한 통합규율은 2000년 6월 27일 통신판매에 관한 유럽입법지침에 따른 입법에서의 철회권과 반환권에 대한 개념형성과 통일적 규율에 이어 소비자보호법의 체계화를 도모하였다.[2)]

셋째, 방문판매와 통신판매, 그리고 전자거래에서의 계약체결에 관한 규정을 채권총칙에 규정함으로써 영업장이나 판매점이 아닌 곳에서 이루어지는 계약상의 채권관계에도 파급효과를 미치게 된다는 점을 명백히 하였다.

2. 訪問販賣(Haustürgeschäft)

가. 規律目的

방문판매에 관한 제312조와 제312조의a의 규정내용은 소비자에게 판매유인에 의하거나 숙고 없이 성급하게 행한 결정에 따라 체결된 계약에서 다시 벗어날 수 있는 가능성을 줌으로써 직접판매에 따른 위험으로부터 소비자를 보호하고자 한다. 제312조의 해석에 있어서는 영업장소 밖에서 체결된 계약에서의 소비자보호에 관한 1985년 유럽입법지침의 규

---

1) Schmidt-Räntsch/Maifeld/Meier-Göring/Röcken, Das neue Schuldrecht, 2001, S.290.

2) 영업장 밖에서 이루어지는 거래에서의 소비자보호 관련 EU입법지침으로는 1985년 12월 20일의 영업장소 밖에서 체결된 계약에서의 소비자보호관련지침(Richtlinie 85/577/EWG), 1997년 5월 20일 통신판매에서의 소비자보호관련지침(Richtlinie 97/7/EG), 2000년 6월 8일의 전자거래에 관한 입법지침(Richtlinie 2000/31/EG)이 있으며 특수한 판매형식에 관련된 민법규정(제312조 이하)은 이러한 입법지침을 국내법에 통합하여 수용한 것으로 이해된다.

정내용과 목적을 염두에 두면서 동 지침이 보충적으로 고려되어야 한다.[3)]

종래 "방문판매철회법"(Haustürwiderrufsgesetz) 제2조의 규정은 삭제되었다. 철회기간의 종료에 대한 이 규정은 상품수령과 함께 대금을 지급한 소비자가 철회권을 고지·설명받지 못한 경우에도 철회권에 의한 보호를 제한할 수 있으며, 고지·설명을 하지 않은 사업주에 대한 제재의 의미라는 관점에서도 문제가 있다고 판단되었다. 다른 한편 이 규정은 대금을 지급하지 않고 있는 동안에는 철회권에 대한 고지·설명을 제대로 받지 않은 소비자의 철회권이 종료하지 않는 것으로 해석될 수 있었다. 이러한 문제 때문에 입법자는 더 이상 이 규정은 유지될 필요가 없는 것으로 판단하여 민법전 통합규율과정에서 제외한 것이다.[4)]

나. 消費者의 撤回權과 返還權

방문판매는 사업자와 소비자 사이에서 유상의 급부를 목적으로 사업장 밖에서(개별적인 내용은 제312조 제1항 각호 참조) 계약체결이 된 경우를 의미한다. 이 경우 소비자는 제355조에서 정한 철회권을 가지며 이 철회권에 관하여는 소비자에게 불리하게 달리 약정할 수 없다(제312조의f 제1문 참조). 만약 소비자와 사업자간의 거래관계가 지속적으로 유지되어야 할 경우에는 소비자는 철회권 대신에 제356조에서 정한 반환권을 가질 수 있다.

제312조 제1항에서 정한 철회권과 반환권은 보험계약에는 인정되지 않으며, 이 밖에 소비자의 사전주문, 계약체결과 함께 즉시 대금이 지급되고 그 액수가 40유로가 넘지 않을 경우, 그리고 소비자의 의사표시가 공증된 경우에도 철회권과 반환권은 배제되는 것으로 규정하였다(제312조 제3항).

다. 事業者의 說明告知義務

사업자는 소비자에게 철회권과 반환권에 대한 고지와 함께 제357조에

3) Dauer-Lieb/Heidel/Lepa/Ring(Hrsg.), Das neue Schuldrecht, 2002, S.354.
4) BT-Drucks. 12/6040, S.167.

서 정하고 있는 그 효과에 대하여도 설명을 하도록 하고 있다.

3. 通信販賣

가. 槪 觀

통신판매에 관한 제312조의b 내지 제312조의d의 규정내용은 통신판매에서의 소비자보호와 관련된 유럽입법지침(97/7/EG, 98/27/EG)에 따라 2000년 6월 27일 제정된 통신판매법(Fernabsatzgesetz)의 내용을 거의 문언 그대로 수용한 것이다. 즉 제312조의b는 통신판매법 제1조, 제312조의c는 동법 제2조를 거의 그대로 받아들인 것이며, 제312조의d는 동법 제3조의 내용과 본질적으로 상응하는 내용이다. 다만 통신판매규정의 적용이 배제되는 중개계약에서 소비대차중개계약(Darlehensvermittlungsverträge)을 제외함으로써 종래와 달리 이 경우에도 통신판매규정의 적용을 받아 사업자의 고지·설명의무와 소비자의 철회권이 인정된다(제312조의b 제3항 제3호 참조).[5] 이러한 소비자에 대한 금전소비대차중개계약에 대하여는 중개계약에 관한 부분에서 별도로 규율되어 있다(제655조의a 내지 제655조의e).

나. 消費者에 대한 說明

제312조의c 제1항은 통신판매에 관한 유럽입법지침 제4조를 수용한 구 통신판매법 제2조의 내용으로서 계약의 핵심사항에 대한 명확한 설명과 함께 사업자의 신원과 거래목적에 대한 사전명시의무를 규율하고 있다. 이러한 사항에 대한 설명은 명확하게 그리고 이해하기 쉽게 이루어져야 한다.

사업자가 통신판매계약과 관련하여 소비자에게 알려주어야 할 사항은 민법시행법 제240조에 따른 "정보제공의무에 관한 시행령" 제1조 제1항에 열거 명시된 자신의 신원과 주소, 물품이나 용역의 본질적 특성, 계약체결방식, 최소계약기간(장기 또는 정기적 반복급부의 경우), 물품이나 용역의 가

5) BT-Drucks. 14/6857, S.55 Nr.56.

격(가격구성요소, 배송비 문제 포함), 철회권과 반환권 등이다(§7 Abs.1 Informationspflichten VO=BGB-InfoVO). 제2항에서는 소비자에게 알려주어야 할 시행령에서 정한 계약정보를 상품이 소비자에게 배달되기 전까지 텍스트방식(제126조의b 참조)으로 알려 주도록 하고 있다.

다. 消費者의 撤回權과 返還權

소비자는 통신판매의 경우 제355조에서 정한 철회권을 가지며, 물품인도에 관한 계약인 경우에는 철회권에 갈음하여 제356조에서 정한 반환권이 인정될 수 있다(제312조의d 제1항). 그러나 용역제공에 관한 계약의 경우에 소비자의 명시적 동의를 얻어 철회권행사기간종료 이전에 사업자가 용역제공에 착수하였거나 소비자가 이를 유발한 때에는 철회권이 소멸된다(제312조의d 제3항). 또한 판매된 상품이 소비자가 요구한 성상과 개인적 필요에 따라 제작된 것이거나, 조속히 부패될 수 있는 경우를 비롯하여 철회권 인정에 적합하지 않은 물품이나 용역서비스를 열거하여 철회권을 배제시키고 있다(제312조의d 제4항). 법정철회권이 반환권으로 대체될 수 있도록 약정한 경우에는 원칙적으로 소비자는 물품의 반송으로 계약상의 구속에서 벗어날 수 있다. 이 경우 반송비용과 위험은 사업자가 부담하게 된다(제357조 제2항 제2문 참조).

4. 電子去來

가. 槪 觀

전자거래에서의 사업자의 의무를 규율한 제312조의e는 전자거래에 관한 2000년 6월 8일의 유럽입법지침(Richtlinie 2000/31/EG) 제10조와 제11조 내용을 수용한 것이다. 동 입법지침의 내용은 전자매체를 이용하여 물품과 용역을 거래하는 사업자에게 일련의 정보제공의무와 함께 주문을 지체 없이 처리할 의무를 부과하고 있다.

나. 適用範圍

제312조의e는 전자거래계약을 적용요건으로 하고 있다. 그러므로 물품

판매나 용역제공에 관한 계약체결을 목적으로 통신이나 매체서비스를 이용하는 경우에 적용된다. 특기할 만한 내용은 방문판매나 통신판매계약과는 달리 전자거래계약은 사업자와 소비자 사이의 계약뿐만 아니라 사업자와 사업자 사이의 전자거래계약에도 적용된다는 점이다. 즉 제312조의e에서 규정한 계약체결 이전과 계약이행이후의 광범위한 정보제공의무를 소비자(Verbraucher)가 아닌 고객(Kunden)을 효과적으로 보호하기 위한 내용으로서 고객이 사업자인 경우에도 그대로 적용된다는 점에서 방문판매나 통신판매에서의 사업자와 소비자 사이의 계약만을 적용대상으로 한 것과 구별된다. 전자거래에 관한 유럽입법지침을 그대로 수용한 이러한 내용에 대하여 민법전의 체계적 규율성과 관련하여 논란이 될 수 있으며 실무에 어떠한 영향을 미칠지도 예상할 수 없다는 지적이 있다.[6]

다. 事業者의 顧客에 대한 義務

사업자는 고객이 주문을 잘못 냈을 경우 이를 인식하여 정정할 수 있는 적절하고 효과적인 기술적 수단을 제공하여야 하며(제312조의e 제1항 제1호), 정보제공의무에 관한 민법시행령 제2조(§2 BGB-InfoVO)에서 정한 정보를 고객에게 알려 주어야 한다(제312조의e 제1항 제2호). 여기에는 계약체결에 이르는 구체적 기술적 과정, 체결된 계약내용의 저장과 고객에의 공개여부, 주문입력의 하자를 인식·정정할 수 있기 위해 제공되는 기술수단, 계약에 사용가능한 언어 등이 규정되어 있다(§3 BGB-InfoVO).

또한 주문이 도달되었음을 전자적 방법으로 지체 없이 통지하여야 하며(제312조의e 제1항 제3호), 보통거래약관을 포함한 계약조건을 계약체결시에 불러와서 재생가능한 형태로 저장할 수 있는 가능성을 제공하여야 한다(제312조의e 제1항 제4호).

그러나 제312조의e 제1항 제1호 내지 제3호에서 정한 내용은 이메일과 같이 사업자와 고객간의 개별적 접속을 통해 이루어진 계약에는 적용되지 않게 하였다. 또한 동조 제1항의 제4호 내용을 제외하고는 소비자 아닌 계약당사자간에 달리 정한 바가 있는 경우에는 적용되지 않는 것으

6) 따라서 민법전개정논의과정에서 제312조의e에 대하여는 반대하는 견해가 적지 않았다.

로 하였다(제312조의e 제2항).

사업자가 제312조의e 제1항에서 정한 의무를 이행하지 않는 경우에도 계약은 효력이 있으나, 이 경우 고객은 이러한 정보제공의무위반에 대하여 계약체결상의 과실(제311조 제2항)로 인한 손해배상을 청구할 수 있다. 다만 사업자의 의무위반으로 계약체결이 되었거나 고객에게 불리한 내용으로 되었을 것을 그 요건으로 하고 있다.7) 이 밖에 고객에게 제355조에서 정한 철회권이 있는 경우에는 제355조 제2항 제1문에서 정한 것과는 달리 위에서 언급한 사업자의 의무가 이행된 이후부터 철회기간이 기산되도록 하였다(제312조의e 제3항 제2문).

Ⅲ. 消費者契約에서의 撤回權과 返還權

1. 槪　觀

제355조 내지 제359조는 소비자계약에서의 소비자가 철회권이나 반환권을 행사한 경우에 청산의 원칙을 규율하고 있다. 내용적으로는 금번 채권법현대화를 위한 민법개정으로 폐지된 종래의 통신판매법의 제정과 함께 민법에 신설되었던 구 규정 제361조의a와 제361조의b와 본질적인 면에서 크게 다르지 않다. 그러나 민법전에서의 소비자보호관련규정에서 인정되고 있는 모든 철회의 경우에 통일적으로 적용되도록 규율함에 따라 의미와 내용측면에서 달라진 부분도 없지 않다.

조문별 규율내용은 소비자계약에서의 철회권과 반환권의 행사방식이나 기간(제355조, 제356조), 철회와 반환의 법률효과(제357조), 철회와 반환의 결합계약에서의 효력과 결합계약에서의 항변권(제358조, 제359조)으로 구성되어 있다.

---

7) Palandt, Gesetz zur Modernisierung des Schuldrechts, 2002(Ergänzungsband zu Palandt, BGB 61.Aufl.), §312e Rn. 11.

2. 消費者契約에서의 撤回權

가. 形成權으로서 撤回權

철회권은 소비자가 유효하게 성립된 소비자계약을 자신의 의사표시의 철회를 통하여 원상회복관계로 전환시키는 형성권으로 이해된다. 형성권으로서 철회권은 상속성이 인정되며 소비자계약상의 권리·의무와 함께 양도될 수 있다.[8] 원래 철회권이 구 규정 제361조의a로 민법전에 규율되기 전까지는 개별 소비자보호법률내의 철회관련규정에서 통일적인 내용으로 규정되지 못하고 있었다. 더욱이 소비자보호관련 유럽입법지침에서도 예컨대 철회(통신판매에 관한 입법지침 제6조)와 해제(방문판매에 관한 입법지침 제5조)를 혼용하여 사용하였다. 이는 유럽입법지침의 목적이 회원국의 소비자보호법에서 실현될 수가 있다면 계약해소방식을 어떻게 구성할지는 회원국의 입법자에게 위임한 것으로 볼 수 있다.[9]

소비자에게 법률에 의하여 제355조에서 규정한 철회권이 인정되어 이를 행사한 경우에는 소비자는 사업자와의 계약체결을 위한 자신의 의사표시에 더 이상 구속되지 않도록 함으로써 이른바 유동적 유효(schwebende Wirksamkeit)의 의미의 형성권으로서 철회권을 구성한 것으로 볼 수 있다. 이에 따라 소비자가 철회하기 전까지는 소비자의 의사표시는 유효하게 되고, 철회의 의사표시로서 효력을 상실하게 된다. 그러나 철회에 따른 의사표시의 무효가 소급효(ex tunc)가 있는 것인지 아니면 장래에 대하여 무효(ex nunc)인지에 대하여는 법문에서 분명히 나타나 있지 않다. 그러나 법문상의 "더 이상 구속되지 아니한다"(nicht mehr gebunden)라는 표현과 철회효과를 해제에 연결시킨 점에 비추어 보면 단순히 장래에 대한 무효(ex nunc)로 해석될 수 있다. 그리하여 소비자의 철회권을 수정된 법정 해제권(modifiziertes gesetzliches Rücktrittsrecht)으로 파악한다.[10]

---

8) Dauner-Lieb/Heidel/Lepa/Ring(Hrsg), Das neue Schuldrecht, 2002, S.401.

9) Bülow/Artz, Fernabsatzverträge und Strukturen eines Verbraucherprivatrechts im BGB, NJW 2000, S.2051.

10) Dauner-Lieb/Heidel/Lepa/Ring(Hrsg.), a.a.O., S.403.

결국 소비자가 철회가능한 소비자계약인 경우에도 철회 이전에는 유효하기 때문에 당사자 쌍방 모두에게 계약상의 이행청구권이 인정된다. 그러나 소비자는 철회기간이라는 법률상 자기에게 부여된 철회 여부의 숙고기간동안 사업자의 이행청구에 대하여 이행을 거절할 수 있고, 사업자는 자신의 급부의무를 철회기간의 종료이후에 이행하는 것으로 약관에서 정할 수 있다. 철회권의 소멸에 따라 소비자계약은 종국적으로 유효한 것이 되는 것이다.

나. 撤回期間

제355조에 의한 철회권을 인정하고 있는 모든 소비자보호법상의 규정에 대하여 통일적으로 철회기간은 2주간으로 규정하고 있다. 이에 따라 입법자는 통신판매에 관한 입법지침에서 정한 최소 7일(근무일) 이상의 철회기간보다 긴 기간을 보장한 셈이 된다. 이 기간은 소비자에게 유리하게 달리 약정할 수 있으나 짧게 약정할 수는 없다는 점에서 법률이 보장한 최소철회기간이라고 할 수 있다. 철회는 적시에 보내면 되는 것으로 되어 있기 때문에 도달지연위험은 사업자가 부담하나 도달여부위험은 소비자가 부담하게 된다.

철회기간과 관련하여 2002년 7월 23일 조문개정을 통해 철회권에 관한 고지설명이 계약체결이후에 행하여진 때에는 철회기간을 1개월로 하는 내용을 제355조 제2항에 새로 규정하였다. 이는 사업자가 철회권에 관하여 사전에 고지설명하지 않은 때에 철회기간은 소비자가 텍스트방식(서면이나 기타 문자로의 지속적 재생에 적합한 방식, 제126조의b 참조)으로 철회권에 관하여 명확히 통지받은 시점부터 진행된다(제2항 제1문). 그러나 통신판매계약에서는 법률에서 정한 사업주의 정보제공의무(제312조의c 제2항 참조)가 이행된 이후에 진행된다

이때 물품의 경우에는 수령자에게 도달된 이후, 계속적 공급계약의 경우에는 최근의 인도, 용역서비스의 경우에는 계약체결일 이후부터 진행된다. 따라서 예컨대 물품의 통신판매의 경우에는 소비자가 사업자로부터 법률에서 정한 정보에 대한 제공을 받고 물품을 수령한 이후부터 철회기간이 기산되게 되었다.

다. 撤回方式

소비자가 철회하는 경우에 철회사유를 제시할 필요는 없다. 그리고 더 이상 계약의 효력을 인정할 수 없다는 소비자의 의사를 인식할 수 있는 표시이면 족하고 반드시 철회라는 개념을 사용하여야 하는 것도 아니다. 철회는 제126조의b에서 정한 텍스트방식이나 (추단되는 철회의사로 간주되는) 수령한 물건의 반송에 의하게 된다. 여기서 텍스트방식은 서면방식뿐만 아니라 이메일, 팩스 등의 전자문서방식도 포함된다. 따라서 구두의 표시로는 철회가 인정되지 않는다. 여기서의 구두의 표시에는 전화기나 음성사서함의 녹음도 포함된다.[11]

라. 撤回權의 消滅

철회권은 계약체결 후 6개월의 경과로 소멸된다. 이러한 철회권 소멸요건에 관한 규정(제355조 제3항)은 새로운 것이다. 입법자는 이 규정에서 정한 통일적인 6개월의 소멸기간은 법적 평화를 위하여 필요한 것으로 판단하였다.[12] 왜냐하면 사업자가 철회권에 대하여 전혀 또는 제대로 설명·고지하지 않은 경우라 할지라도 소비자의 철회권을 무한정 인정할 수는 없기 때문이었다. 그러나 7월 23일의 소비자관련규정개정시에 제355조 제3항에 제3문을 신설하여 이 경우에는 철회권이 소멸하지 않는 것으로 규정하였다.

3. 消費者契約에서의 返還權

가. 意義와 要件

반환권은 물건의 반송이나 (포장하여 반송할 수 없는 물건인 경우에는)환수요구를 함으로써 행사될 수 있다는 점에서 철회권과 구별된다. 반환권 행사의 경우에도 철회권과 마찬가지로 반송이나 환수요구에 대한 사유를 제시할 필요가 없다. 반환권에 관한 제356조의 내용은 금번 민법개정이

11) Dauner-Lieb/Heidel/Lepa/Ring(Hrsg.), a.a.O., S.408.

12) BT-Drucks. 14/6040, S.198. 이에 대한 상세는 Mankowski, Zur Neuregelung der Widerrufsfrist bei Fehlen einer Belehrung im Verbraucherschutzrecht, JZ 2001, S.745 참조.

전의 종래 제361조의b 제1항과 제2항 제1문, 제2문, 제3문, 제4문의 내용에 상응하여 규정된 것이다. 원칙적으로 반환권을 반송으로 제한한데 따른 불이익은 통신판매에 관한 유럽입법지침에 비해 긴 행사기간(7일이 아닌 2주일), 그리고 반송비용과 위험을 사업자에게 부담(제357조 제2항 제2문 참조)시키는 규정을 통해 보상되고 있다.[13]

반환권으로 철회권을 대체할 수 있는 요건으로는 ① 이러한 대체가능성을 법률에서 명시적으로 허용하여야 하며, ② 당사자간의 약정에 기하여 반환권이 계약내용에 포함되어야 한다. 반환권으로 철회권을 대신하기 위하여는 이를 계약내용부분으로 하여야 한다는 요건과 관련하여서는 판매팜프렛[14]을 기초로 계약을 체결하였으며 이 팜프렛에 반환권에 대한 안내가 분명히 포함되어 있고, 소비자가 그 팜프렛내용을 바로 알 수 있으며 반환권이 텍스트방식으로 소비자에게 주어져 있는 경우에는 그 요건이 충족된 것으로 규정하고 있다.

나. 返還權의 行使

반환권은 원칙적으로는 물품의 반송, 그리고 예외적으로 환수요구에 의해서만 행사될 수 있다. 반송에 따른 비용과 위험은 사업자가 부담한다. 만약 소비자가 반송가능성이 있음에도 사업자에 대해 물품의 환수를 요구한 경우에는 반환권의 행사로 볼 수 없기 때문에 이로부터 철회의 효과가 인정될 수는 없다. 사업자에 대한 환수요구는 텍스트방식(제126조의b)에 의하여야 한다. 그리고 반환권도 철회권의 행사기간(2주간)이내에 행사되어야 한다.

다. 返還權의 法理的 歸屬

반환권의 행사로서 반송이나 환수요구가 있는 경우에는 철회와 동일한 효과가 인정되어 소비자의 계약상의 구속은 종료하게 된다.[15] 즉 반송과 환수요구는 철회의 의사표시를 갈음한다. 따라서 반환권이 철회권과 동일

---

13) BT-Drucks. 14/2658, S.122 zu §361b BGB a.F.

14) 물품과 거래관련 정보가 모두 포함된 카다로그, 물품안내우편물, 디스켓, 광고가 이에 속한다.

15) Bülow/Artz, a.a.O.,NJW 2000, S.2053.

하며 철회권은 법정해제권으로 이해된다는 점에서 반환권의 행사로 인하여 소비자계약이 청산관계로 전환되게 되는 것이다.

4. 撤回와 返還의 法律效果(解除規定의 準用)

가. 原狀回復債權關係

철회권이나 반환권의 효력에 대하여는 법정해제권에 관한 규정을 준용하도록 하고 있다(제357조 제1항). 따라서 철회권이나 반환권의 행사로 인하여 소비자계약은 장래에 대하여 효력이 없는 것으로 되고(ex nunc Wirkung), 원상회복을 위한 청산관계로 전환되게 된다. 이에 따라 쌍방이 이미 급부한 경우에는 동시에 반환하여야 하며, 인도된 물품이 멸실·훼손된 경우에는 가액을 배상하여야 한다. 이때 소비자는 통상의 사용에 따른 가치감소에 대하여도 배상하여야 한다. 다만 소비자의 통상 사용에 따른 책임은 이러한 책임의 내용과 그 회피가능성에 대하여 텍스트방식으로 소비자에게 알려진 경우에만 인정된다. 그러나 인도된 물품의 검사로 인한 훼손의 경우에는 예외적으로 배상의무를 인정하지 않고 있다.

철회권과 반환권행사 이후의 당사자간의 법률관계는 원상회복을 위한 청산관계로 규율하는 동시에 다른 청구권 예컨대 불완전이행, 계약체결상의 과실, 부당이득, 불법행위를 근거로 한 청구권은 배제시키고 있다(제357조 제4항).

나. 返送義務와 費用負擔

소비자는 철회권이나 반환권을 행사하는 경우에 사업자의 비용과 위험부담으로 수령한 급부물을 반송시킬 의무가 있다(제357조 제2항 제2문). 위험부담 규정내용에 따라 반송도중에 멸실·훼손 된 경우에도 소비자는 반환의무를 면하게 된다. 결국 소비자계약의 철회시 소비자의 급부반환의무는 사업자의 비용부담의무와 결부된 송부채무로 파악될 수 있다. 그러나 철회권의 행사와 함께 급부반환의무를 지는 경우에 주문금액이 40유로이하인 때에는 반송비용을 소비자가 부담하는 것으로 약정하는 것은 예외적으로 허용하고 있다(제357조 제2항 제3문).

5. 結合契約

가. 結合契約에서의 撤回의 效果(제358조)

제358조에서는 소비자계약과 결합된 계약이 있는 경우 어느 한 계약의 철회의 효력이 다른 결합된 계약에도 미치는 것으로 규정함으로써 결합된 소비자계약 상호간에 철회의 법적 효과의 통일화를 기하고 있다. 그러므로 소비자가 물품의 인도 또는 용역서비스에 관한 계약을 유효하게 철회한 경우에 이 계약과 결합하여 체결된 금전소비대차계약도 철회된 것으로 되어 더 이상 이 계약에도 구속되지 않게 된다(제1항). 반대로 소비자계약에 결합하여 체결한 금전소비대차계약을 철회한 경우에는 당해 소비자계약도 철회한 것이 된다(제2항 제1문). 다만 예외적으로 소비자가 금전소비대차계약에 의해 대금충당이 된 당해 소비자계약에 대하여 철회권이나 반환권을 행사할 수 있는 경우에는 적용되지 않는다. 이는 물품이나 용역서비스에 관한 소비자계약에 대한 철회권이 이 계약과 결합된 금전소비대차계약의 철회권에 우선한다는 원칙을 유지한 것으로 이해된다.

소비자가 결합된 대차계약을 자금융통을 해준 대주에 대하여 철회한 경우에도 물품판매나 용역서비스제공에 관한 소비자계약에서의 사업자에 대한 철회로 의제해 주고 있다(제2항 제3문). 이 의제에 따라 소비자가 기간 내에 금전소비대차계약을 대주에 대하여 철회한 때에는 이와 결합된 소비자계약의 철회기간도 준수한 것으로 본다.

소비자계약과 금전소비대차계약의 결합성은 대차계약으로 융통받은 자금으로 소비자계약의 대금의 전부 또는 일부에 충당하고 양 계약이 경제적 통일성을 형성할 때에 인정된다(제3항 제1문 참조). 이 결합계약의 개념에 관한 규제내용은 종래 소비자신용법 제9조 제1항과 통신판매법 제4조의 규정내용과 동일하다. 경제적 통일성은 사업자가 직접 자금융통을 해주거나, 대주가 제3자인 경우에는 사업자의 협력에 힘입어 이러한 제3자와의 금전소비대차계약의 준비나 체결이 되는 때에 인정된다.

결합된 계약의 철회에 따라 계약이 철회되는 경우에도 철회권과 반환권의 효과에 관한 제357조가 원칙적으로 적용된다(제4항 제1문). 그러나 소비자계약이 철회됨으로써 금전소비대차계약도 철회된 것으로 되는 경우에 대차계약의 청산에 따른 소비자에 대한 이자와 비용지급청구권이 배제된다는 특수성이 있다(제4항 제2문). 대차계약에 기한 차용금이 철회나 반환이전에 이미 사업자에게 넘어간 경우에는 대주는 철회와 반환의 법률효과와 관련하여 소비자에 대한 관계에서 결합계약상의 사업자의 권리·의무를 대위하게 된다(제4항 제3문). 이는 양계약의 철회에 따른 당사자간의 청산관계를 간편하게 하기 위한 것이다.

나. 結合契約에서의 抗辯(제359조)

소비자가 물품인도나 용역서비스제공에 관한 계약상의 항변권이 있는 경우에는 결합된 금전소비대차계약에 따른 차용금의 반환을 거절할 수 있다. 그러나 소비대차계약을 통해 자금융통된 금액이 200유로 이하이거나 소비자계약상의 항변권이 결합된 금전소비대차계약체결 이후 이루어진 사업자와 소비자 사이의 계약변경합의에 기인한 경우에는 반환거절권이 인정되지 아니한다. 그리고 소비자가 추완이행을 요구할 수 있는 경우에는 그 추완이행이 되지 않은 때에 비로소 금전소비대차계약상의 차용금반환을 거절할 수 있다.

Ⅳ. 消費者 信用法

1. 槪 觀

채권법현대화법에 의해 새로 마련된 "소비대차계약; 사업자와 소비자사이의 금융지원과 분할공급계약"에 관한 절(제488조 내지 제507조)은 종래 소비대차에 관한 민법전의 규정내용(제607조 내지 제610조)과 소비자신용법(Verbraucherkreditgesetz)을 민법전에 통합한 것이라 할 수 있다. 다만 개정법에서는 단순히 소비대차계약(Darlehen)이라고 하면 금전소비대차계약을 의미하고 물건에 대한 소비대차계약은 "물건소비대차계약"(Sachdarlehensvertrag)이라고 하여 별도의 절(제607조 내지 제609조)에서 규율하였다. 그리고 지금까지 소비자신용법 제15조 내지 제17조에서 규율되었던 "신용중개계약"(Kreditvermittelungsvertrag)은 개정법에서 "(금전)소비대차중개계약"(Darlehensvermittelsvertrag)이라는 표제로 제655조의a 내지 제655조의e에서 중개계약의 일종으로 규율되고 있다.

개정법의 규율목표는 소비대차계약법을 현대화하고 소비자신용법이 일반소비대차계약법과 너무 멀리 떨어져 있는 것을 방지하기 위하여 민법전에 통합시키는 것이었다.[16] 원래 토론초안(Diskussionentwurf)에서는 이를 위하여 구민법규정 제607조 이하 내용과 소비자신용법을 "신용계약, 신용중개계약"이라는 절을 두고 그 아래에 "일반규정", "소비자신용계약", 그리고 "신용중개계약" 으로 구분하여 통합규율하는 방식을 취하였다(토론초안 제490조 내지 제508조 참조). 여기서는 "신용계약"(Kreditvertrag)이라는 새로운 중심개념으로 소비대차개념을 대체하고자 하였다. 그러나 이러한 개념구상에 따른 규율은 소비자신용에 관한 유럽입법지침상의 개념에 부합하지 않을 뿐만 아니라 개념상의 혼란을 초래할 수 있다는 학계의 강한 비판에 따라 실현될 수 없었다. 입법지침에 따르면 신용계약이 상위포괄개념이고 유상금전소비대차계약은 신용계약의 일종으로 되어 있을 뿐만 아니라 토론초안에서의 규율 중에는 신용계약이 상위개념의 의미로 사용되기도 하고 또는 금전소비대차계약을 의미하는 것으로 이해되기도 하였던 것이다. 이러한 문제 때문에 정부안과 입법으로 이어진 개정안은 토론초안과는 많이 달라 지게 되었다. 무엇보다도 물건소비대차계약을 민법전의 전형계약유형으로 규율하지 않기로 한 토론초안과 달리 전형계약유형으로 유지하였으며,[17] "신용계약"이라는 중심개념을 포기하였다.[18]

이에 따라 개정법에서는 일반(금전)소비대차계약(제488조 내지 제490조)이 소비자소비대차계약(제491조 내지 제499조)과 함께 "소비대차계약"(Darlehensvertrag)이라는 표제아래 함께 규율되게 되었으며, "사업자와

---

16) BT-Drucks. 14/6040, S.251 f.

17) 대체로 물건소비대차계약을 민법전에서 규율하지 않는 것으로 한 토론초안내용에 대하여 부정적 견해가 많았으나, 이는 법리적이거나 법정책적 문제라기 보다는 단지 취향의 문제(Geschmacksfrage)일 뿐이라고 보는 견해도 있다(Vgl. Köndgen, Modernisierung des Darlehensrechts: eine Fehlanzeige, in: Ernst/Zimmermann(Hrsg.), Zivilrechtswissenschaft und Schuldrechtsreform, 2001, S.457, 467 f.)

18) BT-Drucks. 14/6040, S.252.

소비자 간의 금융(파이낸스)지원"(Finanzierungshilfe)이라는 표제아래 지불유예(Zahlungsanfschub), 금융리스(Finanzierungsleasing), 그리고 할부거래(Teilzahlungsgeschäft)에 대하여 함께 규율하고 있다(제499조 내지 제504조).

이 밖에도 종래 소비자신용법 제2조에서 규정되었던 내용을 금융지원에 이어 "분할공급계약"(Ratenlieferungsvertäge)의 개념 하에서 규율하였다(제505조).

이하에서는 소비자신용법에 관련된 제491조 이하 내용을 중심으로 살펴보기로 한다. 원래 개정된 내용에는 제506조에서 소비자신용에서의 소비자보호에 관련된 제491조이하 제505조의 규정은 소비자에게 불리하게 달리 약정할 수 없도록 규정되었으나(현재 제506조 제1항), 2002년 7월 23일 개정을 통해 제506조에 제2항 내지 제4항을 신설하여 일정한 경우에 소비자에게 불리한 서면의 특약을 인정하게 되었다. 이 제2항 내지 제4항은 2002년 8월 1일부터 2005년 6월 30일까지 한시적으로 적용하고 2005년 7월 1일부터는 종래처럼 현재의 제1항 내용만이 제506조로서 적용되는 것으로 예정되어 있다.

2. 消費者消費貸借契約

가. 意義와 適用範圍

소비자 금전소비대차의 차주인 소비자에 대한 보호필요성에 따라 유럽공동체차원에서 소비자신용에 관한 입법지침을 통해 사업자와 소비자사이의 신용계약에서 소비자를 보호하기 위한 규정을 마련할 의무를 회원국가에 부과하였다. 이에 따라 독일은 1991년 1월 1일 소비자신용법을 공포하였으며 이후 여러 차례 개정을 하면서 시행되어 오다가 이번에 민법전에 수용되어 규율되게 되었다. 금전소비대차계약이 소비자금전소비대차계약이 되기 위해서는 ① 유상의 소비대차계약일 것, ② 대주가 사업자일 것, ③ 차주가 소비자일 것이라는 세 가지 요건이 충족되어야 한다(제491조 제1항).

제491조 이하의 차주인 소비자의 보호와 관련된 규정은 이른바 생존기

반을 위한 창업이나 직업활동개시를 위해 금전소비대차계약에 의해 자금융통을 받는 자(Existenzgründer)에게도 적용되도록 하였다(제507조). 생업을 위한 자금을 빌리는 경우에도 소비자와 마찬가지로 보호필요성이 있다는 점을 근거로 하고 있다. 다만, 빌려 쓰는 자금이 50,000유로를 넘지 않아야 하며, 생업활동개시자금일 것을 적용요건으로 하였는데, 사업활동이나 독립된 직업활동을 개시하는데 소요되는 자금이라는 사실은 차주인 생업활동개시자가 입증하여야 한다. 다른 한편 200유로 이하의 소액자금의 경우이거나 사용자의 근로자에 대한 대여에서 이자를 시장통상이율이하로 합의한 경우 등에는 소비자소비대차계약에 관한 규정의 적용이 배제된다(제491조 제2항).

나. 保護內容 槪觀

제492조 내지 제498조에서 규정한 소비자인 차주에 대한 보호는 크게 보아 두 단계로 나누어 이루어진다. 우선 계약체결시와 그 이전에는 성급한 결정이나 재정적 부담에 대한 잘못된 판단으로부터의 보호이다. 이는 엄격한 서면방식의 요구와 대주에 대한 상세한 정보제공의무와 그 위반에 대한 강력한 제재로 나타나고 있다(제492조, 제494조 참조). 또한 차주가 14일 이내에 행사할 수 있는 철회권은 매우 중요한 보호내용이 된다(제495조). 다음으로 계약체결이후 단계에서는 이행지체에 빠진 차주를 채무의 늪에 들어서는 것으로부터 보호하는 것을 주된 내용으로 하고 있다. 일반소비대차에서 차주의 이행지체의 경우 대주인 채권자의 보호를 중심으로 법률효과를 규정한 것과는 달리 소비자소비대차계약에서는 지체에 빠진 소비자를 배려한 내용을 두고 있다. 무엇보다도 지연손해의 제한과 부분급부를 주채무변제에 충당하도록 한 것(제497조)과 지체로 인한 해지요건을 엄격히 한 것(제498조)을 지적할 수 있다.

3. 其他 消費者信用에 관한 새로운 規律

가. 規定經緯

소비자신용에 관한 유럽입법지침은 소비자금전소비대차계약 뿐만 아니라 다른 모든 소비자신용(대부)계약도 적용대상으로 하였다. 즉, 신용제공자가 지불유예, 소비대차 기타 유사한 금융지원의 방식으로 소비자에게 신용을 제공하거나 이를 약속하는 이른바 신용계약(Kreditvertrag)에 대하여 동지침이 적용되도록 한 것이다. 이 지침에 의해 마련된 종래의 소비자신용법은 이러한 내용의 모든 사업자와 소비자 간의 유상신용제공계약을 규율대상으로 하였다. 그러나 이번 민법전에의 수용과정에서는 이러한 "신용계약"(Kreditvertrag)이라는 상위개념을 포기하고 금전소비대차계약의 한 유형인 소비자금전소비대차계약을 금전소비대차에 관한 일반규정(제488조 이하 제490조)에 이어 제491조 내지 제498조에서 먼저 규율한 다음 그 이외의 소비자신용계약에 대하여 제499조 이하 제504조에서 통합규율하였다.[19]

나. 消費者消費貸借契約의 準用

3개월 이상의 유상지불유예를 비롯한 모든 유상의 금융지원을 위한 소비자계약에 대하여는 원칙적으로 소비자소비대차계약에 관한 규정이 준용된다(제499조 제1항).[20] 이에 대한 예외로서는 특히 대리의 요식성(제492조 제4항)에 관한 규정이 있다. 그러므로 소비자소비대차계약과 달리 기타의 소비자를 위한 금융지원계약의 경우 방식의 제한 없이 수권이 이루어 질 수 있는 것이다. 이는 금융리스계약(제500조)이나 할부거래(제501조 제1문)의 경우에도 마찬가지이다.

"지불유예"(Zahlungsaufschub)나 "기타 금융지원"(sonstige Finanzierungshilfe)은 소비자신용에 관한 입법지침이 생긴 이후에 독일법에 알려진 비교적 새로운 법문용어이다. 지불유예는 3개월 이상의 유상지불유예를 요건으로 하며 가장 중요한 지불유예유형은 할부거래(제501조)이다. 그리고 기타 금융지원은 나머지 소비자신용계약을 모두 포섭하는 개념으로서 특히 금융리스계약(제500조)이 이에 해당하는 중요한 계약유형이다.

소비자소비대차계약의 준용원칙에 따라 소비자소비대차계약규정에 대한 적용예외규정도 그대로 준용된다. 이에 따라 순대여금액이 200유로이하

---

19) Dauner-Lieb/Heidel/Lepa/Ring(Hrsg.), a.a.O., S.308.
20) BT-Drucks. 14/6040, S.256.

인 소액소비자신용계약의 경우에는 제499조 이하 규정이 적용 배제된다(제499조 제3항 제1문, 제491조 제2항 제1호 참조). 즉, 200유로이하인 소비자신용계약의 경우에는 제491조 이하의 소비자보호규정이 적용되지 않는다.

4. 金融리스契約

가. 概 念

금융리스계약에 대한 정의규정은 없으나, 대체로 리스이용자가 리스물이용에 대한 대가로서 리스료를 지불해야 할 뿐만 아니라 리스제공자가 우선 부담한 매매대금의 상환에 대해 책임을 지는 것을 특징적 내용으로 하는 계약으로 이해된다. 그러나 리스이용자의 리스물취득권을 요건으로 해야 하는 것은 아니다.

나. 準用指示內容

제499조 제1항에 따른 소비자소비대차계약규정의 준용뿐만 아니라, 제499조 제2항에 따라 소비자계약과 결합된 계약에 관한 규정(제358조, 제359조), 서면계약서작성과 사본교부의무(제492조 제1항, 제3항)를 비롯하여 제495조 내지 제498조 규정도 준용된다. 준용이 되지 않는 규정은 계약서의 의무적 기재사항에 관한 규정내용인 제492조 제1항 제5문과 방식하자시의 법률효과에 관한 제494조의 내용이다. 따라서 금융리스계약에서는 의무적 기재사항에 관한 규정은 적용되지 않으나 서면방식은 요구되며, 서면방식을 위반한 경우에는 무효로 된다.

5. 割賦去來

가. 適用對象

할부거래는 특정물의 인도 또는 일정한 용역의 제공에 대하여 대금을 분할하여(Teilzahlungen) 지급하기로 하는 계약을 의미한다. 그러나 할부거래에 관한 규율은 할부금이라는 법문용어에도 불구하고 추후지급이 일시불로 되는지 아니면 분할지급되는지에 상관없이 지급기한의 유예를 약정한 경우에는 적용된다고 보는 것이 규범목적에 부합하는 해석이다. 즉, 물품과 용역거래에의 모든 유상의 지불유예에 대하여 적용될 수 있는 것이다.

나. 主要內容

금융리스에 적용되는 모든 규정이 할부거래에도 그대로 적용된다(제499조, 제501조). 이밖에 제502조 내지 제504조에서 할부거래에 관하여 특별히 규율하고 있다.

주요규율내용은 서면계약방식과 함께 계약서에 반드시 기재하여야 할 사항을 열거하고 있다(제502조 제1항). 이러한 계약의 서면방식과 필요적 기재사항을 준수하지 않은 할부거래계약은 무효로 하나, 소비자에게 이미 물건이 인도되거나 용역이 제공된 경우에는 계약의 효력을 그대로 인정하는 내용을 함께 두고 있다(제502조 제3항). 그리고 소비자가 할부금의 지급을 지체한 경우에는 사업자는 철회권에 대신하여 해제권이 인정될 수 있으며,[21] 소비자로부터 물건을 반송받을 경우에는 해제권의 행사로 간주된다(제503조). 한편 할부거래에 따른 채무를 이행기전에 이행할 권리가 소비자에게 보장되어 있으며, 이 경우의 이자와 비용의 경감에 대하여 규정하고 있다(제504조).

6. 分割供給契約

가. 適用對象

주석서나 어학교재의 구입에서 그 예를 볼 수 있듯이 매매계약상의 다수의 목적물을 분할공급하기로 하고 대가도 분할지급하기로 하는 계약, 신문·잡지의 정기구독계약처럼 동종의 물건을 정기적으로 공급하기로 하는 계약, 또는 물건의 반복적 취득 또는 수령을 내용으로 하는 계약에 적용된다(제505조 제1항).

---

21) 따라서 소비자소비대차계약과 달리 할부거래에서는 해지나 해제에 대한 선택권이 사업자에게 인정되고 있다(Dauer-Lieb/Heidel/Lepa/Ring(Hrsg.). a.a.O., S.315).

나. 法律效果

위와 같은 계약을 한 소비자에게는 철회권이 인정된다(제505조 제1항 제1문, 제355조). 분할공급계약에는 서면방식을 요하나 소비자소비대차계약과는 달리 전자문서방식도 가능하다.[22]

7. 一時住居權契約

제481조 이하의 일시주거권계약에 관한 규정은 종래 일시주거권법(Teilzeit-Wohnrechtegesetz)의 내용을 거의 그대로 수용하였다. 이번 개정에서도 기본적인 사항만 민법전에서 규율하고 상세한 내용은 정보제공의무에 관한 민법시행령(BGB-InfoVO)에서 규정하고 있다.

민법 제481조 이하 내용은 일시주거권법 제1조 내지 제3조, 제5조, 제7조와 제9조의 내용에 상응하는 것이다.

일시주거권계약은 그 본질상 권리매매(Rechtskauf)로 볼 수 있기 때문에 금번 민법개정에서는 종래 일시주거권법의 내용을 매매 다음에 별도의 표제로 규율하고 있다. 원래 주거권의 양도에는 매매이외에도 여러 가지 다양한 기초가 있을 수 있다는 점을 유의하여야 한다. 즉, 매매나 임대차와 같은 채권법적 방식뿐만 아니라 물권적 또는 신탁의 방식을 기초로 하여서도 일시적 주거권이 형성될 수 있다. 그러나 대가를 지불하고 일시주거권을 취득하는 것은 법적 성질에서는 기본적으로 권리매매로 볼 수 있다는 점을 부인할 수 없다. 따라서 일시주거권계약의 규정위치도 이러한 점을 분명히 해 준 것으로 이해되고 있다.[23] 일시주거권법을 민법전에 수용한 데에는 체계적·통일적 규율이라는 의도 외에도 이 계약이 매우 복잡하게 형성·전개되고 있기 때문에 소비자로서는 이해하기가 매우 어렵다는 사실도 작용한 것이다. 이러한 문제는 특별법에 의해 규율되기 때문에 소비자로서는 해당 법률을 발견하는 것도 쉽지 않다는 점에서 더욱 그렇다. 또한 민법전에의 수용은 별도 법률로 규율함에 따라 일시주거권

---

22) BT-Drucks. 14/7052, S.203.

23) Schmit-Räntsch/Maifeld/Maier-Göring/Röcken, Das neue Schuldrecht, 2001, S.574.

계약에 관한 규율내용이 민법의 기본원칙에서 벗어날 수 있는 위험이 커질 수 있는 점을 예방한다는 의미도 있다.[24]

Ⅴ. 全般的 評價

보통계약약관법을 비롯하여 소비자보호관련주요법률인 소비자신용법, 통신판매법, 방문판매철회법 및 일시주거권법을 민법전에 통합규율함으로써 소비자보호법에 대한 체계적 규율과 이해의 편의성에 기여한 것으로 평가된다. 예컨대 소비대차계약이라는 동일한 계약유형에 대해서 종래에는 여러 법률에서 규율하고 있었기 때문에 소비자보호를 위한 핵심내용인 소비자의 철회권의 요건과 효과도 민법 밖에서 개별적으로 찾을 수밖에 없었다. 이러한 문제를 고려하여 소비자와 사업자라는 기본개념에 대한 정의규정과 이들 사이의 계약에서의 철회권과 반환권에 대한 일반규정을 중심으로 하여 소비자계약의 각 개별유형에 따른 소비자보호내용을 통합규율한 것이다. 이처럼 채권법현대화를 위한 민법개정에 따라 종래 소비자보호관련 단행법률들의 내용이 민법전에 통합되어 규율됨으로써 소비자보호법이 민법의 일부로 완전히 자리잡게 되었다고 할 수 있다.

---

24) 민법전에의 수용에 대한 반대견해로는 특히 Pfeiffer, Die Integration von "Nebengesetzen" in das BGB, in: Ernst/Zimmermann(Hrsg.), Zivilrechtswissenschaft und Schuldrechtsreform, 2001, S.521 참조.

[5] 普通去來約款法의 民法에로의 統合

朴 鍾 熹*

Ⅰ. 槪　　觀

1. 統合目的 및 統合方式

가. 統合目的

개정민법 제305조 내지 제310조에서는 종래 普通去來約款法(AGBG)에서 규율하던 실체법적인 부분들을 편입·규정하였다. 그 밖의 보통거래약관법에서 규율하던 절차법적인 부분들은 민법의 실체법적 성격과 맞지 않는 관계로 不作爲訴訟法(UKlaG)에서 규정하도록 하였다. 보통거래약관법의 규정을 민법으로 統合한 데에는 다음과 같은 目的的 觀點에서 이루어진 것이다.[1] 즉,

- 民法典 밖에서 特別私法으로서 보통거래약관법을 존치시키는 것은 전체 법내용을 체계적으로 일관하여 살펴보는 것을 점점 어렵게 만들기 때문에, 이를 민법으로 통합함으로써 법에 대한 明瞭性과 理解의 程度를 훨씬 提高할 수 있다는 점,
- 보통거래약관법 내의 실체법적인 규정들은 이미 私法의 일부를 이루면서 내용적으로도 민법에 밀접하게 연계되어 있기 때문에, 더 이상 양법을 계속하여 구분할 수 없게 되었다는 점,
- 특별법으로 존치시킬 경우에는 상이한 解釋原則, 槪念化 그리고 價値

* 고려대학교 법과대학 조교수.

1) Vgl. BT-Drucks. 14/6040, SS. 91f., 97, 149f.

尺度 등이 만들어 질 위험성이 커지지만, 민법내로 통합하는 경우에는 민법의 원칙들이 동일하게 적용되게 되어 이러한 위험을 줄일 수 있다는 점,

- 마지막으로 보통거래약관을 민법으로 통합시킴으로써 民法의 再統合化를 달성할 수 있다는 점 등이 그것이다.

나. 統合方式

보통거래약관법을 특별법으로 계속 존치시키지 않고 민법내로 통합할 경우에도 그 방식과 관련해서는 크게 두 가지를 생각할 수 있다. 그 중 하나는 종래의 법규정을 일괄해서 민법전 내의 특정한 곳에 위치시키는 방식(en-bloc-Lösung)이며, 다른 하나는 각 조항을 취지에 따라 민법전 내에 개별적으로 분산시켜 통합하는 방식(Splitting-Lösung)이다. 나아가 일괄해서 통합하는 전자의 방식의 경우에도, 그것을 債權總則 편에 위치시킬 것인지, 아니면 民法總則 편에 위치시킬 것인지에 따라 그 방식을 또 달리 나누어 볼 수 있다.

개정 債權法에서는 이러한 여러 방식 중에서도 보통거래약관법의 규정을 일괄하여 민법전에 편입시키되, 채권총칙 편에 두는 방식을 채택하였다. 일괄통합방식에 대해서는 통합취지를 제고한다는 점과 실무에서 형성되어 온 보통거래약관법 체계를 계속 유지함으로써 새로운 법률에로의 적응을 가능한 容易하게 하려는 점을,[2] 채권총칙 편에 규정하게 된 것에 대해서는, 보통거래약관법의 淵源이 채권법이라는 점과 실제적으로도 채권법상 계약규정이 주된 적용영역으로 나타나는 점을 각각 그 이유로 들고 있다.

이러한 통합목적과 통합방식에 대해서는 논란이 없었던 것은 아니다. 統合目的과 관련해서, 보통거래약관이 민법과 밀접한 관련성을 맺고 있기 때문에 함께 규정되어야 한다는 점은 충분한 설득력을 지니지 못할 뿐만 아니라, 별개의 법률로 존속해 왔다고는 하지만 그로 말미암아 규범 상호간에 가치의 충돌을 일으킬 정도는 아니었으며, 법적용에 있어서도 특별

2) Hennrichs, in: Dauner-Lieb/Heidel/Lepa/Ring(Hrsg.), Schuldrecht (Anwaltkommentar), Vor §305ff. Rn. 4.

한 결함을 나타낸 바도 없었고, 더욱이나 민법전의 재통합이라는 점은 보통거래약관법의 민법에로의 통합과는 아무런 상관이 없다는 점 등이 지적되었다.[3] 그러나 이와 더불어 통합방식에 대한 비판론자들이 제기하던 우려스러운 점, 즉 통합으로 말미암아 私的自治와 契約自由의 기본관념이 보다 흐려지게 될 것이라는 점도 이미 종래 다른 민법규정을 통한 法院의 統制 등을 감안한다면 그 또한 결정적이지 않다는 점 등이 지적되었다. 이렇게 본다면 보통거래약관의 민법에로의 통합은 필연적인 근거가 있는 것도 아니며, 그 반대로 반드시 그러해서는 안된다는 반대의 필연적인 논거가 있는 것도 아닌 것으로 평가할 수도 있다.[4] 그리고 만약 통합을 전제하는 경우라면, 비록 개별적으로 분산해서 통합하는 것이 반드시 종래 보통거래약관법이 형성해 온 체계성을 흐트러뜨린다든지 또는 해결할 수 없을 정도의 곤란함을 초래하는 것은 아니라고 하지만, 개정법에 대한 적응에의 便宜性을 감안할 때 一括統合方式을 보다 더 합리적인 것으로 평가하기도 한다. 이 외에도 개정법이 조문을 너무 줄이는 관계로 성질을 서로 달리하는 규정을 체계적으로 분리하지 않고 하나로 통합한 데에 대한 비판도 제기되고 있다.[5] 그러나 종래 보통거래약관법에 규정되었던 節次法的 規定들을 채권법 내에 편입하지 않고 不作爲訴訟法으로 통합하여 규정한 점에 대해서는 체계성을 제고했다는 평가를 하고 있다.[6]

2. 改正의 主要內容과 體系

가. 改正의 主要內容

민법 내로 편입된 규정은 종래 보통거래약관법과 비교했을 때 큰 변화 없이 그대로 수용된 것이지만, 다만 다음과 같은 부분에서는 약간의 내용상의 변경을 초래하였다. 첫째는 約款의 인식가능성 창출과 관련한 約款

---

3) Ulmer, Das AGB-Gesetz: ein eigenständiges Kodifikationswerk, JZ 2001, S. 491ff.; Wolf/Pfeiffer, Der richtige Standort des AGB-Rechts innerhalb des BGB, ZRP 2001, S. 303ff.; vgl. Hennrichs, in: a.a.O.(주 2), Vor §305ff. Rn. 6.

4) Hennrichs, in: a.a.O. (주 2), Vor §305ff. Rn. 7.

5) 이에 관해서는 무엇보다도 제305조, 제307조 그리고 제310조와 관련하여 지적되었다 (Palandt/Heinrichs, Überbl v §305 Rn. 1, 61. Aufl., (Erg. Bd.)).

6) Palandt/Heinrichs, Überbl v §305 Rn. 1, 61. Aufl., (Erg. Bd.).

提供者(Verwender, 우리 약관의규제에관한법률에서 말하는 "事業者", 법 제2조 제2항 참조)의 責務를 신체장애인에 대해서는 특별히 고려하였다는 점이며,[7] 둘째로는 종래 約款規制에 대해 특수한 지위를 누리던 貯蓄組合(Sparkasse) 등에 대해서는 예외를 없애고 동일한 적용대상으로 만드는 한편, 우편・전화의 경우에도 예외적인 특수한 지위를 종전보다 좁게 인정하였다는 점이다.[8] 셋째로는 약관규정의 내용이 불명확하거나 이해하기 곤란한 경우에도 의심스러울 때에는 약관제공자의 계약상대방, 즉 顧客의 不當한 不利益으로 추정하도록 하였다는 점인데,[9] 이는 네델란드가 수용한 透明性의 要請(Transparenzgebot)에 대해 유럽법원[10]이 이를 불충분한 것으로 결정한 점을 감안하여 둔 것이다.[11] 넷째로는 過失로 생명・신체・건강 등을 침해한 경우에 책임을 배제하는 약관조항을 금지하는 명문규정을 두었다는 점이다.[12] 다섯째로는 勤勞契約에 대해서도 보통거래약관규정이 적용되도록 하였다는 점이며, 마지막 여섯 번째는 보통거래약관을 사용하는 많은 경우에 적용될 중요한 규정이 보통거래약관의 편별에서가 아닌 消費財賣買의 편별에서도 새로이 규정되었다는 점이다.[13]

나. 改正 法規定의 體系

개정 민법에 편입된 보통거래약관에 관한 규정은 한편에서는 채권법의 개정에 부응하도록 손질한다는 의미와, 다른 한편에서는 유럽연합 指針에 부응하도록 국내법을 정비한다는 내용적 의미를 함께 담고 있었다. 그리고 개정 민법 내에 편입된 규정들은 종전 실체법적 규정 전체를 하나의 편별에 위치시키는 방식을 취하면서, 종래와는 다른 배열형태를 취하였다. 먼저 보통거래약관에 관한 定義規定을 앞세우는데(제305조 제1항), 이와 관련해서는 제310조 제3항에서 규정하고 있는 消費者契約에 관한

7) 제305조 제2항 제2호.
8) 제305조의a(종래 보통거래약관법 제23조 제2항 제1문 제a호, 제b호 및 제3항).
9) 제307조 제1항 제2문(종래 보통거래약관법 제9조 제1항).
10) EuGH NJW 2001, 2244.
11) Palandt/Heinrichs, Überbl v §305 Rn. 2, 61. Aufl., (Erg. Bd.).
12) 제309조 제7호 a).
13) 제474조 이하.

특별규정이 함께 고려되어야 한다. 다음으로는 보통거래약관을 계약에 사용하는 경우에 관한 규정이 뒤따른다(제305조 제2항, 제3항; 제305조의a). 이어서 個別合意의 優先效力에 관한 규정을 배치하고(제305조의b), 종래 두개의 조문으로 분리·규정되었던 豫見不可能의 條項 및 不確定的인 約款條項을 하나로 통합하여 규정하였다(제305조의c). 다음으로 法的效果에 관한 규정이 배치되었으며(제306조), 중심규정인 약관의 內容統制에 관하여는 다음 조항인 제307조 제1항과 제2항에 두었으며, 제3항에서는 종래 별개의 조항으로 되어 있던 內容統制의 限界에 관한 규정을 배열하였다. 個別的 禁止條項과 관련한 규정이 이어 제308조와 제309조에 오도록 하였고, 마지막으로는 適用範圍에 관한 제310조가 위치하도록 하였다.

3. 改正 法規定의 解釋에 있어서 基本觀點

종래 보통거래약관의 규정을 하나로 묶어 하나의 편별에 편입시킨 목적에 따라 관련 규정을 해석함에 있어서는 항상 다음과 같은 두 가지 점이 고려되어야 한다. 그 중 하나는 債權法의 現代化를 위한 개정작업과정에서 體系性을 강화하기 위하여 민법 내에 통합하였다는 점이다. 이는 원칙적으로 종래 규정들이 가지고 있었던 내용에 대하여 어떤 변화를 가하고자 한 것이 아니라는 것을 뜻하며, 따라서 새롭게 변경된 부분을 제외하고는 종전의 解釋論이 원칙적으로 계속 유지되어야 함을 의미한다. 다른 하나는 消費財賣買契約에 있어서 條項의 統制와 관련해서는 유럽연합지침의 내용들이 항상 고려되어야 한다는 점이다. 이는 개정 법률의 적용범위도 유럽연합지침의 적용범위 내에서 해석되어져야 함을 의미한다.[14]

Ⅱ. 統合된 內容의 比較

민법으로 통합된 규정들을 종전 보통거래약관법 규정과 비교하면 다음

---

14) Hennrichs, in: Dauner-Lieb/Heidel/Lepa/Ring(Hrsg.), Das neue Schuldrecht - Ein Lehrbuch, 2002, S. 191.

과 같은 표로 나타낼 수 있다.

종래 보통거래약관법	개정 민법	개정 민법	종래 보통거래약관법
제1조 제1항, 제2항	제305조 제1항	제305조	제1조, 제2조
제2조 제1항, 제2항	제305조 제2항	제305조의a	제23조 제2항 제1호, 제1호a, 제1호b, 제3항
제3조	제305조의c 제1항	제305조의b	제4조
제4조	제305조의b	제305조의c	제3조, 제5조
제5조	제305조의c 제2항	제306조	제6조
제6조	제306조	제306조의a	제7조
제7조	제306조의a	제307조	제8조, 제9조
제8조	제307조 제3항	제308조	제10조
제9조	제307조 제1항, 제2항	제309조	제11조
제10조	제308조	제310조	제23조 제1항, 제2항 제2호, 4호; 제24조의a
제11조	제309조		
제23조 제2항 제1호, 제1호a, 제1호b 및 제3항	제305조의a		
제23조 제1항, 제2항 제2호, 제4호: 제24조의a	제310조		
	부작위소송법(UKlaG)	부작위소송법(UKlaG)	
제13조 제1항	제1조	제1조	제13조 제1항
제13조 제2항	제3조	제2조	제22조
제14조	제6조	제3조	제13조 제2항
제15조 제1항	제5조	제4조	제22조의a
제15조 제2항	제8조 제1항	제5조	제15조 제1항
제16조	제8조 제2항	제6조	제14조
제17조	제9조	제7조	제18조
제18조	제7조	제8조	제15조 제1항, 제2항; 제16조
제19조	제10조	제9조	제17조
제20조	(삭제)	제10조	제19조
제21조	제11조	제11조	제21조
제22조	제2조	제12조	신설
제22조의a	제4조	제13조	신설
제29조	제14조	제14조	제29조
	민법부칙법(EGBGB)	민법부칙법(EGBGB)	
제27조의a	제244조	제244조	제27조의a

Ⅲ. 改正內容에 대한 個別的 檢討

1. 普通去來約款의 槪念과 관련한 解釋問題

개정법에서는 보통거래약관의 定義規定을 債權法 總則에서 두었다. 이에 따라 가장 먼저 제기될 수 있는 문제는 채권계약법적인 형태 이외의 다른 약관은 제305조상의 약관에 해당하지 않는가 하는 점이다. 이 문제는 민법전 내로의 편입방법을 둘러싸고 전개되었던 논란과도 밀접한 관련이 있다. 왜냐하면 종래 보통거래약관의 개념에 해당되는 범주를 고려한다면, 보통거래약관의 槪念條項은 債權法의 總則編이 아니라 民法의 總則編에 위치하는 것이 분명 타당하기 때문이다.15) 그러나 보통거래약관의 개념규정이 비록 채권총칙 편에 규정되어 있다하더라도 채권계약의 형태가 아닌 다른 유형의 경우에도 유추적용을 통해 제305조 이하의 보호가 이루어질 수 있다는 점을 지적한 立法形性過程의 意思가 존중되고, 약관에 관한 정의규정을 제305조에 둔 것은 단지 그 중점적인 적용영역이 채권법 영역임을 강조하는 것일 뿐이라는 점을 고려한다면, 채권법 영역 이외의 다른 유형의 거래약관에 대해서도 제305조 이하의 적용을 긍정하여야 하는 것으로 보고 있다.16) 이에 따라 제305조는 제310조가 예정하고 있는 영역 이외에서 사용되는 모든 약관에 대해 적용된다.

2. 普通去來約款의 契約內容으로의 編成

a) 제305조는 종래 보통거래약관법 제1조와 제2조에 상응하는 규정이다. 보통거래약관은 그 자체가 法規範力을 갖는 것이 아니기 때문에 적어도 법적인 효력을 발휘하게 위해서는 法律行爲에 의하여 계약의 내용으로 편성되어야 한다. 그러므로 약관의 내용이 계약내용이 되기 위해서는 약

15) Vgl. Wolf/Pfeiffer, Der richtige Standort des AGB-Rechts innerhalb des BGB, ZRP 2001, S. 304.
16) Hennrichs, in: a.a.O. (주 14), S. 192.

관에 대하여 명시적으로나 혹은 명백히 알 수 있도록 언급하고, 상대방 또한 약관의 내용을 인식할 수 있는 가능한 상태에 있어야 하며, 그리고 상대방이 약관내용에 따라 계약관계를 형성할 것을 동의하는 구조를 갖추어야 한다.

그런데 개정 법률에서는 두 번째 요소와 관련하여 새로운 내용을 추가하였다. 즉, 입법자는 제305조 제2항 제2문에서 보통거래약관의 내용에 대하여 인식할 수 있는 가능성의 구비(Kenntnisverschaffung)에 관한 종래의 입장[17]을 인지가능성이 제한되어 있는 障碍人(특히 視力障碍人)인 계약당사자에 대해서는 적용되지 않는 것으로 하였다. 따라서 시력장애인에게는 단순히 약관만을 교부하거나 또는 면전에 제시하는 것만으로는 충분하지 않게 되었다. 새 법규정의 취지에 따르면, 약관을 사용하고자 하는 자가 상대방의 개별적 장애를 인식할 수 있는 경우에는 去來의 平均人을 기준으로 하지 않고 적어도 장애인이 그 내용을 구체적으로 인식할 수 있을 정도의 적정한 방법을 강구하여야 하는데,[18] 예컨대 시력장애인이 계약상대방인 경우에는 적어도 약관의 내용을 읽어주거나 그 내용을 숙지할 수 있는 기계 및 음성장치의 설정 혹은 點字로 된 문서의 교부 등의 모습을 갖추어야 한다.[19] 그러나 정신적인 장애를 겪고 있는 자에 대하여는 동 조항이 특별히 적용되지는 않는다. 왜냐하면 동조에서 지향하는 바는 구체적으로 인식가능한 정도를 갖추어 줄 약관제공자의 責務를 설정하고자 하는 것일 뿐, 그 밖에 약관에 기재된 내용에 대해 특별히 이해의 숙지까지를 요구하는 것은 아니기 때문이다.[20]

b) 개정법에서는 제305조에서 규정하고 있는 기본규율에 대한 예외, 즉 약관에 특별한 언급을 하지 않거나 약관내용을 인식할 수 있는 가능조건을 갖추지 않더라도 약관에서 정한 바가 계약의 내용으로 편성될 수 있도록 하기 위한 특별경우를 제305조의a에서 규정하고 있다. 이는 종래에도 인정

---

17) 인식가능성의 구비정도를 평균인을 기준으로 판단하였다(BGH NJW 1983, S. 2773; Palandt/Heinrichs, §305 Rn. 39, 61. Aufl., (Erg. Bd.)).

18) 이에 대해서는 동조항의 핵심은 장애인에 대한 특별고려인 것이지, 그것이 약관을 계약의 내용으로 편성함에 있어서 특별히 고려해야 할 대상이 아니라는 점이 지적되었다(BT-Drucks., 14/6857, S. 15 zu Nr. 40).

19) v. Westphalen, AGB-Rechte ins BGB, NJW 2002, S. 13.

20) Hennrichs, in: a.a.O. (주 14), S. 194(§6 Rn. 18).

되었던 규정[21]인데, 종래의 그것과 비교하면 그 특별한 취급 내지 예외성의 요건을 좀더 엄격하게 한정하였다는 점에서 특징적이라 할 수 있다.

제305조의a에서 특별한 취급대상으로 삼은 경우는 다음의 두 경우이다. 하나는 우편 및 전화통신 영역에 있어서의 계약 체결이다. 이 중 우편계약의 경우에는 고객이 우체통에 우편물을 투입함으로써 체결되는 우편운송계약에 대해서만 제305조 제2항에서 요구되는 약관에 대한 명시적인 언급 내지 교부 등이 없이도 이미 官報를 통해 公知된 약관이 계약의 내용으로 됨을 인정하는 것이다.[22] 우체통에 투입함으로써 성립하는 계약을 포함한 그 밖의 다른 우편관련 계약영역에 대해서도 관보에 의해 공지된 경우를 모두 예외범위로 인정한 예전에 비하면 그 범위는 훨씬 축소된 것이다.[23] 전화통신영역에서도 소위 'call-by-call' 방식으로 계약이 체결되거나 혹은 정보제공(Mehrwert-[24] und Informationsdienst)에 관한 계약을 체결함에 있어서와 같이, 단 한번의 전화통화 연결로 즉각적인 용역이 제공되는 경우[25]에는, 계약 체결 전에 약관의 내용에 대한 사전 인식가능성 요건을 구비할 것을 기대하는 것이 실제적으로 곤란할 뿐만 아니라,[26] 용역제공(Dienstleistung)을 간단히 그리고 즉시 제공받기를 원하는 고객의 이해관계와도 맞지 않는다. 이러한 이유에서 관보를 통해 약관내용이 이미 공지되었고 영업소에서 누구나 그와 같은 내용을 지득할 수 있는 경우에는 제305조 제2항의 요건이 적용되지 않는 예외적인 경우로 하였다. 예전에는 위와 같은 경우뿐만 아니라 연방우체국에서 분할된 전화통신공사에서 제공하는 전화통신 관련계약 모두에 대해서 약관의 내용이 관보를 통하여 공지되고 각 전화국에서의 확인할 수 있는 가능성만 구비되면 예외적인 경우로 넓게 인정되었었다.[27]

다른 한 경우는 예전과 같은 내용으로써 관할 행정관청의 허가 내지 국

---

21) 종래 보통거래약관법 제23조 제2항 제1호, 제1호a, 제1호b, 제3항.

22) 그러므로 우체국의 창구에서 계약이 체결되는 경우에는 제305조 제2항이 적용된다.

23) 종래 보통거래약관법 제23조 제2항 제1호b.

24) 전화안내나 독일의 경우 0190-으로 시작하는 유료전화서비스가 이에 해당한다(v. Westphalen, AGB-Rechte ins BGB, NJW 2002, S. 15).

25) BT-Drucks. 14/6040, S. 153.

26) BT-Drucks. 14/6040, S. 153.

27) 종래 보통거래약관법 제23조 제2항 제1호a.

제조약에 따라 공포된 요금체계를 가지고 운영되는 철도와 인력수송법의 기준에 따라 허가된 전차, 삭도차량 그리고 정기노선교통수단의 운송조건이 운송계약의 내용으로 되는 경우에도 약관 내용에 관한 사전 인식가능성 요건의 적용을 배제하고 있다. 이로써 제305조의a의 특별규정도 同意原則(Konsensualprinzip)의 지배하에 두게 하였다.

c) 종래 보통거래약관법에 의하면 주택저축금고(Bausparkasse), 보험자(Versicherer) 그리고 투자회사가 비록 주택저축계약(Bausparvertrag), 보험계약(Versicherungsvertrag) 그리고 투자자인 주주와 법률관계를 각각 체결할 때 상대방에 대해 약관에 대한 인식가능성을 갖추지 않았다 하더라도 관할 관청으로부터 승인받은 보통거래약관이 적용되는 예외가 인정되었었다.[28] 그러나 개정법에서는 이들에 대한 특별한 지위를 삭제하였다. 따라서 이들의 경우도 계약체결시에는 상대방에게 보통거래약관에 대한 인식가능성을 갖추어야 한다.

d) 기업가를 상대로 하는 거래와 公法上의 法人 및 公法上의 營造物과의 利用關係 등에 사용되는 약관에 대해서는 종전과 마찬가지로 제305조의 적용에서 배제시켰다.

3. 不明確한 約款條項(Unklarheitenregel)에 대한 解釋規準

보통거래약관의 해석상의 기준과 관련하여서는 종전과 변동이 없다. 따라서 解釋의 準則은 구체적인 意思表示 受領者의 主觀的인 認知度에 따라서가 아니라, 관련 거래영역에 있는 平均人의 인지도를 기준으로 이루어져야 한다. 이와 관련하여 제305조의c 제2항은 종전의 보통거래약관법 제5조를 그대로 수용한 것으로써, 약관 규정에 대한 해석결과가 多義的으로 나타나는 경우에는 약관제공자, 즉 사업자에게 불이익하게 해석되어야 한다는 기준을 규정하고 있다. 이에 따라 內容統制와 관련해서는, 일차적으로는 약관에 대한 해석을 행하면서 다의적인 경우에는 약관제공자에게 불이익하게 해석하고, 그렇게 해석된 내용을 가지고 내용통제에 관

28) 종전 보통거래약관법 제23조 제3항.

한 규정의 적용을 받는 相互補完的인 適用關係에 놓여지게 된다.

4. 約款의 內容統制

가. 概 觀

약관조항에 관한 내용통제와 관련한 종래의 제8조 내지 제11조는 개정법 하에서는 각각 제307조 내지 제309조에 위치하고 있다. 종전의 제8조는 제307조 제3항에, 제9조는 제307조 제1항과 제2항에, 그리고 제10조 및 제11조는 제308조와 제309조에 각각 규정되게 되었다. 약관에 대한 내용통제는 종래와 마찬가지로 어떤 약관조항이 통제대상 하에 놓여지게 되는가가 먼저 검토되어야 할 것이다(제307조 제3항). 다음으로 내용통제가 적용되는 경우에도 '一般' 보다 '特別'이 우선적으로 고려되어야 한다는 方法論에 따라 제309조, 제308조 그리고 제307조 제2항 및 제1항이 각각 검토되게 된다. 따라서 이하에서도 이러한 순서에 맞추어 개정된 조문의 내용을 살펴보고자 한다.

一般條項으로서 제307조를 새롭게 구성함에 있어서 종전의 법률과는 다른 몇 가지 새로운 質的인 변화를 함께 수반하였다. 그 중 하나는 明確性性原則의 明文化이며, 다른 하나는 제307조 제2항 제1문과 제2문에 따른 내용통제에 관한 것이다.

나. 明確性原則

명확성요청에 관한 규정은 消費者契約에 있어 濫用條項에 관한 유럽연합지침(93/13/EWG) 제4조 제2항 및 제5조 제1문에 규정된 바를 수용한 결과이다. 이때 입법자는 지침의 수용시 엄밀한 번역을 요한다는 유럽법원의 판시내용[29]을 감안하여 입법화한 것이다.

a) 이러한 명확성요청은, 종전의 법규정하에서는 명시되어 있지 않았으나 판례에 의하여 광범위하게 인정되었던 바[30]를 수용한 것이어서, 내용적으로는 종전의 입장과 변동된 바가 없다고 할 수 있다.[31] 그리하여 체계적

---

29) EuGH NJW 2001, S. 2244.

30) 기본적인 판례로는 BGHZ 106, 42(49); BGHZ 108, 52(57); BGHZ 115, 177(185); BGH ZIP 2001, 1052; BGH ZIP 2001, 1062.

으로도 명확성의 요청이 광의의 內容統制(Inhaltskontrolle i.w.S.)의 한 부분을 이루게 되었다.[32] 종래에는 명확성요청과 관련하여 보통거래약관법 제8조가 제9조의 적용까지도 배제하는지, 배제할 수 있다면 어느 정도까지 할 수 있는지에 관하여 논란이 있었다. 개정법 하에서는 판례의 입장을 따른 입법자의 의사와 체계적인 구성에 따라 이러한 문제를 해소한 것으로 볼 수 있다. 이에 따라 약관 중에서도 단순히 법규정의 내용을 그대로 반복 기술하고 있거나(deklaratorische Klauseln), 직접적으로 主된 給付의 대상을 규정하는 조항(leistungsbestimmende Klauseln) 혹은 지불되어져야 할 價格에 관한 조항(Preisklauseln)은 제307조 제3항에 따라 내용통제의 대상으로 되지 않지만,[33] 모든 계약조건들은 透明性統制(Transparenzkontrolle)에 검토대상으로 되어야 하기 때문에(제307조 제1항 제2문) 주된 급부를 정하는 조항 내지 가격에 관한 조항들도 명확성의 통제대상으로 되는 것이다.[34] 이런 점에서 명확성통제는 독자적인 검토방법론을 형성하고 있는 넓은 의미에서의 내용통제의 한 부분을 이룬다고 할 수 있다.

b) 이와 더불어 명확성을 지니지 못한 약관조항이, 제307조 제1항 제2문에 의한 불명확성 그 자체로서 無效가 되는 것인지, 아니면 불명확성뿐만 아니라 이로 인하여 계약상대방에게 不當한 不利益까지 발생할 때 비로소 무효로 되는 것으로 볼 것인가 하는 문제도 정리된 것으로 볼 수 있다.[35] 그러나 이러한 결론과 관련하여 명확성의 요청에 대해 너무 과대한 무게를 두어서는 안된다는 조심스러운 해석도 제기되고 있다.[36] 즉 채권법 개정 초기에는 명확성요청을 제307조 제2항에 위치시키는 것을 고려함으로써[37] 약관조항이 불분명하고 이해하기 어려울 경우로써 의심

31) BT-Drucks. 14/6040, 153.

32) Hennrichs, in: a.a.O. (주 14), S. 197.

33) 전자는 실질 기능적인 측면에서 실익이 없다는 점에서(제306조 제2항 참조), 후자의 경우에는 그것이 계약자유의 본질적인 부분을 이룬다는 점(제311조 제1항, 기본법 제2조 제1항)에서 각각 내용통제대상에서 제외되는 것이다.

34) Hennrichs, in: a.a.O. (주 14), S. 197(§6 Rn. 30); Schwab/Witt (Hrsg.), Einführung in das neue Schuldrecht, 2002, S. 232; v. Westphalen, AGB-Rechte ins BGB, NJW 2002, S. 19.

35) Hennrichs, in: a.a.O. (주 14), S. 197(§6 Rn. 32); Luther/Arentz, Die Schuldrechtsreform - Leitfaden für die Praxis, 2002, S. 117f.

36) Schwab/Witt (Hrsg.), a.a.O. (주 34), S. 230.

37) BT-Drucks. 14/6040, S. 153f.

스러울 경우에는 부당한 불이익이 발생한 것으로 보려했었다. 그러나 정부안에서는 이를 제307조 제1항 제2문에 위치시킴으로써, 약관조항이 불명확할 경우에는 동 조항으로 말미암아 타방계약당사자에게 부당한 불이익이 초래되었다는 附加的要件을 필요로 함이 없이 바로 무효로 되는 것으로 구성하려고 하였다.38) 그러나 이러한 입장이 일관되게 관철된 것은 아니었다.39) 이 점과 더불어 법문 자체가 불이익이 발생할 수 있는 것("können")으로 규정되어 있다는 점을 들어, 개정법 하에서도 종래와 같이 불명확한 약관조항의 효력에 관한 다툼이 해결되지 않았으며, 따라서 종래와 같이 명확성의 요청에 너무 과부하가 걸리지 않도록 해석하여야 한다는 반대의 주장도 조심스럽게 제기되고 있는 것이다.40)

c) 명확성요청은 내용적으로 계약당사자의 권리와 의무의 내용을 가능한 한 명확하게 그리고 이해할 수 있도록 규율하여야 할 責務를 약관제공자가 부담하는 것으로 규정하였다. 여기서 말하는 "明確하게 그리고 理解할 수 있게"라는 표현의 의미는 "卽刻的으로" 혹은 "一見해서 바로 알 수 있는" 것으로 이해되는 것이 아니라, 당해 거래질서에 사려 깊은 참가자의 관점을 판단기준으로 삼음을 의미한다.41) 그렇기 때문에 보통거래약관의 종류가 무엇인지가 또한 감안되어져야 한다.

다. 評價 不可能한 條項禁止(Klauselverbote ohne Wertungsmöglichkeit)42)

제309조 내용통제 규정의 전체 개요를 설명하면 다음과 같다.

---

38) BT-Drucks. 14/6040, S. 154.

39) 법사위원회(Rechtsausschuss)에서는 정부안대로 명확성요청을 수용할 경우 제305조의c 제2항의 적용범위가 너무 제한되게 된다는 점 - 예컨대 약관 이용자에게 유리하게 해석할 수도 있다는 점 - 이 지적된 바 있다(BT-Drucks. 14/7052, S. 188).

40) 따라서 이 입장에 의하면 제305조의c 제2항과의 관계를 다음과 같이 설정하고 있다. 즉 불명확의 정도가 약관조항의 무효로 이끌 정도가 되지 않는 경우(예를 들면 핵심적 부분에 대해서가 아니라 부수적인 부분에 있어서의 불명확성)에는 제305조의c 제2항이 적용된다는 것이다(Schwab/Witt(Hrsg.), a.a.O. (주 34), S.233f.).

41) Palandt/Heinrichs, Rn. 19 zu §307, 61. Aufl. (Erg. Bd.), 2002.

42) 동 조항의 표제는 제308조의 표제와 상관관계를 이루는데, 제308조에서 말하는 가치평가가 가능한 경우란 불확정한 개념을 사용함으로써 판단시 법관의 일정한 가치평가를 필요로 하는 경우를 말하고, 따라서 가치평가가 불가능한 경우란 그 반대의 경우를 의미하는 바가 된다.

a) 종래 보통거래약관법 제11조의 규정을 제309조로 편성하면서, 계약법상 給付障碍制度의 변경에 따른 일련의 調整을 꾀하는 작업과 더불어, 판례에서 형성된 내용을 부분적으로 도입하고 종전의 제23조에서 규정하였던 例外條項을 제309조에 통합 편성하였다. 예컨대 제308조 제5호 b)는 판례의 내용을 받아들여, 약관에서 규정된 損害賠償總額보다 실제 발생한 손해가 적음을 타방당사자가 입증하는 것을 명시적으로 허용하지 않는 경우에는 무효가 되는 것으로 규정하였다. 종전법 규정에 의하면 단지 발생된 손해에 대한 입증을 명시적으로 차단하는 경우에는 허용되지 않는 것처럼 오해의 여지를 가지고 있었었다. 외형적으로만 본다면 개정법 규정이 더 제약적인 느낌을 주기도 하지만, 내용적으로는 명료하게 정리되었다.

b) 제7호와 제8호의 규정은 종전 보통거래약관법 제11조 제7호 내지 제10호의 규정을 새로이 개정된 賣買 및 都給契約에서의 給付障碍法의 내용에 따라 調整한 것으로, 여기에는 개정법에 따른 用語의 변경뿐만 아니라, 적지만 부분적인 內容의 변경도 함께 포함하고 있는데, 그 주요내용은 다음과 같다.

먼저 종전의 법률 제11조 제7호 내지 제10호에서는 의무위반의 종류에 따라 구별하여 규정하였던 것을(예컨대 不能, 遲滯, 主된 給付의 侵害, 擔保責任), 개정법에서는 제7호와 제8호에서 過責의 종류, 損害의 종류, 그리고 責任排除를 포함하는 請求權의 종류에 따라 구별하여 규정하였다.[43] 제307조 제7호에서는 종전 법률 제11조 제7호의 내용을 주된 부분으로 하여 손해배상청구권을 발생시키는 모든 책임 있는 급부장애의 경우를 대상으로 하였다. 그 가운데에서도 생명·신체·건강을 침해한 경우에 책임을 배제할 수 없도록 하는 규정을 신설하면서, 이를 기타의 손해에 대해 책임배제를 금지하는 경우와 구분하였다. 이에 따라 생명·신체·건강을 침해하는 경우에는 輕過失(bei leichter Fahrlässigkeit)의 경우에도 免責하는 약관조항이 허용되지 않는다.[44] 이러한 내용은 이미 종전 법률 하에서도 유럽연합 지침에 부합하는 해석을 통해 판례에 의하여 인

43) BT-Drucks. 14/6040, S. 155.
44) BT-Drucks. 14/6040, S. 156.

정되어왔던 바인데, 개정법에서는 그 기본요건을 契約違反(Vertragsverletzung)으로 하지 않고 義務違反(Pflichtverletzung)으로 변경함으로써 의무위반에 기인하는 모든 유형의 급부장애를 다 포함하도록 하였다.[45] 기타의 손해에 대해서는 종전처럼 重過失 및 故意(bei grober Fahrässigkeit bzw. Vorsatz)의 경우에도 책임을 배제하는 경우만을 금지하는 것으로 하였다.

c) 다음으로 제309조 제8호에서는 義務違反의 경우로써 그 밖의 책임배제의 경우를 규율하고 있다. 동호에는 매매법의 새로운 관념에 따라 하자있는 물건을 공급하는 경우도 포함되어 있다. 우선 제8호 a)에서는 "계약을 解消하는 權利의 排除"라는 표제 하에 종전 법률 제11조 제8호(지체와 불능)와 제9호(일부지체와 일부불능)를, 그리고 b)에서는 "瑕疵"라는 표제 하에서 종전 법률 제11조 제10호에 규정되었던 금지조항의 내용을 담고 있다.

제309조 제8호 a)는 단지 약관제공자의 책임 있는 의무위반결과로 말미암아 발생하는 계약관계를 해소할 권리를 적용대상으로 하기 때문에, 그것이 어떤 법률규정에 기초하는가는 문제되지 않는다.[46] 그러나 약관제공자의 귀책사유에 근거하지 않는 그 밖의 契約解消權에 관해서는 제한되거나 배제될 수 있다.[47]

나아가 입법자는 종전 법률 제11조 제8호 b)에서 규정하였던 손해배상을 위한 책임배제에 관한 규정은, 한편에서는 개정법 제309조 제7호에 의하여, 다른 한편에서는 계약의 本質的 義務 위반시에도 손해배상책임을 완전히 배제하는 것은 종전 법률 제9조 제2항 제2호(개정법 제307조 제2항 제2호)에 의하여 효력이 없는 것으로 본 판례의 입장[48]에 따라 해결할 수 있다는 점에서 불필요한 것으로 판단하였고, 따라서 별도의 규정을 두지 않았다.[49]

---

45) v. Westphalen, AGB-Rechte ins BGB, NJW 2002, S. 21.

46) BT-Drucks. 14/6040, S. 157.

47) Hennrichs, in: a.a.O. (주 14), S. 199(§6 Rn. 38).

48) Vgl. Ulmer/Brandner/Hensen, AGB-Gesetz, 9. Aufl., 2001, §9 Rn. 142ff.

49) 그러나 이와 같은 결론에 이르기까지에는 일련의 논란의 과정이 있었다. 처음 정부안에서는 제309조 제8호 a) bb)에서 과실로 인한 계약상 주된 의무위반과 그에 따른 손해배상 책임을 배제하는 경우를 대비하는 규정을 두려고 하였다. 그러나 중고차 매매의 경우처럼 소비자

제309조 제8호 b)에서는 새로이 생산된 물건 및 도급물의 하자에 대하여 책임을 배제하는 약관조항의 효력을 무효로 하는 종전 법률 제11조 제10호를 이어받아 규정하고 있다. 동 규정은 특히 사업자 사이의 계약관계에서 의미가 있다는 이유에서 종전법 규정을 그대로 이어받았으나, 소비재매매 및 도급에 있어서는 하자와 관련해서 매수인의 追完給付, 撤回 혹은 代金減額에 관한 請求權을 유럽연합지침에 따라 강행규정으로 입법하였다는 점(제475조, 제651조)을 감안한다면 독자적인 의미는 상당부분 상실하는 결과가 되었다. 나아가 사업주에 대한 거래에 있어서는 제310조 제1항에 의하여 제309조가 직접적으로 적용되지 않는다. 그러므로 제309조 제8호 b)의 적용대상으로는 私人간의 새로운 물건에 대한 매매계약관계와 건설계약의 경우로 상당히 좁아져 버린다. 더군다나 후자인 건설계약의 경우에는 다시 동호 b) bb)에 의해 제한된다. 따라서 동조의 주요 적용대상으로 고려될 수 있는 바로는, 사업주에 대한 거래에서 있어서 개별금지조항에 관한 가치판단이 제307조의 일반적인 내용통제의 범위 내에서 영향력을 행사하는 간접적인 경우가 될 것이다(Ausstrahlungswirkung od. Indizwirkung).[50]

제8호 b)내에 규정된 각 세부항목 중에서 종전의 補修(Nachbesserung)와 完全物 내지 代替物의 給付(Ersatzlieferung)는 追完履行(Nacherfüllung)으로 용어가 변경되었다.

제8호 b) ff)는 "消滅時效의 輕減"이라는 표제로 변경하면서, 법정 하자담보기간의 단축을 무조건 무효로 규정하였던 종전과는 달리 경우를 나누어 차별적으로 규정하였다. 먼저 건축도급표준약관 B편(VOB/B) 전체를

또한 정형화된 계약서를 사용함으로써 약관제공자의 지위에 설 수 있기 때문에 이들에 대해서는 동조 적용에서 제외되는 것이 바람직하다는 점에서, 소비자 상호간의 거래에서는 정부안의 규정적용을 제한하거나 또는 제한하는 특별조항을 두는 것이 바람직하다는 지적이 제기되기에 이르렀다. 이러한 지적에 따라 연방정부는 매매 및 도급계약시에는 종전법 제9조 제2항 제2호(개정법 제307조 제2항 제2호)와 관련하여 판례에서 형성한 법리에 따라 해결할 수 있다는 점에서 초안조항을 삭제하기로 하고, 법사위원회 또한 이에 동의함으로써 지금의 형태로 되었다(BT-Drucks. 14/6040, S. 157; BT-Drucks. 14/6857, S. 16 zu Nr. 48, S. 53 zu Nr. 48; BT-Drucks. 14/7052, S. 189). 그러나 이러한 입법과정에서 나타난 논거에 대해 그것으로 현실의 충분한 규율이 가능한지, 그리고 종전법을 기초로 형성된 판례이론이 개정법 하에서도 그대로 유지될 수 있는지의 여부 등에 대한 의문이 제기되고 있다(vgl. Schwab/Witt(Hrsg.), a.a.O. (주 34), S. 234ff.).

50) Hennrichs, in: a.a.O. (주 14), S. 199(§6 Rn. 40).

계약의 내용으로 수용하는 경우를 제외하고는, 건축물 및 건축물의 하자를 야기하는 건축자재에 관해서는[51] 약관조항으로 시효기간의 단축을 정하는 것은 금지된다. 그 밖의 소비재매매계약에 해당하지 않은 경우로써 새로이 제작된 물건에 대한 매매 혹은 도급계약에서 하자를 이유로 한 청구권의 시효기간은 1년 이하로 단축될 수 없도록 하였다. 소멸시효 단축의 금지와 관련해서 단지 소멸시효기간 그 자체에 대한 단축뿐만 아니라 다른 요소를 통하여 실질적으로 소멸시효기간의 단축을 꾀하는 것도 그 대상으로 포함하여 왔던 종래의 입장[52]은 그대로 유지된다. 소멸시효기간 단축에는 통상 책임제한도 동시에 포함하는 경우가 많기 때문에 제309조 제8호 b) ff)와 제7호는 각각 병존해서 적용된다.[53]

소비재매매가 아닌 중고물건에 대한 매매는 종전처럼 제309조 제8호 b)목에 적용을 받지 않는다. 그러므로 예컨대 중고자동차 매매와 같은 경우에는 소멸시효 기간 자체를 아예 배제하더라도 ff)목에 반하는 것은 아니다.[54] 그러나 중고물건이라 하더라도 이를 소비자에게 영업적으로 판매하는 경우에는 제475조 제2항 후단이 적용된다.[55]

d) 특별히 담보한 물건의 性狀에 대한 책임배제를 금지하는 종전 법률 제11조 제11호의 기본 사고는 개정법 제444조에서 충분히 반영된 관계로 더 이상 그에 상응하는 규정을 두지 않게 되었다.

라. 評價 可能한 條項禁止(제308조)

제308조는 종전 보통거래약관법 제10조에 상응하는 규정으로써 종전 규정과 비교하자면 단지 표현상의 수정이 가해졌을 뿐이다. 그의 전형적인 경우가 제1호와 제2호이며, 제5호에서는 종래 제23조 제2항 제5호에서 규정하고 있던 예외규정인 건축도급표준약관 B편(VOB/B)이 전체적으로 계약내용으로 편입되는 경우만을 예외로 하여 재정리한 것에 불과하

51) 제438조 제1항 제2문, 제634조의a 제1항 제2문의 경우가 이에 해당한다.
52) Vgl. BGHZ 122, 241.
53) BT-Drucks. 14/6040, S. 159.
54) BT-Drucks. 14/6040, S. 159.
55) 중고물건을 영업적으로 소비재로 판매하는 경우에는 이 밖에도 제309조 제7호, 제307조 제2항 제2문, 제444조의 적용을 감안하여야 한다.

다. 구법에 비해 내용적인 변경은 가해지지 않았다.

마. 제307조 제1항 및 제2항에 의한 內容統制

제307조 제1항과 제2항은 보통거래약관의 중심을 이루면서 이와 동시에 제309조, 제308조에서 포섭되지 못하는 잔여내용을 통제한다는 기능성을 지니고 있다. 이러한 일반조항으로서의 의미를 십분 감안하여 개정법에서는 문구에 대한 수정은 전혀 하지 않았다. 그러므로 내용에 있어서도 변경이 없다고 할 수 있다.

그런데 제307조 제2항 제1문과 관련하여서는 적용준거로 작용하는 "法律規定의 基本觀念"의 내용을 둘러싸고 입법과정 중에 논란이 제기된 적이 있다. 그 이유로는 유럽연합지침에 따라 소비재매매에 관한 입법을 특별법으로 두지 않고 민법전 내에 둠으로써 매매계약의 기본관념에 유럽연합지침의 기본가치가 투영된 것으로 볼 수 있고, 그 결과 제307조 제2항 제1호에서 말하는 "법률규정의 기본관념"으로는 이미 유럽연합지침의 기본가치가 투영된 매매의 기본관념이 작용하는 것이 되어 그것이 제310조 제1항에 의하여 사업자에 대한 매매에도 적용되게 된다면 기업간의 契約形成의 자유를 저해할 수 있게 된다는 점에서, 기업간에 거래에 대해서는 특별한 규정을 별도로 두어야 한다는 주장이 제기되었었다.[56] 그러나 이러한 주장은 입법과정에서 반영되지 않았다. 따라서 이 문제와 관련해서는 논란의 여지가 있을 수 있으나, 소비재매매에 관한 규정이 비록 계약편 내에 위치하고는 있어도 계약의 일반규정에 관한 款과는 분리된 독립된 款에 위치하고 있다는 점, 소비재매매에서 매수인 보호를 위한 이해관계는 기업간의 매매에서의 그것과는 다르다는 점, 그리고 제310조 제1항 제2문 후단에서 商事去來에서의 특별성을 고려하여야 한다는 것이 규정되어 있다는 점 등에 비추어 볼 때, 유럽연합지침의 기본가치가 기업간의 거래에는 투영되지 않는 것으로 봄이 타당하다고 한다.[57]

---

56) H. P. Westmann, Das neue Kaufrecht einschließlich des Verbrauchsgüterkaufs, JZ 2001, S. 531; Dauner-Lieb, Die geplante Schuldrechtsmodernisierung, JZ 2001, S. 13; vgl. auch Schwab/Witt(Hrsg.), a.a.O. (주 34), S. 232f.

57) Hennrichs, in: a.a.O. (주 14), S. 201f.(§6 Rn. 47).

5. 適用範圍

보통거래약관에 관한 제305조 내지 제309조는 원칙적으로 모든 유형의 보통거래약관에 대해여 적용된다. 그러나 제310조에서는 이에 대한 예외 내지 수정내용을 규정하고 있다. 이에 따르면, 相續法·親族法 및 企業法 영역에 대해서는 종전과 마찬가지로 제305조 이하의 적용을 배제하고 있다. 그리고 생존배려적 급부와 관련한 계약에 대해서도 종전처럼 특수한 지위를 계속하여 인정하고 있다.

종전 법규정과 비교하여 크게 차이를 보이는 점은 勤勞契約과 관련한 부분이다. 제310조에서는 종래와는 달리 개별 근로계약관계 영역에 대한 보통거래약관 관련조항의 적용을 확대하였다.58) 이는 연방노동법원 내에 구성되어 있는 각 재판부마다 상이한 판결을 내림으로 말미암아 초래된 법적 불완전성을 제거하기 위해서이다.59) 즉 연방노동법원은 종래의 보통거래약관법은 제23조 제1항의 규정에 따라 근로계약에 대한 직접적인 적용은 가능하지 않다는 입장을 견지하였음에도 불구하고,60) 그 후 다른 재판부에서는 근로계약의 내용통제를 위하여 보통거래약관법의 基本觀念을 원용하는 판결을 하였고,61) 다른 재판부에서는 이와 달리 보통거래약관법의 적용을 엄격하게 배제하는 판결을 내림62)에 따라 법적 불안정성

---

58) 종전의 보통거래약관법에서 노동법을 적용범위에서 배제한 이유는, 이미 약자인 계약당사자를 위한 보호규정이 노동법에서 상세하게 독자적으로 규정되어 있을 뿐만 아니라 집단적 협정을 통한 보호도 이루어지고 있으며, 더 나은 지위향상의 추구가 노동법적인 제도를 통해 이루어질 수 있다는 이유에서였다(Ulmer/Brandner/Hensen, AGB-Gesetz, 9. Aufl., 2001, §23 Rn. 3).

59) BT-Drucks. 14/6857, S. 54 zu Nr. 50.

60) BAG v. 24. 11. 1993 - 5 AZR 153/93, AP Nr. 11 zu §611 BGB Mehrarbeitsvergütung. 따라서 연방노동법원은 종전 민법 제242조 및 315조의 규정을 적용하여 필요한 경우 근로계약의 내용에 대한 통제를 행하였던 것이다.

61) BAG v. 29. 11. 1995 - 5 AZR 447/94, AP Nr. 1 zu §3 AGB-Gesetz = BAG DB 1996, S. 989{이 판결에서 意外條項(überraschende Klausel)에 대한 통제를 인정하여 계약구성부분으로의 성립에 대해서는 부인하였으나, 그것이 AGBG 제3조의 유추적용에 의한 것인지, 아니면 민법 제242조 및 一般法觀念에 의해서 인정되는 것인지에 대해서는 대답을 회피하였다}; auch BAG v. 16. 3. 1994 - 5 AZR 339/92, AP Nr. 18 zu §611 BGB Ausbildungsbeihilfe; BAG v. 18. 8. 1998 - 1 AZR 589/97, NZA 1999, 659, 661.

62) BAG v. 13. 12. 2000 - 10 AZR 168/00, ZIP 2001, 801 = NZA 2001, 723.

이 초래되었던 것이다. 이와 관련하여 학계의 多數說[63]은 근로계약에 대한 내용통제를 위해서는 보통거래약관법의 규정이 준용되어야 한다는 입장에 서 있었다. 이러한 사정과, 근로자들에 대한 보호가 一般私法的인 경우에 비해 못하여서는 안된다는 점[64] 등에서, 입법자는 사용자로부터 일방적으로 작성되어 체결되는 定型化된 勤勞契約을 약관으로서의 통제대상에 포함시키게 되었던 것이다. 그러나 개정법 규정에 의하더라도 입법자는 보통거래약관의 전체 규정이 근로계약에 적용되는 것으로 하지는 않았다. 다시 말하면 제310조 제4항 제2문 후단에서 "근로계약에 대하여 적용할 경우에는 노동법상의 특수성이 적정하게 고려되어져야 한다"고 규정함으로써 勞動法的 特殊性을 감안한 적용의 제한을 미리 내포하였다.[65] 이는 특히 禁止條項에 관한 제308조와 제309조 각호의 적용범위를 판단함에 있어 늘 검토되어져야 할 문제로 남게 된다.[66] 그리고 종래 보통거래약관법에 규정되었던 절차법적인 규정도 근로계약의 성질에 맞지 않는 관계로 不作爲訴訟法 제15조에서도 근로계약에 대한 적용을 배제하고 있다.[67]

근로계약과는 반대로 團體協約과 經營協定 등에 대해서는 종전처럼 보통거래약관의 적용범주에서 제외시켰다. 이는 집단적 협정의 自律性에 비추어 볼 때 당연한 것이다.[68] 그리고 근로계약이 보통거래약관 규제대상

63) MünchArbR/Richardi, 2. Aufl., 2000, §14 Rn. 73f.; Zöllner, Immanente Grenze arbeitsvertraglicher Regelungen, RdA 1989, S. 159f.; Gamillscheg, Kollektives ArbR I, 1997, S. 151; Preis, Grundfragen der Vertragsgestaltung im Arbeitsrecht, 1992, S. 237ff.; vgl. Ulmer/Brandner/Hensen, AGB-Gesetz, 9. Aufl., 2001, Rn. 4 m. w. N.

64) BT-Drucks. 14/6857, S. 53f. zu Nr. 50; BT-Drucks. 14/7052, S. 189 zu §310 Absatz 4.

65) 그 취지는 노동법상의 慣習이나 慣行이 제307조 이하의 규정보다 우선적으로 관철되어야 한다는 의미로서가 아니라, 법률관계로서 근로관계에 대해 내재하는 특수성을 고려하여야 한다는 데에 있는 것이다.

66) BT-Drucks. 14/6857, S. 54 zu Nr. 50. 이에 관한 자세한 설명으로는 Gotthardt, Der Arbeitsvertrag auf dem AGB-rechtlichen Prüfstand, ZIP 2002, S. 277ff. 참조.

67) BT-Drucks. 14/7052, SS. 189(zu §310 Absatz 4), 209(zu §15).

68) 집단적 자치제도 또한 보통거래약관 규제원리와 병행하여 실질적 사적 자치를 회복하는 제도의 특징을 가지기 때문이다. 이런 점에서 단체협약은 단지 법률의 통제만을 받을 뿐이다 (Däubler, Die Auswirkungen der Schuldrechtsmodernisierung auf das Arbeitsrecht, NZA 2001, S. 1334).

으로 포함됨에 따라 단체협약과 경영협정은 이를 위한 통제기준으로서의 지위를 갖게 된다.[69] 특히 이를 명문으로 규정한 이유는, 많은 경우 근로계약이 단체협약이나 경영협정에서 정한 바를 準用하는 형태로 체결되기 때문에 이러한 유형의 근로계약에 대해서 내용통제를 하게 되면 그 결과는 단체협약에 대한 간접적인 통제를 초래하게 되기 때문이다.[70]

6. 經過規定

개정민법에 따른 보통거래약관 규정은 2001년 12월 31일 이후에 체결된 계약관계에 대해서만 적용된다.[71] 이전에 체결된 계약이라도 위 시점 이후 解止 내지 期間의 滿了로 종료한 것을 새로이 지속시키거나, 위 시점 이후에 계약의 적용대상 및 적용시기에 관한 중요한 변경합의를 새로이 하거나 혹은 새로운 규정을 적용할 것을 새로이 합의한 경우에는 개정 법률 규정이 적용된다.

69) 第310조 제4항 제3문, 第307조 제3항.
70) BT-Drucks. 14/6957, S. 54 zu Nr. 50.
71) Art. 229 § 5 EGBGB.

[6] 獨逸 改正民法상의 消滅時效

申 有 哲*

I. 序　　說

시간의 경과가 私人의 權利와 義務에 어떠한 영향을 미치는가에 관하여 일반적 논의를 전개한 판덱텐법학[1]의 영향하에서 1896년에 제정된 獨逸民法典은 주지하는 바와 같이 民法總則에서 消滅時效(Verjährung)의 문제를 규율하고 있다.[2] 즉 독일민법은 사인이 자신의 權利(Recht)를 실현하기 위하여 타인의 일정한 행위(작위 또는 부작위)를 필요로 하는 경우 이러한 타인의 행위를 요구할 수 있는 請求權(Anspruch)을 권리자에게 인정하고,[3] 그러한 권리가 義務者의 自發的 履行에 의하여 실현되지 않을 경우 국가기관인 법원에 대하여 權利의 强制的 實現을 요청할 수 있는 권리소구(Rechtsverfolgung)의 가능성을 보장하는 한편,[4] 청구권이 성립한 후 일정한 기간이 경과하면 의무자에게 그 이행을 거절하고 권리의 강제적 실현을 부인할 수 있는 권한을 부여하는 請求權消滅時效(Anspruchsverjährung)의 제도를 私法의 一般的 制度로 인정하고 있다.[5]

그런데 종래의 독일민법은 청구권이 성립한 때로부터 30년이 경과하면

---

* 충남대학교 법과대학 교수.

1) *v. Savigny*, System des heutigen Römischen Rechts, Bd. IV, Berlin 1841, § 178 (S. 309 ff.).

2) *Coing*, Europäisches Privatrecht, Bd. II: 19. Jahrhundert, München 1989, § 45 (S. 280 ff.).

3) § 194 I BGB.

4) § 253 II ZPO.

5) §§ 194~225 BGB a.F.

청구권의 소멸시효가 완성된다고 하는 一般消滅時效(Regelverjährung)의 原則에서 출발하고 있지만,[6] 民法 전반에 걸쳐 消滅時效의 期間, 始期, 進行 등과 관련하여 많은 例外를 인정하고 있다. 즉 일상생활에서 빈번히 행하여지는 각종 영업행위 내지 직업행위에 의하여 발생하는 營業者 및 專門職業人의 請求權과 이자·연금 등의 定期的 反復給付에 대한 請求權에 대해서는 이미 民法總則 消滅時效의 章에서 2년 내지 4년의 特別消滅時效(Sonderverjährung)를 인정하고 있으며,[7] 특히 契約擔保責任[8]과 不法行爲責任[9]에 관하여는 별도의 소멸시효규정을 두고 있다. 그 밖에도 소멸시효와 관련한 많은 특별규정들이 債權[10]·物權[11]·家族[12]·相續[13]의 民法各則에 산재해 있을 뿐만 아니라 商法 등 약 80여개의 각종 法律에 소멸시효에 관한 약 130여개의 規定들이 존재하고 있는 실정이다.[14] 그런데 소멸시효에 관한 이러한 규정들은 개별적인 관련 法制度의 역사적 발전과정에서 산발적으로 생성된 歷史的 副産物에 불과하므로, 消滅時效

---

6) § 195 BGB a. F.

7) §§ 196, 197 BGB a.F.

8) §§ 477 (賣渡人의 擔保責任 - 동산인도 또는 부동산양도 후 6월/1년), 490 (賣渡人의 瑕疵損害賠償責任 - 담보기간경과 후 6주), 638 (受給人의 擔保責任 - 목적물검수 후 6월/1년/5년), 651g II (旅行主催者의 擔保責任 - 여행종료 후 6월) BGB a.F.

9) §§ 852 (不法行爲責任 - 손해 및 가해자에 대한 認知 후 3년/ 加害行爲 후 30년), 853 (不法行爲에 의하여 취득한 債權에 대한 惡意의 抗辯 - 시효완성 후에도 가능) BGB a.F.

10) 예컨대 §§ 558 (使用賃貸借 - 6월), 581 II (用益賃貸借 - 558조 준용), 606 (使用貸借 - 6월), 758 (共同契約解消請求權 - 시효없음), 786 (指示受領人의 請求權 - 3년), 801 I 2 (無記名債權證書에 기한 請求權 - 변제기로부터 30년/증서제출시 제출기간종료 후 2년), 804 I 3 (利子證券 등의 분실·파기 신고시 支給請求權 - 제시기간 경과 후 4년) BGB a.F.

11) 예컨대 §§ 898 (登記訂正請求權 - 시효없음), 902 (登記된 權利에 기한 請求權 - 시효없음), 924 (相隣關係에 기한 請求權 - 시효없음), 1057 (用益權者에 대한 所有者의 損害賠償請求權 등 - 6월), 1226 (質權者에 대한 所有者의 損害賠償請求權 등 - 6월) BGB a.F.

12) 예컨대 §§ 1302 (約婚解除로 인한 損害賠償請求權 등 - 약혼해소 후 2년), 1378 IV (配偶者의 增加財産均分請求權 - 3년/30년), 1390 III (增加財産의 無償取得者에 대한 返還請求權 - 3년), 16151 IV (婚外의 子를 양육하는 父母 一方의 他方에 대한 扶養請求權 - 출생 후 翌年부터 기산하여 4년) BGB a.F.

13) 예컨대 §§ 2287 II (被贈與者에 대한 約定相續人의 不當利得返還請求權 - 3년), 2332 (遺留分請求權 - 3년) BGB a.F.

14) Abschlußbericht der Kommission zur Überarbeitung des Schuldrechts, Bonn 1991, S. 29. 이에 대한 상세한 내용은 *Peters/Zimmermann*, Verjährungsfristen, in: Gutachten und Vorschläge zur Überarbeitung des Schuldrechts, Bd. I, Köln 1981, S. 149 ff.

法을 통일적으로 파악할 수 있는 內的 體系가 결여되어 있음은 재론을 요하지 않는다. 그러므로 법률전문가의 경우에도 6주에서 30년의 기간에 걸쳐있는 각종 消滅時效期間[15]과 상이한 起算方法 및 특별한 停止事由 등을 완전히 파악할 수 없는 지경에 이르게 되었다.[16]

물론 消滅時效期間은 除斥期間, 解止期間, 取得時效期間 등과 마찬가지로 論理的 法理에 따라 정해지는 것이 아니라 立法者의 決斷에 의하여 정해지는 것이므로 歷史的 性格이 강하다. 그러나 消滅時效制度의 目的과 機能은 권리자와 의무자의 이해관계를 적절히 조화하는 차원에서 일정한 기간이 경과하면 권리의 강제적 실현가능성을 배제하여 法的 安定性을 도모하고 나아가 法的 平和의 조성에 기여하는 데 있다 할 것이므로,[17] 너무나 복잡·다양한 규정들로 말미암아 原則과 例外가 顚倒되는 상황에 이르러서는 오히려 消滅時效制度의 逆機能만 두드러지게 될 것이다. 더욱이 독일민법전이 제정된 이래 많은 시간이 흐름에 따라 소멸시효에 관한 규정들은 변화된 사회적 현실을 적절히 반영하지 못하는 것으로 노화되었다. 그리하여 원래 日常生活에서 빈번히 행해지는 去來行爲의 法的 安全性을 도모하기 위해 마련된 民法總則상의 短期消滅時效規定[18]에서 17개 항목에 걸쳐 나열된 각종 營業行爲와 職業行爲들은 현금의 사회적 현실과 괴리된 것으로 인식될 뿐만 아니라, 賣渡人과 受給人의 擔保責任에 대한 6월의 短期消滅時效期間은 너무 짧은 반면에 30년의 一般消滅時效期間은 너무 길다는 비판이 제기되었다.[19]

그런데 이러한 消滅時效制度의 體系的 缺陷은 비단 消滅時效法에 국한되지 아니하고 民事責任法 전반에 걸쳐 불필요한 混亂을 가중시킨다는 점에 그 문제의 심각성이 있다 하겠다. 즉 消滅時效의 期間, 始期, 進行 등에 관한 體系와 價値基準이 결여된 상황하에서 獨逸의 判例는 개별적 사안의 구체적 타당성을 도모하기 위하여 거의 자의적인 것으로 판단되는

15) 이에 관한 槪觀은 *Feldmann*, Münchner Kommentar, Bd. 1, 3. Aufl. München 1993, § 195 Rdn. 2-13 참조.
16) *Schmidt-Räntsch*, Das neue Schuldrecht, Köln 2002, Rdn. 36.
17) MünchKomm/*Feldmann*, § 194 Rdn. 6.
18) 전게 주 7 참조.
19) BT-Drucksache 14/6040, S. 101 f.; *Schmidt-Räntsch*, aaO. Rdn. 8.

短期消滅時效의 적용을 회피할 목적으로 민사책임법의 적용과 해석에 있어 모호한 개념의 구별과 무리한 법리의 전개를 감행하였다. 그리하여 예컨대 설명의무·자문의무·조사의무 등 契約의 附隨的 履行義務(Nebenleistungspflicht)의 위반이 있는 경우, 한편으로는 매매·도급 등의 해당 계약과 별도의 諮問契約(Beratungsvertrag)이 체결된 것으로 해석하여 一般消滅時效를 적용하기도 하고,[20] 다른 한편으로는 瑕疵와 관련된 附隨的 義務(mangelbezogene Nebenpflicht)와 瑕疵와 무관한 附隨的 義務(mangelunabhängige Nebenpflicht)를 구별하여 하자와 무관한 부수적 의무의 위반이 있는 경우에만 積極的 債權侵害(positive Forderungsverletzung)나 契約締結상의 過失(culpa in contrahendo)을 인정하고 이에 대해 一般消滅時效를 적용하고 있다.[21] 그리고 이 경우 하자와 관련된 또는 하자와 무관한 부수적 의무의 경계를 정함에 있어 瑕疵의 개념,[22] 특히 物件의 狀態(Beschaffenheit)의 개념을 혹는 넓게 해석하기도 하고 혹은 좁게 해석하기도 한다.[23] 또한 契約의 主된 履行義務(Hauptleistungspflicht)의 위반이 있는 경우 하자로 인하여 발생한 손해가 목적물 자체에 국한된 瑕疵損害(Mangelschäden)인가 목적물 이외의 법익에 발생한 瑕疵結果損害(Mangelfolgeschäden)인가를 구별하여 후자에 대해서만 원칙적으로 積極的 債權侵害의 성립을 인정하면서, 賣買의 경우에는 積極的 債權侵害에 의한 瑕疵結果損害의 賠償請求權에 대하여 擔保責任의 短期消滅時效를 적용하고[24], 都給의 경우에는 이러한 경우 一般消滅時效를 적용하고 있다.[25] 그리고 賣買의 경우 원칙적으로 瑕疵結果損害에 대해서만 不法行爲責任의 성립가능성을 인정하면서도, 瑕疵損害가 위험이전의 당시에 目的物에 이미 존재한 瑕疵反價値(Mangelunwert)의 범위를 현저히 초과하는 경우 소

20) 예컨대 BGH NJW 1958, 866; NJW 1999, 3192; BGHZ 140, 111.

21) 예컨대 BGHZ 49, 350; BGH NJW 1971, 424.

22) 獨逸의 判例는 物件의 事實的 狀態(Ist-Beschaffenheit)와 當爲的 狀態(Soll-Beschaffenheit)의 상치로 말미암아 계약목적물의 交換價値 또는 使用價値가 감소될 때 物件의 瑕疵가 있다고 본다 (BGHZ 98, 104).

23) 예컨대 BGHZ 52, 51; BGH NJW 1970, 653; BGHZ 107, 249 - BGH NJW 1978, 1429; NJW 1989, 218.

24) 예컨대 BGHZ 60, 9; 66, 315; BGH NJW 1973, 276.

25) 예컨대 BGHZ 35, 130; 87, 239; BGH NJW 1983, 2439.

위 瑕疵波及損害(Weiterfresserschäden)가 발생한 것으로 보아 예외적으로 所有權侵害로 인한 不法行爲責任을 인정함으로써 不法行爲責任의 消滅時效를 적용하는가 하면,[26] 都給의 경우에는 瑕疵結果損害를 다시 하자와 근접한 瑕疵結果損害(nahe Mangelfolgeschäden)와 하자와 격리된 瑕疵結果損害(entfernte Mangelfolgeschäden)로 구별하여 전자에 대해서는 擔保責任의 短期消滅時效를 적용하고 후자에 대해서만 一般消滅時效를 적용하고 있다.[27] 또한 種類債務의 경우 瑕疵있는 物件의 이행과 他種類의 物件(Aliud)의 이행을 구별함에 있어 種類(Gattung)의 개념을 비교적 엄격히 해석함으로써 瑕疵있는 物件의 이행이 아닌 잘못된 이행(Falschlieferung)을 넓게 인정하고 이에 대하여 一般消滅時效를 적용하고 있으며,[28] 權利의 瑕疵(Rechtsmangel)와 物件의 瑕疵(Sachmangel)의 구별이나 매매·임대차·도급·고용 등의 契約類型과 관련한 契約의 性質決定(Qalifikation)에 대한 여러 判例들도 소멸시효의 문제를 염두에 둔 것으로 평가되고 있다.[29]

이와 같이 消滅時效法의 體系的 缺陷과 함께 야기된 民事責任法의 昏迷狀況에 대한 비판적 인식이 확산됨에 따라 이미 1970년대 후반부터 시작된 聯邦法務省의 債權法改正을 위한 準備作業에서부터 消滅時效制度의 再整備를 위한 意見書가 위촉되었으며,[30] 1991년에 제출된 債權法改正委員會의 最終報告書도 消滅時效法의 全面改正을 권고하기에 이르렀다.[31] 그러나 獨逸의 統一에 따른 立法課題의 優先順位가 變更됨에 따라 채권법의 개정작업과 함께 소멸시효법의 개정작업도 휴면상태에 들어갔지만, 1999년 유럽聯合의 消費財賣買에 관한 立法指針[32]이 나오면서 채권법의 개정작업이 급속한 속도로 추진되어 2001년 10월 11일에 소위 債

26) 예컨대 BGHZ 67, 359; 117, 189; 138, 230.
27) 예컨대 BGHZ 58, 85; 67, 1; BGH NJW 1982, 2244; WM 1996, 1785.
28) 예컨대 BGH NJW 1975, 2011.
29) *Peters/Zimmermann*, aaO. S. 197 ff.
30) *Peter/Zimmermann*, aaO.
31) Abschlußbericht der Kommission zur Überarbeitung des Schuldrechts, Bonn 1991, S. 42 ff.
32) Richtlinie 1999/44/EG des Europäischen Parlaments und Rates vom 25. 5. 1999 zu bestimmten Aspekten des Verbrauchsgüterkaufs und der Garantie für Verbrauchsgüter (ABl. EG Nr. L 171 vom 7. 7. 1999, S. 12).

權法의 現代化를 위한 法律案[33]이 聯邦議會를 통과함에 따라 消滅時效法의 全面改正이 이루어지게 되었다.

Ⅱ. 改正作業의 經過

1. 從前의 改正狀況

獨逸民法의 消滅時效에 관한 總則規定은 민법전제정 이후 이번의 채권법개정이 이루어 질 때까지 모두 8회에 걸쳐 改正된 바 있으나,[34] 모두 다른 法律 특히 民事節次法規의 개정과 동시에 행해진 용어의 추가・변경이나 표현의 수정에 불과하며, 이 중에서 1924년의 法律[35]에 의하여 提訴前和解의 신청을 消滅時效의 中斷事由[36]로 추가한 것과 1998년의 法律[37]에 의하여 未成年者扶養義務의 확정을 위한 簡易節次상의 청구권의 신고를 消滅時效의 中斷事由[38]로 추가한 것이 비교적 의미가 있을 뿐이다. 따라서 이번의 消滅時效法의 개정은 민법이 제정된 이래 최초로 행하여지는 全面改正이라는 점에서 그 의의가 크다 하겠다.

2. *Peters/Zimmermann* 意見書

債權法의 現代化를 위한 準備作業의 일환으로 獨逸聯邦法務省은 1979년부터 총 24개의 專門意見書를 사계의 전문가들에게 의뢰하고, 그 결과를 2차에 걸쳐 공개하였다.[39] 消滅時效制度는 비록 民法總則에서 규율되

33) Entwurf des Gesetzes zur Modernisierung des Schuldrechts (BT-Drucksache 14/6040).

34) Staudinger BGB-Synopse 1896-1998, Berlin 1998, S. 92-111.

35) Verordnung über das Verfahren im bürgerlichen Rechtsstreitigkeiten vom 13. 2. 1924 (BGBl. I 135, 148).

36) § 209 II Nr. 1a BGB a.F.

37) Gesetz zur Vereinheitlichung des Unterhaltsrechts minderjähriger Kinder vom 6. 4. 1998 (BGBl. I 666).

38) § 209 II Nr. 1b BGB a.F.

39) Gutachten und Vorschläge zur Überarbeitung des Schuldrechts, Bd. I/II,

고 있지만 각종 債權關係, 특히 契約責任 및 不法行爲責任의 法理形成에 미치는 영향이 사실상 심대하고 또 그 改正의 必要性이 절실하다는 점을 감안하여 형식상 債權法 이외의 주제로는 유일하게 專門意見書가 작성되었다.[40]

당시 Hamburg대학교에 재직 중이었던 Frank Peters 교수와 Reinhard Zimmermann 교수가 작성한 消滅時效에 대한 意見書[41]는 현행법상의 소멸시효제도의 문제점들을 세밀히 검토한 후,[42] 단순하고 명백한 消滅時效制度의 정립을 위하여 기존의 特別消滅時效에 관한 많은 例外規定들을 통폐합하고 가능한 한 統一的인 一般消滅時效制度를 확립할 것을 주창하면서,[43] 이를 위하여 현행의 一般消滅時效期間을 대폭 단축함과 동시에 기존의 消滅時效制度의 客觀的體系(objektives System)를 포기하고 主觀的 體系(subjektives System)를 도입할 것을 건의하였다. 즉 이들이 제출한 消滅時效法改正案[44]에 따르면, 通常의 消滅時效期間(regelmäßige Verjährungsfrist)을 2년으로 정하고,[45] 請求權의 履行期(Fälligkeit)가 도래한 때로부터 消滅時效의 진행이 始作되지만,[46] 請求權者가 중대한 과실이 없이 債務者나 請求權의 내용 내지 그 法的 根據를 알지 못한 때에는 消滅時效의 진행이 停止되며,[47] 이러한 消滅時效의 停止(Hemmung)가 있는 경우에도 消滅時效의 最長期間(Höchstdauer)을 10년으로 정하여 이 기간이 경과하면 청구권자의 주관적 인식 내지 인식가능성을 불문하고 消滅時效가 完成되는 것으로[48] 현행 消滅時效法을 전면 개정하여야 한다고 한다.

Bonn 1981; Bd. III, 1983.

40) AaO. Bd. I, Einleitung (S. XVIII f.).

41) *Peters/Zimmermann*, Verjährungsfristen, in: Gutachten und Vorschläge zur Überarbeitung des Schuldrechts, Bd. I, Köln 1981, S. 77-373.

42) *Peters/Zimmermann*, aaO. S. 186 ff.

43) *Peters/Zimmermann*, aaO. S. 288 ff.

44) *Peters/Zimmermann*, aaO. S. 315 ff.

45) § 195 I des Entwurfs.

46) § 196 I des Entwurfs.

47) § 199 des Entwurfs.

48) § 208 des Entwurfs.

3. 債權法改正委員會의 改正案

獨逸의 聯邦法務省은 1984년 13명의 실무자와 4명의 학자[49]로 구성된 債權法改正委員會를 신설하여 그 동안의 준비작업을 토대로 債權法改正案을 마련해 줄 것을 위촉하였다. 그러나 당초의 의도와는 달리 개정이 시급한 것으로 사료되는 3대 분야, 즉 給付障碍法(Leistungsstörungsrecht), 매매 및 도급계약의 擔保責任法(Gewährleistungsrecht)과 消滅時效法(Verjährungsrecht)에 국한하여 改正案을 마련해 줄 것을 부탁하였다.[50] 이 委員會는 이미 제출된 전문의견서들을 면밀히 검토한 후 22회의 회의를 거쳐 1991년 상술한 세 분야의 改正案과 理由書를 포함한 最終報告書(Abschlußbericht)를 마련하여 연방법무성에 제출하였으며, 이러한 작업 결과는 1992년 책자로 간행된 바 있다.[51]

이 委員會는 Peters 교수와 Zimmermann 교수가 공동으로 작성한 意見書를 검토한 결과 이들이 주장하는 것처럼 消滅時效制度의 主觀的 體系를 도입하는 것은 바람직하지 않다는 결론에 도달하였다. 왜냐하면 이들의 改正案에 따르면 請求權者의 主觀的 認識 내지 認識可能性이 있는 경우에만 消滅時效의 진행이 시작될 수 있으므로, 債務者가 消滅時效의 抗辯을 제기하는 경우 청구권자가 과연 채무자와 청구권의 대상 및 그 법적 근거를 알고 있었는가의 여부와 언제부터 청구권자가 그러한 사실을 알고 있었는가 혹은 자신의 중대한 과실로 인하여 그러한 사실를 모르고 있었는가의 여부가 결국 訴訟上 爭點으로 부각될 터인데, 이러한 쟁점사실들은 대부분 請求權者의 支配領域에 속하는 사실이므로 청구권자가 자신에게 불리한 사실을 은익할 경우 채무자의 지위는 대단히 불안해진다는 것이다. 뿐만 아니라 賣買나 都給契約의 擔保責任의 消滅時效를 규율함에 있어 청구권자의 주관적 사정을 고려한다는 것은 담보책임제도의 취지에

---

49) Uwe Diederichsen, Hein Kötz, Dieter Medicus, Peter Schlechtriem.

50) Abschlußbericht der Kommission zur Überarbeitung des Schuldrechts, Bonn 1992, S. 15.

51) AaO.

비추어 불가능하다는 것이다.[52)]

이리하여 債權法改正委員會가 새로이 마련한 消滅時效法改正案은 종래의 客觀的 體系를 그대로 유지하고 있다. 즉 이 委員會案(Kommissionsentwurf)은 우선 契約에 기한 請求權과 法律에 기한 請求權을 구분하고, 約定請求權의 경우에는 3년,[53)] 法定請求權의 경우에는 10년[54)]의 一般消滅時效期間을 규정하면서, 그 始期를 모두 請求權의 履行期로 정하고 있다.[55)] 다만 不法行爲責任의 消滅時效에 관한 종래의 규정(§ 852 BGB a.F.)은 지금까지의 적용경험에 비추어 아무런 문제가 없었으므로 이를 그대로 유지하되 危險責任의 消滅時效도 동시에 포괄하여 규정하고 있으며,[56)] 約定請求權과 法定請求權이 경합하는 경우에는 約定請求權의 消滅時效가 우선적으로 적용되는 것으로 규정하고 있다.[57)] 그러나 生命·身體·健康·自由의 侵害로 인한 損害賠償請求權의 경우에는 그 法的 根據를 불문하고 請求權者가 損害와 債務者를 認知한 때로부터 3년, 請求權者의 主觀的 認識과 상관없이 30년이 경과하면 消滅時效가 完成된다는 예외규정을 두고 있다.[58)]

그러나 이 委員會案이 발표된 후 많은 批判이 제기되었는 데,[59)] 특히 모든 約定請求權의 消滅時效期間을 3년으로 규정하여 契約상의 擔保責任, 履行請求權 및 損害賠償請求權의 消滅時效期間을 일률적으로 정하는 것은 무리이며, 따라서 擔保責任의 消滅時效期間은 너무 길고 損害賠償請求權의 消滅時效期間은 너무 짧다는 것이 그 批判의 핵심을 이루고 있다.

4. 聯邦法務省의 討議案

1999년 5월 유럽聯合의 消費財賣買立法指針(Verbrauchsgüterkauf-Richt-

---

52) Abschlußbericht, S. 35 f.
53) § 195 I BGB-KE.
54) § 198 BGB-KE.
55) §§ 196 I, 198 BGB-KE.
56) § 199 I BGB-KE.
57) § 200 BGB-KE.
58) § 201 BGB-KE.
59) 이에 관해여는 BT-Drucksache 14/6040, S. 102 f. 참조.

linie)[60]이 나옴에 따라 유럽聯合의 각 회원국이 消費財賣買와 관련한 擔保責任의 消滅時效期間을 2년 이상으로 규정하는 立法을 하여 이를 2002년 1월 1일부터 施行하여야 할 의무가 발생하자,[61] 獨逸의 聯邦法務省은 이러한 입법이 계약법 전반에 미칠 영향을 감안하여 이를 特別法으로 규정하지 아니하고 차제에 채권법 전반을 현대화하기로 내부적 방침을 정하고, 1991년에 이미 마련된 債權法改正委員會의 最終報告書를 토대로 하여 2000년 8월에 소위 債權法現代化法律의 討議案(Diskussionsentwurf des Schuldrechtsmodernisierungsgesetzes)을 마련하였다.[62]

이 討議案은 委員會案을 토대로 작성된 것이므로 消滅時效法에 있어서도 委員會案의 소위 客觀的 體系를 그대로 유지하고 있지만, 그 동안 논란이 많았던 約定請求權과 法定請求權의 구별을 포기하고 모든 請求權에 대하여 통일적으로 3년의 一般消滅時效期間을 규정하고 있다.[63] 다만 不法行爲責任의 消滅時效와 生命·身體·健康·自由의 侵害로 인한 損害賠償請求權의 消滅時效에 관해서는 委員會案을 그대로 따르고 있다.[64]

5. 聯邦法務省의 修正案

聯邦法務省이 2000년 8월에 마련한 討議案(Diskussionsentwurf)에 대하여 學界의 강한 批判[65]이 제기되자 연방법무성은 2001년 1월 給付障碍

60) 전게 주 32 참조.

61) Richtlinie 1999/44/EG Art. 11 I.

62) 이 討議案은 상술한 消費財賣買立法指針 이외에 商去來상의 支拂延滯防止를 위한 立法指針(Richtlinie 2000/35/EG des Europäischen Parlaments und Rates vom 29. 6. 2000 zur Bekämpfung von Zahlungsverzug im Geschäftsverkehr, ABl. EG Nr. L 200 S. 35)과 電子商去來立法指針(Richtlinie 2000/31/EG des Europäischen Parlaments und Rates vom 8. 6. 2000 über bestimmte rechtliche Aspekte der Dienste der Informationnnnsgesellschaft, insbesondere des elektronischen Geschäftsverkehrs im Binnenmarkt, AGBl. EG Nr. L 178 S. 1)도 채권법개정의 이유로 들고 있다. Diskussionsentwurf, S. 3, Fn. 1.

63) § 195 BGB-DiskE.

64) § 200 I, II BGB-DiskE.

65) *Ernst/Zimmermann*, Zivilrechtswissenschaft und Schuldrechtsreform (Regensburger Symposium „Schuldrechtsmodernisierung 2001“ am 17./18. 11. 2000), Tübingen 2001. 消滅時效法에 대해서는 *Mansel*, Die Reform des Verjährungsrechts, aaO. S. 333 ff. 참조.

法의 검토를 위한 委員會와 消滅時效法, 賣買·都給契約法, 消費者保護法 등의 검토를 위한 實務作業班들을 만들어 討議案의 내용을 재검토하도록 한 후 그 결과를 반영하여 2001년 3월 소위 討議案修正本(Konsolidierte Fassung des Diskussionsentwurfs)을 마련하였다.66) 그런데 이 修正案은 消滅時效法에 있어 委員會案이나 討議案의 내용과는 달리 소멸시효제도의 客觀的 體系를 포기하고 主觀的 體系로 전환된 내용으로 작성되었다. 즉 修正案은 請求權의 一般消滅時效期間을 3년으로 정하고,67) 請求權의 履行期가 도래한 때로부터 消滅時效가 진행되는 것으로 하면서,68) 청구권자가 청구권의 기초가 되는 제반 사정과 채무자의 신원을 인지하거나 중대한 과실로 인하여 인지할 수 없었을 때로부터 1년이 경과할 때까지 消滅時效의 完成이 유예되는 것으로 규정하고 있다.69) 그러나 ① 生命·身體·健康·自由의 侵害로 인한 請求權의 경우 加害行爲 또는 危險實現의 때로부터 30년, ② 債權關係상의 義務違反으로 인한 請求權의 경우에는 義務違反의 때로부터 30년 또는 消滅時效의 始期로부터 10년, ③ 기타의 請求權의 경우에는 消滅時效의 始期로부터 10년이 경과하면 이러한 消滅時效의 完成猶豫(Ablaufhemmung)는 終了되는 것으로 규정하고 있다.70) 그러나 賣買나 都給의 擔保責任에 대해서는 이러한 消滅時效의 完成猶豫를 적용하지 아니함으로써71) 그 客觀的 體系를 유지하고 있다.

6. 政府案

상술한 修正案에 대한 學界의 批判72)이 그치지 않음에도 불구하고 聯邦法務省는 유럽聯合의 立法指針의 時限을 지켜야 한다는 명목 하에73)

---

66) 消滅時效法의 修正案은 2001년 2월 7일에 작성되었다.
67) § 195 BGB-KF.
68) § 200 S. 1 BGB-KF.
69) § 202 I BGB-KF.
70) § 202 III BGB-KF.
71) § 202 II BGB-KF.
72) *Leenen*, Die Neuregelung der Verjährung (Refarat auf der Sondertagung der Zivilrechtslehrervereinigung am 30./31. 3. 2001), JZ 2001, 552 ff. m.w.N.
73) *Geiger*, Einführung: Zum Stand der Gesetzgebungsverfahrens, JZ 2001, 473 f.

그 동안의 批判을 감안하여 修正案을 다시 한번 수정한 法案을 마련하여 이를 2001년 5월 聯邦參政院(Bundesrat)에 債權法의 現代化를 위한 法律의 政府案(Regierungsentwurf)[74]으로 제출함과 동시에 聯邦議會(Bundestag)에 與黨案(Fraktionsentwurf)[75]으로 상정하였다. 이 政府案은 종전의 修正案과는 달리 청구권자의 주관적 인식 내지 인식가능성을 소멸시효의 完成猶豫要件으로 구성하지 아니하고 이를 소멸시효의 進行開始要件으로 구성함으로써[76] 소멸시효법의 主觀的 體系를 보다 강화하고 있으며, 이는 그 사이에 작성된 유럽契約法의 基本原則을 마련하고 있는 소위 Lando委員會가 작성한 소멸시효법이 주관적 체계에 입각해 있는 것에 영향을 받은 것으로 보인다.[77] 그리고 政府案은 討議案修正本의 體系的 缺陷에 대한 그 동안의 學界의 批判을 감안하여 客觀的 體系를 유지하고 있는 擔保責任의 消滅時效를 종전과 같이 民法總則에서 규정하지 아니하고 이를 債權各論에서 규율하고 있다.[78] 한편 聯邦議會의 法司委員會는 이 政府案의 내용을 검토하면서 消滅時效의 始期를 청구권자가 청구권의 기초가 되는 제반 사정을 인지하거나 중대한 과실로 인지할 수 없었을 때로 정할 경우 消滅時效의 始期가 분명히 확정되지 아니하여 法的 安全性을 해칠 우려가 있다는 批判을 감안하여 청구권자의 인식 내지 인식가능성이 있었던 해가 종료한 때로부터 소멸시효의 진행이 시작되는 것으로 하는 소위 翌年起算消滅時效(Ultimoverjährung 또는 Jahresschlußverjährung)의 방법을 채택하였다.[79] 이렇게 하여 法司委員會의 의결추천을 받은 政府案은 2001년 10월 11일 聯邦議會의 의결을 통하여 「債權法의 現代化를 위한 法律」(Gesetz zur Modernisierung des Schuldrechts)로 확정되었고, 동년 11월 29일 법률로 공포되었으며,[80] 2002년 1월 1일부터 시행되

---

74) BR-Drucksache 338/01 (= BT-Drucksache 14/6040).
75) BT-Drucksache 14/6040.
76) § 199 I BGB-RegE.
77) 그러나 유럽契約法의 基本原則(Principles of European Contract Law)은 請求權者의 不知를 消滅時效의 停止事由로 규정하고 있다. PECL Art. 14:301 (ex 17:105) 참조.
78) §§ 438, 643a BGB-RegE.
79) Beschlußempfehlung des Rechtsausschusses (BT-Drucksache 14/7052), S. 180.
80) BGBl. I, 3138.

게 되었다.[81]

Ⅲ. 一般消滅時效

1. 一般消滅時效의 二重構造

獨逸의 改正民法은 特別消滅時效(Sonderverährung)가 적용되지 아니하는 모든 請求權의 一般消滅時效(Regelverjährung)를 규정함에 있어 消滅時效期間을 종전의 30년에서 3년으로 대폭 단축하고 있지만,[82] 이전과는 달리 소위 消滅時效法의 主觀的 體系를 채택하여 청구권의 기초가 되는 제반사정과 채무자의 신원에 대한 請求權者의 認知 내지 중대한 과실로 인한 不知의 사실이 있는 해가 종료한 때로부터 消滅時效期間이 始作되는 것으로 규정하고 있다.[83] 그런데 청구권자의 주관적 인식 내지 인식가능성이 없는 경우에도 消滅時效의 始期를 무한히 연기할 수는 없는 것이므로, 청구권자의 주관적 사정과 상관없이 일정한 기간(10년 또는 30년)이 경과하면 소멸시효가 완성되는 것으로 하는 보충규정을 두고 이를 一般消滅時效의 最長期間(Höchstfrist)이라고 명명하고 있다.[84] 그러므로 독일 改正民法상의 一般消滅時效는 청구권의 기초가 되는 제반사정에 대한 請求權者의 認識 내지 認識可能性을 전제로 하는 主觀的 短期消滅時效(subjektive Kurzverjährung)와 그러하지 아니한 客觀的 長期消滅時效(objektive Langverjährung)의 二重構造를 갖추고 있다 하겠다.[85]

이와 같은 一般消滅時效는 契約에 기한 履行請求權과 損害賠償請求權에 대해서는 물론 法律에 기한 각종 請求權, 특히 不當利得의 返還請求權과 不法行爲에 기한 損害賠償請求權에 대하여 동일하게 적용된다.

---

81) 동 법률 Art. 9 Abs. 1 S. 3 참조.
82) § 195 BGB n.F.
83) § 199 I BGB n.F.
84) § 199 II~IV BGB a.F.
85) *Lorenz/Riehm*, Lehrbuch zum neuen Schuldrecht, München 2002, Rdn. 36.

2. 主觀的 短期消滅時效

改正民法이 3년으로 단축한 一般消滅時效의 通常期間(Regelfrist)은 상술한 바와 같이 請求權이 成立한 사실과 청구권의 기초가 되는 제반사정 및 채무자의 신원을 請求權者가 認知하거나 중대한 과실로 인하여 不知한 사실이 있는 해가 종료한 때로부터 시작된다.[86]

여기서 **請求權의 成立**이라 함은 請求權이 처음으로 행사될 수 있는 상태를 의미한다고 이해하여야 할 것이므로, 舊民法 제198조의 해석에 있어서와 마찬가지로[87] 請求權의 履行期가 도래한 때를 청구권이 성립한 때로 해석하여야 할 것이다.[88] 따라서 停止條件附 請求權이나 許可를 요하는 法律行爲에 기한 請求權의 경우에는 조건의 성취 내지 허가의 부여를 기준으로 판단해야 할 것이다. 그리고 不作爲請求權의 경우에는 違反行爲가 있을 때를 청구권이 성립한 때로 본다.[89]

그리고 청구권의 기초가 되는 **諸般事情의 認知**는 그러한 사정에 속하는 事實의 認識을 의미한다고 이해하여야 할 것이므로, 청구권자가 그러한 사실을 인지하고 있었음에도 불구하고 法의 錯誤(Rechtsirrtum)가 있어 그러한 사실로부터 법적으로 잘못된 결론을 도출한 경우에도 이러한 법적 착오가 消滅時效의 始期에 아무런 영향을 미치지 않는다고 해야 할 것이다.[90] 한편 諸般事情의 認知는 모든 사실의 인식을 의미하는 것이 아니라 청구권의 성립 및 그 행사 여부를 판단함에 必要한 事實의 認識을 의미하므로, 契約의 履行請求權의 경우에는 계약을 체결한 당사자인 청구권자가 통상적으로 계약의 내용과 그 상대방을 알고 있을 것임에 비추어 諸般事情의 認知는 별로 문제되지 않을 것이다. 따라서 契約의 履行請求權의 경우에는 주로 請求權의 成立만이 문제된다 하겠다. 또한 代理人의 認

---

86) § 199 I BGB n.F.

87) BGHZ 53, 222 = NJW 1970, 938; MünchKomm/*Feldmann*, § 198 Rd. 1.

88) *Wendtland*, Verjährung von Ansprüchen, in: *Haas/Medicus/Rolland/Schäfer/Wendtland*, Das neue Schuldrecht, München 2002, Rdn. 10.

89) § 199 V BGB n.F.

90) *Lorenz/Riehm*, aaO. Rd. 50.

識을 本人에게 歸屬시키는 독일민법 제166조를 代理人 이외의 補助者에게 준용하는 소위 "認識代理人"(Wissensvertreter)의 法理는 舊民法 제852조의 경우와 마찬가지로 改正民法 제199조의 경우에도 그대로 적용된다고 보아야 할 것이다.91) 그리고 損害賠償請求權의 경우 損害에 대한 認知가 특히 문제될 수 있는 바, 이를 위하여 舊民法 제852조의 해석을 통하여 성립된 "損害統一의 原則"(Grundsatz der Schadenseinheit)을 그대로 적용할 수 있을 것으로 생각된다.92) 따라서 損害賠償請求權의 消滅時效期間이 시작되기 위하여 加害行爲 내지 義務違反行爲로 인하여 발생할 모든 損害를 청구권자가 인식해야 할 필요는 없으며, 이미 발생한 어떤 損害를 청구권자가 인식함으로써 가해자 내지 의무위반자에게 장차 발생할 損害에 대해서도 賠償責任을 추궁할 수 있거나 將來損害의 賠償責任에 대한 確認의 訴를 제기할 수 있을 만큼 損害에 대한 인식이 있으면 충분하다 할 것이다. 다만 전혀 예견할 수 없었던 後發損害(Spätschäden)에 대해서는 損害統一의 原則을 적용할 수 없을 것이므로, 이러한 後發損害에 대한 賠償請求權의 消滅時效는 독자적으로 진행된다 하겠다.93)

그리고 **重過失에 의한 不知**는 이 규정의 요건상 諸般事實의 認知와 대등하게 규정되어 있으므로 認知와 동일하게 法的으로 評價될 만큼 不知者의 重大한 過失이 요구된다 할 것이다. 따라서 舊民法 제852조의 내용과 비교해 볼 때 重過失로 인한 不知의 요건이 추가됨으로써 消滅時效의 開始要件이 실질적으로 완화되었다고 해석할 것이 아니라, 認知에 대한 立證의 어려움을 감안하여 立證技術的 次元에서 이 요건이 추가된 것이라고 이해하여야 할 것이다.94) 그러므로 自己의 事務에 대하여 통상적으로 기울이는 注意의 怠慢이 重大한 過失이라는 민법상의 정의규정95)을 형식적으로 적용하는 경우에도 소멸시효기간의 시기에 관한 이 조문 본래의 취지를 감안하여 認知의 故意的 回避와 다름없는 것으로 평가될 만큼 심각한 認識의 缺如가 있어야 重大한 過失이 있다고 할 것이며, 단순히 認識

91) *Wendtland*, aaO. Rdn. 22.
92) *Lorenz/Riehm*, aaO. Rd. 51.
93) *Lorenz/Riehm*, aaO. Rd. 51.
94) *Wendtland*, aaO. Rdn. 17 f.
95) § 277 BGB.

의 合理性만을 기준으로 판단할 것은 아니라 하겠다.[96]

이상과 같은 主觀的 短期消滅時效의 開始要件에 대한 **立證責任**(Beweislast)은 債務者가 부담한다. 이 경우 請求權者의 主觀的 事情에 관한 立證責任을 債務者가 부담한다는 것은 일견 형평에 맞지 않는 것으로 보일 수 있겠다. 그러나 消滅時效의 抗辯을 제기하는 채무자는 이미 법적으로 유효하게 성립한 자신의 의무이행을 거절하고 타인의 권리행사를 부인할 목적으로 자신의 이익을 위하여 소멸시효의 완성을 주장하는 것이므로 請求權者의 主觀的 事情에 대하여 債務者가 立證責任을 부담하는 것이 형평에 어긋난다 할 것은 아니라고 하겠다.[97]

마지막으로 請求權의 成立과 청구권의 기초가 되는 諸般事情 및 債務者에 대한 債權者의 認知 내지 重過失에 의한 不知의 사실이 인정되는 경우 主觀的 短期消滅時效는 이러한 사실이 있은 해가 종료한 때부터, 즉 다음해 1월 1일부터 진행된다는 점을 유의하여야 한다(소위 **翌年起算消滅時效** - Ultimoverjährung 또는 Jahresschlußverjährung).

3. 客觀的 長期消滅時效

상술한 主觀的 短期消滅時效 이외에 獨逸의 改正民法은 客觀的 長期消滅時效를 규정함으로써 消滅時效法의 主觀的 體系를 보완하고 있다. 즉 改正民法은 우선 일반소멸시효의 대상이 되는 모든 請求權을 損害賠償請求權과 그 밖의 請求權으로 구분하고, 전자를 다시 生命・身體・健康・自由의 侵害로 인한 損害賠償請求權과 기타의 損害賠償請求權으로 구별하여, 각각의 경우 일정한 最長期間(Höchstfrist)이 경과하면 請求權者의 主

96) 유럽契約法의 基本原則에 있어서는 請求權者의 不知가 消滅時效의 停止要件으로 규정되어 있으므로 請求權者가 자신의 不知를 주장・입증하여야 하며, 따라서 단순히 자신의 不知를 주장하는 것 이외에 合理的 觀點에 비추어 인식할 수 없었음을 입증하여야 한다 (PECL Art. 14:301 〔ex 17:105〕 참조). 그러나 獨逸 改正民法 제199조에 있어서는 請求權者의 認知 내지 重過失에 의한 不知가 消滅時效의 進行開始要件으로 규정되어 있으므로, 請求權者가 不知를 주장하는 경우 債務者가 請求權者의 認知 내지 重過失에 의한 不知를 증명하여야 하며, 따라서 債務者가 단순히 認知의 合理性을 증명하는 것만으로 消滅時效의 始作을 인정할 수 없다 하겠다. *Zimmermann/ Leenen/Mansel/Ernst*, aaO. JZ 2001, 687; *Lorenz/Riehm*, aaO. Rdn. 53 f.

97) *Lorenz/Riehm*, aaO. Rdn. 55.

觀的 事情과 무관하게 消滅時效가 完成되는 것으로 규정하고 있다. 이러한 客觀的 長期消滅時效는 청구권의 기초가 되는 제반사정에 대한 請求權者의 認知 내지 重過失로 인한 不知에 대하여 채무자가 증명을 할 수 없는 경우에 특히 그 의의가 있다 하겠다.

우선 損害賠償請求權이 아닌 모든 請求權은 (별도의 特別消滅時效가 적용되지 않는 한) 請求權者의 主觀的 事情과 상관없이 請求權이 成立한 때로부터 10년이 경과하면 消滅時效가 완성된다.[98] 따라서 契約의 履行請求權, 事務管理에 의한 費用償還請求權, 不當利得의 返還請求權 등은 그 성립 후 10년의 기간이 경과하면 消滅時效가 완성된다. 여기서 請求權의 成立이라 함은 상술한 바와 마찬가지로 그 履行期의 도래로 이해하여야 할 것이다.

그리고 生命·身體·健康·自由의 侵害로 인한 損害賠償請求權은 그 法的 根據를 막론하고 行爲의 實行, 義務의 違反 혹는 損害를 야기한 기타 事件으로부터 30년의 기간이 경과하면 消滅時效가 완성된다.[99] 따라서 不法行爲責任의 경우에는 加害行爲의 때로부터, 契約責任의 경우에는 義務違反의 때로부터, 危險責任의 경우에는 危險의 實現이 있는 때로부터 각각 소멸시효의 最長期間이 시작된다. 그리고 이 경우 損害賠償의 내용은 財産的 損害에 대한 배상은 물론 精神的 苦痛에 대한 慰藉料를 포함한다. 한편 이 조문에서 열거된 人格的 法益의 침해 이외에 소위 一般的 人格權(allgemeines Persönlichkeitsrecht)의 침해가 있는 경우, 예컨대 名譽毁損이나 私的 領域의 侵入 등이 있는 경우에도 이 규정을 類推適用할 수 있겠는가 하는 문제가 제기되고 있다.[100] 생각건대 獨逸의 判例가 一般不法行爲責任의 성립과 관련하여 인정한 一般的 人格權은 그 개념이 一般條項的으로 정의된 포괄적 권리[101]로서 그 경계가 불분명한 바,[102] 法

---

98) § 199 IV BGB n.F.

99) § 199 II BGB a.F.

100) *Lorenz/Riehm*, aaO. Rdn. 58.

101) 獨逸 判例는 一般的 人格權을 "모든 個人이 모든 사람에 대하여 자신의 人間尊嚴性을 존중하고 個人的 人格의 發現을 방해하지 말 것을 요구할 수 있는 統一的이고도 包括的인 權利"라고 정의하고 있다. BGHZ 13, 138; 24, 76; 50, 143.

102) 獨逸의 判例는 명예훼손이나 사적 영역의 침입 이외에도 사적 정보의 유출, 성명·초상 등의 사용, 차별대우 및 불이익조치, 당사자의 의사에 반하는 광고의 송달이나 e-mail의 전

的 安全性을 특별히 추구하는 消滅時效制度의 취지를 감안해 볼 때 조문에 명시적으로 열거되지 아니한 一般的 人格權에 대하여 이 조문을 擴大適用하는 것은 法目的論的 解釋의 이론에 비추어 타당하지 않은 것으로 사료된다. 그리고 獨逸의 判例는 一般的 人格權을 독일민법 제823조에 규정되어 있는 "기타의 권리"(sonstiges Recht)에 포섭시키고 있으므로, 이러한 開放的 要件이 없는 消滅時效의 조문을 一般的 人格權의 침해의 경우에 유추적용하는 것은 形式論理上으로도 불가능하다 하겠다.103)

마지막으로 生命·身體·健康·自由 이외의 다른 法益의 侵害로 인한 損害賠償請求權(예컨대 所有權의 侵害나 단순한 財產上 損害 등)은 ① 청구권이 성립한 때로부터 10년이 경과하거나, ② 행위의 실행, 의무위반 혹은 손해를 야기한 기타 사건으로부터 30년의 기간이 경과하면 消滅時效가 완성된다.104) 그리고 두 개의 상이한 最長期間 중에서 하나의 기간이 경과하면 소멸시효는 완성된 것으로 본다.105)

Ⅳ. 特別消滅時效

獨逸의 改正民法은 상술한 바와 같이 通常의 消滅時效期間을 종전의 30년에서 3년으로 대폭 단축함과 동시에 消滅時效制度의 主觀的 體系를 도입하여 청구권의 기초가 되는 제반사정을 청구권자가 인지하거나 중과실로 부지한 것을 전제로 하여 消滅時效의 진행이 始作되는 것으로 규정하고 있다. 그런데 모든 종류의 청구권에 대하여 이러한 소멸시효를 통일적으로 적용하는 것도 생각해 볼 수는 있겠으나, 각종 請求權의 性質과 特性이 각기 다른 만큼 劃一的인 消滅時效를 강행할 경우 불가피하게 價値評價의 矛盾이 발생하게 될 것임은 분명하다. 따라서 改正民法은 권리

송 등이 권한없이 행해진 경우 一般的 人格權의 침해를 인정하고 있다. *Larenz/Canaris*, Lehrbuch des Schuldrechts, Bd. II/2, München 1994, § 80 II (S. 498 ff.).

103) *Mansel*, Verjährung, in: *Dauner-Lieb/Heide/Lepa/Ring* (Hrsg.), Das neue Schuldrecht - Ein Lehrbuch, Heidelberg 2002, Rdn. 78.

104) § 199 III S. 1 BGB n.F.

105) § 199 III S. 2 BGB n.F.

자에게 通常의 消滅時效期間 이상으로 권리의 강제적 실현가능성을 부여해 주는 것이 타당한 것으로 생각되는 경우와 주관적 체계의 도입이 불가능한 것으로 사료되는 契約의 擔保責任의 경우 등에 대하여 예외적으로 消滅時效에 관한 特別規定을 두고 있다.

1. 30년의 特別消滅時效

改正民法은 ① 所有權 또는 기타 物權에 기한 返還請求權,[106] ② 家族法 및 相續法상의 請求權,[107] ③ 判決에 의하여 확정되거나 기타 執行名義를 갖춘 請求權[108]에 대해서는 消滅時效期間을 30년으로 정하고 있다.

우선 所有權과 같이 그 자체가 소멸시효의 대상이 될 수 없는 絶對的 權利인 物權의 실현을 위하여 인정되는 **物權的 返還請求權**에 대해서는 相對的 權利의 경우보다 장기간 권리의 강제적 실현가능성이 보장되어야 함은 당연하다 하겠다. 만일 物權에 기한 返還請求權(Herausgabeanspruch)에 대해서도 通常의 消滅時效期間을 적용할 경우 物權의 實現 자체가 불가능해 질 수 있기 때문이다.[109] 한편 이론적으로는 所有權 등과 같은 절대적 권리의 실현을 위하여 인정되는 物權的 請求權은 절대적 권리와 마찬가지로 消滅時效의 對象이 될 수 없으며 절대적 권리의 소멸과 동시에 소멸될 뿐이라고 주장할 수 있겠으나,[110] 改正民法은 이러한 견해를 따르지 아니하고 실제적인 관점에서 物權的 返還請求權의 消滅時效期間을 30년으로 정하고 있다. 왜냐하면 예컨대 30년 동안 所有物返還請求權을 행사하지 않은 경우 해당 所有權은 대부분 時效取得이나 善意取得 등에 의하여 이미 소멸하였을 것이기 때문에 이를 消滅時效의 對象으로 삼아도 사실상 별다른 문제가 제기되지 않을 것이기 때문이다.[111] 그리고 이 경우 惡意의 占有者는 신의성실의 원칙상 消滅時效의 抗辯을 제기할 수 없

---

106) § 197 I Nr. 1 BGB n.F.
107) § 197 I Nr. 2 BGB n.F.
108) § 197 I Nr. 3~5 BGB n.F.
109) *Schmidt-Räntsch*, aaO. Rdn. 65.
110) *Peters/Zimmermann*, aaO. S. 186.
111) *Wendtland*, aaO. Rdn. 41.

다는 점을 유의하여야 한다.112) 그리고 返還請求權 이외의 物權的 請求權, 즉 妨害排除請求權(Beseitigungsanspruch)과 妨害豫防請求權(Unterlassungsanspruch)에 대해서는 一般消滅時效가 적용된다.113) 한편 占有(Besitz)는 物權으로 파악되지 아니하므로 占有에 기한 返還請求權에 대해서는 特別消滅時效가 적용되지 아니하며,114) 物權的 請求權의 목적이 된 物件을 제3자가 權利承繼를 통하여 占有하게 된 경우 被承繼人의 占有 중에 진행된 消滅時效期間은 承繼人의 이익으로 본다.115)

그리고 **家族法 및 相續法상의 請求權**에 대해서도 (종전과 마찬가지로) 30년의 消滅時效期間이 적용된다. 이 경우 將來를 향하여 家族關係에 상응하는 상태(예컨대 夫婦共同體)의 조성을 목적으로 하는 請求權은 소멸시효의 대상이 되지 아니하며,116) 家族法 또는 相續法에 기한 請求權의 내용이 定期的 反復給付(regelmäßig wiederkehrende Leistungen)이거나 扶養給付(Unterhaltsleistung)인 때에는 30년의 특별소멸시효 대신 3년의 일반소멸시효를 적용한다.117) 따라서 扶養給付請求權에 대해서는 그것이 定期的 反復給付를 내용으로 하지 않는 경우에도 언제나 通常의 消滅時效期間이 적용되며,118) 또한 定期的 反復給付나 扶養給付에 대한 請求權이 판결 등에 의하여 확정된 경우에도 通常의 消滅時效期間을 적용하여야 한다.119) 그리고 家族法과 相續法에 消滅時效에 관한 特別規定120)이 있는 경우에는 이러한 규정이 물론 우선적으로 적용된다.

마지막으로 舊民法121)에 있어서와 마찬가지로 改正民法은 確定判決 또

---

112) *Wendtland*, aaO.

113) 不作爲請求權인 妨害豫防請求權에 대해서는 改正民法 제199조 제4항이 적용되므로 違反行爲가 있을 때마다 消滅時效가 새로이 진행되고, 또 妨害排除請求權과 妨害豫防請求權에 대하여 通常의 消滅時效期間을 적용하더라도 이는 제반사정에 대한 請求權者의 主觀的 認識 내지 認識可能性을 전제로 하는 것이므로 權利者의 保護에 충분하다고 한다. *Schmidt-Räntsch*, aaO. Rdn. 65.

114) *Lorenz/Riehm*, aaO Rdn. 43.

115) § 198 BGB n.F.

116) § 194 II BGB.

117) § 197 II BGB a.F.

118) *Wendtland*, aaO. Rdn. 44.

119) *Lorenz/Riehm*, aaO. Rdn. 44.

120) 전게 주 12 및 13 참조.

121) § 218 I BGB a.F.

는 和解·證書·倒産節次상의 確定에 의하여 **執行名義**를 **갖춘 請求權**에 대하여 (원래 그 청구권에 대하여 적용되는 소멸시효기간을 불문하고) 30년의 特別消滅時效期間을 규정하고 있다.[122] 따라서 强制執行에 의한 消滅時效의 中斷可能性[123]을 고려할 경우 채무자는 평생동안 강제집행의 위협으로부터 해방될 수 없다는 批判[124]이 이미 舊民法 당시부터 제기된 바 있으나, 立法者가 이를 수용하지 않은 것으로 사료된다. 생각건대 이러한 입법자의 태도는 정당한 것으로 판단된다. 왜냐하면 만일 집행할 수 있게 확정된 청구권에 대하여 통상의 소멸시효기간을 적용할 경우, 이는 결국 債務者에게 責任財産이 결여되어 있어 집행의 실익이 없는 때에도 債權者에게 時效中斷의 목적으로 3년마다 强制執行을 반복하는 것을 강요하는 결과가 될 것이기 때문이다.[125]

이상과 같은 30년의 특별소멸시효기간은 物權的 返還請求權과 家族法 및 親族法상의 請求權의 경우에는 그 請求權이 成立한 때,[126] 즉 請求權의 履行期가 도래한 때로부터 시작되고, 확정판결 등 執行名義를 갖춘 請求權의 경우에는 판결이 형식적 기판력을 갖추어 확정된 때, 화의의 성립·서면의 작성을 통하여 執行名義가 成立한 때 또는 도산절차상의 확정이 있은 때로부터 각각 시작된다.[127]

2. 10년의 特別消滅時效

改正民法은 不動産과 관련된 請求權, 즉 土地所有權의 移轉請求權과 기타 **不動産에 대한 權利**의 설정·이전·내용변경·소멸을 목적으로 하는 請求權 및 그 反對給付請求權에 대하여 10년의 特別消滅時效期間을 규정하고 있다.[128] 왜냐하면 이러한 청구권의 이행을 위해서는 측량, 분할,

122) § 197 I Nr. 3~5.
123) § 209 II Nr. 5 BGB a.F. = § 212 I Nr. 2 BGB n.F.
124) BT-Drucksache 14/6040, S. 106.
125) *Wendtland*, aaO. Rdn. 46.
126) § 200 BGB n.F.
127) § 201 BGB n.F.
128) § 196 BGB a.F.

대장작성, 등기 등의 과정을 거쳐야 함으로 관련 당사자들의 의사와는 무관하게 많은 시간이 소요될 수 있고, 따라서 이 경우에 通常의 消滅時效期間 3년을 적용할 경우 부당한 결과가 많이 발생할 수 있기 때문이다.[129] 따라서 이러한 청구권에 대해서는 契約履行請求權의 一般消滅時效의 最長期間[130]과 동일한 10년의 特別消滅時效期間을 인정하고 있으며, 時效期間의 진행도 일반소멸시효의 최장기간과 마찬가지로 請求權이 成立한 때로부터 始作된다. 여기서 유의하여야 할 점은 비단 不動産物權의 설정·이전·변경·소멸을 위한 請求權 뿐만 아니라 그 **反對給付請求權**에 대해서도 동일한 特別消滅時效期間을 적용한다는 점이다. 만일 반대급부청구권에 대해서만 통상의 소멸시효기간을 적용하고 물권의 설정 등을 위한 청구권에 대해서는 그 보다 장기의 특별소멸시효기간을 적용한다면 同時履行의 關係에 있는 양당사자 들의 이해관계에 비추어 형평에 반할 것이기 때문이다. 그리고 반대급부청구권에 대하여 통상의 소멸시효기간을 적용한다고 해서 부동산물권의 설정 등을 요구하는 상대방에게 이익이 되는 것도 아니다.[131] 왜냐하면 예컨대 토지매도인의 代金支給請求權이 3년의 경과로 그 소멸시효가 완성되었다고 하더라도 매도인은 매수인의 所有權移轉請求權에 대하여 給付拒絶權을 행사할 수 있을 것이기 때문이다.[132]

3. 擔保責任과 消滅時效

改正民法은 상술한 바와 같이 民法總則 消滅時效의 章에서 30년과 10년의 두 가지 特別消滅時效期間을 규정하고 있는 이외에 債權各則에서 賣渡人의 擔保責任 및 受給人의 擔保責任 등과 관련하여 消滅時效에 관한 特別規定을 두고 있다. 유럽聯合의 消費財賣買立法指針에 따라 消費財를 판매한 사업자의 擔保責任의 消滅時效를 新商品의 경우 최소한 2년 이상

---

129) *Schmidt-Räntsch*, aaO. Rdn. 61.
130) § 199 IV BGB n.F.
131) *Wendtland*, aaO. Rdn. 38.
132) § 320 I i.V.m. § 215 BGB n.F. (§ 390 BGB a.F.).

으로 규정하여야 할 立法義務가 발생한 바, 獨逸의 立法者는 이를 消費財賣買에 국한시키지 아니하고 契約法상의 擔保責任 전반에 확대하는 民法改正을 단행하였다.133) 따라서 民法總則상의 通常의 消滅時效期間(3년)과 債權各則상의 擔保責任의 消滅時效期間(2년) 사이의 격차는 많이 해소되었지만, 通常의 消滅時效期間은 청구권자의 인식 등 主觀的 事情을 기준으로 하여 적용되는 반면에 擔保責任의 消滅時效期間은 목적물의 인도 등 客觀的 事實을 기준으로 하여 적용된다는 점에서, 예컨대 擔保責任의 消滅時效가 完成될 때까지 通常의 消滅時效는 始作도 하지 않을 수 있으므로, 여전히 그 차이가 적다고 할 수 없다. 따라서 擔保責任의 特別消滅時效가 적용되는 範圍를 명확히 하여야 할 필요가 있다 하겠다.

가. 賣渡人의 擔保責任과 消滅時效

改正民法은 權利의 瑕疵에 대한 경우와 物件의 瑕疵에 대한 경우를 통합하여 賣渡人의 擔保責任에 적용될 消滅時效를 제438조에서 규정하고 있다. 이 규정은 먼저 **消滅時效의 對象**이 되는 청구권을 追完履行請求權(Nacherfüllungsanspruch)134)과 損害賠償請求權(Schadensersatzanspruch)135) 및 費用賠償請求權(Aufwendungsersatzanspruch)136)에 한정하고, 改正民法에서 形成權으로 구성하고 있는 解除權(Rücktrittsrecht)과 減額權(Minderungsrecht)은 청구권이 아니므로 소멸시효의 적용대상에서 제외하고 있다.137)

여기서 擔保責任의 특별소멸시효가 적용되는 損害賠償請求權은 소위 瑕疵損害에 국한된 것이 아니라 瑕疵結果損害까지 포함하는 의미로 이해된다.138) 이러한 改正民法의 태도는 그 동안 積極的 債權侵害에 기한 瑕疵結果損害의 賠償請求權에 대해서도 擔保責任의 短期消滅時效를 적용해 온

---

133) 다만 使用賃貸借(Miete)에 있어 목적물의 변경 또는 훼손에 대한 賃貸人의 賠償請求權 및 賃借人의 費用償還請求權과 設備收去認容請求權에 대해서는 종전과 마찬가지로 6월의 短期消滅時效期間을 허용하고 있다. § 548 BGB n.F. 및 § 558 BGB a.F. 참조.

134) § 438 I 1. HS i.V.m. § 473 Nr. 1 i.V.m. § 439 BGB n.F.

135) § 438 I 1. HS i.V.m. § 437 Nr. 3 i.V.m. §§ 440, 280, 281, 283 und 311a BGB n.F.

136) § 438 I 1. HS i.V.m. § 437 Nr. 3 i.V.m. § 284 BGB n.F.

137) Vgl. § 438 I 1. HS, § 437 Nr. 2 und § 194 I BGB n.F.

138) *Wendtland*, aaO. Rdn. 58 ff.

獨逸의 判例[139]의 입장을 반영한 것으로 사료된다. 따라서 예컨대 瑕疵結果損害가 2년 후에 발생하는 경우에는 損害가 발생하지 아니하여 損害賠償請求權이 성립하기도 전에 그 請求權의 消滅時效가 먼저 완성되는 모순이 발생할 수 있다. 그러므로 歸責事由를 전제로 하지 않는 擔保責任에 대한 特別消滅時效를 歸責事由를 전제로 하는 債務不履行責任에 대하여 동일하게 적용하는 것은 危險分配(Risikoverteilung)의 차원에서 保證(Garantie)의 의미를 갖는 擔保責任과 有責的 義務違反(Pflichtverletzung)에 대한 制裁(Santion)의 의미를 갖는 債務不履行責任의 본질적인 차이를 간과하는 것이라는 批判[140]이 여전히 제기될 수 있겠다. 그러나 獨逸의 立法者는 동일한 瑕疵에 의하여 발생하는 損害賠償請求權에 대하여 각기 상이한 消滅時效를 적용할 경우 어려운 境界確定의 問題가 불가피하게 발생할 것이므로 실용적인 관점에서 이를 방지하기 위하여 消滅時效의 적용을 單一化할 필요가 있으며, 또 이론적 차원에서도 擔保責任이란 결국 瑕疵危險(Mangelrisiko)을 어떻게 分配할 것인가의 문제인 바 이러한 瑕疵危險에는 瑕疵損害의 위험뿐만 아니라 瑕疵結果損害의 위험도 포함되는 것이라고 이해할 수 있다는 입장이다.[141] 따라서 改正民法의 적용에 있어서도 소위 "瑕疵와 관련한 附隨的 義務"와 "瑕疵와 무관한 附隨的 義務"의 구별이나 "獨自的 諮問契約" 등의 인정과 소위 "瑕疵波及損害"에 대한 不法行爲責任 및 그에 따른 一般消滅時效의 적용에 관한 論難이 계속될 가능성이 크다 하겠다.[142]

改正民法은 賣渡人의 擔保責任의 **消滅時效期間**을 원칙적으로 2년으로 정하고,[143] 이에 대해 두 가지 例外를 인정하고 있다. 즉 追奪擔保責任의 경우와 登記된 權利의 瑕疵에 대해서는 30년의 消滅時效期間[144]을, 그리고 建築物의 瑕疵 또는 통상적 용도에 따라 建築物에 사용된 物件의 瑕疵로 말미암아 建築物의 瑕疵가 발생한 경우 그러한 物件의 瑕疵에 대

139) BGHZ 44, 312; 77, 215; 87, 88; BGH NJW 1990, 908.
140) *Leenen*, aaO. JZ 2001, 555 f. m.w.N.
141) *Wendtland*, aaO. Rdn. 59.
142) 전게 서설 참조.
143) § 438 I Nr. 3 BGB n.F.
144) § 438 I Nr. 1 BGB n.F.

하여 5년의 消滅時效期間[145]을 규정하고 있다. 전자의 경우는 物權的 返還請求權에 대하여 적용되는 30년의 特別消滅時效期間[146]과 균형을 맞춘 것이며, 후자는 建築物과 관련한 都給契約의 擔保責任에 대하여 적용되는 5년의 消滅時效期間[147]을 고려하여 受給人의 賣渡人에 대한 求償權을 염두에 둔 것이다. 그리고 이러한 모든 消滅時效期間은 目的物의 引導를 기준으로 始作된다.[148]

그런데 賣渡人의 擔保責任에 대하여 인정되는 이러한 客觀的 消滅時效制度는 擔保責任의 機能이 瑕疵危險의 分配에 있다는 점을 감안하여 가능한 한 객관적으로 명확한 기준에 따라 그러한 危險負擔의 境界를 확정하려는 취지로 이해되는바, 만일 賣渡人이 惡意로 瑕疵를 숨긴 경우에는 瑕疵危險의 分配란 더 이상 문제될 수 없을 것이므로 擔保責任의 客觀的 消滅時效를 그대로 적용해야 할 하등의 이유가 없다. 따라서 **賣渡人의 惡意**가 인정되는 경우에는 당연히 一般消滅時效가 적용된다 하겠다. 그러나 建築物에 관한 擔保責任의 消滅時效期間(5년)이 경과하기 전에 通常의 消滅時效(3년)가 완성될 경우에는 그러하지 아니하다.[149]

나. 受給人의 擔保責任과 消滅時效

改正民法은 受給人의 擔保責任을 규율함에 있어 우선 物件의 製造, 修繕, 變更이나 이와 관련된 設計 및 監理를 위한 都給契約의 경우에는 2년의 消滅時效期間을,[150] 그리고 建築物 또는 그와 관련된 設計 및 監理를 위한 都給契約의 경우에는 5년의 消滅時效期間[151]을 규정하고, 기타 모든 都給契約의 경우에는 特別消滅時效를 적용하지 않고 一般消滅時效을 적용하고 있다.[152] 즉 改正民法은 소위 有體的 作業(körperliche Werke)과 無體的 내지 精神的 作業(unkörperliche oder geistige Werke)을 구분하

145) § 438 I Nr. 2 BGB n.F.
146) § 197 I Nr. 1 BGB n.F.
147) § 634a I Nr. 2 BGB n.F.
148) § 438 II BGB n.F.
149) § 438 III BGB n.F.
150) § 643a I Nr. 1 BGB n.F.
151) § 634a I Nr. 2 BGB n.F.
152) § 634a I Nr. 3 BGB n.F.

여[153] 전자의 경우에만 特別消滅時效를 인정하고 있다. 그리고 이러한 구분의 이유는 物件이나 建築物 등과 관련된 有體的 作業의 경우에는 그 瑕疵가 비교적 빠른 시일 내에 인식될 수 있으므로 客觀的 消滅時效를 적용하는 것이 타당하겠으나, 無體的·精神的 作業의 경우에는 그러하지 아니하다는 것이다.[154] 따라서 예컨대 企業에 대한 諮問이나 기타 專門意見書 또는 鑑定書의 작성 등의 경우 수급인의 담보책임에 대하여 一般消滅時效가 적용된다. 또한 物件의 運送 등과 같이 제634a조 제1항 제1호에 열거되지 아니한 有體的 作業에 대해서도 一般消滅時效가 적용된다.[155] 그러나 매우 다양한 都給契約의 類型을 有體的 作業과 無體的 作業으로 양분할 경우 그 경계가 항상 분명한 것은 아니며, 또 이러한 구분이 새로운 것인 만큼 앞으로 이와 관련하여 많은 문제가 제기될 것으로 사료된다.

그 밖에 受給人의 擔保責任의 消滅時效에 대해서는 賣渡人의 擔保責任의 消滅時效와 동일한 法理가 적용된다. 특기할 만한 사항은 擔保責任의 消滅時效가 적용되는 受給人의 損害賠償責任은 매도인의 경우와 마찬가지로 瑕疵結果損害에 대한 賠償責任을 포괄하므로,[156] 종전의 "하자에 근접한 하자결과손해"와 "하자와 격리된 하자결과손해"의 구별은 더 이상 의미가 없다는 것이다.[157]

Ⅴ. 消滅時效의 約定

改正民法은 소멸시효를 배제하거나 가중하는 당사자 사이의 어떠한 약정도 불허하는 舊民法의 엄격한 입장[158]를 따르지 아니하고 소멸시효법

153) *Wendtland*, aaO. Rdn. 65; *Lorenz/Riehm*, aaO. Rdn. 656.
154) BT-Drucksache 14/6040, S. 264.
155) *Mansel*, aaO. Rdn. 173.
156) § 634a I 1. HS i.V.m. § 634 Nr. 4 i.V.m. §§ 635, 280, 281, 283 und 311a BGB n.F.
157) *Mansel*, aaO. Rdn. 166.
158) § 225 S. 1 BGB a.F.

에 있어서도 원칙적으로 私的 自治의 原則을 도입하여 소멸시효를 가중하거나 경감하는 것을 허용하면서 그 한계만을 각각 정하고 있다.159) 따라서 이러한 消滅時效法의 柔軟化를 통하여 앞으로 실무상 지금까지 경험하지 못한 많은 문제가 제기될 것으로 예상된다.160)

우선 改正民法은 舊民法과는 달리 消滅時效의 法定 始期로부터 최장 30년까지 **消滅時效의 加重**을 허용하고 있다.161) 여기서 消滅時效의 加重이라 함은 消滅時效期間의 延長 또는 그 始期의 延期를 의미한다. 한편 소멸시효의 가중을 전혀 허용하지 않던 구민법 하에서도 특히 단기소멸시효기간을 연장하기 위하여 간접적 방법들이 동원되었던 바 (예컨대 변제유예의 약정),162) 이러한 실무상의 필요성을 감안하여 개정민법에서 소멸시효의 가중을 허용한 것으로 보인다. 그러나 改正民法은 소멸시효제도의 주관적 체계를 도입하였을 뿐만 아니라 담보책임의 특별소멸시효기간을 연장하고 있으므로 소멸시효의 가중에 대한 필요성은 현저히 감소하였다고 볼 수 있다. 아무튼 소멸시효를 가중하는 약정은 30년의 법정한도 내에서 허용되며, 이 경우 一般去來約款에 적용되는 一般的 限界163)에 유의하여야 할 것이다.

다음으로 改正民法은 **消滅時效의 輕減**에 있어서 아무런 한계를 두고 있지 않던 舊民法과는 달리 고의에 대한 책임의 소멸시효를 사전에 경감할 수 없다는 새로운 규정을 두고 있다.164) 이는 民事責任法상 故意責任은 사전에 면책될 수 없다는 一般原則165)에 비추어 동일한 결과가 소멸시효 경감의 방법을 통하여 간접적으로 실현되어서는 아니 될 것이므로 당연한 규정이라고 할 수 있다.166) 그러나 이 규정은 고의책임에 대한 消滅時效의 事前的 輕減을 금지하는 것이므로, 소멸시효의 경감에 대한 합의가 고

159) § 202 BGB n.F. 이 條文의 表題가 "消滅時效에 관한 合意의 不許"로 되어 있는 것은 오해의 소지가 있다 하겠다.

160) *Wendtland*, aaO. Rdn. 180 f., 183.

161) § 202 II BGB n.F.

162) *Wendtland*, aaO. Rdn. 179, 190.

163) §§ 307~309 BGB n.F.

164) § 202 I BGB n.F.

165) § 276 III BGB n.F. (= § 276 II BGB a.F.).

166) *Wendtland*, aaO. Rdn. 182.

의책임이 발생한 이후에 이루어지는 것은 무방하다 하겠다.

한편 改正民法은 특히 **擔保責任**의 短期消滅時效期間을 연장하고 있으므로 소멸시효의 경감에 대한 현실적 필요성이 비교적 크다 하겠다. 그런데 改正民法은 고의책임의 경우 이외에는 모든 소멸시효의 경감을 원칙적으로 허용하고 있으므로, 이와 관련한 많은 문제가 제기될 것으로 예상된다. 따라서 소멸시효의 경감에 관한 합의와 관련하여 개정민법에 편입된 소비재매매법의 규정과 거래약관법의 규정이 커다란 의미를 갖게 될 것으로 사료된다. 우선 改正民法에 따르면 消費財賣買(Verbrauchsgüterkauf)의 경우[167] 賣渡人의 瑕疵擔保責任의 소멸시효기간을 그 法定 始期로부터 新商品의 경우 2년 이하로, 그리고 中古品의 경우 1년 이하로 사전에 단축하는 합의는 허용되지 아니한다.[168] 또한 普通去來約款에 의하여 새로 제조된 물건의 賣渡人과 受給人의 擔保責任의 소멸시효기간을 法定 始期로부터 1년 이하로 정하는 경우 이러한 거래약관의 규정은 무효가 된다.[169] 그러나 損害賠償請求權의 경우는 그러하지 아니하다.

Ⅵ. 消滅時效의 進行

改正民法은 消滅時效의 進行과 관련하여 舊民法상의 消滅時效의 停止(Hemmung), 完成猶豫(Ablaufhemmung) 및 中斷(Unterbrechung)이라는 세 가지 時效障碍事由를 그대로 계승하고 있다. 다만 개념의 명확성을 도모하기 위하여 소멸시효의 中斷이라는 용어 대신에 再始作(Neubeginn)이라는 새로운 용어를 사용하고 있으며, 종래의 中斷事由들을 대폭 停止事由로 전환하여 규정하고 있다.

167) §§ 474 ff. BGB n.F.

168) § 475 II BGB n.F. 그러나 損害賠償請求權의 소멸시효의 합의에 대해서는 그러하지 아니하다 (§ 475 III BGB n.F.). 그리고 예컨대 애완동물의 경우처럼 新商品과 中古品의 구별이 명확하지 않은 경우도 있겠다.

169) § 309 Nr. 8 b) ff BGB n.F.

1. 消滅時效의 停止

消滅時效의 停止事由가 인정되는 기간은 消滅時效期間에 산입하지 않는다는 점은 改正民法에 있어서도 변함이 없다. 다만 改正民法은 權利訴求 등 종래의 時效中斷事由들을 대폭 時效停止事由로 구성하고 있으며, 協議 등과 같은 새로운 時效停止事由들을 규정하고 있다.

우선 改正民法은 **協議**(Verhandlung)를 소멸시효의 새로운 停止事由로 인정하고 있다.170) 즉 당사자 사이에 請求權 또는 청구권의 기초가 되는 諸般事情에 관하여 協議가 진행중인 때에는 한 당사자가 협의의 계속을 거절할 때까지 消滅時效의 進行이 停止된다.171) 여기서 협의라 함은 넓게 해석하여 상대방이 명확하게 협상을 거절하거나 청구권을 부인하지 않는 한 당사자 및 그 대리인들 사이의 청구권 및 제반사정에 관한 모든 의견교환(Meinungsaustausch)으로 이해된다.172) 그리고 협의당사자의 청구권의 법적 근거가 경합하는 경우에는 모든 청구권의 기초에 대하여 동일한 시효정지의 효과가 발생한다.173) 한편 協議에 의한 소멸시효의 정지는 한 당사자가 協議의 계속을 분명하게 拒絶할 때 종료된다. 따라서 당사자들의 소극적 태도로 인하여 協議가 休眠狀態에 들어갔을 경우 시효정지의 효과가 종료되어 소멸시효의 진행이 계속되는 시점이 문제될 수 있다. 獨逸의 判例는 이러한 경우 구체적 사안의 제반사정에 비추어 信義成實의 原則에 따라 상대방이 후속적 조치를 취할 것이라고 사료되는 경우 協議가 종료된 것으로 본다.174) 또한 改正民法은 청구권자에게 권리소구의 기회를 보장하기 위하여 소멸시효의 정지가 종료된 후 최소한 3개월이 경과한 후부터 소멸시효가 완성된다고 규정하고 있다.175)

---

170) § 203 BGB n.F.

171) 이 규정은 구민법 제852조의 규정을 일반화 한 것으로서, 구민법 당시에도 판례는 불법행위청구권이 다른 청구권과 경합하는 경우 모든 청구권에 대하여 이 규정을 확대적용 한 바 있다 (BGHZ 93, 64).

172) BGHZ 93, 64; BGH NJW-RR 1991, 796.

173) BT-Druckdache 14/6040, S. 112.

174) 예컨대 BGH NJW 1986, 1337.

175) § 203 S. 2 BGB n.F.

다음으로 改正民法은 종래에 時效中斷事由[176)]로 인정된 **權利訴求**(Rechtsverfolgung)를 時效停止事由로 再構成[177)]하면서 권리소구조치로 간주되는 행위를 확대하고 있다. 즉 舊民法상 권리소구조치로 인정된 訴의 제기, 간이절차상의 扶養申請, 독촉절차상의 督促送達, 提訴前 和解의 신청, 訴訟上의 相計, 소송상 제3자에 대한 訴訟告知, 도산절차상의 청구권 신고 이외에 특히 證據保全節次, 鑑定節次, 假押留 및 假處分, 訴訟費用 補助 등의 신청을 새로운 時效停止事由로 규정하고 있다.[178)] 이러한 권리소구조치에 의한 소멸시효의 정지는 確定判決 또는 개시된 節次의 終了와 함께 종료되어야 하겠지만, 改正民法은 청구권자의 보호를 위하여 이러한 절차의 종료가 있은 후 6개월의 기간이 경과한 때에 消滅時效의 停止가 종료되는 것으로 규정하고 있다.[179)]

한편 改正民法은 당사자들의 합의에 의해 잠정적으로 **給付拒絶權**이 인정되는 동안 消滅時效가 정지되는 것으로 규정하고 있다. 그런데 舊民法은 債務猶豫(Stundung)의 경우도 給付拒絶權(Leistungsverweigerungsrecht)과 함께 소멸시효의 정지사유로 규정하고 있었던 바, 채무유예의 경우에는 채무유예의 합의가 채무의 이행기 전에 행해진 때에는 애당초 소멸시효의 진행이 시작될 수 없고, 또 채무유예의 합의가 변제기 이후에 행하여 진 때에는 채무자가 채무를 승인한 것이 되어 소멸시효가 중단될 것이므로, 채무유예를 소멸시효의 정지사유로 파악하는 것은 부당하다는 批判이 제기되었다.[180)] 따라서 改正民法에서는 이러한 비판을 수용하여 당사자들의 합의에 의한 잠정적 급부거절권의 경우만을 시효정지사유로 규정하고 있다. 그러나 채무유예가 아닌 잠정적 급부거절권의 경우는 드물 것으로 사료된다.[181)]

그리고 改正民法은 종래의 시효정지사유인 당사자들 사이의 **家族關係**를 부부관계 이외의 동반자관계(Lebenspartnerschaft), 미성년인 자와 그 계부

---

176) § 209 BGB a.F.
177) § 204 BGB n.F.
178) § 204 I Nr. 7, 8, 9, 14 BGB n.F.
179) § 204 II S. 1 BGB a.F.
180) BT-Drucksache 14/6040, S. 118.
181) *Wendtland*, aaO. Rdn. 102; *Lorenz/Riehm*, aaO. Rdn. 77.

모 사이의 관계 등으로 확대하여 **가족과 유사한 관계**가 있는 경우에도 소멸시효의 정지사유를 인정하고 있다.[182] 그리고 그 동안의 家族法의 改正狀況을 반영하여 당사자들 사이에 後見(Vormundschaft) 이외에 介護(Betreuung), 特別後見(Pflegschaft), 親權補佐(Beistand) 등의 관계가 있는 경우에도 시효정지사유를 인정하고 있다.[183]

그 밖에 改正民法은 不可抗力에 의한 권리소구의 장애[184]와 **性的 自己決定權의 侵害**로 인한 손해배상청구권[185]의 경우에 대하여 각각 時效停止事由를 규정하고 있다.

2. 消滅時效의 完成猶豫

消滅時效의 完成猶豫(Ablaufhemmung)에 대해서는 상술한 協議終了 후 3개월의 完成猶豫 이외에 **行爲無能力者** 및 **相續財産**과 관련한 消滅時效의 完成猶豫에 관한 舊民法상의 條文[186]을 약간의 표현의 수정 이외에 그대로 改正民法에서 수용하고 있으므로[187] 특별히 논할 것이 없다.

3. 消滅時效의 再始作

改正民法은 종래의 消滅時效의 中斷(Unterbrechung)이라는 표현을 再始作(Neubeginn)이라는 새로운 용어로 바꾸어 그 의미를 명확히 하고, 종래에 時效中斷事由로 인정된 權利訴求를 위한 각종 조치들을 대폭 時效停止事由로 전환한 것 이외에는 消滅時效의 中斷 내지 再始作과 관련하여 실질적인 변경을 가한 바 없다. 즉 改正民法은 舊民法에서 이미 時效中斷事由로 인정되었던 一部辨濟 등 債務者에 의한 請求權의 **承認**(Anerkennung)과 法院 등 國家機關에 의한 **强制執行行爲**(Vollstreckungshandlung)가 있는

182) § 207 I S. 1, S. 2 Nr. I, Nr. 2. BGB n.F.
183) § 207 I S. 2 Nr. 3~5, S. 3 BGB n.F.
184) § 206 BGB n.F.
185) § 208 BGB n.F.
186) §§ 206 f. BGB a.F.
187) §§ 210 f. BGB n.F.

경우에 한하여 消滅時效의 再始作을 인정하고 있다.

4. 消滅時效의 停止, 完成猶豫 및 再始作의 效力範圍

改正民法은 消滅時效의 停止, 完成猶豫 및 再始作의 效力範圍에 관한 조문을 신설하고 있는데,[188] 그에 따르면 消滅時效의 停止, 完成猶豫 및 再始作은 동일한 사유로 해당 請求權과 병행하여 선택적으로 또는 그에 갈음하여 행사할 수 있는 請求權에 대하여도 그 효력을 미친다. 이 조문은 舊民法 제477조 제3항 및 제639조 제1항의 규정취지를 일반화 한 것으로써,[189] 한 請求權에 대하여 발생하는 소멸시효의 정지, 완성유예 및 재시작의 효과는 그 청구권과의 同一한 利害關係를 지향하고 소위 選擇的 競合關係(elektive Konkurenz)에 있는 다른 請求權에 대하여도 그 효력을 미친다는 의미이다.[190] 따라서 예컨대 履行에 갈음한 損害賠償請求權에 대한 소멸시효의 정지, 완성유예 및 재시작의 효과는 契約不履行을 이유로한 解除權에 대해서는 그 효력을 미치지만 遲延利子나 遲滯損害에 대한 請求權에 대해서는 그 효력을 미치지 아니한다.[191]

Ⅶ. 消滅時效의 法的 效果

消滅時效의 效果와 관련해서는 改正民法에 의하여 크게 달라진 바가 없다. 이하에서는 소멸시효의 완성이 主된 請求權과 擔保權, 附隨的 請求權 및 기타 形成權에 어떠한 영향을 미치는가를 살펴보기로 한다.

우선 시효기간이 경과하여 소멸시효가 완성된 **請求權**에 대하여 채무자는 **給付拒絶權**(Leistungsverweigerungsrecht)을 행사할 수 있다.[192] 그러나 채무자가 소멸시효가 완성된 후에 **辨濟**를 한 경우에는 不當利得의 法理에

188) § 213 BGB n.F.
189) Abschlußbericht, S. 95 ff.
190) *Lorenz/Riehm*, aaO. Rdn. 82.
191) *Wendtland*, aaO. Rdn. 116.
192) § 214 I BGB a.F. (= § 222 I BGB a.F.).

의하여 그 반환을 청구할 수 없다.193) 한편 채권자는 소멸시효가 완성되기 전에 상계할 수 있었던 청구권을 능동채권으로 하여 그 청구권의 소멸시효가 완성된 후에도 相計할 수 있으며, 소멸시효가 완성되기 전에 행사할 수 있었던 同時履行의 抗辯權 등 **債權的 留置權**(Zurückbehaltungsrecht)194)도 마찬가지로 자신의 채권의 소멸시효가 완성된 후에 계속하여 행사할 수 있다.195)

한편 채권자에게 抵當權, 質權 등의 擔保物權이 설정되어 있는 경우 채권자는 채권의 소멸시효가 완성된 후에도 擔保物權을 행사하여 채권의 충족을 구할 수 있으며,196) 담보의 목적으로 債權讓渡擔保(Sicherungsabtretung)나 所有權讓渡擔保(Sicherungsübereignung)가 행하여진 경우에도 채무자는 소멸시효의 완성을 이유로 그러한 권리의 이전을 요구할 수 없다.197) 또한 改正民法에 따르면 所有權留保附賣買의 경우 賣渡人은 자신의 대금지급청구권의 소멸시효가 완성된 후에도 계약을 解除할 수 있음을 명시적으로 규정하고 있다.198) 따라서 소유권유보부매매의 매도인은 대금지급청구권의 소멸시효가 완성된 후에도 계약을 해제하고 所有物返還請求權을 행사할 수 있다.199)

그리고 主된 請求權(Hauptansprch)의 소멸시효가 완성된 때에는 그에 종속하여 발생한 모든 **附隨的 請求權**(Nebenansprüche)에 대하여 별도의 소멸시효가 완성되지 않은 경우에도 主된 請求權과 동시에 그 소멸시효가 완성된다.200) 여기서 附隨的 請求權이라 함은 지연이자, 지체손해, 과실, 사용, 비용 등의 附隨的 給付(Nebenleistungen)에 대한 請求權을 말한다.201)

---

193) § 214 II BGB n.F. (= § 222 II BGB a.F.) und § 813 S. 2 BGB.

194) §§ 273, 320 BGB.

195) § 215 BGB n.F. (vgl. § 390 S. 2 BGB a.F. - 채권적 유치권 신설).

196) § 216 I BGB n.F. (= § 223 I BGB a.F.).

197) § 216 II S. 1 BGB n.F. (= § 223 II BGB a.F.).

198) § 216 II S. 2 BGB n.F.

199) 종래의 독일의 判例와 學說은 이러한 경우 債權의 消滅時效가 완성되면 債務의 履行遲滯가 인정될 수 없고 따라서 遲滯에 기한 法定 解除는 불가능한 것으로 보았다. 다만 구민법 제223조의 규정을 준용하여 제985조의 所有物返還請求權은 행사할 수 있는 것으로 해석하였다. BGHZ 34, 191; 70, 96; MünchKomm/*Westermann*, § 455 Rdn. 40.

200) § 217 BGB n.F. (= § 224 BGB a.F.).

201) *Lorenz/Riehm*, aaO. Rdn. 85.

한편 改正民法은 모든 解除權(Rücktrittsrecht)[202]을 수미일관하게 **形成權**(Gestaltungsrecht)으로 파악하고 종래의 擔保責任法에 있어서와 같이 解除請求權(Anspruch auf Wandelung)[203]이라는 개념을 사용하지 않는다.[204] 그런데 소멸시효의 대상은 請求權에 국한되어 있으므로[205] 形成權의 성격을 갖는 解除權은 소멸시효의 대상이 될 수 없다.[206] 그러므로 예컨대 擔保責任의 消滅時效가 완성된 경우에도 買受人이나 受給人은 이러한 법리에 따라 解除權을 행사할 수 있다는 결론에 도달하게 된다. 따라서 改正民法은 履行請求權 또는 追完履行請求權의 消滅時效가 완성된 경우에는 債務不履行 또는 擔保責任을 이유로 한 解除는 그 효력이 발생하지 않는다는 것을 특별히 규정하여[207] 불합리한 결과를 배제하고 있다. 그리고 계약의 履行이나 追完履行이 不可能하여 請求權을 행사할 수 없는 경우[208]에는 債權者는 원칙적으로 계약을 解除하거나 대금을 減額할 수 있다.[209] 그런데 改正民法은 解除權과 減額權을 形成權으로 파악하고 있으므로,[210] 이러한 권리에 대하여 消滅時效의 法理를 적용할 수 없다. 그리고 이 경우에는 불가능한 내용의 청구권이란 성립할 수 없는 것이므로 애당초 소멸시효의 대상이 될 수 있는 청구권 자체가 존재하지 않아 "履行請求權 또는 追完履行請求權의 消滅時效가 완성되면 解除의 효력이 발생하지 않는다"는 상기 규정도 적용될 수 없다. 따라서 이러한 경우에 대비하여 改正民法은 "만약 履行請求權 또는 追完履行請求權이 성립하였다면 그 消滅時效가 완성되었을 것"이라는 假定을 요건으로 解除나 減額의 효력을 부인하는 별도의 규정[211]을 두고 있는 것이다. 그러나 소유권유보부매매의 경우에는 상

---

202) § 323 BGB n.F.
203) §§ 462, 634 I BGB a.F.
204) §§ 437 Nr. 2, 634 Nr. 3 BGB n.F.
205) § 194 I BGB.
206) *Schmidt-Räntsch,* aaO. Rdn. 247.
207) § 218 I S. 1 BGB n.F.
208) §§ 275 I Nr. 1~3, 439 III, 635 III BGB n.F.
209) §§ 326 V, 444, 638 BGB n.F.
210) 개정민법은 해제청구권(Anspruch auf Wandelung)이라는 용어와 마찬가지로 감액청구권(Anspruch auf Minderung)이라는 용어를 사용하고 있지 않고 있으며, 해제(Rücktritt)과 감액(Minderung)의 권한을 형성권(Gestaltungsrecht)으로 구성하고 있다. *Haas,* Kaufrecht, in: *Haas/Medicus/Rolland/Schäfer/Wendtland,* Das neue Schuldrecht, Kap. 5, Rdn. 194 und 197.

술한 바와 같은 이유로 이 규정을 적용하지 아니한다.212)

소멸시효 신·구조문 대비표

BGB a.F.	조 문 내 용	BGB n.F.	변 경 내 용
§ 194	消滅時效의 對象 (모든 청구권은 소멸시효의 대상이 됨. 단 장래를 향하여 가족법적 관계에 상응하는 상태의 조성을 목적으로 하는 청구권은 그러하지 아니함.)	§ 194	내용변경 없음
§ 195	一般消滅時效期間 (30년)	§ 195	정규적 소멸시효기간을 3년으로 단축. 단 소멸시효를 종전처럼 청구권이 성립한 때로부터 기산하지 아니하고, 청구권자가 청구권의 기초가 되는 사실 및 채무자를 인지하거나 중과실로 인식할 수 없었던 해가 종료한 때로부터 기산 (§ 199 I). 그리고 청구권자의 주관적 인식 내지 인식가능성과 무관하게 ① 생명·신체·건강·자유의 침해에 기한 손해배상청구권은 가해행위시로부터 30년, ② 기타의 손해배상청구권은 그 성립시로부터 10년 또는 가해행위시로부터 30년, ③ 기타의 청구권은 그 성립시로부터 10이 경과하면 시효완성 (§ 199 II~IV). 한편 ① 토지에 대한 소유권의 이전 또는 기타 부동산물권의 설정·변경·소멸을 목적으로 하는 청구권은 그 성립시로부터 10년이 경과하면 시효로 소멸하고 (§ 196), ② 소유권 및 기타 물권에 기한 반환청구권, 가족법 또는 상속법상의 청구권 및 판결 등에 의하여 집행력있게 확정된 청구권은 그 성립시로부터 30년이 경과하면 시효완성 (§ 197 I).

211) § 218 I S. 2 BGB n.F.
212) § 218 I S. 3 BGB n.F.

§ 196	2년의 短期消滅時效 (상인, 제조업자, 수공업자, 공예업자, 농업자, 임업자, 운송업자, 숙박업자 등의 대금지급청구권이나 장인, 교사, 의사, 변호사, 공증인, 감정인의 보수지급청구권 등 일상생활에서 빈번히 발생하는 17개 항목에 열거된 청구권은 2년만에 소멸. 단 피청구인의 영업과 관련된 청구권은 4년 후에 소멸.)	삭 제	정규적 소멸시효(3년) 적용.
§ 197	4년의 短期消滅時效 (연체이자, 연체차임 및 퇴직연금·부양료 등 정기적으로 반복되는 급부에 대한 청구권은 4년의 소멸시효에 해당.)	삭 제	정규적 소멸시효(3년) 적용. 그리고 정기적 반복급부에 대한 청구권 이외에 모든 부양청구권에 대해서도 정규 소멸시효 적용 (§ 197 II).
§ 198	消滅時效의 始期 (소멸시효는 청구권이 성립한 때로부터 진행. 단 부작위청구권의 소멸시효는 위반행위가 있는 때로부터 진행.)	§ 199 I, V § 200	정규적 소멸시효는 청구권이 성립하고 또 청구권자가 청구권의 기초가 되는 사실을 인식하거나 인식할 수 있었던 해가 종료한 때로부터 시작 (§ 199 I). 비정규적 소멸시효는 원칙적으로 청구권이 성립한 때로부터 기산 (§ 200 S. 1). 부작위청구권의 소멸시효에 대해서는 위반행위를 청구권의 성립에 갈음함 (§§ 199 V, 200 S. 2)
§ 199	解止와 消滅時效의 始期 (해지를 조건으로 하는 청구권의 소멸시효는 해지가능 시점부터 진행. 단 해지후 일정한 기간이 경과한 후부터 급부의무가 발생하는 경우에는 그 기간만큼 시기를 늦춤.)	삭 제	해지를 조건으로 하는 청구권의 소멸시효의 시기에 관한 별도의 규정을 두지 않음.
§ 200	取消와 消滅時效의 始期 (취소를 조건으로 하는 청구권의 소멸시효는 취소가능 시점부터 진행. 단 가족법상의 관계에 대한 취소의 경우에는 그러하지 아니함.)	삭 제	취소를 조건으로 하는 청구권의 소멸시효의 시기에 관한 별도의 규정을 두지 않음.
§ 201	短期消滅時效의 始期(§§196~197 규정의 단기소멸시효는 §§198~200 규정의 시기가 도래한 해가 종료한 때로부터 진행.)	삭 제	정규적 소멸시효(§ 195)의 경우에도 시효진행의 기준이 되는 사실(청구권의 성립 및 기초사실의 인식 내지 인식가능성)이 있은 해가 종료한 때로부터 시효가 진행.

§ 202	法的 事由에 의한 時效의 停止 (이행의 유예 또는 기타 사유로 의무자가 일시적으로 급부를 거절할 권한이 있는 동안 시효의 진행이 정지됨. 단 유치권의 항변, 계약불이행의 항변, 담보제공미비의 항변, 최고·검색의 항변 및 보증인 또는 상속인에게 특별규정에 따라 인정되는 청구권제한의 항변의 경우는 제외.)	§ 205	종전의 § 202는 해석상 오해의 소지가 있었으므로 약정 급부거절권의 경우로 요건을 집중하여 시효정지를 인정.
§ 203	事實的 事由에 의한 時效의 停止 (소멸시효기간 최종 6개월 이내에 사법의 휴지 및 기타 불가항력에 의하여 권리소구가 방해된 기간동안 시효의 진행이 정지됨.)	§ 206	불가항력의 경우로 요건을 집중하여 시효정지를 인정.
§ 204	家族關係로 인한 時效의 停止 (배우자 사이의 청구권, 부모와 자녀 사이의 청구권 및 후견인과 피후견인 사이의 청구권은 부부관계, 자의 미성년 또는 후견관계의 기간동안 시효의 진행이 정지됨.)	§ 207 § 208	시효정지사유를 사실상의 동반자관계, 개호관계, 특별후견관계 및 친권보좌관계로 확대. 성적 자기결정의 침해에 기한 청구권의 소멸시효의 정지에 관한 규정 신설 (만 21세 및 가정공동생활의 종료시까지)
§ 205	時效停止의 效力(시효정지기간은 시효기간에 불산입.)	§ 209	내용변경 없음.
§ 206	行爲無能力者와 時效의 完成猶豫(행위무능력자에게 법정대리인이 없는 경우 행위능력 또는 법정대리인을 갖춘 때로부터 6개월 이내에는 소멸시효가 완성되지 아니함. 단 행위무능력자가 소송능력이 있는 경우에 한해서는 그러하지 아니함.)	§ 210	내용변경 없음.
§ 207	相續財産과 時效의 完成猶豫 (상속재산과 관련한 청구권의 소멸시효는 상속의 승인, 상속재산에 대한 청산절차의 개시 또는 대리인을 통하여 능동적 혹은 수동적으로 청구권의 행사가 가능해진 때로부터 6개월 이내에는 완성되지 아니함.)	§ 211	내용변경 없음.

§ 208	承認에 의한 時效의 中斷 (의무자가 일부변제 등 기타 여하한 방법으로 권리자의 청구권을 승인하면 소멸시효는 중단됨.)	§ 212 I 1 § 203	내용변경 없음. 〔시효의 중단(Unterbrechung)이라는 용어 대신 시효의 재시작(Neubeginn)이라는 용어를 사용.〕 채권자와 채무자 사이에 협의가 진행되는 기간동안의 시효정지에 관한 규정 신설.
§ 209	裁判上 請求에 의한 時效의 中斷 (권리자가 이행, 확인, 집행문부여 또는 집행판결 선고의 소를 제기하면 해당 청구권의 소멸시효는 중단됨. 그 밖에 ① 독촉결정의 송달, ② 제소전 화해의 신청, ③ 간이절차에 의한 (미성년자) 부양확정신청서의 송달, ④ 청산절차 또는 배당절차상의 청구권의 신고, ⑤ 소송상 상계의 주장, ⑥ 소송고지, ⑦ 집행행위의 실시 및 강제집행의 신청은 소의 제기와 동일한 효력을 갖음.)	§ 204 § 212 I 2	소의 제기 등 종래의 시효중단사유를 시효정지사유로 규정함. 그리고 소의 제기에 준하는 사유를 ① 제소전 화해의 신청 이외에 모든 화해신청의 통보로 확대하고, ② 증거보전절차의 신청, ③ 합의에 의한 감정절차의 개시, ④ 가압류 또는 가처분의 신청, ⑤ 소송보조금의 신청 등의 경우도 시효정지사유로 새로이 인정함. 다만 법원 또는 관청에 의한 강제집행행위가 실시되거나 신청된 경우에만 유일하게 소멸시효의 새로운 기산을 인정 (§ 212 I Nr. 2).
§ 210	前置節次의 申請에 의한 時效의 中斷.	§ 204 I Nr. 12, 13	시효중단사유를 시효정지사유로 규정.
§ 211	訴의 提起에 의한 時效中斷期間 및 그 終了.	§ 204 II	소의 제기 등을 시효정지사유로 규정함에 따라 확정판결 및 기타 개시된 절차의 종료후 6개월이 경과하면 시효정지기간이 종료하는 것으로 규정.
§ 212	訴의 取下와 時效의 中斷 (소가 취하되거나 확정적으로 각하되면 시효중단의 효력은 불발생. 그러나 권리자가 6개월 이내에 새로운 소를 제기하면 시효는 최초의 소를 제기한 때부터 중단되는 것으로 간주.)	삭 제	소의 결과와 무관하게 시효는 정지됨.
§ 212a	提訴前 和解의 申請과 時效中斷期間.	§ 204 II	제소전 화해 등 모든 화해신청을 시효정지사유로 규정함에 따라 개시된 절차의 종료후 6개월이 경과하면 시효정지기간이 종료하는 것으로 규정. (신청이 취하된 경우에도 시효는 정지.)
§ 213	督促節次와 時效中斷期間.	§ 204 II	위와 같음.

§ 214	倒産節次上의 申告와 時效中斷期間.	§ 204 II	위와 같음.
§ 215	相計 및 訴訟告知와 時效中斷期間.	§ 204 II	위와 같음.
§ 216	强制執行行爲와 時效의 中斷(집행행위가 취소되거나, 집행행위의 신청이 불인용 내지 취하된 경우에는 시효중단의 효력이 발생하지 아니함.)	§ 212 II, III	내용변경 없음.
§ 217	時效中斷의 效力 (시효중단이 종료된 때로부터 새로운 소멸시효가 다시 진행됨.)	§ 212 I § 213	내용변경 없음 (소멸시효의 재시작이라는 개념에 그 효력이 내포되어 있음.) 한편 시효정지, 시효완성유예 및 시효재시작의 효력은 해당 청구권과 병행하여 선택적으로 행사할 수 있었던 청구권 및 그에 갈음하여 성립하는 청구권에 대하여 동일한 효력이 있다는 규정 신설 (종래의 § 477 III 참조).
§ 218	旣判力있는 請求權의 消滅時效(판결 등에 의하여 확정된 청구권의 소멸시효기간은 30년으로 함. 단 이행기가 장래에 도래하는 정기적 반복급부의 경우는 그러하지 아니함.)	§ 197 I Nr. 3~5, II § 201	내용변경 없음. 이러한 청구권의 소멸시효의 始期에 관한 규정 신설 (§201).
§ 219	留保附 判決에 의한 請求權의 消滅時效.	삭 제	
§ 220	其他 節次와 時效의 中斷.	§ 204 I Nr. 11	중재법원에 의한 중재절차의 개시만 시효정지사유로 열거. (특별법원 또는 행정법원 등 정규법원의 경우 별도규정 불요. 청구권을 행정관청에서 행사해야 하는 경우는 없어짐.)
§ 221	權利承繼와 消滅時效.	§ 198	내용변경 없음
§ 222	消滅時效의 效力.	§ 214	내용변경 없음
§ 223	擔保附 權利와 時效의 效力.	§ 216	내용변경 없음. 소유권유보의 경우 소멸시효가 완성된 경우에도 해제권을 행사할 수 있다는 규정 신설 (§ 216 II S. 2).
§ 224	從된 給付와 消滅時效.	§ 217	내용변경 없음.

§ 225	消滅時效에 관한 約定 (법률행위에 의한 소멸시효의 배제 내지 가중의 금지).	§ 202	소멸시효에 관한 약정은 원칙적으로 허용됨. 다만 고의로 인한 책임의 소멸시효를 경감하거나 법정 소멸시효의 시기로부터 30년을 초과하는 소멸시효의 약정만 금지.

PRINCIPLES OF EUROPEAN CONTRACT LAW
(updated 22 May, 2002)

PART Ⅲ

CHAPTER 14
Prescription

Section 1: General Provision

Article 14:101: Claims subject to Prescription

A right to performance of an obligation ("claim") is subject to prescription by the expiry of a period of time in accordance with these Principles.

Section 2: Periods of Prescription and their Commencement

Article 14:201: General Period

The general period of prescription is three years.

Article 14:202: Period for a Claim Established by Legal Proceedings

(1) The period of prescription for a claim established by judgment is ten years.

(2) The same applies to a claim established by an arbitral award or other instrument which is enforceable as if it were a judgment.

Article 14:203: Commencement

(1) The general period of prescription begins to run from the

time when the debtor has to effect performance or, in the case of a right to damages, from the time of the act which gives rise to the claim.

(2) Where the debtor is under a continuing obligation to do or refrain from doing something, the general period of prescription begins to run with each breach of the obligation.

(3) The period of prescription set out in Article 14:202 begins to run from the time when the judgment or arbitral award obtains the effect of res judicata, or the other instrument becomes enforceable, though not before the debtor has to effect performance.

Section 3: Extension of Period

Article 14:301: Suspension in Case of Ignorance

The running of the period of prescription is suspended as long as the creditor does not know of, and could not reasonably know of:

(a) the identity of the debtor; or

(b) the facts giving rise to the claim including, in the case of a right to damages, the type of damage.

Article 14:302: Suspension in Case of Judicial and Other Proceedings

(1) The running of the period of prescription is suspended from the time when judicial proceedings on the claim are begun.

(2) Suspension lasts until a decision has been made which has the effect of res judicata, or until the case has been otherwise disposed of.

(3) These provisions apply, with appropriate adaptations, to arbitration proceedings and to all other proceedings initiated with the aim of obtaining an instrument which is enforceable as if it

were a judgment.

Article 14:303: Suspension in Case of Impediment beyond Creditor's Control

(1) The running of the period of prescription is suspended as long as the creditor is prevented from pursuing the claim by an impediment which is beyond the creditors control and which the creditor could not reasonably have been expected to avoid or overcome.

(2) Paragraph (1) applies only if the impediment arises, or subsists, within the last six months of the prescription period.

Article 14:304: Postponement of Expiry in Case of Negotiations

If the parties negotiate about the claim, or about circumstances from which a claim might arise, the period of prescription does not expire before one year has passed since the last communication made in the negotiations.

Article 14:305: Postponement of Expiry in Case of Incapacity

(1) If a person subject to an incapacity is without a representative, the period of prescription of a claim held by or against that person does not expire before one year has passed after either the incapacity has ended or a representative has been appointed.

(2) The period of prescription of claims between a person subject to an incapacity and that persons representative does not expire before one year has passed after either the incapacity has ended or a new representative has been appointed.

Article 14:306: Postponement of Expiry: Deceaseds Estate

Where the creditor or debtor has died, the period of

prescription of a claim held by or against the deceaseds estate does not expire before one year has passed after the claim can be enforced by or against an heir, or by or against a representative of the estate.

Article 14:307: Maximum Length of Period

The period of prescription cannot be extended, by suspension of its running or postponement of its expiry under these Principles, to more than ten years or, in case of claims for personal injuries, to more than thirty years. This does not apply to suspension under Article 14:302.

Section 4: Renewal of Periods

Article 14:401: Renewal by Acknowledgement

(1) If the debtor acknowledges the claim, vis-à-vis the creditor, by part payment, payment of interest, giving of security, or in any other manner, a new period of prescription begins to run.

(2) The new period is the general period of prescription, regardless of whether the claim was originally subject to the general period of prescription or the ten year period under Article 14:202. In the latter case, however, this Article does not operate so as to shorten the ten year period.

Article 14:402: Renewal by Attempted Execution

The ten year period of prescription laid down in Article 14:202 begins to run again with each reasonable attempt at execution undertaken by the creditor.

Section 5: Effects of Prescription

Article 14:501: General Effect

(1) After expiry of the period of prescription the debtor is entitled to refuse performance.

(2) Whatever has been performed in order to discharge a claim may not be reclaimed merely because the period of prescription had expired.

Article 14:502: Effect on Ancillary Claims

The period of prescription for a right to payment of interest, and other claims of an ancillary nature, expires not later than the period for the principal claim.

Article 14:503: Effect on Set-Off

A claim in relation to which the period of prescription has expired may nonetheless be set off, unless the debtor has invoked prescription previously or does so within two months of notification of set-off.

Section 6: Modification by Agreement

Article 14:601: Agreements Concerning Prescription

(1) The requirements for prescription may be modified by agreement between the parties, in particular by either shortening or lengthening the periods of prescription.

(2) The period of prescription may not, however, be reduced to less than one year or extended to more than thirty years after the time of commencement set out in Article 14:203.

[補 論] 雇傭契約法의 改正

朴 鍾 熹*

Ⅰ. 槪　　觀

채권법 개정시 雇傭契約 부분에 대해서도 약간의 개정을 가하게 되었는데, 이때 개정된 - 정확하게 말하자면 종전 규정에다가 새로이 몇 조항이 추가로 신설되었다 - 내용은 종전에 실무에서 행해져 왔던 바를 변경하는 새로운 내용을 담은 것이 아니라, 종전의 내용을 그대로 유지하는 가운데 입법적 필요성이 있거나 혹은 다른 채권법 관련 규정의 개정 결과 勤勞契約關係에 대해서는 별도의 규정을 두어야 할 필요성이 있는 경우 등에 대한 것이라고 할 수 있다. 그렇기 때문에 雇傭契約 편에서의 개정은 실제 큰 의미를 갖는 것은 아니다. 오히려 채권법의 개정이 근로계약관계에 구체적으로 미치게 되는 影響關係가 더 주목의 대상을 이루고 있다.[1)]

그리고 근로계약에 대해서도 원칙적으로 시행일인 2002년 1월 1일 이후에 체결된 것에 대해서만 개정법의 규정이 적용되나, 계속적 계약관계로서의 특성을 또한 지니고 있기 때문에 개정법 시행일인 2002년 1월 1일 이전에 체결된 근로계약도 2003년 1월 1일부터는 개정법 규정이 적용되게 된다.[2)]

---

* 고려대학교 법과대학 조교수.

1) Vgl. Henssler, Arbeitsrecht und Schuldrechtsreform, RdA 2002, S. 129ff.; Däubler, Die Auswirkungen der Schulrechtsmodernisierung auf das Arbeitsrecht, NZA 2001, S. 1329ff. 근로계약에 대해서도 보통거래약관에 관한 통제조항을 적용하게 된 데에 대해서는 관련된 부분의 기술과 Gotthardt, Der Arbeitsvertrag auf dem AGB-rechtlichen Prüfstand, ZIP 2002, S. 277ff.; Annuß, AGB-Kontrolle im Arbeitsrecht: Wo geht die Reise hin?, BB 2002, S. 458ff.를 참조.

2) Art. 229 §5 EGBGB.

Ⅱ. 追加新設된 規定의 內容

고용계약 편에서는 제613조의a 제5항과 제6항, 제615조 제3문 그리고 제619조의a가 각각 추가로 신설되었다.

1. 제613조의a 제5항 및 제6항의 內容

제613조의a는 事業讓渡時 근로관계의 효력에 관하여 규정한 조항이다. 동조 제1항에서는 事業讓渡時 근로관계가 讓受人에게로 承繼됨을, 제2항과 제3항에서는 제1항에 의한 승계시 責任關係에 관하여, 그리고 제4항에서는 사업양도가 解雇法에 미치는 영향관계를 각각 규정하고 있다. 개정법에서는 이에 추가하여 제5항에서는 사업양도에 관련된 情報를 관련 근로자에게 通知하여야 使用者의 義務를, 그리고 제6항에서는 사업양도에 따른 근로관계의 移轉에 대해 거부할 수 있는 勤勞者의 權利를 각각 규정하였다. 제613조의a는 유럽연합지침[3]에 부응하기 위한 개정과정을 거치면서, 개정 전의 입법상태로도 동 지침 내용을 충분히 이행한 것으로 볼 수 있다. 그럼에도 불구하고 제5항과 제6항을 추가로 도입하였는데, 이 중 제6항은 명문의 규정이 없음에도 불구하고 판례에 의하여 꾸준히 인정되어왔던 내용[4]을 明文化한 것에 불과하고, 제5항은 제6항의 명문화에 따라 필요한 사전절차적인 내용을 규정한 것으로 볼 수 있다. 그렇기 때문에 제5항과 제6항은 새로운 변화를 초래하는 내용을 담고 있는 것은 아니다. 다만 제6항에서 근로자가 행사하는 拒否權의 상대방을 양수인에게도 가능하도록 함과 동시에 書面으로 하도록 명시함으로써 종래 이론적 다툼을 해결하였다.

그러나 이번 개정과 관련하여 비판이 전혀 없는 것도 아니다. 이는 제

---

3) 이는 사업양도시 근로자의 청구권 유지에 관한 것으로 1977년의 지침(77/187/ EWG)을 시작으로 1998년에 그 내용이 확대·개정되면서(98/50/EG) 그 효과에 대한 긍정적인 평가와 더불어 현재의 모습(2001/23/EG)에 이르고 있다.

4) BAG v. 2. 10. 1974, AP Nr. 1 zu §613a BGB; BAG v. 22. 4. 1993, AP Nr. 103 zu §613a BGB.

5항과 관련해서인데, 유럽연합지침에서 요구하는 정보제공의 상대방은 勤勞者代表로 되어 있음에도 불구하고 개정법에서는 개별근로자에까지 사용자의 情報提供義務를 확대·설정하고 있어, 사업양도의 법률효과를 가능한 한 신속하게 확정하는 데에 부정적인 영향을 미치게 한다는 비판이 제기되고 있다.5)

2. 제615조 제3문의 內容

사용자의 受領遲滯를 규율하는 제615조에는 제3문이 새로이 추가되었다. 제3문에서 사용자는 勞動損失에 대하여 經營上 危險을 부담하는 경우에도 제1문과 제2문에 따른 賃金危險負擔을 지게 됨을 분명히 명시하였다. 이러한 내용은 전혀 새로운 것이 아니며, 이미 노동법상 기본원칙으로 정립되어 온 내용이다. 다만 이러한 내용이 개정법 하에서도 새로운 논란을 야기함이 없이 계속 유지되는 것이 바람직스럽다는 점에서 특별규정으로 명문화할 것을 연방하원이 제기하고, 연방정부가 이 점을 고려하고 법사위원회 역시 이에 동의함으로써 제3문이 추가로 신설된 것이다6). 그러나 새 조문에서는 어떤 경우가 사용자로 하여금 노동손실에 대해 부담을 지게 하는 경우인지에 대해서는, 즉 어떤 경우에 사용자의 經營危險에 관한 부담이 발생하게 되는지에 대해서는 새롭게 명시하고 있는 바는 없다. 그러므로 이 문제는 종전처럼 여전히 판례의 몫으로 남겨져 있는 것이다.7)

3. 제619조의a의 內容

신설된 제619조의a는 새로운 내용을 규율하기 위하여 추가된 것이 아니라, 채권법 규정을 새로이 개정하는 과정에서 근로관계의 특수성이 충

5) Bauer/Steinau-Steinrück, Neuregelung des Betriebsübergangs: Erhebliche Risiken und viele mehr Bürokratie, ZIP 2002, S. 457ff.

6) BT-Drucks. 14/6857, S. 48(zu Nr. 21), 14/7052, S. 204 zu Nr. 36a.

7) Däubler, Die Auswirkungen der Sculdrechtsmodernisierung auf das Arbeitsrecht, NZA 2001, S. 1332.

분히 고려되지 않은 점이 발견되면서 추가로 도입된 조항이다. 개정법 제280조 제1항 제1문에 의하면 債務者가 責任져야 할 義務違反에 대해서 損害賠償請求權이 발생하는데, 이에 대한 立證責任은 동조 제2문에서 통일적으로 규율하고 있다. 이에 의하면 의무위반이 자신의 책임 있는 사유로 인하여 발생한 것이 아니라는 입증책임을 채무자가 부담하는 것으로 되어 있다. 그런데 이는 근로관계에 대해서는 다른 契約侵害의 경우와 세심하게 구분해 온 종래의 판례의 입장, 특히 缺損責任(Mankohaftung)의 경우 이러한 입증책임이 적용될 수 없음을 밝힌 판례의 입장[8]과는 맞지 않는 것으로 된다.[9] 그래서 처음 草案에서는 입안되지 않았던 입증책임에 관한 특별규정이 연방하원의 법사위원회에서의 논의과정에서 추가로 제기되고, 그에 따라 제619조의a가 신설되었다.[10] 그리하여 동조에서는 제280조 제1항 규정과는 달리 근로자는 의무위반에서 비롯하는 손해에 대해서는 그것이 단지 자신의 책임 있는 사유로 말미암은 경우에만 배상책임을 부담하도록 함으로써 이에 대한 입증책임을 사용자가 부담하게 하였다.

그런데 동조가 고용계약편 내에 위치하고 있어도 동조는 근로계약 당사자 사이에만 적용될 뿐이며, 여타의 고용계약(unabhängiger Dienstvertrag) 등에 대해서는 적용되지 않는다. 그러므로 이 경우는 제280조 제1항 제2문이 적용되게 된다.[11]

---

8) BAG v. 17. 9. 1998, AP Nr. 2 zu §611 BGB Mankohaftung.

9) 그 논거로는 사업조직을 편성할 가능성(권한)을 사용자가 지니고 있기 때문에 이로부터 발생하는 위험에 대해서도 역시 사용자가 부담하는 것이 타당하다는 이유에서이다.

10) BT-Drucks. 14/7052, S. 204 zu Nr. 36b.

11) Oetker, Neues zur Arbeitnehmerhaftung durch §619a BGB?, BB 2002, S. 43.

[부록 A]

消費財賣買 및 消費財擔保의 一定側面에 관한 1999년 5월 25일자
유럽議會 및 理事會의 指針 (1999/44/EG)*

유럽의회와 유럽연합이사회는 유럽공동체창설조약, 특히 제95조에 의거하여, 위원회의 제안으로[1)], 경제사회위원회의 심의를 거쳐[2)], 조약 제251조의 절차에 따라[3)], 1999.3.18. 조사위원회가 승인한 공동의 입법안에 기초하여, 다음과 같은 이유를 고려하여 지침을 공포한다.

(1) 조약 제153조 제1항과 제3항에 따라 공동체는 조약 제95조에 따라 공포하는 조치를 통하여 소비자보호의 높은 수준에의 도달에 기여한다.

(2) 內部市場은 그 안에서 상품, 인력, 노무급부와 자본의 자유로운 거래가 보장된, 내부국경이 없는 공간을 포괄한다. 자유로운 상품거래는 영업상 거래뿐만 아니라 私人에게도 해당한다. 이는 소비재매매에 대한 적절한 통일적인 최소한규정에 따라 어느 한 會員國의 소비자가 다른 회원국의 영토에서 자유로운 상품구입이 가능해야 한다는 것을 의미한다.

(3) 소비재매매에 관한 회원국의 법률규정들이 보이는 차이점들은 개별국가의 소비재판매시장들이 통일되지 못하고, 판매자간에는 왜곡된 경쟁을 야기하는 결과를 가져올 수 있다.

(4) 자신의 주소지가 아닌 다른 회원국에서 상품을 구입함으로써 내부시장의 이점을 활용하기를 원하는 소비자에게는 내부시장의 완성에 있어서 근본적인 과제가 부과된다. 즉, 인위적인 새로운 국경이 생성되고 시장이 폐쇄되는 것을 막아야 한다. 새로운 통신기술을 통해 다른 회원국 또는 제3국의 판매체계에 쉽게 접근할 수 있는 소비자의 가능성이 명백히 증가했다. 소비재매매에 관한 규정의 최소한의 조화가 없다면, 새로운 통신기술에 의한 상품매매의 발전이 저해될 수 있다.

(5) 상품매매장소에 상관없이 공동체내에서 적용되는 消費者權利에 관한 공통적인 최소한의 토대를 마련하는 것은 소비자들의 신뢰를 강화하고 또한 그들이 내부시장을 통해 제공되는 이점을 보다 잘 이용할 수 있도록 한다.

(6) 소비자의 어려움과 판매자와의 분쟁의 원인은 특히 상품의 계약위반이다. 따라서 이러한 관점에서 소비재매매에 관한 개별 국가의 法律規定의 同化가 요구된다. 그러나 그러한 동화가 계약책임 및 계약외적 책임의 규율에 관한 자국법의 여러 원칙과 규정을 침해해서는 안된다.

(7) 상품은 특히 계약에 적합한 것이어야 한다. 契約適合性의 원칙은 다양한 개별 국가들의 法傳統의 공통적 요소로서 고려될 수 있다. 최소한의 소비자보호를 보장하기 위해 이러

---

* Richtlinie 1999/44/EG des Europäischen Parlaments und Rates von 25. Mai 1999 zu bestimmten Aspekten des Verbrauchsgüterkaufs und der Garantien für Verbrauchsgüter, ABl. EG Nr. L 171 S. 12.

1) 1996.10.16.자 관보 C 307, 8면 및 1998.5.24. 관보 C 148, 12면.

2) 997.3.3.자 관보 C 66, 5면.

3) 1998.3.10.유럽의회의 견해표명(1998.4.6.자 관보 C 104, 30면), 1998.9. 24. 유럽공동체이사회의 공동입장(1998.10.30.자 관보 C 333, 46면) 및 1998.12. 17.유럽의회의결(1999.4.9.자 관보 C 98, 226면). 1999.5.5. 유럽의회의결 및 1999. 5.17. 유럽공동체이사회의결.

한 원칙에만 의지하는 것이 특정 개별국가의 법전통의 범주에서 불가능할 수도 있다. 특히 그러한 법전통의 범주에서는 당사자간에 특약이 없거나, 계약조항이나 특약에 의해 소비자의 권리가 직접 또는 간접적으로 배제되거나 제한되는 경우에 소비자보호를 보장하기 위하여 부가적인 내국법규정을 마련하는 것이 유용할 것이다. 본 지침에 의한 소비자의 권리들인 한에서는 그러한 계약조항과 특약은 소비자를 구속하지 아니한다.

(8) 계약적합성원칙의 적용을 용이하게 위하여 대부분의 정상적인 상황을 포괄하는, 반증가능한 계약적합성의 推定을 도입하는 것이 의미가 있다. 이러한 추정은 계약자유의 원칙을 제한하는 것이 아니다. 특별계약조항이 없거나 최소한의 보호규정을 적용함에 있어서는 추정에서 언급된 요소들이 상품의 계약위반을 결정하기 위해서 활용될 수 있다. 소비자가 합리적으로 기대할 수 있는 품질과 기능은 특히 제품이 신품인지 중고품인지에 좌우된다. 추정에서 언급된 요소들은 중첩적으로 적용된다. 일정 요소가 해당 사안의 구체적 상황 때문에 명백히 적용될 수 없더라도 추정의 다른 요소들은 여전히 그 효력을 가진다.

(9) 판매자는 소비자에게 상품의 계약적합성에 대하여 직접 책임을 져야만 한다. 이와 같은 고전적인 원칙은 회원국의 법률규정에 정착되어 있다. 물론 판매자는, 스스로 권리를 포기하지 않는 한, 자국법 규준에 따라 제조자, 계약연쇄상의 이전 판매자, 또는 다른 중간자에게 구상할 수 있어야만 한다. 이 지침은 판매자, 제조자, 이전 판매자 또는 다른 중간자 사이의 관계에 계약자유의 원칙을 간섭하지 않는다. 판매자가 누구를 상대로, 어떻게 구상할 수 있는지는 개별국가의 법률규정이 정한다.

(10) 상품이 계약에 위반되는 경우 소비자는 상품이 계약에 적합한 상태가 되도록 무상으로 요구할 권리를 갖는 바, 그는 補修와 交換을 선택할 수 있으며, 그렇지 않으면 소비자는 代金減額이나 契約解消의 請求權을 가져야 한다.

(11) 소비자는 판매자에 대하여 우선 상품의 보수 또는 교환을 청구할 수 있지만, 그러한 구제가 불가능하거나 상당하지 않은 경우에는 그러하지 아니하다. 이와 같은 어느 救濟方式이 상당한지의 여부는 객관적으로 확정되어야 한다. 다른 구제방식에 비하여 기대불가능한 비용을 야기하는 구제방식은 상당하지 않다. 또한 비용이 기대불가능한 정도인지의 여부는 그 구제에 따른 비용이 다른 구제에 따른 비용보다 현저히 과다하다는 점이 중요하다.

(12) 계약위반의 경우에 판매자는 우호적인 합의를 도출할 수 있도록 항상 소비자에게 모든 가용한 구제가능성을 제안할 수 있다. 해당 제안의 수락 또는 거절은 전적으로 소비자가 결정한다.

(13) 소비자에게 내부시장을 이용하고 다른 회원국에서 소비재를 구입하도록 하기 위해서, 많은 회원국에서 판매되는 소비재의 제조자는 소비자의 이익을 위하여 상품이 판매되는 각 회원국에서의 적어도 한 곳 이상의 상담소주소를 기재한 목록을 상품에 첨부하도록 권장되어야 한다.

(14) 상품제공시점에 관련된 사항 때문에 회원국이 危險移轉에 관한 자국법규를 변경해야 하는 것은 아니다.

(15) 상품제공 후 소비자가 상품을 사용한 경우를 고려하여 회원국은 소비자에게 제공할 報償의 범위를 제한할 수 있는 규정을 둘 수 있다. 계약해소의 실행방식에 관한 규율은 자국법에서 정할 수 있다.

(16) 中古品은 그 특성상 일반적으로 교환될 수 없다. 따라서 이러한 경우 소비자는 통상 교환청구권을 가지지 않는다. 회원국은 중고품의 경우에 단축된 책임기간에 관한 당사자의 합의를 허용할 수 있다.

(17) 상품의 제공시점의 계약위반에 대한 판매자의 責任期間의 制限은 합목적적이다. 상품의 제공시점 이후 2년의 기한이 도과하기 전이 아니라면 회원국은 소비자가 자신의 청구

권을 행사할 수 있는 기간을 규정할 수 있다. 기간의 기산점에 관하여 자국법규에서 상품의 제공시점과 다른 시점을 규정하는 경우, 자국법규에 규정된 전체기간이 상품제공 후 2년의 기간에 미달해서는 안된다.

(18) 상품의 보수 또는 교환의 경우 및 우호적인 규율에 관하여 소비자와 판매자 사이의 교섭이 진행 중인 경우를 위하여, 회원국은 필요한 경우에 자국법규로 契約違反이 드러나야만 하는 期間과 時效期間의 停止 또는 中斷을 규정할 수 있다.

(19) 회원국이 소비자가 판매자에게 契約違反의 通知를 해야 하는 기간을 정할 수 있도록 하여야 한다. 회원국은 이러한 通知義務를 도입하지 않음으로써 보다 높은 수준의 소비자보호를 보장할 수 있다. 모든 경우에 있어서 소비자가 계약위반을 판매자에게 통지하여야 한다면 그는 공동체 어느 곳에서도 최소한 2개월의 기간을 가져야 한다.

(20) 소비자가 국경을 넘어 구매하는 경우에 위와 같은 통지기간으로 인하여 손해를 입지 않도록 회원국은 예방조치를 취해야 한다. 모든 회원국은 이와 관련하여 선택한 해결책을 위원회에 보고해야 한다. 위원회는 이 규정이 다양하게 적용됨으로써 소비자와 내부시장에 미치게 될 파급효과를 예의 주시하여야 한다. 어느 한 회원국이 선택한 해결책에 관한 정보에 대해 다른 회원국들, 소비자들 및 소비자단체들이 공동체 전역에 걸쳐 접근할 수 있어야 한다. 따라서 모든 회원국의 상황에 관한 개관이 유럽공동체의 관보에 게재되어야 한다.

(21) 일정 종류의 상품의 경우에는 판매자나 제조자가 그 상품에 관하여 일정 기간 내 드러난 모든 하자로부터 소비자를 보호한다는 擔保를 하는 것이 통상적이다. 이러한 거래실태는 보다 많은 시장의 경쟁을 유도할 수 있다. 그러한 담보는 적법한 마케팅 수단이기는 하지만, 소비자를 오도해서는 안된다. 소비자가 오도되지 않도록 하기 위해서 담보는 일정한 정보, 특히 담보가 소비자의 법적 권리에 아무런 영향을 미치지 않는다는 설명을 포함하고 있어야 한다.

(22) 계약당사자는 소비자들에게 보장된 권리를 특약으로 제한하거나 배제해서는 안된다. 왜냐하면 이로 인해 법적 보호가 空洞化되기 때문이다. 이 원칙은 계약체결시점에 존재하는 소비재의 계약위반을 알고 있던 소비자에 관한 계약조항에도 적용된다. 해당 계약에 적용될 권리로서 비회원국가의 권리가 선택되었다고 해서 본 지침에 의하여 소비자에게 보장된 보호가 축소되어서는 안된다.

(23) 이와 관련된 법률규정 및 회원국의 판례는 소비자들에게 높은 보호수준을 보장하기 위한 점증한 노력으로 이루어 졌다. 이러한 발전 및 본 지침의 실행으로 예상되는 경험에 비추어 특히 製造者에게 귀속되어야 할 하자에 관한 직접적 책임에 대해 보다 강화된 조율이 필요할 수도 있다.

(24) 본 지침에 해당하는 분야에서도 회원국은 보다 높은 소비자보호의 수준을 보장하기 위한 보다 엄격한 규정을 제정하거나 유지할 수 있어야 한다.

(25) 소비자의 법적분쟁에 관한 소송외적 해결을 관할하는 기관의 원칙에 관한 1998.3.30. 위원회의 추천[4]에 상응하여, 회원국은 자국 내에서 또는 국경을 초월하여 중립적이고 효율적인 請願의 처리(불만처리)를 보장하고 소비자가 중개역할을 의뢰할 수 있는 기관을 설치할 수 있다.

(26) 소비자들의 집단이익의 보호를 위하여, 본 지침을 소비지이익의 보호를 위한 不作爲訴訟에 관한 1998.5.19. 유럽의회 및 이사회의 입법지침 98/27/EG[5]의 부록에 포함된 지침목차에 수록함이 적절하다.

---

4) 1998.4.17.자 관보 L 115, 31면.

5) 1998.6.11.자 관보 L 166, 51면.

제 1 조 適用範圍와 概念規定 (Geltungsbereich und Begriffsbestimmungen)

(1) 본 지침의 목적은 공동체내부시장에서 통일적인 소비자보호의 최소수준을 보장하기 위한 소비재매매 및 소비재의 담보에 관한 일정측면에 관한 회원국간의 법률 및 행정규정을 동화시키는 것이다.

(2) 본 지침의 용어의 의미는 다음과 같다.

a) "消費者"는 본 지침에 해당하는 계약의 범주에서 그의 직업적 또는 영업적인 활동이 아닌 목적으로 행위하는 모든 自然人을 말한다.

b) "消費財"는 다음 사항을 제외한 有體的 動産이다.

- 强制執行 또는 기타 法院의 措置에 의해 판매되는 물품
- 한정된 용적 또는 일정한 양으로 용기에 충적되지 않는 물과 가스
- 電氣

c) "販賣者"는 계약을 통하여 그의 직업적 또는 영업적인 활동의 범위에서 소비재를 판매하는 모든 自然人 또는 法人을 말한다.

d) "製造者"란 소비재의 제조자, 공동체지역에로의 소비재의 수입업자 및 소비재에 그의 성명, 상표 또는 기타 표식을 기재함으로써 제조자로 표시한 모든 자를 말한다.

e) "擔保"란 소비재가 담보의 의사표시나 해당 광고에서 언급된 性狀에 부합하지 않는 경우에 판매자 또는 제조자가 매매대금을 반환하거나, 물건을 교환하거나 또는 이를 보수하거나, 기타의 방식으로 구제하여야 할 의무를 가격의 추가 없이 소비자에게 부담하는 것을 말한다.

f) "補修"란 계약위반시에 소비재를 계약에 적합한 상태로 하는 것을 말한다.

(3) 회원국들은 소비자가 직접 입회할 수 있는 公競賣를 통하여 판매되는 중고품은 본 지침의 "소비재"에 해당하지 않는 것으로 정할 수 있다.

(4) 장래 제작되거나 생산될 소비재의 공급에 관한 계약도 본 지침에 해당하는 매매계약으로 본다.

제 2 조 契約適合性 (Vertragsmäßigkeit) (1) 판매자는 매매계약에 적합한 상품을 소비자에게 제공할 의무가 있다.

(2) 다음의 경우 소비재는 계약에 적합한 것으로 추정된다. 소비재가

a) 판매자의 설명에 부합하고 판매자가 소비자에게 試用 또는 見本으로 제시한 물품의 성상을 갖춘 경우

b) 소비자가 계약체결시에 고지하고 판매자가 동의한 바, 소비자가 추구한 일정한 목적에 적합한 경우

c) 동종의 물품이 관용적으로 사용되는 목적에 적합한 경우

d) 물품의 성질, 그리고 특히 광고나 표지부착 등으로 행해진 물품의 구체적인 성상에 관한 판매자, 제조자 또는 그 대리인의 공적인 표시가 고려될 경우에는 동종의 물품에 통상적이고, 소비자가 합리적으로 기대할 수 있는 품질과 기능을 보유한 경우

(3) 소비자가 계약체결 당시 계약위반을 알았거나, 합리적으로는 알 수 없었다고 할 수 없는 경우, 또는 계약위반이 소비자가 제공한 재료에 기인하는 때에는 본 조의 계약위반이 아니다.

(4) 판매자는 본 조 제2항 d)호의 공적인 표시에 대하여 다음의 경우에는 구속되지 않는다. 판매자가

- 해당 표시를 알지 못했거나, 합리적으로는 알 수 없었음을 입증한 경우
- 해당 표시가 계약체결 당시 수정되었음을 입증한 경우 또는
- 매매계약체결의 결단이 해당 표시에 의하여 영향을 받을 수 없었음을 입증한 경우

(5) 소비재의 부적절한 組立으로 인한 하자도 그러한 조립이 소비재매매계약의 일부이거나 판매자 또는 그의 책임 하에 수행된 경우에는 계약위반과 동일하다. 소비자 스스로 조립하도록 되어 있는 제품이 소비자에 의해 조립되었고 또한 부적절한 조립이 조립안내서의 하자에 기인하는 경우에도 마찬가지이다.

제 3 조 消費者의 權利 (Rechte des Verbrauchers) (1) 판매자는 소비자에게 소비재의 제공 당시의 모든 계약위반에 대한 책임이 있다.

(2) 계약위반시 소비자는 본 조 제3항의 규준에 따라 보수 또는 교환에 의한 소비재의 계약에 적합한 상태의 회복을 무상으로 청구하거나, 또는 본 조 제5항 및 제6항의 규준에 따라 매매대금의 적정한 감액을 청구하거나 또는 해당 소비재에 관한 계약의 해소를 청구할 수 있다.

(3) 보수 또는 교환이 불가능하거나 상당하지 않은 한, 소비자는 판매자에게 우선적으로 소비재의 무상보수 또는 무상교환을 청구할 수 있다.

판매자가 부담할 비용이

- 소비재가 계약위반이 없었더라면 보유할 가치와 관련하여
- 계약위반의 의미를 고려하고 또한
- 소비자의 현저한 불편함을 초래하지 않고서, 대안적 구제가능성이 있는가를 숙고해 볼 때

대안적 구제가능성과 비교하여 기대가능성이 없을 시에는, 그 구제방식은 상당하지 않은 것으로 본다.

보수 또는 교환은 상당한 기간 내에 소비자에게 현저한 불편을 야기하지 않고 이루어져야 하며, 이 때에 소비재의 종류 및 소비자가 소비재를 필요로 했던 목적이 고려되어야 한다.

(4) 제2항 및 제3항의 "無償"의 개념은 소비재의 계약에 적합한 상태로 회복시키는 데 필요한 비용, 특히 운송비, 인건비와 재료비를 포함한다.

(5) 다음의 경우 소비자는 적정한 대금감액 또는 계약해소를 청구할 수 있다.

- 소비자가 보수 또는 교환을 청구할 수 없거나
- 판매자가 적절한 기간 내에 구제조치를 취하지 않거나 또는
- 판매자가 소비자의 현저한 불편 없는 구제조치를 취하지 않은 경우

(6) 사소한 계약위반의 경우에는 소비자는 계약해소를 청구할 수 없다.

제 4 조 求償權 (Rückgriffsrechte) 제조자, 동일한 계약연쇄상의 이전판매자 또는 기타 중간자의 작위 또는 부작위로 인한 계약위반으로 최종판매자가 구상할 수 있는 때에는, 최종판매자는 소비자에게 책임을 부담하는 동일한 계약연쇄상의 책임자에게 구상할 수 있다. 자국법이 책임자 및 상응하는 절차와 방식을 정한다.

제 5 조 期間 (Frist) (1) 소비재의 제공 후 2년 내에 계약위반이 드러난 경우 판매자는 제3조에 따라 책임을 진다. 제3조 제2항의 청구권에 대하여 자국법에 따른 소멸시효가 적용되는 때에는 그 시효기간은 제공시점 후 2년의 기간이 경과하기 전에는 완성하지 아니한다.

(2) 회원국은 소비자가 계약위반에 대해 자신의 권리행사를 위하여 그 위반을 확인한 시점으로부터 2개월 내에 이를 판매자에게 고지하도록 규정할 수 있다.

회원국은 본 항과 관련된 해결책을 위원회에 통지한다. 위원회는 회원국에게 허용한 본 항의 가능성이 소비자 및 내부시장에 미치는 파급효과를 감시한다.

위원회는 2003.1.7.까지 본 항과 관련하여 회원국이 선택한 해결책에 관한 보고서를 작성한다. 이 보고서는 유럽 공동체 관보에 게재된다.

(3) 반대사실의 증명이 없는 한, 물품 제공 후 6개월 이내에 드러난 계약위반은 이미 제공시점에 존재한 것으로 추정된다. 단, 이와 같은 추정이 물품의 종류 또는 계약위반의 종류

와 모순되는 경우에는 그러하지 아니하다.

제6조 擔保 (Garantie) (1) 담보를 제안한 자는 담보의 의사표시 또는 해당 광고에 제시한 조건에 구속된다.

(2) 담보는

- 소비자가 소비재매매에 관한 현행 자국법에 따른 법적 권리를 가짐을 적시하고, 또한 그 권리가 담보로 영향 받지 않음을 명시하여야 하고
- 간단명료한 표현으로 담보의 내용 및 담보를 원용함에 필요한 본질적인 요건, 특히 담보에 의한 보호의 존속기간 및 장소적 적용범위 및 擔保提供者의 성명과 주소를 포함하여야 한다.

(3) 소비자가 원하는 경우 담보는 서면으로 교부되거나 또는 소비자가 사용할 수 있고 접근할 수 있는 내구적인 정보처리장치에 입력되어야 한다.

(4) 소비재가 유통되는 회원국들은, 계약조항과 합치되는 한, 자국의 영역에서 해당 회원국이 공동체의 공용어 중 선택한 하나 또는 다수의 언어로 담보가 표기될 수 있도록 규정할 수 있다.

(5) 담보가 제2항, 제3항 또는 제4항에서 정한 요건을 충족시키지 못하는 경우에도, 이는 담보의 효력에 아무 영향을 주지 아니한다. 소비자는 담보의 효력을 주장할 수 있으며, 그 준수를 요구할 수 있다.

제7조 强行法規性 (Unabdingbarkeit) (1) 본 지침에 의하여 보장된 권리를 직접 또는 간접적으로 배제하거나 제한하는 계약조항 또는 계약위반에 대한 통지가 있기전에 한 판매자와의 합의는 자국법에 의해 소비자를 구속하지 아니한다.

중고품의 경우, 회원국들은 판매자와 소비자가 제5조 제1항에서 정한 책임기간을 단축하는 계약조항 또는 합의를 할 수 있다고 정할 수 있다. 단축된 책임기간이 1년에 미달하여서는 안된다.

(2) 계약이 회원국의 영역과 밀접한 연관이 있는 한, 회원국은 계약에 적용될 법으로서 비회원국의 법이 선택됨으로써 본 지침에 의해 보장된 보호가 소비자에게 유보되지 않도록 필요한 조치를 취한다.

제8조 自國法과 最小限의 保護 (Innerstaatliches Recht und Mindestschutz) (1) 소비자가 계약책임 또는 계약외적 책임에 관한 자국법규정에 따른 그 밖의 소비자의 청구권은 본 지침이 부여한 권리로 인하여 영향을 받지 아니한다.

(2) 회원국들은 본 지침이 적용되는 분야에서 보다 높은 수준의 소비자보호를 확보하기 위하여, 계약과 조화를 이루는 보다 엄격한 규정을 제정하거나 또는 유지할 수 있다.

제9조 회원국들은 본 지침에 의하여 변환되는 자국법에 관하여 소비자에 주지시키기 위한 필요한 조치를 취하며, 적절한 경우, 각종 직업조직에 대하여 소비자들에게 그들의 권리를 주지시키도록 촉구한다.

제10조 지침 98/27/EG의 부록은 다음과 같이 보충된다.

"10. 소비재매매와 및 소비재 담보의 일정측면에 관한 1999.5.25. 유럽의회 및 이사회의 지침 1999/44/EG (1999.7.7.자 관보 L 171, 12면)"

제11조 國內法으로의 變換 (Umsetzung) (1) 회원국들은 늦어도 2002. 1.1.부터는 본 지침을 따르는 데 필요한 법률 및 행정규정을 시행하고, 회원국들은 이를 위원회에 지체 없이 보고한다.

회원국들은 이와 같은 법규정들을 제정한 규정 자체, 또는 관보에 공표함에 있어서 본 지침을 전거한다. 전거의 개별적인 사항은 회원국이 정한다.

(2) 회원국은 본 지침에 관련되는 분야에서 공포한 자국법규정의 문언을 위원회에 통지한

다.

제12조 事後審査 (Überprüfung) 위원회는 본 지침의 적용을 늦어도 2006. 7.7.까지 심사하여, 유럽의회와 이사회에 보고서를 제출한다. 보고서에서는 특히 제조자의 직접적 책임을 도입할 계기가 있는지의 여부가 검토되어야 한다. 보고서에는 필요하다면 각종 제안들을 포함시킬 수 있다.

제13조 施行 (Inkrafttreten) 본 지침은 유럽공동체관보에 게재된 날로부터 효력을 갖는다.

1999.5.25. 브뤼셀

유럽의회 의장 J. M. Gil-Robles
유럽이사회 의장 H. Eichel

〔부록 B〕

Bürgerliches Gesetzbuch
獨逸 民法典[1]

Buch 1. Allgemeiner Teil

제1편 總 則

Abschnitt 1. Personen

제1장 人

Titel 1. Natürliche Personen, Verbraucher, Unternehmer
제1절 自然人, 消費者, 事業者

§ 13 Verbraucher
Verbraucher ist jede natürliche Person, die ein Rechtsgeschäft zu einem Zwecke abschließt, der weder ihrer gewerblichen noch ihrer selbständigen beruflichen Tätigkeit zugerechnet werden kann.

제13조 消費者
소비자라 함은 자신의 영업활동이나 독립적 직업활동에 속되지 아니한 목적을 위하여 법률행위를 하는 모든 자연인을 말한다.

§ 14 Unternehmer
(1) Unternehmer ist eine natürliche oder juristische Person oder eine rechtsfähige Personengesellschaft, die bei Abschluss eines Rechtsgeschäfts in Ausübung ihrer gewerblichen oder selbständigen beruflichen Tätigkeit handelt.
(2) Eine rechtsfähige Personengesellschaft ist eine Personengesellschaft, die mit der Fähigkeit ausgestattet ist, Rechte zu erwerben und Verbindlichkeiten einzugehen.

제14조 事業者
(1) 사업자라 함은 자신의 영업활동이나 독립적 직업활동의 일환으로 법률행위를 하는 자연인, 법인 또는 권리능력 있는 인적회사를 말한다.
(2) 권리능력 있는 인적회사라 함은 권리를 취득하고 의무를 부담하는 능력을 가진 인적회사를 말한다.

---

1) 채권법현대화법률로 개정된 독일민법을 수록하였다. 음영처리되지 않은 法條文은 이 법률로 개정된 것은 아니나, 논문의 용이한 독해를 위하여 함께 수록하였음을 밝혀둔다.

Abschnitt 3. Rechtsgeschäfte

제3장 法律行爲

Titel 2. Willenserklärung

제 2 절 意思表示

§ 126b Textform

Ist durch Gesetz Textform vorgeschrieben, so muss die Erklärung in einer Urkunde oder auf andere zur dauerhaften Wiedergabe in Schriftzeichen geeignete Weise abgegeben, die Person des Erklärenden genannt und der Abschluss der Erklärung durch Nachbildung der Namensunterschrift oder anders erkennbar gemacht werden.

제126조의b 텍스트방식

법률에 의하여 텍스트방식이 정하여진 경우에 의사표시는 서면으로 또는 문자로의 지속적 재생에 적합한 다른 방법으로 행해져야 하며, 표의자의 신원이 표시되어야 하고, 또한 의사표시의 종결이 서명의 모사 등에 의하여 인식될 수 있어야 한다.

Abschnitt 5. Verjährung

제 5 장 消滅時效

Titel 1. Gegenstand und Dauer der Verjährung

제 1 절 消滅時效의 對象 및 期間

§ 194 Gegenstand der Verjährung

(1) Das Recht, von einem anderen ein Tun oder Unterlassen zu verlangen (Anspruch), unterliegt der Verjährung.

(2) Ansprüche aus einem familienrechtlichen Verhältnis unterliegen der Verjährung nicht, soweit sie auf die Herstellung des dem Verhältnis entsprechenden Zustands für die Zukunft gerichtet sind.

제194조 消滅時效의 對象

(1) 타인에 대하여 일정한 작위 또는 부작위를 요구할 수 있는 권리(청구권)는 소멸시효의 대상이 된다.

(2) 장래를 향하여 가족 관계에 상응하는 상태의 조성을 목적으로 하는 가족법상의 청구권은 소멸시효의 대상이 되지 아니한다.

§ 195 Regelmäßige Verjährungsfrist

Die regelmäßige Verjährungsfrist beträgt drei Jahre.

제195조 通常의 消滅時效期間

통상의 소멸시효기간은 3년으로 한다.

§ 196 Verjährungsfrist bei Rechten an einem Grundstück

Ansprüche auf Übertragung des Eigentums an einem Grundstück sowie auf Begründung, Übertragung oder Aufhebung eines Rechts an einem Grundstück oder auf Änderung des Inhalts eines solchen Rechts sowie die Ansprüche auf die Gegenleistung verjähren in zehn Jahren.

第196條 土地에 대한 權利의 消滅時效期間

토지소유권의 이전 및 토지에 대한 권리의 설정, 이전, 소멸 또는 내용변경을 목적으로 하는 청구권과 그 반대급부청구권의 소멸시효기간은 10년으로 한다.

§ 197 Dreißigjährige Verjährungsfrist

(1) In 30 Jahren verjähren, soweit nicht ein anderes bestimmt ist,

1. Herausgabeansprüche aus Eigentum und anderen dinglichen Rechten
2. familien- und erbrechtliche Ansprüche,
3. rechtskräftig festgestellte Ansprüche,
4. Ansprüche aus vollstreckbaren Vergleichen oder vollstreckbaren Urkunden und
5. Ansprüche, die durch die im Insolvenzverfahren erfolgte Feststellung vollstreckbar geworden sind.

(2) Soweit Ansprüche nach Absatz 1 Nr. 2 regelmäßig wiederkehrende Leistungen oder Unterhaltsleistungen und Ansprüche nach Absatz 1 Nr. 3 bis 5 künftig fällig werdende regelmäßig wiederkehrende Leistungen zum Inhalt haben, tritt an die Stelle der Verjährungsfrist von 30 Jahren die regelmäßige Verjährungsfrist.

第197條 30年의 消滅時效期間

(1) 다음 각 호의 청구권의 소멸시효기간은 별도의 규정이 없는 한 30년으로 한다.

1. 소유권 및 기타 물권적 권리에 기한 반환청구권.
2. 가족법 및 상속법상의 청구권.
3. 기판력있게 확정된 청구권.
4. 집행할 수 있는 화해 또는 증서에 의한 청구권.
5. 도산절차상의 확정에 따라 집행할 수 있게 된 청구권.

(2) 제1항 제2호의 청구권이 정기적 반복급부 또는 부양급부를 그 내용으로 하거나 제1항 제3호 내지 제5호의 청구권이 이행기가 장래에 도래하는 정기적 반복급부를 그 내용으로 하는 때에는 30년의 소멸시효기간 대신 통상의 소멸시효기간을 적용한다.

§ 198 Verjährung bei Rechtsnachfolge

Gelangt eine Sache, hinsichtlich derer ein dinglicher Anspruch besteht, durch Rechtsnachfolge in den Besitz eines Dritten, so kommt die während des Besitzes des Rechtsvorgängers verstrichene Verjährungszeit dem Rechtsnachfolger zugute.

第198條 權利承繼와 消滅時效

권리승계에 의하여 제3자가 물권적 청구권의 목적이 된 물건을 점유하게 된 경우에는 피승계인의 점유 중에 진행된 소멸시효기간은 승계인에게 이익이 된다.

§ 199 Beginn der regelmäßigen Verjährungsfrist und Höchstfristen

(1) Die regelmäßige Verjährungsfrist beginnt mit dem Schluss des Jahres, in dem

1. der Anspruch entstanden ist und
2. der Gläubiger von den den Anspruch begründenden Umständen und der Person des Schuldners Kenntnis erlangt oder ohne grobe Fahrlässigkeit erlangen müsste.
(2) Schadensersatzansprüche, die auf der Verletzung des Lebens, des Körpers, der Gesundheit oder der Freiheit beruhen, verjähren ohne Rücksicht auf ihre Entstehung und die Kenntnis oder grob fahrlässige Unkenntnis in 30 Jahren von der Begehung der Handlung, der Pflichtverletzung oder dem sonstigen, den Schaden auslösenden Ereignis an.
(3) Sonstige Schadensersatzansprüche verjähren
1. ohne Rücksicht auf die Kenntnis oder grob fahrlässige Unkenntnis in zehn Jahren von ihrer Entstehung an und
2. ohne Rücksicht auf ihre Entstehung und die Kenntnis oder grob fahrlässige Unkenntnis in 30 Jahren von der Begehung der Handlung, der Pflichtverletzung oder dem sonstigen, den Schaden auslösenden Ereignis an.
Maßgeblich ist die früher endende Frist.
(4) Andere Ansprüche als Schadensersatzansprüche verjähren ohne Rücksicht auf die Kenntnis oder grob fahrlässige Unkenntnis in zehn Jahren von ihrer Entstehung an.
(5) Geht der Anspruch auf ein Unterlassen, so tritt an die Stelle der Entstehung die Zuwiderhandlung.

第199조 通常의 消滅時效期間의 始期 및 最長期間

(1) 통상의 소멸시효기간은 다음의 사실들이 있은 해가 종료한 때로부터 진행한다.
1. 청구권의 성립,
2. 청구권의 기초가 되는 제반 사정 및 채무자의 신원에 대한 채권자의 인지(認知) 내지 중대한 과실로 인한 부지(不知).
(2) 생명, 신체, 건강 또는 자유의 침해로 인한 손해배상청구권은 그 성립 및 인지 또는 중대한 과실로 인한 부지를 불문하고 행위의 실행, 의무의 위반 또는 손해를 야기한 기타 사건의 때로부터 30년이 경과하면 소멸시효가 완성된다.
(3) 기타의 손해배상청구권은 다음 각 호의 기간이 경과하면 소멸시효가 완성된다.
1. 인지 또는 중대한 과실로 인한 부지를 불문하고 그 성립으로부터 10년.
2. 그 성립 및 인지 또는 중대한 과실에 의한 불인지를 불문하고 행위의 실행, 의무의 위반 또는 손해를 야기한 기타 사건으로부터 30년.
이 경우 먼저 완성된 기간을 기준으로 한다.
(4) 손해배상청구권 이외의 청구권은 인지 또는 중대한 과실로 인한 부지를 불문하고 그 성립으로부터 10년이 경과하면 소멸시효가 완성된다.
(5) 부작위청구권의 경우에는 그 성립에 갈음하여 위반행위를 기준으로 한다.

§ 200 Beginn anderer Verjährungsfristen

Die Verjährungsfrist von Ansprüchen, die nicht der regelmäßigen Verjährungsfrist unterliegen, beginnt mit der Entstehung des Anspruchs, soweit nicht ein anderer Verjährungsbeginn bestimmt ist. § 199 Absatz 5 findet entsprechende Anwendung.

제200조 그 밖의 消滅時效期間의 始期

통상의 소멸시효기간이 적용되지 아니하는 청구권의 소멸시효기간은 소멸시효의 시기에 관한 별도의 규정이 없는 한 청구권이 성립한 때로부터 진행한다. 이 경우 제199조 제5항을 준용한다.

§ 201 Beginn der Verjährungsfrist von festgestellten Ansprüchen

Die Verjährung von Ansprüchen der in § 197 Absatz 1 Nr. 3 bis 5 bezeichneten Art beginnt mit der Rechtskraft der Entscheidung, der Errichtung des vollstreckbaren Titels oder der Feststellung im Insolvenzverfahren, nicht jedoch vor der Entstehung des Anspruchs. § 199 Absatz 5 findet entsprechende Anwendung.

제201조 確定된 請求權의 消滅時效期間의 始期

제197조 제1항 제3호 내지 제5호에 규정된 청구권의 소멸시효는 판결이 확정된 때, 집행이 가능한 명의가 성립한 때 또는 도산절차상의 확정이 있은 때로부터 진행된다. 그러나 청구권이 성립하기 전에는 그러하지 아니하다. 이 경우 제199조 제5항을 준용한다.

§ 202 Unzulässigkeit von Vereinbarungen über die Verjährung

(1) Die Verjährung kann bei Haftung wegen Vorsatzes nicht im Voraus durch Rechtsgeschäft erleichtert werden.

(2) Die Verjährung kann durch Rechtsgeschäft nicht über eine Verjährungsfrist von 30 Jahren ab dem gesetzlichen Verjährungsbeginn hinaus erschwert werden.

제202조 消滅時效에 관한 合意의 不許

(1) 법률행위에 의하여 고의로 인한 책임의 소멸시효를 사전에 경감할 수 없다.

(2) 법률행위에 의하여 소멸시효의 법정 시기(始期)로부터 30년의 소멸시효기간 이상으로 소멸시효를 가중할 수 없다.

Titel 2. Hemmung, Ablaufhemmung und Neubeginn der Verjährung
제2절 消滅時效의 停止, 完成猶豫 및 再始作

§ 203 Hemmung der Verjährung bei Verhandlungen

Schweben zwischen dem Schuldner und dem Gläubiger Verhandlungen über den Anspruch oder die den Anspruch begründenden Umstände, so ist die Verjährung gehemmt, bis der eine oder der andere Teil die Fortsetzung der Verhandlungen verweigert. Die Verjährung tritt frühestens drei Monate nach dem Ende der Hemmung ein.

제203조 協議 중의 時效停止

채무자와 채권자 사이에 청구권 또는 청구권의 기초가 되는 제반 사정에 관하여 협의가 진행 중인 경우에는 일방 또는 타방 당사자가 협의의 계속을 거절할 때까지 소멸시효의 진행이 정지된다. 이 경우 소멸시효는 그 정지가 종료된 후 최소한 3개월이 경과된 후에 완성된다.

§ 204 Hemmung der Verjährung durch Rechtsverfolgung

(1) Die Verjährung wird gehemmt durch

1. die Erhebung der Klage auf Leistung oder auf Feststellung des Anspruchs, auf Erteilung der Vollstreckungsklausel oder auf Erlass des Vollstreckungsurteils,
2. die Zustellung des Antrags im vereinfachten Verfahren über den Unterhalt Minderjähriger,
3. die Zustellung des Mahnbescheids im Mahnverfahren,
4. die Veranlassung der Bekanntgabe des Güteantrags, der bei einer durch die Landesjustizverwaltung eingerichteten oder anerkannten Gütestelle oder, wenn die Parteien den Einigungsversuch einvernehmlich unternehmen, bei einer sonstigen Gütestelle, die Streitbeilegungen betreibt, eingereicht ist; wird die Bekanntgabe demnächst nach der Einreichung des Antrags veranlasst, so tritt die Hemmung der Verjährung bereits mit der Einreichung ein,
5. die Geltendmachung der Aufrechnung des Anspruchs im Prozess,
6. die Zustellung der Streitverkündung,
7. die Zustellung des Antrags auf Durchführung eines selbständigen Beweisverfahrens,
8. den Beginn eines vereinbarten Begutachtungsverfahrens oder die Beauftragung des Gutachters in dem Verfahren nach § 641a,
9. die Zustellung des Antrags auf Erlass eines Arrests, einer einstweiligen Verfügung oder einer einstweiligen Anordnung, oder, wenn der Antrag nicht zugestellt wird, dessen Einreichung, wenn der Arrestbefehl, die einstweilige Verfügung oder die einstweilige Anordnung innerhalb eines Monats seit Verkündung oder Zustellung an den Gläubiger dem Schuldner zugestellt wird,
10. die Anmeldung des Anspruchs im Insolvenzverfahren oder im Schifffahrtsrechtlichen Verteilungsverfahren,
11. den Beginn des schiedsrichterlichen Verfahrens,
12. die Einreichung des Antrags bei einer Behörde, wenn die Zulässigkeit der Klage von der Vorentscheidung dieser Behörde abhängt und innerhalb von drei Monaten nach Erledigung des Gesuchs die Klage erhoben wird; dies gilt entsprechend für bei einem Gericht oder bei einer in Nr. 4 bezeichneten Gütestelle zu stellende Anträge, deren Zulässigkeit von der Vorentscheidung einer Behörde abhängt,
13. die Einreichung des Antrags bei dem höheren Gericht, wenn dieses das zuständige Gericht zu bestimmen hat und innerhalb von drei Monaten nach Erledigung des Gesuchs die Klage erhoben oder der Antrag, für den die Gerichtsstandsbestimmung zu erfolgen hat, gestellt wird, und
14. die Veranlassung der Bekanntgabe des erstmaligen Antrags auf Gewährung von Prozesskostenhilfe; wird die Bekanntgabe demnächst nach der Einreichung des Antrags veranlasst, so tritt die Hemmung der Verjährung bereits mit der Einreichung ein.

(2) Die Hemmung nach Absatz 1 endet sechs Monate nach der rechtskräftigen Entscheidung oder anderweitigen Beendigung des eingeleiteten Verfahrens. Gerät das Verfahren dadurch in Stillstand, dass die Parteien es nicht betreiben, so tritt an die Stelle der Beendigung des Verfahrens die letzte Verfahrenshandlung der Parteien, des Gerichts oder

der sonst mit dem Verfahren befassten Stelle. Die Hemmung beginnt erneut, wenn eine der Parteien das Verfahren weiter betreibt.
(3) Auf die Frist nach Absatz 1 Nr. 9, 12 und 13 finden die §§ 206, 210 und 211 entsprechende Anwendung.

제204조 權利訴求에 의한 時效停止

(1) 다음 각 호의 사실이 있는 때에는 소멸시효의 진행이 정지된다.
1. 이행 또는 청구권의 확인, 집행문의 부여 또는 집행판결의 선고를 구하는 소의 제기.
2. 미성년자의 부양에 관한 간이절차상의 신청서의 송달.
3. 독촉절차상의 독촉명령의 송달.
4. 주(州)법무행정기관에 의해 설치 또는 인정된 화해기관에 대한 화해신청의 통지 조치. 당사자들의 합의에 의한 화해가 시도될 경우에는 분쟁의 해결을 도모하는 그 밖의 화해기관에 대한 화해신청의 통지 조치. 신청서가 접수된 후 지체 없이 통지 조치가 행해진 경우에는 신청서가 접수된 때부터 소멸시효의 진행이 정지된다.
5. 소송상 청구권 상계의 주장.
6. 소송고지의 송달.
7. 독립적 증거절차(증거보전절차)의 실시를 위한 신청서의 송달.
8. 합의에 의한 감정절차의 개시 또는 제641조의a에 따른 절차상의 감정인에 대한 의뢰.
9. 가압류, 가처분 또는 보전처분의 신청서의 송달. 신청서가 송달되지 않았으나 가압류명령, 가처분 또는 보전처분이 채권자에게 고지 또는 송달된 후 1개월 이내에 채무자에게 송달된 경우에는 그 신청서의 제출.
10. 도산절차 또는 선항법에 의한 배당절차상의 청구권의 신고.
11. 중재절차의 개시.
12. 소송의 허용 여부가 해당 관청의 전치결정에 달려있고 당해 신청의 처리 후 3개월 이내에 소송이 제기된 경우에는 해당 관청에 대한 신청서의 제출. 법원 또는 제4호에서 규정한 화해기관에 대한 신청의 허용 여부가 해당 관청의 전치결정에 달려 있는 경우에도 이를 준용한다.
13. 상급법원이 관할법원을 지정해야 하고 당해 신청의 처리 후 3개월 이내에 소송이 제기되거나 관할법원이 지정된 청구가 행하여진 경우에는 상급법원에 대한 신청서의 제출.
14. 소송비용보조금의 지급을 위한 최초 신청의 통지 조치. 신청서가 접수된 후 지체 없이 통지 조치가 행하여진 경우에는 그 신청서가 접수된 때부터 소멸시효의 진행이 정지된다.
(2) 제1항에 의한 소멸시효의 정지는 확정판결 또는 기타 개시된 절차의 종료 후 6개월이 경과한 때에 종료한다. 당사자들이 절차를 진행하지 않음으로 말미암아 절차가 중단된 경우에는 절차의 종료에 갈음하여 당사자, 법원 또는 해당 절차를 주관하는 다른 기관의 최후의 소송행위를 기준으로 한다. 그러나 한 당사자가 절차를 속행하는 경우에는 소멸시효의 진행이 다시 정지된다.
(3) 제1항 제9호, 제12호 및 제13호의 기간에 대해서는 제206조, 제210조 및 제211조의 규정을 준용한다.

§ 205 Hemmung der Verjährung bei Leistungsverweigerungsrecht

Die Verjährung ist gehemmt, solange der Schuldner auf Grund einer Vereinbarung mit dem Gläubiger vorübergehend zur Verweigerung der Leistung berechtigt ist.

제205조 給付拒絕權과 時效停止

채권자와의 합의에 기하여 채무자가 잠정적으로 급부를 거절할 권한이 있는 동안에는 소멸시효의 진행이 정지된다.

§ 206 Hemmung der Verjährung bei höherer Gewalt

Die Verjährung ist gehemmt, solange der Gläubiger innerhalb der letzten sechs Monate der Verjährungsfrist durch höhere Gewalt an der Rechtsverfolgung gehindert ist.

제206조 不可抗力과 時效停止

소멸시효기간의 최종 6개월 이내에 채권자의 권리소구가 불가항력에 의하여 방해받은 경우에는 그 기간 동안 소멸시효의 진행이 정지된다.

§ 207 Hemmung der Verjährung aus familiären und ähnlichen Gründen

(1) Die Verjährung von Ansprüchen zwischen Ehegatten ist gehemmt, solange die Ehe besteht. Das Gleiche gilt für Ansprüche zwischen

1. Lebenspartnern, solange die Lebenspartnerschaft besteht,
2. Eltern und Kindern und dem Ehegatten eines Elternteils und dessen Kindern während der Minderjährigkeit der Kinder,
3. dem Vormund und dem Mündel während der Dauer des Vormundschaftsverhältnisses,
4. dem Betreuten und dem Betreuer während der Dauer des Betreuungsverhältnisses und
5. dem Pflegling und dem Pfleger während der Dauer der Pflegschaft. Die Verjährung von Ansprüchen des Kindes gegen den Beistand ist während der Dauer der Beistandschaft gehemmt.

(2) § 208 bleibt unberührt.

제207조 家族關係 및 기타 類似한 事由에 의한 時效停止

(1) 배우자 사이의 청구권의 소멸시효는 혼인관계가 존속하는 동안 그 진행이 정지된다. 그리고 다음 각 호에서 정한 청구권의 경우에도 역시 그러하다.

1. 동반자관계가 성립하고 있는 동안 그 당사자 사이의 청구권.
2. 자녀가 미성년인 동안 부모와 자녀 및 계부모와 계자녀 사이의 청구권.
3. 후견관계가 계속되는 동안 후견인과 피후견인 사이의 청구권.
4. 개호(介護)관계가 계속되는 동안 개호인과 피개호인 사이의 청구권.
5. 특별후견관계가 계속되는 동안 특별후견인과 피후견인 사이의 청구권.

미성년자의 친권보좌인에 대한 청구권은 친권보좌관계가 계속되는 동안 소멸시효의 진행이 정지된다.

(2) 전항의 규정은 제208조에 영향을 미치지 아니한다.

§ 208 Hemmung der Verjährung bei Ansprüchen wegen Verletzung der sexuellen Selbstbestimmung

Die Verjährung von Ansprüchen wegen Verletzung der sexuellen Selbstbestimmung ist bis zur Vollendung des 21. Lebensjahrs des Gläubigers gehemmt. Lebt der Gläubiger von Ansprüchen wegen Verletzung der sexuellen Selbstbestimmung bei Beginn der Verjährung mit dem Schuldner in häuslicher Gemeinschaft, so ist die Verjährung auch bis zur Beendigung der häuslichen Gemeinschaft gehemmt.

제208조 性的 自己決定의 侵害로 인한 請求權과 時效停止

성적 자기결정의 침해로 인한 청구권의 소멸시효는 채권자의 연령이 만 21세를 경과할 때까지 그 진행이 정지된다. 성적 자기결정의 침해에 기한 청구권의 소멸시효가 시작될 때에 채권자가 채무자와 동일한 가정에서 공동생활을 하고 있는 경우에는 그러한 공동생활이 종료할 때까지 소멸시효의 진행이 정지된다.

§ 209 Wirkung der Hemmung

Der Zeitraum, während dessen die Verjährung gehemmt ist, wird in die Verjährungsfrist nicht eingerechnet.

제209조 時效停止의 效力

소멸시효의 진행이 정지된 기간은 소멸시효의 기간에 산입하지 아니한다.

§ 210 Ablaufhemmung bei nicht voll Geschäftsfähigen

(1) Ist eine geschäftsunfähige oder in der Geschäftsfähigkeit beschränkte Person ohne gesetzlichen Vertreter, so tritt eine für oder gegen sie laufende Verjährung nicht vor dem Ablauf von sechs Monaten nach dem Zeitpunkt ein, in dem die Person unbeschränkt geschäftsfähig oder der Mangel der Vertretung behoben wird. Ist die Verjährungsfrist kürzer als sechs Monate, so tritt der für die Verjährung bestimmte Zeitraum an die Stelle der sechs Monate.

(2) Absatz 1 findet keine Anwendung, soweit eine in der Geschäftsfähigkeit beschränkte Person prozessfähig ist.

제210조 行爲無能力者와 時效完成의 猶豫

(1) 행위무능력자 또는 행위능력에 제한이 있는 자에게 법정대리인이 없는 경우에는 제한없는 행위능력을 갖춘 때 또는 대리의 결여가 해소된 때로부터 6개월이 경과하기 전에는 그를 위하여 또는 그에 대하여 진행 중인 소멸시효는 완성되지 아니한다. 소멸시효의 기간이 6개월보다 짧은 경우에는 6개월에 갈음하여 그 소멸시효기간을 적용한다.

(2) 행위능력에 제한이 있는 자가 소송능력을 갖춘 때에는 제1항의 규정을 적용하지 아니한다.

§ 211 Ablaufhemmung in Nachlassfällen

Die Verjährung eines Anspruchs, der zu einem Nachlass gehört oder sich gegen einen Nachlass richtet, tritt nicht vor dem Ablauf von sechs Monaten nach dem Zeitpunkt ein, in dem die Erbschaft von dem Erben angenommen oder das Insolvenzverfahren über den Nachlass eröffnet wird oder von dem an der Anspruch von einem oder gegen einen Vertreter geltend gemacht werden kann. Ist die Verjährungsfrist kürzer als sechs Monate, so tritt der für die Verjährung bestimmte Zeitraum an die Stelle der sechs Monate.

제211조 相續財産과 時效完成의 猶豫

상속재산에 속한 청구권 또는 상속재산에 대한 청구권의 소멸시효는 상속인이 상속을 승인한 때, 상속재산에 대한 도산절차가 개시된 때 또는 대리인에 의하여 혹은 대리인에 대하여 청구권이 행사될 수 있게 된 때로부터 6개월이 경과할 때까지 완성되지 아니한다. 소멸시효의 기간이 6개월보다 짧은 경우에는 6개월에 갈음하여 그 소멸시효기간을 적용한다.

§ 212 Neubeginn der Verjährung

(1) Die Verjährung beginnt erneut, wenn

1. der Schuldner dem Gläubiger gegenüber den Anspruch durch Abschlagszahlung, Zinszahlung, Sicherheitsleistung oder in anderer Weise anerkennt oder

2. eine gerichtliche oder behördliche Vollstreckungshandlung vorgenommen oder beantragt wird.

(2) Der erneute Beginn der Verjährung infolge einer Vollstreckungshandlung gilt als nicht eingetreten, wenn die Vollstreckungshandlung auf Antrag des Gläubigers oder wegen Mangels der gesetzlichen Voraussetzungen aufgehoben wird.

(3) Der erneute Beginn der Verjährung durch den Antrag auf Vornahme einer Vollstreckungshandlung gilt als nicht eingetreten, wenn dem Antrag nicht stattgegeben oder der Antrag vor der Vollstreckungshandlung zurückgenommen oder die erwirkte Vollstreckungshandlung nach Absatz 2 aufgehoben wird.

제212조 消滅時效의 再始作

(1) 다음 각 호의 경우에는 소멸시효가 새로이 시작된다.

1. 채무자가 일부변제, 이자의 지급, 담보의 제공 또는 기타의 방법으로 채권자에 대하여 청구권을 승인한 때.

2. 법원 또는 관청에 의한 집행행위가 실시되거나 신청된 때.

(2) 집행행위가 채권자의 신청에 의하여 또는 법정 요건의 흠결로 말미암아 취소된 때에는 집행행위에 의한 소멸시효의 재시작은 없었던 것으로 본다.

(3) 집행행위의 실시를 위한 신청이 인용되지 아니하거나 집행행위 전에 신청이 취하되거나 실시된 집행행위가 제2항의 규정에 따라 취소된 때에는 집행행위의 신청에 의한 소멸시효의 재시작은 없었던 것으로 본다.

§ 213 Hemmung, Ablaufhemmung und erneuter Beginn der Verjährung bei anderen Ansprüchen

Die Hemmung, die Ablaufhemmung und der erneute Beginn der Verjährung gelten auch für Ansprüche, die aus demselben Grunde wahlweise neben dem Anspruch oder an seiner Stelle gegeben sind.

제213조 다른 請求權에 대한 消滅時效의 停止, 完成猶豫 및 再始作

소멸시효의 정지, 완성유예 및 재시작은 동일한 사유로 해당 청구권과 병행하여 선택적으로 또는 그에 갈음하여 성립하는 청구권에 대하여도 효력이 있다.

Titel 3. Rechtsfolgen der Verjährung
제1절 消滅時效의 法律效果

§ 214 Wirkung der Verjährung

(1) Nach Eintritt der Verjährung ist der Schuldner berechtigt, die Leistung zu verweigern.

(2) Das zur Befriedigung eines verjährten Anspruchs Geleistete kann nicht zurückgefordert werden, auch wenn in Unkenntnis der Verjährung geleistet worden ist. Das Gleiche gilt von einem vertragsmäßigen Anerkenntnis sowie einer Sicherheitsleistung des Schuldners.

제214조 消滅時效의 效力

(1) 소멸시효가 완성된 후에는 채무자는 급부를 거절할 권한이 있다.

(2) 소멸시효가 완성된 청구권의 만족을 위하여 변제가 행하여진 때에는 소멸시효의 완성을 알지 못하고 급부를 한 경우에도 그 반환을 청구할 수 없다. 채무자가 계약에 좇아 채무를 승인하거나 담보를 제공한 경우에도 역시 그러하다.

§ 215 Aufrechnung und Zurückbehaltungsrecht nach Eintritt der Verjährung

Die Verjährung schließt die Aufrechnung und die Geltendmachung eines Zurückbehaltungsrechts nicht aus, wenn der Anspruch in dem Zeitpunkt noch nicht verjährt war, in dem erstmals aufgerechnet oder die Leistung verweigert werden konnte.

제215조 消滅時效 完成 後의 相計 및 債權的 留置權

청구권의 소멸시효가 완성되기 전에 상계할 수 있었거나 급부를 거절할 수 있었던 경우에는 소멸시효가 완성된 후에도 상계 또는 채권적 유치권의 행사를 할 수 있다.

§ 216 Wirkung der Verjährung bei gesicherten Ansprüchen

(1) Die Verjährung eines Anspruchs, für den eine Hypothek, eine Schiffshypothek oder ein Pfandrecht besteht, hindert den Gläubiger nicht, seine Befriedigung aus dem belasteten Gegenstand zu suchen.

(2) Ist zur Sicherung eines Anspruchs ein Recht verschafft worden, so kann die Rückübertragung nicht auf Grund der Verjährung des Anspruchs gefordert werden. Ist das Eigentum vorbehalten, so kann der Rücktritt vom Vertrag auch erfolgen, wenn der gesicherte Anspruch verjährt ist.

(3) Die Absätze 1 und 2 finden keine Anwendung auf die Verjährung von Ansprüchen auf Zinsen und andere wiederkehrende Leistungen.

제216조 擔保附 請求權과 消滅時效의 效力

(1) 저당권, 선박저당권 또는 질권이 설정된 청구권의 소멸시효가 완성된 경우에도 채권자는 담보의 목적물로부터 채권의 만족을 구할 수 있다.

(2) 청구권의 담보를 위하여 권리가 설정된 경우에는 청구권의 소멸시효의 완성을 이유로 그 권리의 이전을 요구할 수 없다. 소유권이 유보된 경우에는 피담보채권의 소멸시효가 완성된 때에도 계약을 해제할 수 있다.

(3) 제1항 및 제2항의 규정은 이자청구권 및 기타 반복적 급부청구권의 소멸시효에 대하여 적용하지 아니한다.

§ 217 Verjährung von Nebenleistungen

Mit dem Hauptanspruch verjährt der Anspruch auf die von ihm abhängenden Nebenleistungen, auch wenn die für diesen Anspruch geltende besondere Verjährung noch nicht eingetreten ist.

第217조 附隨的 給付의 消滅時效

주된 청구권에 종속하는 부수적 급부청구권에 대해서는 이에 대한 별도의 소멸시효가 완성되지 아니한 경우에도 주된 청구권과 동시에 소멸시효가 완성된다.

§ 218 Unwirksamkeit des Rücktritts

(1) Der Rücktritt wegen nicht oder nicht vertragsgemäß erbrachter Leistung ist unwirksam, wenn der Anspruch auf die Leistung oder der Nacherfüllungsanspruch verjährt ist und der Schuldner sich hierauf beruft. Dies gilt auch, wenn der Schuldner nach § 275 Absatz 1 bis 3, § 439 Absatz 3 oder § 635 Absatz 3 nicht zu leisten braucht und der Anspruch auf die Leistung oder der Nacherfüllungsanspruch verjährt wäre. § 216 Absatz 2 Satz 2 bleibt unberührt.

(2) § 214 Absatz 2 findet entsprechende Anwendung.

第218조 解除의 無效

(1) 이행청구권 또는 추완이행청구권의 소멸시효가 완성되고 채무자가 이를 원용하는 경우에는 급부가 없거나 계약에 적합하지 않은 급부를 이유로 한 해제는 그 효력이 없다. 채무자가 제275조 제1항 내지 제3항, 제439조 제3항 또는 제635조 제3항의 규정에 따라 급부할 필요가 없고 또한 이행청구권 또는 추완이행청구권의 소멸시효가 완성된 때에도 마찬가지이다. 그러나 제216조 제2항 제2문은 이 규정의 영향을 받지 아니한다.

(2) 전항의 경우에 제214조 제2항을 준용한다.

§§ 219-225 (aufgehoben)

第219조 내지 第225조 (削除)

Buch 2. Recht der Schuldverhältnisse

제 2 편 債權關係法

Abschnitt 1. Inhalt der Schuldverhältnisse

제 1 장 債權關係의 內容

Titel 1. Verpflichtung zur Leistung

제 1 절 給付義務

§ 241 Pflichten aus dem Schuldverhältnis

(1) Kraft des Schuldverhältnisses ist der Gläubiger berechtigt, von dem Schuldner eine Leistung zu fordern. Die Leistung kann auch in einem Unterlassen bestehen.

(2) Das Schuldverhältnis kann nach seinem Inhalt jeden Teil zur Rücksicht auf die Rechte, Rechtsgüter und Interessen des anderen Teils verpflichten.

第241조 債權關係에 기한 義務

(1) 채권자는 채권관계에 기하여 채무자에게 급부를 청구할 수 있다. 급부는 부작위일 수도

있다.
(2) 채권관계는 그 내용에 좇아 각 당사자에게 상대방의 권리, 법익 및 이익을 배려할 의무를 부과할 수 있다.

§ 244 Fremdwährungsschuld

(1) Ist eine in einer anderen Währung als Euro ausgedruckte Geldschuld im Inland zu zahlen, so kann die Zahlung in Euro erfolgen, es sei denn, dass Zahlung in der anderen Währung ausdrücklich vereinbart ist.
(2) Die Umrechnung erfolgt nach dem Kurswert, der zur Zeit der Zahlung für den Zahlungsort maßgebend ist.

第244조 外貨債務

(1) 국내에서 유로(Euro)가 아닌 다른 통화로 표시된 금전채무는 그 다른 통화에 의한 지급에 관한 명시적 합의가 없는 한 유로로 지급할 수 있다.
(2) 환산은 지급당시 지급장소의 환율에 의한다.

§ 247 Basiszinssatz

(1) Der Basiszinssatz beträgt 3,62 Prozent. Er verändert sich zum 1. Januar und 1. Juli eines jeden Jahres um die Prozentpunkte, um welche die Bezugsgröße seit der letzten Veränderung des Basiszinssatzes gestiegen oder gefallen ist. Bezugsgröße ist der Zinssatz für die jüngste Hauptrefinanzierungsoperation der Europaischen Zentralbank vor dem ersten Kalendertag des betreffenden Halbjahres.
(2) Die Deutsche Bundesbank gibt den geltenden Basiszinssatz unverzüglich nach den in Absatz 1 Satz 2 genannten Zeitpunkten im Bundesanzeiger bekannt.

第247조 基準利率

(1) 기준이율은 3.62%이다. 기준이율은 매년 1월1일과 7월1일에, 기준이율의 최근 변동 이후 상승 또는 하락한 관계수치의 변동분에 따라 변동한다. 관계수치는 당해 1半期의 초일 이전 가장 최근의 유럽중앙은행의 주요재할인조정에 관한 이율이다.
(2) 독일연방은행은 제1항 제2문에서 말하는 시점 이후 지체없이 현행 기준이율을 연방관보에 공시한다.

§ 249 Art und Umfang des Schadensersatzes(gültig ab 01.08.2002)

(1) Wer zum Schadensersatz verpflichtet ist, hat den Zustand herzustellen, der bestehen würde, wenn der zum Ersatz verpflichtende Umstand nicht eingetreten wäre.
(2) Ist wegen Verletzung einer Person oder wegen Beschädigung einer Sache Schadensersatz zu leisten, so kann der Gläubiger statt der Herstellung den dazu erforderlichen Geldbetrag verlangen. Bei der Beschädigung einer Sache schließt der nach Satz 1 erforderliche Geldbetrag die Umsatzsteuer nur mit ein, wenn und soweit sie tatsächlich angefallen ist.

第249조 損害賠償의 種類와 範圍

(1) 손해배상의 의무를 부담하는 자는 배상의무를 부담하게 하는 사정이 발생하지 않았더라면 있었을 상태를 회복하여야 한다.
(2) 사람에 대한 침해 또는 물건의 훼손으로 인하여 손해배상을 급부할 때에는 채권자는 원상회복 대신에 그에 필요한 금액을 요구할 수 있다. 물건훼손의 경우 제1문에 따른 필요한

금액에는 사실상 발생하고 또한 발생한 한도 내에서 거래세액이 포함된다.

§ 253 Immaterieller Schaden(gültig ab 01.08.2002)

(1) Wegen eines Schadens, der nicht Vermögensschaden ist, kann Entschädigung in Geld nur in den durch das Gesetz bestimmten Fällen gefordert werden.

(2) Ist wegen einer Verletzung des Körpers, der Gesundheit, der Freiheit oder der sexuellen Selbstbestimmung Schadensersatz zu leisten, kann auch wegen des Schadens, der nicht Vermögensschaden ist, eine billige Entschädigung in Geld gefordert werden.

제253조 精神的 損害

(1) 재산적 손해 아닌 손해를 이유로 금전으로의 보상을 요구하는 것은 법률이 정한 경우에 한한다.

(2) 신체, 건강, 자유 또는 성적 자기결정의 침해로 인한 손해배상의 경우에는 재산적 손해 아닌 손해를 이유로 하는 경우에도 금전으로의 적정한 보상을 요구할 수 있다.

§ 275 Ausschluss der Leistungspflicht

(1) Der Anspruch auf Leistung ist ausgeschlossen, soweit diese für den Schuldner oder für jedermann unmöglich ist.

(2) Der Schuldner kann die Leistung verweigern, soweit diese einen Aufwand erfordert, der unter Beachtung des Inhalts des Schuldverhältnisses und der Gebote von Treu und Glauben in einem groben Missverhältnis zu dem Leistungsinteresse des Gläubigers steht. Bei der Bestimmung der dem Schuldner zuzumutenden Anstrengungen ist auch zu berücksichtigen, ob der Schuldner das Leistungshindernis zu vertreten hat.

(3) Der Schuldner kann die Leistung ferner verweigern, wenn er die Leistung persönlich zu erbringen hat und sie ihm unter Abwägung des seiner Leistung entgegenstehenden Hindernisses mit dem Leistungsinteresse des Gläubigers nicht zugemutet werden kann.

(4) Die Rechte des Gläubigers bestimmen sich nach den §§ 280, 283 bis 285, 311a und 326.

제275조 給付義務의 排除

(1) 급부가 채무자 또는 모든 자에게 불가능한 때에는 급부청구권이 배제된다.

(2) 급부가 채권관계의 내용과 신의성실의 요청에 비추어 채권자의 급부이익과 현저한 불균형을 이루는 비용이 요구되는 때에는 채무자는 급부를 거절할 수 있다. 채무자에게 기대될 수 있는 노력을 확정함에 있어서는 채무자가 그 급부장해에 책임을 져야 하는지의 여부도 고려된다.

(3) 채무자 자신이 급부를 제공하여야 하는 경우 그리고 급부를 어렵게 하는 장해상황과 채권자의 급부이익을 형량할 때 채무자에게 급부를 기대할 수 없는 경우에도 채무자는 급부를 거절할 수 있다.

(4) 채권자의 권리는 제280조, 제283조 내지 제285조, 제311조의a와 제326조에 따라 정해진다.

§ 276 Verantwortlichkeit des Schuldners

(1) Der Schuldner hat Vorsatz und Fahrlässigkeit zu vertreten, wenn eine strengere oder mildere Haftung weder bestimmt noch aus dem sonstigen Inhalt des Schuldverhält-nisses, insbesondere aus der Übernahme einer Garantie oder eines Beschaffungsrisikos zu

entnehmen ist. Die Vorschriften der §§827 und 828 finden entsprechende Anwendung.
(2) Fahrlässig handelt, wer die im Verkehr erforderliche Sorgfalt außer Acht lässt.
(3) Die Haftung wegen Vorsatzes kann dem Schuldner nicht im Voraus erlassen werden.

제276조 債務者의 責任

(1) 가중된 또는 경감된 책임에 관하여 규정하는 바가 없으며, 채권관계의 그 밖의 내용, 특히 담보나 조달위험의 인수로부터 이러한 책임이 도출될 수 없는 때에는 채무자는 고의와 과실에 대해 책임을 져야 한다. 제827조와 제828조의 규정은 준용된다.
(2) 거래생활에서 필요한 주의를 다하지 아니한 자에게는 과실이 있다.
(3) 고의로 인한 채무자의 책임은 사전에 면제될 수 없다.

§ 279 (weggefallen)

제279조 (削除)

§ 280 Schadensersatz wegen Pflichtverletzung

(1) Verletzt der Schuldner eine Pflicht aus dem Schuldverhältnis, so kann der Gläubiger Ersatz des hierdurch entstehenden Schadens verlangen. Dies gilt nicht, wenn der Schuldner die Pflichtverletzung nicht zu vertreten hat.
(2) Schadensersatz wegen Verzögerung der Leistung kann der Gläubiger nur unter der zusätzlichen Voraussetzung des § 286 verlangen.
(3) Schadensersatz statt der Leistung kann der Gläubiger nur unter den zusätzlichen Voraussetzungen des § 281, des § 282 oder des § 283 verlangen.

제280조 義務違反으로 인한 損害賠償

(1) 채무자가 채권관계로부터 발생한 의무를 위반한 때에는 채권자는 그로 인하여 발생한 손해의 배상을 요구할 수 있다. 채무자가 의무위반에 대하여 책임이 없는 때에는 그러하지 아니하다.
(2) 채권자는 제286조의 추가적 요건이 충족된 경우에 한하여 급부의 지연으로 인한 손해배상을 요구할 수 있다.
(3) 채권자는 제281조, 제282조 또는 제283조의 추가적 요건이 충족된 경우에 한하여 급부에 갈음하는 손해배상을 요구할 수 있다.

§ 281 Schadensersatz statt der Leistung wegen nicht oder nicht wie geschuldet erbrachter Leistung

(1) Soweit der Schuldner die fällige Leistung nicht oder nicht wie geschuldet erbringt, kann der Gläubiger unter den Voraussetzungen des § 280 Absatz 1 Schadensersatz statt der Leistung verlangen, wenn er dem Schuldner erfolglos eine angemessene Frist zur Leistung oder Nacherfüllung bestimmt hat. Hat der Schuldner eine Teilleistung bewirkt, so kann der Gläubiger Schadensersatz statt der ganzen Leistung nur verlangen, wenn er an der Teilleistung kein Interesse hat. Hat der Schuldner die Leistung nicht wie geschuldet bewirkt, so kann der Gläubiger Schadensersatz statt der ganzen Leistung nicht verlangen, wenn die Pflichtverletzung unerheblich ist.
(2) Die Fristsetzung ist entbehrlich, wenn der Schuldner die Leistung ernsthaft und endgültig verweigert oder wenn besondere Umstände vorliegen, die unter Abwäung der beiderseitigen Interessen die sofortige Geltendmachung des Schadensersatzanspruchs

rechtfertigen.
(3) Kommt nach der Art der Pflichtverletzung eine Fristsetzung nicht in Betracht, so tritt an deren Stelle eine Abmahnung.
(4) Der Anspruch auf die Leistung ist ausgeschlossen, sobald der Gläubiger statt der Leistung Schadensersatz verlangt hat.
(5) Verlangt der Gläubiger Schadensersatz statt der ganzen Leistung, so ist der Schuldner zur Rückforderung des Geleisteten nach den §§ 346 bis 348 berechtigt.

第281條 未給付 또는 不完全給付로 因한 給付에 갈음하는 損害賠償

(1) 채무자가 이행기가 도래한 급부를 행하지 않거나 채무의 내용과 다르게 급부한 때에는 채권자는 채무자에게 급부 또는 추완이행을 위하여 정한 상당한 기간이 도과한 경우에는 제280조 제1항의 요건이 갖추어진 때에 급부에 갈음하는 손해배상을 요구할 수 있다. 채무자가 일부급부를 실현한 경우에 채권자는 일부급부에 대하여 이익이 없는 때에 한하여 급부 전부에 갈음하는 손해배상을 요구할 수 있다. 채무자가 채무의 내용에 적합하지 않은 급부를 실현한 경우에 채권자는, 그 의무위반이 중대하지 않는 한, 급부 전부에 갈음하는 손해배상을 요구할 수 없다.
(2) 채무자가 진정으로 그리고 종국적으로 급부를 거절하거나 또는 당사자의 이익을 형량할 때 손해배상청구권의 즉시 행사를 정당화하는 특별한 사정이 존재하는 경우에는 기간설정이 필요하지 아니하다.
(3) 의무위반의 양태에 따라 기간설정이 고려되지 않는 때에는 기간설정에 갈음하여 거절부 최고를 해야 한다.
(4) 채권자가 급부에 갈음하는 손해배상을 요구한 때에는 급부청구권은 배제된다.
(5) 채권자가 급부 전부에 갈음하는 손해배상을 요구하는 때에는 채무자는 제346조 내지 제348조에 따라 급부한 것의 반환을 청구할 수 있다.

§ 282 Schadensersatz statt der Leistung wegen Verletzung einer Pflicht nach § 241 Absatz 2

Verletzt der Schuldner eine Pflicht nach § 241 Absatz 2, kann der Gläubiger unter den Voraussetzungen des § 280 Absatz 1 Schadensersatz statt der Leistung verlangen, wenn ihm die Leistung durch den Schuldner nicht mehr zuzumuten ist.

第282條 제241조 제2항의 義務違反으로 因한 給付에 갈음하는 損害賠償

채무자가 제241조 제2항에 따른 의무를 위반한 때에는 채권자가 채무자에 의한 급부를 더 이상 기대할 수 없는 경우에 채권자는 제280조 제1항의 요건 아래 급부에 갈음하는 손해배상을 요구할 수 있다.

§ 283 Schadensersatz statt der Leistung bei Ausschluss der Leistungspflicht

Braucht der Schuldner nach § 275 Absatz 1 bis 3 nicht zu leisten, kann der Gläubiger unter den Voraussetzungen des § 280 Absatz 1 Schadensersatz statt der Leistung verlangen. § 281 Absatz 1 Satz 2 und 3 und Absatz 5 findet entsprechende Anwendung.

第283條 給付義務의 排除時 給付에 갈음하는 損害賠償

채무자가 제275조 제1항 내지 제3항에 따라 급부할 필요가 없을 때에는 채권자는 제280조 제1항의 요건 아래 급부에 갈음하는 손해배상을 요구할 수 있다. 제281조 제1항 제2문과 제3문 및 제5항은 준용된다.

§ 284 Ersatz vergeblicher Aufwendungen

Anstelle des Schadensersatzes statt der Leistung kann der Gläubiger Ersatz der Aufwendungen verlangen, die er im Vertrauen auf den Erhalt der Leistung gemacht hat und billigerweise machen durfte, es sei denn, deren Zweck wäre auch ohne die Pflichtverletzung des Schuldners nicht erreicht worden.

제284조 無用한 費用의 賠償

채권자가 급부를 받을 것을 신뢰하여 비용을 지출하였으며 그 지출이 정당한 것으로 판단되는 때에는 급부에 갈음하는 손해배상에 대신에 그 비용의 배상을 요구할 수 있다. 그러나 채무자의 의무위반이 없더라도 비용지출의 목적을 달성할 수 없었던 경우에는 그러하지 아니하다.

§ 285 Herausgabe des Ersatzes

(1) Erlangt der Schuldner infolge des Umstandes, auf Grund dessen er die Leistung nach § 275 Absatz 1 bis 3 nicht zu erbringen braucht, für den geschuldeten Gegenstand einen Ersatz oder einen Ersatzanspruch, so kann der Gläubiger Herausgabe des als Ersatz Empfangenen oder Abtretung des Ersatzanspruchs verlangen.

(2) Kann der Gläubiger statt der Leistung Schadensersatz verlangen, so mindert sich dieser, wenn er von dem in Absatz 1 bestimmten Recht Gebrauch macht, um den Wert des erlangten Ersatzes oder Ersatzanspruchs.

제285조 代償의 引渡

(1) 채무자가 제275조 제1항 내지 제3항에 따라 급부할 필요가 없게 된 사정을 이유로 채무의 목적물에 대한 배상 또는 배상청구권을 취득한 때에는 채권자는 배상으로 수령한 것 또는 배상청구권의 양도를 요구할 수 있다.

(2) 채권자가 급부에 갈음하여 손해배상을 요구하는 경우에 제1항의 권리를 행사하면 손해배상은 취득한 배상 또는 배상청구권의 가치에 상당하는 만큼 감축된다.

§ 286 Verzug des Schuldners

(1) Leistet der Schuldner auf eine Mahnung des Gläubigers nicht, die nach dem Eintritt der Fälligkeit erfolgt, so kommt er durch die Mahnung in Verzug. Der Mahnung stehen die Erhebung der Klage auf die Leistung sowie die Zustellung eines Mahnbescheids im Mahnverfahren gleich.

(2) Der Mahnung bedarf es nicht, wenn

1. für die Leistung eine Zeit nach dem Kalender bestimmt ist,

2. der Leistung ein Ereignis vorauszugehen hat und eine angemessene Zeit für die Leistung in der Weise bestimmt ist, dass sie sich von dem Ereignis an nach dem Kalender berechnen lässt,

3. der Schuldner die Leistung ernsthaft und endgültig verweigert,

4. aus besonderen Gründen unter Abwägung der beiderseitigen Interessen der sofortige Eintritt des Verzugs gerechtfertigt ist.

(3) Der Schuldner einer Entgeltforderung kommt spätestens in Verzug, wenn er nicht innerhalb von 30 Tagen nach Fälligkeit und Zugang einer Rechnung oder gleichwertigen Zahlungsaufstellung leistet; dies gilt gegenüber einem Schuldner, der Verbraucher ist, nur, wenn auf diese Folgen in der Rechnung oder Zahlungsaufstellung besonders hinge-

wiesen worden ist. Wennder Zeitpunkt des Zugangs der Rechnung oder Zahlungsaufstellung unsicher ist, kommt der Schuldner, der nicht Verbraucher ist, spätestens 30 Tage nach Fälligkeit und Empfang der Gegenleistung in Verzug.
(4) Der Schuldner kommt nicht in Verzug, solange die Leistung infolge eines Umstandes unterbleibt, den er nicht zu vertreten hat.

제286조 債務者의 遲滯

(1) 채무자가 기한의 도래 후 채권자의 최고에도 불구하고 급부를 하지 않으면 채무자는 최고한 때 지체에 빠진다. 급부에 대한 소의 제기 및 독촉절차의 지급명령의 송달은 최고와 같다.
(2) 다음의 경우에는 최고를 요하지 않는다.
1. 역(歷)에 의해 급부의 시점이 정해진 경우,
2. 어떤 사건이 급부에 선행해야 하고 급부에 관한 상당한 기간이 그 사건으로부터 歷에 의해 산정될 수 있도록 정해진 경우
3. 채무자가 급부를 진정으로 그리고 종국적으로 거절한 경우,
4. 양당사자의 이익을 형량할 때 특별한 사유로 인한 지체의 즉시 성립이 정당시되는 경우
(3) 유상(有償)채권의 채무자는 늦어도 기한의 도래와 청구서 또는 그와 동등한 지불신청의 도달 후 30일 이내에 급부하지 않으면 지체가 성립하지만, 소비자인 채무자에 대하여는 계산서 또는 지불신청에서 이러한 효과가 적시된 경우에 한하여 지체가 성립한다. 계산서 또는 지불신청의 도달시점이 불분명한 경우에 소비자가 아닌 채무자는 늦어도 기한의 도래와 반대급부의 수령 후 30일이 지나면 지체에 빠진다.
(4) 채무자가 책임질 수 없는 사정으로 급부가 행해지지 않는 한 지체는 성립하지 않는다.

§ 287 Verantwortlichkeit während des Verzugs

Der Schuldner hat während des Verzugs jede Fahrlässigkeit zu vertreten. Er haftet wegen der Leistung auch für Zufall, es sei denn, dass der Schaden auch bei rechtzeitiger Leistung eingetreten sein würde.

제287조 遲滯 중의 責任

채무자는 지체 중에는 모든 과실에 대하여 책임을 부담한다. 채무자는 급부에 관하여 우발적 사건에 대하여도 책임을 부담한다. 그러나 급부가 적시에 행해지더라도 손해가 발생하였을 때에는 그러하지 아니하다.

§ 288 Verzugszinsen

(1) Eine Geldschuld ist während des Verzugs zu verzinsen. Der Verzugszinssatz beträgt für das Jahr fünf Prozentpunkte über dem Basiszinssatz.
(2) Bei Rechtsgeschäften, an denen ein Verbraucher nicht beteiligt ist, beträgt der Zinssatz für Entgeltforderungen acht Prozentpunkte über dem Basiszinssatz.
(3) Der Gläubiger kann aus einem anderen Rechtsgrund hohere Zinsen verlangen.
(4) Die Geltendmachung eines weiteren Schadens ist nicht ausgeschlossen.

제288조 遲延利子

(1) 금전채무는 그 지체 중에는 이자가 지급되어야 한다. 지연이자의 이율은 연리로 기본이율에 5%포인트를 가산한다.
(2) 소비자가 참여하지 않은 법률행위의 경우에 유상채권에 관한 이율은 기본이율에 8%포인트를 가산한다.

(3) 채권자는 다른 법률상 원인에 의하여 보다 높은 이자를 요구할 수 있다.
(4) 그 밖의 손해에 관한 주장이 배제되지 아니한다.

Titel 2. Verzug des Gläubigers
제 2 절 債權者遲滯

§ 296 Entbehrlichkeit des Angebots

Ist für die von dem Gläubiger vorzunehmende Handlung eine Zeit nach dem Kalender bestimmt, so bedarf es des Angebots nur, wenn der Gläubiger die Handlung rechtzeitig vornimmt. Das Gleiche gilt, wenn der Handlung ein Ereignis vorauszugehen hat und eine angemessene Zeit für die Handlung in der Weise bestimmt ist, dass sie sich von dem Ereignis an nach dem Kalender berechnen lässt.

第296조 辨濟提供의 不要

채권자가 실행할 행위에 관하여 역(曆)에 의한 시기가 정해져 있는 때에는 채권자가 적시에 행위한 때에 한하여 변제제공을 하면 된다. 어떤 사건이 그 행위에 선행해야 하고 행위에 관한 상당한 시간이 그 사건으로부터 역에 의해 산정될 수 있도록 정해진 경우에도 또한 같다.

Abschnitt 2. Gestaltung rechtsgeschäftlicher Schuldverhältnisse durch Allgemeine Geschäftsbedingungen

제 2 장 普通去來約款에 의한 約定 債權關係의 形成

§ 305 Einbeziehung Allgemeiner Geschäftsbedingungen in den Vertrag

(1) Allgemeine Geschäftsbedingungen sind alle für eine Vielzahl von Verträgen vorformulierten Vertragsbedingungen, die eine Vertragspartei(Verwender) der anderen Vertragspartei bei Abschluss eines Vertrags stellt. Gleichgültig ist, ob die Bestimmungen einen äußerlich gesonderten Bestandteil des Vertrags bilden oder in die Vertragsurkunde selbst aufgenommen werden, welchen Umfang sie haben, in welcher Schriftart sie verfasst sind und welche Form der Vertrag hat. Allgemeine Geschäftsbedingungen liegen nicht vor, soweit die Vertragsbedingungen zwischen den Vertragsparteien im Einzelnen ausgehandelt sind.

(2) Allgemeine Geschäftsbedingungen werden nur dann Bestandteil eines Vertrags, wenn der Verwender bei Vertragsschluss

1. die andere Vertragspartei ausdrücklich oder, wenn ein ausdrücklicher Hinweis wegen der Art des Vertragsschlusses nur unter unverhältnismäßigen Schwierigkeiten möglich ist, durch deutlich sichtbaren Aushang am Ort des Vertragsschlusses auf sie hinweist und

2. der anderen Vertragspartei die Möglichkeit verschafft, in zumutbarer Weise, die auch eine für den Verwender erkennbare körperliche Behinderung der anderen Vertragspartei angemessen berücksichtigt, von ihrem Inhalt Kenntnis zu nehmen, und wenn die andere Vertragspartei mit ihrer Geltung einverstanden ist.

(3) Die Vertragsparteien können für eine bestimmte Art von Rechtsgeschäften die Geltung bestimmter Allgemeiner Geschäftsbedingungen unter Beachtung der in Absatz 2 bezeichneten Erfordernisse im Voraus vereinbaren.

제305조 契約 내로의 去來約款의 編入

(1) 보통거래약관이라 함은 일방당사자(약관제공자)가 타방당사자에게 계약체결시 제시하는, 다수의 계약을 위하여 사전에 작성된 모든 계약조건을 말한다. 그 규정들이 외형적으로 별단의 계약구성부분을 이루고 있는지 혹은 계약서에 수용되어 있는지, 어떠한 범위를 가지는지, 어떤 문자로 작성되어 있는지 그리고 계약이 어떤 방식을 가지는지는 문제되지 아니한다. 계약조건들이 계약당사자 사이에 개별적으로 교섭되어 정해진 경우에는 보통거래약관이 아니다.

(2) 보통거래약관은 다음의 요건을 갖추고, 타방당사자가 약관의 적용에 동의하는 때에 계약의 구성부분이 된다.

1. 계약체결시 약관제공자는 타방당사자에게 약관을 명시적으로 교시하거나 또는 명시적인 교시가 가능하더라도 계약체결의 유형으로 인해 현저히 곤란한 경우에는 계약체결장소에 명백히 보일 수 있도록 게시하여 이를 교시할 것 및

2. 계약체결시 약관제공자는 그가 인식할 수 있는 타방당사자의 신체적 장애를 적절히 고려하여 기대될 수 있는 방법으로 약관의 내용을 인지할 수 있는 가능성을 타방당사자에게 제공할 것

(3) 계약당사자는 일정한 종류의 법률행위에 대해서 일정한 보통거래약관이 적용됨을 제2항에서 정한 요건을 준수하여 사전에 약정할 수 있다.

§ 305a Einbeziehung in besonderen Fällen

Auch ohne Einhaltung der in § 305 Absatz 2 Nr. 1 und 2 bezeichneten Erfordernisse werden einbezogen, wenn die andere Vertragspartei mit ihrer Geltung einverstanden ist,

1. die mit Genehmigung der zuständigen Verkehrsbehörde oder auf Grund von internationalen Übereinkommen erlassenen Tarife und Ausführungsbestimmungen der Eisenbahnen und die nach Maßgabe des Personenbeförderungsgesetzes genehmigten Beförderungsbedingungen der Straßenbahnen, Obusse und Kraftfahrzeuge im Linienverkehr in den Beförderungsvertrag,

2. die im Amtsblatt der Regulierungsbehörde für Telekommunikation und Post veröffentlichten und in den Geschäftsstellen des Verwenders bereitgehaltenen Allgemeinen Geschäftsbedingungen

a) in Beförderungsverträge, die außerhalb von Geschäftsräumen durch den Einwurf von Postsendungen in Briefkästen abgeschlossen werden,

b) in Verträge über Telekommunikations-, Informations- und andere Dienstleistungen, die unmittelbar durch Einsatz von Fernkommunikationsmitteln und während der Erbringung einer Telekommunikationsdienstleistung in einem Mal erbracht werden, wenn die Allgemeinen Geschäftsbedingungen der anderen Vertragspartei nur unter unverhältnismäßigen Schwierigkeiten vor dem Vertragsschluss zugänglich gemacht werden können.

제305조의a 編入의 特殊한 경우

제305조 제2항 제1호 및 제2호에 따른 요건을 준수하지 않더라도 계약의 타방당사자가 다음의 약관의 적용을 동의한 때에는

1. 관할 교통관청의 인가 혹은 국제조약에 기초하여 공포된 철도의 요금규정 및 운송약관 및 여객수송법에 따라 인가된 전철·삭도차량 그리고 정기노선차량의 운송약관은 운송계약에

편입된다.
2. 통신와 우편에 대한 규제관청의 관보에 공지되고 약관제공자의 영업장소에 비치된 보통거래약관은
a) 영업소 이외의 장소에서 우편함에 우편물을 투입함으로써 체결되는 우편배달계약에 편입된다.
b) 원거리통신수단의 투입에 의하여 직접적이며 또한 통신용역급부를 제공하는 동안 일회적으로 제공되는 통신용역급부, 정보제공급부 기타 다른 용역급부에 관한 계약에 타방당사자가 계약체결 전 그 약관에 접근하는 것이 현저히 어려운 경우 편입된다.

§ 305b Vorrang der Individualabrede

Individuelle Vertragsabreden haben Vorrang vor Allgemeinen Geschäftsbedingungen.

제305조의b 個別的 合意의 優先

계약당사자의 개별적 합의는 보통거래약관에 우선한다.

§ 305c Überraschende und mehrdeutige Klauseln

(1) Bestimmungen in Allgemeinen Geschäftsbedingungen, die nach den Umständen, insbesondere nach dem äußeren Erscheinungsbild des Vertrags, so ungewöhnlich sind, dass der Vertragspartner des Verwenders mit ihnen nicht zu rechnen braucht, werden nicht Vertragsbestandteil.
(2) Zweifel bei der Auslegung Allgemeiner Geschäftsbedingungen gehen zu Lasten des Verwenders.

제305조의c 意外條項과 多義的 條項

(1) 제반상황, 특히 외부적으로 나타난 계약의 모습에 비추어 보통거래약관 중의 규정은 매우 이례적이어서 약관제공자의 계약상대방이 그 내용을 고려할 필요가 없는 경우에는 계약의 구성부분으로 되지 아니한다.
(2) 보통거래약관의 해석이 의심스러운 경우 이는 약관제공자의 불이익으로 한다.

§ 306 Rechtsfolgen bei Nichteinbeziehung und Unwirksamkeit

(1) Sind Allgemeine Geschäftsbedingungen ganz oder teilweise nicht Vertragsbestandteil geworden oder unwirksam, so bleibt der Vertrag im Übrigen wirksam.
(2) Soweit die Bestimmungen nicht Vertragsbestandteil geworden oder unwirksam sind, richtet sich der Inhalt des Vertrags nach den gesetzlichen Vorschriften.
(3) Der Vertrag ist unwirksam, wenn das Festhalten an ihm auch unter Berücksichtigung der nach Absatz 2 vorgesehenen Änderung eine unzumutbare Härte für eine Vertragspartei darstellen würde.

제306조 編入되지 않은 경우와 無效인 경우의 法律效果

(1) 보통거래약관이 전부 또는 부분적으로 계약의 구성부분으로 되지 못하거나 무효인 경우에는 계약은 잔존부분만으로 유효하다.
(2) 규정이 계약의 구성부분으로 되지 못하거나 효력을 가지지 못할 경우 계약의 내용은 법률의 규정에 의한다.
(3) 제2항에서 정하는 변경을 고려하더라도 계약을 존속시키는 것이 어느 한 계약당사자에게 기대할 수 없이 가혹한 때에는 그 계약은 효력이 없다.

§ 306a Umgehungsverbot

Die Vorschriften dieses Abschnitts finden auch Anwendung, wenn sie durch anderweitige Gestaltungen umgangen werden.

제306조의a 回避의 禁止

본 장의 규정들은 이를 다른 형식으로 회피하는 경우에도 적용된다.

§ 307 Inhaltskontrolle

(1) Bestimmungen in Allgemeinen Geschäftsbedingungen sind unwirksam, wenn sie den Vertragspartner des Verwenders entgegen den Geboten von Treu und Glauben unangemessen benachteiligen. Eine unangemessene Benachteiligung kann sich auch daraus ergeben, dass die Bestimmung nicht klar und verständlich ist.

(2) Eine unangemessene Benachteiligung ist im Zweifel anzunehmen, wenn eine Bestimmung

1. mit wesentlichen Grundgedanken der gesetzlichen Regelung, von der abgewichen wird, nicht zu vereinbaren ist oder

2. wesentliche Rechte oder Pflichten, die sich aus der Natur des Vertrags ergeben, so einschränkt, dass die Erreichung des Vertragszwecks gefährdet ist.

(3) Die Absätze 1 und 2 sowie die §§ 308 und 309 gelten nur für Bestimmungen in Allgemeinen Geschäftsbedingungen, durch die von Rechtsvorschriften abweichende oder diese ergänzende Regelungen vereinbart werden. Andere Bestimmungen können nach Absatz 1 Satz 2 in Verbindung mit Absatz 1 Satz 1 unwirksam sein.

제307조 內容統制

(1) 보통거래약관의 규정이 신의성실 원칙에 반하여 약관제공자의 계약상대방에게 부당하게 불리한 경우에는 효력이 없다. 규정내용이 불명확하거나 이해할 수 없기 때문에 부당하게 불리할 수도 있다.

(2) 다음 각호의 경우는 의심스러운 때에는 부당하게 불리한 것으로 한다.

1. 법률의 규정과 다른 어떤 규정이 법률의 기본관념에 맞지 않을 경우 또는

2. 계약의 성질에서 비롯하는 본질적인 권리・의무들이 제한됨으로써 계약목적의 달성이 위태롭게 되는 경우

(3) 제1항과 제2항 및 제308조와 제309조는 법률의 규정과 다르거나 또는 이를 보충하는 규율이 합의된 보통거래약관의 규정들에 대해서만 적용된다. 그 밖의 규정은 제1항 제1문과 결합된 제1항 제2문에 따라 무효가 될 수 있다.

§ 308 Klauselverbote mit Wertungsmöglichkeit

In Allgemeinen Geschäftsbedingungen ist insbesondere unwirksam

1. (Annahme- und Leistungsfrist)

eine Bestimmung, durch die sich der Verwender unangemessen lange oder nicht hinreichend bestimmte Fristen für die Annahme oder Ablehnung eines Angebots oder die Erbringung einer Leistung vorbehält; ausgenommen hiervon ist der Vorbehalt, erst nach Ablauf der Widerrufs- oder Rückgabefrist nach § 355 Absatz 1 und 2 und § 356 zu leisten;

2. (Nachfrist)

eine Bestimmung, durch die sich der Verwender für die von ihm zu bewirkende Lei-

stung abweichend von Rechtsvorschriften eine unangemessen lange oder nicht hinreichend bestimmte Nachfrist vorbehält;
3. (Rücktrittsvorbehalt)
die Vereinbarung eines Rechts des Verwenders, sich ohne sachlich gerechtfertigten und im Vertrag angegebenen Grund von seiner Leistungspflicht zu lösen; dies gilt nicht für Dauerschuldverhältnisse;
4. (Änderungsvorbehalt)
die Vereinbarung eines Rechts des Verwenders, die versprochene Leistung zu ändern oder von ihr abzuweichen, wenn nicht die Vereinbarung der Änderung oder Abweichung unter Berücksichtigung der Interessen des Verwenders für den anderen Vertragsteil zumutbar ist;
5. (Fingierte Erklärungen)
eine Bestimmung, wonach eine Erklärung des Vertragspartners des Verwenders bei Vornahme oder Unterlassung einer bestimmten Handlung als von ihm abgegeben oder nicht abgegeben gilt, es sei denn, dass
a) dem Vertragspartner eine angemessene Frist zur Abgabe einer ausdrücklichen Erklärung eingeräumt ist und
b) der Verwender sich verpflichtet, den Vertragspartner bei Beginn der Frist auf die vorgesehene Bedeutung seines Verhaltens besonders hinzuweisen; dies gilt nicht für Verträge, in die Teil B der Verdingungsordnung für Bauleistungen insgesamt einbezogen ist;
6. (Fiktion des Zugangs)
eine Bestimmung, die vorsieht, dass eine Erklärung des Verwenders von besonderer Bedeutung dem anderen Vertragsteil als zugegangen gilt;
7. (Abwicklung von Verträgen)
eine Bestimmung, nach der der Verwender für den Fall, dass eine Vertragspartei vom Vertrag zurücktritt oder den Vertrag kündigt,
a) eine unangemessen hohe Vergütung für die Nutzung oder den Gebrauch einer Sache oder eines Rechts oder für erbrachte Leistungen oder
b) einen unangemessen hohen Ersatz von Aufwendungen verlangen kann;
8. (Nichtverfügbarkeit der Leistung)
die nach Nr. 3 zulässige Vereinbarung eines Vorbehalts des Verwenders, sich von der Verpflichtung zur Erfüllung des Vertrags bei Nichtverfügbarkeit der Leistung zu lösen, wenn sich der Verwender nicht verpflichtet,
a) den Vertragspartner unverzüglich über die Nichtverfügbarkeit zu informieren und
b) Gegenleistungen des Vertragspartners unverzüglich zu erstatten.

第308조 評價 可能한 條項禁止

보통거래약관의 다음 규정들은 그 효력이 없다.
1. (승낙기간과 급부기간)
약관제공자가 청약에 대한 승낙이나 거절 또는 급부의 제공에 관하여 부당하게 길거나 혹은 충분히 특정되지 않은 기간을 유보하는 규정, 단 제355조 제1항과 제2항 및 제356조에 따른 철회기간 또는 반환기간 이후에 비로소 급부할 것을 유보하는 때에는 그러하지 아니하다.

2. (유예기간)
약관제공자가 그가 제공할 급부에 대하여 법률규정과 달리 부당하게 길거나 또는 충분하게 특정되지 않은 유예기간을 유보하고 있는 규정
3. (해제권의 유보)
약관제공자가 객관적으로 정당하거나 계약에서 제시된 근거 없이 급부의무를 면할 수 있는 권리의 약정, 단 이는 계속적 채권관계에는 적용되지 아니한다.
4. (변경권의 유보)
약관제공자의 이익을 고려할 때 그러한 약정이 타방 계약당사자에게 기대될 수 없는 경우에 약속한 급부를 변경하거나 혹은 이와는 다른 급부를 할 수 있는 약관제공자의 권리의 약정
5. (의사표시의 의제)
일정한 행위의 실행 또는 부작위가 있을 때 약관제공자의 계약상대방의 의사표시가 행해졌다거나 또는 행해지지 않은 것으로 간주하는 규정, 단 다음의 경우에는 그러하지 아니하다.
a) 명시적인 의사표시를 행할 일정한 기간이 계약상대방에게 부여되고 또한
b) 그 기간이 개시될 때에 약관제공자가 계약상대방에게 그의 행태가 가지는 미리 정한 의미에 관하여 교시할 의무를 부담하는 경우;
이는 건축도급계약표준약관 제B부가 전체로 편입되는 계약에 대해서는 적용되지 아니한다.
6. (의사표시도달의 의제)
특별한 의미를 가지는 약관제공자의 의사표시가 타방 계약당사자에게 도달한 것으로 간주하는 규정
7. (계약의 청산)
어느 계약당사자가 계약을 해제하거나 해지한 경우에 약관제공자가 다음을 요구할 수 있다고 정한 규정
a) 물건이나 권리의 수익 내지 사용에 대한 또는 제공된 급부에 대한 부당하게 과도한 대가 또는
b) 비용에 대한 부당하게 과도한 배상
하고 있는 규정
8. (급부의 처분불가)
급부를 처분할 수 없는 경우에 계약이행의무를 면한다는 약관제공자의 유보가 제3호에 따라 합의되더라도 약관제공자가 다음 의무를 부담하지 않는 때에 그 합의
a) 처분불가에 관한 계약상대방에의 지체없는 통지 및
b) 계약상대방의 반대급부의 지체없는 상환

§ 309 Klauselverbote ohne Wertungsmöglichkeit

Auch soweit eine Abweichung von den gesetzlichen Vorschriften zulässig ist, ist in Allgemeinen Geschäftsbedingungen unwirksam
1. (Kurzfristige Preiserhöhungen)
eine Bestimmung, welche die Erhöhung des Entgelts für Waren oder Leistungen vorsieht, die innerhalb von vier Monaten nach Vertragsschluss geliefert oder erbracht werden sollen; dies gilt nicht bei Waren oder Leistungen, die im Rahmen von Dauerschuldverhältnissen geliefert oder erbracht werden;
2. (Leistungsverweigerungsrechte)
eine Bestimmung, durch die
a) das Leistungsverweigerungsrecht, das dem Vertragspartner des Verwenders nach §

320 zusteht, ausgeschlossen oder eingeschränkt wird oder
b) ein dem Vertragspartner des Verwenders zustehendes Zurückbehaltungsrecht, soweit es auf demselben Vertragsverhältnis beruht, ausgeschlossen oder eingeschränkt, insbesondere von der Anerkennung von Mängeln durch den Verwender abhängig gemacht wird;
3. (Aufrechnungsverbot)
eine Bestimmung, durch die dem Vertragspartner des Verwenders die Befugnis genommen wird, mit einer unbestrittenen oder rechtskräftig festgestellten Forderung aufzurechnen;
4. (Mahnung, Fristsetzung)
eine Bestimmung, durch die der Verwender von der gesetzlichen Obliegenheit freigestellt wird, den anderen Vertragsteil zu mahnen oder ihm eine Frist für die Leistung oder Nacherfüllung zu setzen;
5. (Pauschalierung von Schadensersatzansprüchen)
die Vereinbarung eines pauschalierten Anspruchs des Verwenders auf Schadensersatz oder Ersatz einer Wertminderung, wenn
a) die Pauschale den in den geregelten Fällen nach dem gewöhnlichen Lauf der Dinge zu erwartenden Schaden oder die gewöhnlich eintretende Wertminderung übersteigt oder
b) dem anderen Vertragsteil nicht ausdrücklich der Nachweis gestattet wird, ein Schaden oder eine Wertminderung sei überhaupt nicht entstanden oder wesentlich niedriger als die Pauschale;
6. (Vertragsstrafe)
eine Bestimmung, durch die dem Verwender für den Fall der Nichtabnahme oder verspäteten Abnahme der Leistung, des Zahlungsverzugs oder für den Fall, dass der andere Vertragsteil sich vom Vertrag löst, Zahlung einer Vertragsstrafe versprochen wird;
7. (Haftungsausschluss bei Verletzung von Leben, Körper, Gesundheit und bei grobem Verschulden)
a) (Verletzung von Leben, Körper, Gesundheit)
ein Ausschluss oder eine Begrenzung der Haftung für Schäden aus der Verletzung des Lebens, des Körpers oder der Gesundheit, die auf einer fahrlässigen Pflichtverletzung des Verwenders oder einer vorsätzlichen oder fahrlässigen Pflichtverletzung eines gesetzlichen Vertreters oder Erfüllungsgehilfen des Verwenders beruhen;
b) (Grobes Verschulden)
ein Ausschluss oder eine Begrenzung der Haftung für sonstige Schäden, die auf einer grob fahrlässigen Pflichtverletzung des Verwenders oder auf einer vorsätzlichen oder grob fahrlässigen Pflichtverletzung eines gesetzlichen Vertreters oder Erfüllungsgehilfen des Verwenders beruhen; die Buchstaben a und b gelten nicht für Haftungsbeschränkungen in den nach Maßgabe des Personenbeförderungsgesetzes genehmigten Beförderungsbedingungen und Tarifvorschriften der Straßenbahnen, Obusse und Kraftfahrzeuge im Linienverkehr, soweit sie nicht zum Nachteil des Fahrgastes von der Verordnung über die Allgemeinen Beförderungsbedingungen für den Straßenbahn- und Obusverkehr sowie den Linienverkehr mit Kraftfahrzeugen vom 27. Februar 1970 abweichen; Buchstabe b gilt nicht für Haftungsbeschränkungen für staatlich genehmigte Lot-

terie- oder Ausspielverträge;
8. (Sonstige Haftungsausschlüsse bei Pflichtverletzung)
a) (Ausschluss des Rechts, sich vom Vertrag zu lösen)
eine Bestimmung, die bei einer vom Verwender zu vertretenden, nicht in einem Mangel der Kaufsache oder des Werkes bestehenden Pflichtverletzung das Recht des anderen Vertragsteils, sich vom Vertrag zu lösen, ausschließt oder einschränkt; dies gilt nicht für die in der Nr. 7 bezeichneten Beförderungsbedingungen und Tarifvorschriften unter den dort genannten Voraussetzungen;
b) (Mängel)
eine Bestimmung, durch die bei Verträgen über Lieferungen neu hergestellter Sachen und über Werkleistungen
aa) (Ausschluss und Verweisung auf Dritte)
die Ansprüche gegen den Verwender wegen eines Mangels insgesamt oder bezüglich einzelner Teile ausgeschlossen, auf die Einräumung von Ansprüchen gegen Dritte beschränkt oder von der vorherigen gerichtlichen Inanspruchnahme Dritter abhängig gemacht werden;
bb) (Beschränkung auf Nacherfüllung)
die Ansprüche gegen den Verwender insgesamt oder bezüglich einzelner Teile auf ein Recht auf Nacherfüllung beschränkt werden, sofern dem anderen Vertragsteil nicht ausdrücklich das Recht vorbehalten wird, bei Fehlschlagen der Nacherfüllung zu mindern oder, wenn nicht eine Bauleistung Gegenstand der Mängelhaftung ist, nach seiner Wahl vom Vertrag zurückzutreten;
cc) (Aufwendungen bei Nacherfüllung)
die Verpflichtung des Verwenders ausgeschlossen oder beschränkt wird, die zum Zwecke der Nacherfüllung erforderlichen Aufwendungen, insbesondere Transport-, Wege-, Arbeits- und Materialkosten, zu tragen;
dd) (Vorenthalten der Nacherfüllung)
der Verwender die Nacherfüllung von der vorherigen Zahlung des vollständigen Entgelts oder eines unter Berücksichtigung des Mangels unverhältnismäßig hohen Teils des Entgelts abhängig macht;
ee) (Ausschlussfrist für Mängelanzeige)
der Verwender dem anderen Vertragsteil für die Anzeige nicht offensichtlicher Mängel eine Ausschlussfrist setzt, die kürzer ist als die nach dem Doppelbuchstaben ff zulässige Frist;
ff) (Erleichterung der Verjährung)
die Verjährung von Ansprüchen gegen den Verwender wegen eines Mangels in den Fällen des § 438 Absatz 1 Nr. 2 und des § 634a Absatz 1 Nr. 2 erleichtert oder in den sonstigen Fällen eine weniger als ein Jahr betragende Verjährungsfrist ab dem gesetzlichen Verjährungsbeginn erreicht wird; dies gilt nicht für Verträge, in die Teil B der Verdingungsordnung für Bauleistungen insgesamt einbezogen ist;
9. (Laufzeit bei Dauerschuldverhältnissen)
bei einem Vertragsverhältnis, das die regelmäßige Lieferung von Waren oder die regelmäßige Erbringung von Dienst- oder Werkleistungen durch den Verwender zum Gegen-

stand hat,
a) eine den anderen Vertragsteil länger als zwei Jahre bindende Laufzeit des Vertrags,
b) eine den anderen Vertragsteil bindende stillschweigende Verlängerung des Vertragsverhältnisses um jeweils mehr als ein Jahr oder
c) zu Lasten des anderen Vertragsteils eine längere Kündigungsfrist als drei Monate vor Ablauf der zunächst vorgesehenen oder stillschweigend verlängerten Vertragsdauer; dies gilt nicht für Verträge über die Lieferung als zusammengehörig verkaufter Sachen, für Versicherungsverträge sowie für Verträge zwischen den Inhabern urheberrechtlicher Rechte und Ansprüche und Verwertungsgesellschaften im Sinne des Gesetzes über die Wahrnehmung von Urheberrechten und verwandten Schutzrechten;
10. (Wechsel des Vertragspartners)
eine Bestimmung, wonach bei Kauf-, Dienst- oder Werkverträgen ein Dritter anstelle des Verwenders in die sich aus dem Vertrag ergebenden Rechte und Pflichten eintritt oder eintreten kann, es sei denn, in der Bestimmung wird
a) der Dritte namentlich bezeichnet oder
b) dem anderen Vertragsteil das Recht eingeräumt, sich vom Vertrag zu lösen;
11. (Haftung des Abschlussvertreters)
eine Bestimmung, durch die der Verwender einem Vertreter, der den Vertrag für den anderen Vertragsteil abschließt,
a) ohne hierauf gerichtete ausdrückliche und gesonderte Erklärung eine eigene Haftung oder Einstandspflicht oder
b) im Falle vollmachtsloser Vertretung eine über § 179 hinausgehende Haftung auferlegt;
12. (Beweislast)
eine Bestimmung, durch die der Verwender die Beweislast zum Nachteil des anderen Vertragsteils ändert, insbesondere indem er
a) diesem die Beweislast für Umstände auferlegt, die im Verantwortungsbereich des Verwenders liegen, oder
b) den anderen Vertragsteil bestimmte Tatsachen bestätigen lässt; Buchstabe b gilt nicht für Empfangsbekenntnisse, die gesondert unterschrieben oder mit einer gesonderten qualifizierten elektronischen Signatur versehen sind;
13. (Form von Anzeigen und Erklärungen)
eine Bestimmung, durch die Anzeigen oder Erklärungen, die dem Verwender oder einem Dritten gegenüber abzugeben sind, an eine strengere Form als die Schriftform oder an besondere Zugangserfordernisse gebunden werden.

第309條 評價 不可能한 條項禁止

법률의 규정과 달리 정하는 것이 허용되더라도 보통거래약관의 다음 규정은 무효이다.
1. (단기간 가격인상)
계약체결 후 4개월 이내에 공급되거나 제공되는 상품 또는 급부에 대한 대가의 인상을 정하는 규정, 이는 계속적 채권관계의 범주에서 공급되거나 제공되는 상품 또는 급부에 대해서는 적용되지 아니한다.
2. (급부거절권)
a) 약관제공자의 계약상대방에게 제320조가 부여하는 급부거절권을 배제하거나 또는 제한

하는 규정 또는
b) 동일한 계약관계에 기초하는 한 약관제공자의 계약상대방에게 귀속되는 채권적 유치권을 배제하거나 또는 제한하는 규정, 특히 약관제공자에 의한 하자의 승인여부에 종속하도록 하는 규정
3. (상계금지)
다툼이 없거나 기판력 있게 확정된 채권으로 상계할 권능을 약관제공자의 계약상대방에게서 박탈하는 규정
4. (최고, 기간설정)
타방 계약상대방에게 최고하거나 또는 그에게 급부나 추완이행을 위한 기간을 설정할 법률에 의한 책무를 약관제공자에게 면제하는 규정
5. (손해배상청구권의 일괄총액화)
손해배상 혹은 가치감소의 배상에 관한 약관제공자의 일괄총액화된 청구권에 관한 합의로서
a) 일괄총액이 규율된 경우에 있어서 사물의 통상적인 진행에 따라 기대될 수 있는 손해 또는 통상 발생하는 가치감소를 초과하는 경우 또는
b) 타방 계약당사자가 손해 또는 가치감소가 전혀 발생하지 않거나 또는 일괄총액보다 본질적으로 적게 발생하였음을 입증함는 것을 명시적으로 허용하지 않을 경우
6. (위약금)
급부를 수취하지 않거나 또는 급부수취의 지체나 지불지체의 경우, 또는 타방 계약당사자가 계약을 해소하는 경우에 약관제공자에게 위약금의 지불이 약속되어 있는 규정
7. (생명, 신체, 건강의 침해 및 중대한 과책의 경우 책임배제)
a) (생명, 신체, 건강의 침해)
약관제공자의 과실에 의한 의무위반 또는 약관제공자의 법정대리인 내지 이행보조자의 고의 내지 과실로 인한 의무위반에 기인하는 생명, 신체 혹은 건강의 침해로 말미암은 손해에 대한 책임의 제한이나 배제
b) (중대한 과책)
약관제공자의 중대한 과실 혹은 약관제공자의 법정대리인 내지 이행보조자의 고의 내지 중대한 의무위반에 기하여 발생한 기타의 손해에 대한 책임의 제한이나 배제
a)호와 b)호의 규정은 여객수송법에 따라 인가된 전차, 삭도차량 및 정기노선차량의 운송약관과 요금책정표 내에서의 책임제한에 대해서는, 1970년 2월 27일에 제정된 전철, 삭도 및 정기노선차량에 관한 일반운송약관에 관한 명령을 승객에게 불리하게 변경하는 경우가 아닌 한, 적용되지 아니한다; b)호의 규정은 국가가 인가한 복권 또는 추첨계약에 대한 책임제한의 경우에 대해서는 적용되지 아니한다.
8. (의무위반시 그 밖의 책임배제)
a) (계약을 해소할 권리의 배제)
매매목적물 또는 일의 하자가 아닌, 약관제공자가 책임져야 할 의무위반의 경우에 타방 계약당사자의 계약을 해소할 권리를 배제하거나 제한하는 규정; 이는 제7호에서 정한 요건을 충족한 운송약관 및 요금규정에 대해서는 적용되지 아니한다.
b) (하자)
새로이 제작된 물건의 공급 또는 도급급부에 관한 계약에 있어서
aa) (배제와 제3자에 대한 전가)
하자로 인하여 약관제공자에 대하여 가지는 청구권을 전부 혹은 일부와 관련하여 배제하거나, 제3자에 대한 청구권의 처분으로 제한하거나 또는 제3자에 대하여 사전에 재판상 권리행사할 것에 종속시키는 규정

bb) (추완이행에의 제한)
추완이행이 좌절되는 경우 대금감액권이나 또는 하자책임의 대상이 건축급부가 아닌 한 선택에 따라 계약을 해제할 권리를 타방 계약당사자에게 명시적으로 유보하지 않은 채 약관제공자에 대한 청구권을 전부 또는 일부와 관련하여 추완이행의 권리로 제한하는 규정
cc) (추완이행의 비용)
추완이행의 목적을 위한 필요비, 특히 운송비, 교통비, 인건비와 재료비를 부담해야 할 약관제공자의 의무를 배제하거나 제한하는 규정
dd) (추완이행의 보류)
약관제공자가 추완이행을 대가전액 혹은 하자에 비해 과도하게 많은 대가일부의 사전 지불에 종속시키는 규정
ee) (하자고지의 제척기간)
약관제공자가 타방 계약당사자에게 명백하지 않은 하자의 고지에 관한 제척기간을 ff)의 규정에 따라 허용되는 기간보다 짧게 설정하는 규정
ff) (소멸시효의 경감)
제438조 제1항 제2호와 제634조의a 제1항 제2호의 규정에 있어서 하자로 인한 약관제공자에 대한 청구권의 소멸시효가 경감되거나 또는 그 밖의 경우에 시효기간의 법정 시기(始期)로부터 1년 보다 짧은 소멸시효기간을 정하는 규정; 이는 건축도급표준약관 제B부가 전체로 편입되는 계약에는 적용되지 아니한다.
9. (계속적 채권관계의 존속기간)
약관제공자가 상품의 정기적 공급 또는 노무급부나 도급급부의 정기적 제공을 목적으로 하는 계약관계에 있어서
a) 타방 계약당사자를 2년 이상의 기간동안 구속하는 계약존속기간
b) 타방 계약당사자를 매번 1년 이상의 기간으로 구속하는 계약관계의 묵시적인 연장, 또는
c) 당초 예정된 혹은 묵시적으로 연장된 계약기간의 경과 이전에 타방 계약상대방에게 불리한 3개월 이상의 해지기간
이는 일체로 매매된 물건의 공급에 관한 계약과 보험계약 그리고 저작권 및 유사 보호권리의 유지에 관한 법률에서 말하는 저작권법적 권리와 청구권이 귀속된 자와 이용회사 사이의 계약에 대해서는 적용되지 아니한다.
10. (계약상대방의 교체)
다음의 경우를 제외하고 매매, 고용 혹은 도급계약의 경우 계약에서 비롯하는 권리와 의무를 약관제공자를 대신하여 제3자가 부담하거나 부담하게 할 수 있는 규정
a) 제3자의 명칭이 표시되어 있는 경우 또는
b) 타방 계약당사자에게 계약을 해소할 수 있는 권리를 부여하는 경우
11. (계약체결대리인의 책임)
약관제공자가 타방 계약당사자의 계약체결을 대리하는 자에게 별도의 명시적 의사표시 없이 고유한 책임 혹은 담보의무를 부담하게 하거나 또는 무권대리의 경우에 제179조 보다 과중한 책임을 부담하도록 하는 규정
12. (입증부담)
약관제공자가 입증부담을 타방 계약당사자에게 불리하게 변경하거나 특히 약관제공자가
a) 타방 계약당사자로 하여금 약관제공자의 책임영역 내에 있는 사정을 입증하도록 하거나,
b) 타방 계약당사자에게 일정한 사실을 확인하게 하는 경우:
b)목은 별도로 서명된 또는 별도로 인증된 전자서명이 붙은 수령승인의 경우에는 적용되지 아니한다.

13. (고지와 의사표시의 형식)
약관제공자나 제3자에게 행해지는 고지나 의사표시를 서면형식보다 엄격한 형식에 결부하거나 특별한 도달요건에 결부하는 규정

§ 310 Geltungsbereich

(1) § 305 Absatz 2 und 3 und die §§ 308 und 309 finden keine Anwendung auf Allgemeine Geschäftsbedingungen, die gegenüber einem Unternehmer, einer juristischen Person des öffentlichen Rechts oder einem öffentlich-rechtlichen Sondervermögen verwendet werden. § 307 Absatz 1 und 2 findet in den Fällen des Satzes 1 auch insoweit Anwendung, als dies zur Unwirksamkeit von in den §§ 308 und 309 genannten Vertragsbestimmungen führt; auf die im Handelsverkehr geltenden Gewohnheiten und Gebräuche ist angemessen Rücksicht zu nehmen.
(2) Die §§ 308 und 309 finden keine Anwendung auf Verträge der Elektrizitäts-, Gas-, Fernwärme- und Wasserversorgungsunternehmen über die Versorgung von Sonderabnehmern mit elektrischer Energie, Gas, Fernwärme und Wasser aus dem Versorgungsnetz, soweit die Versorgungsbedingungen nicht zum Nachteil der Abnehmer von Verordnungen über Allgemeine Bedingungen für die Versorgung von Tarifkunden mit elektrischer Energie, Gas, Fernwärme und Wasser abweichen. Satz 1 gilt ent- sprechend für Verträge über die Entsorgung von Abwasser.
(3) Bei Verträgen zwischen einem Unternehmer und einem Verbraucher (Verbraucherverträge) finden die Vorschriften dieses Abschnitts mit folgenden Maßgaben Anwendung:
1. Allgemeine Geschäftsbedingungen gelten als vom Unternehmer gestellt, es sei denn, dass sie durch den Verbraucher in den Vertrag eingeführt wurden;
2. § 305c Absatz 2 und die §§ 306 und 307 bis 309 dieses Gesetzes sowie Artikel 29a des Einführungsgesetzes zum Bürgerlichen Gesetzbuche finden auf vorformulierte Vertragsbedingungen auch dann Anwendung, wenn diese nur zur einmaligen Verwendung bestimmt sind und soweit der Verbraucher auf Grund der Vorformulierung auf ihren Inhalt keinen Einfluss nehmen konnte;
3. bei der Beurteilung der unangemessenen Benachteiligung nach § 307 Absatz 1 und 2 sind auch die den Vertragsschluss begleitenden Umstände zu berücksichtigen.
(4) Dieser Abschnitt findet keine Anwendung bei Verträgen auf dem Gebiet des Erb-, Familien- und Gesellschaftsrechts sowie auf Tarifverträge, Betriebs- und Dienstvereinbarungen. Bei der Anwendung auf Arbeitsverträge sind die im Arbeitsrecht geltenden Besonderheiten angemessen zu berücksichtigen; § 305 Absatz 2 und 3 ist nicht anzuwenden. Tarifverträge, Betriebs- und Dienstvereinbarungen stehen Rechtsvorschriften im Sinne von § 307 Absatz 3 gleich.

제310조 適用範圍

(1) 제305조 제2항과 제3항 그리고 제308조와 제309조는 사업자나 공법상의 법인 혹은 공법상의 특별재단에 대하여 사용된 보통거래약관에 대해서는 적용되지 아니한다. 제1문의 경우에도 제307조 제1항과 제2항은 이들이 제308조와 제309조에서 언급한 계약조항의 무효를 초래하는 한 적용된다; 상거래에서 적용되는 관습 내지 관행을 적절하게 고려해야 한다.
(2) 제308조와 제309조는 공급망으로부터의 전기에너지, 가스, 원격난방 및 수도의 특별수요

자와 전력, 가스, 원격난방 그리고 수도의 공급기업들 사이의 공급계약에 대해서는, 그 공급약관이 전기에너지, 가스, 원격난방 그리고 수도의 일반고객에 관한 일반조건에 관한 명령과 달라 수요자에게 불리하지 않는 한, 적용되지 아니한다. 제1문은 하수처리에 관한 계약에 준용한다.

(3) 사업자와 소비자 사이의 계약(소비자계약)에 있어서는 본 장의 규정이 다음과 같은 규준에 따라 적용된다;

1. 보통거래약관은, 그것이 소비자가 계약내용으로 편입한 경우가 아닌 한, 사업자가 제시한 것으로 간주한다;

2. 이 법의 제305조의c 제2항 그리고 제306조와 제307조 내지 제309조 그리고 민법부칙법 제29조의a 규정은 사전 작성된 계약조건이 비록 일회적인 사용을 목적으로 정해진 때에도 또한 소비자가 사전작성 때문에 그 내용에 대해서 아무런 영향을 미칠 수 없었던 한도 내에서 적용된다;

3. 제307조 제1항 및 제2항에 따른 부당한 불이익을 판단하는 경우 계약체결에 수반된 제반 사정도 고려할 수 있다.

(4) 본 장은 상속법, 가족법 및 회사법의 영역 내지 단체협약, 사업장협정의 영역에서 체결되는 계약에 대해서는 적용되지 아니한다. 근로계약에 적용할 때에는 노동법에 적용되는 특별성을 적절히 고려해야 한다; 제305조 제2항 및 제3항은 적용되지 아니한다. 단체협약, 사업장협정은 제307조 제3항에서 말하는 법률규정과 동일하다.

Abschnitt 3. Schuldverhältnisse aus Verträgen

제 3 장 契約에 의한 債權關係

Titel 1. Begründung, Inhalt und Beendigung
제1절 成立, 內容과 終了
Untertitel 1. Begründung
제1관 成立

§ 311 Rechtsgeschäftliche und rechtsgeschäftsähnliche Schuldverhältnisse

(1) Zur Begründung eines Schuldverhältnisses durch Rechtsgeschäft sowie zur Änderung des Inhalts eines Schuldverhältnisses ist ein Vertrag zwischen den Beteiligten erforderlich, soweit nicht das Gesetz ein anderes vorschreibt.

(2) Ein Schuldverhältnis mit Pflichten nach § 241 Absatz 2 entsteht auch durch

1. die Aufnahme von Vertragsverhandlungen,

2. die Anbahnung eines Vertrags, bei welcher der eine Teil im Hinblick auf eine etwaige rechtsgeschäftliche Beziehung dem anderen Teil die Möglichkeit zur Einwirkung auf seine Rechte, Rechtsgüter und Interessen gewahrt oder ihm diese anvertraut, oder

3. ähnliche geschäftliche Kontakte.

(3) Ein Schuldverhältnis mit Pflichten nach § 241 Absatz 2 kann auch zu Personen entstehen, die nicht selbst Vertragspartei werden sollen. Ein solches Schuldverhältnis entsteht insbesondere, wenn der Dritte in besonderem Maße Vertrauen für sich in Anspruch nimmt und dadurch die Vertragsverhandlungen oder den Vertragsschluss erheblich beeinflusst.

제311조 約定債權關係 및 約定類似債權關係

(1) 법률행위에 의한 채권관계의 성립 및 채권관계의 내용변경은, 법률이 달리 정하고 있지 않는 한, 당사자 사이의 계약이 있어야 한다.

(2) 제241조 제2항에 따른 의무를 수반하는 채권관계는 다음 각호의 경우에도 성립한다.

1. 계약교섭
2. 당사자의 일방이 발생가능한 법률행위적 관계를 고려하여 상대방에게 자신의 권리, 법익과 이익에 영향을 미칠 수 있는 가능성을 부여하거나 또는 이를 위탁하는 계약교섭의 준비
3. 이와 유사한 거래적 접촉

(3) 제241조 제2항에 따른 내용의 의무를 수반하는 채권관계는 스스로 계약당사자가 되지 않는 자에게도 발생할 수 있다. 이러한 채권관계는 특히 제3자가 자신에게 특별한 신뢰를 가지도록 하고 이로 인해서 계약의 교섭 또는 계약의 체결에 상당한 영향을 미치는 경우에 발생한다.

§ 311a Leistungshindernis bei Vertragsschluss

(1) Der Wirksamkeit eines Vertrags steht es nicht entgegen, dass der Schuldner nach § 275 Absatz 1 bis 3 nicht zu leisten braucht und das Leistungshindernis schon bei Vertragsschluss vorliegt.

(2) Der Gläubiger kann nach seiner Wahl Schadensersatz statt der Leistung oder Ersatz seiner Aufwendungen in dem in § 284 bestimmten Umfang verlangen. Dies gilt nicht, wenn der Schuldner das Leistungshindernis bei Vertragsschluss nicht kannte und seine Unkenntnis auch nicht zu vertreten hat. § 281 Absatz 1 Satz 2 und 3 und Absatz 5 findet entsprechende Anwendung.

제311조의a 契約締結時의 給付障害

(1) 채무자가 제275조 제1항 내지 제3항에 따라 급부할 필요가 없고 또한 급부장해가 계약체결시에 이미 존재하더라도 계약의 효력에는 영향을 주지 아니한다.

(2) 채권자는 그의 선택에 따라 급부에 갈음하는 손해배상 또는 제284조의 범위에서 비용의 배상을 요구할 수 있다. 채무자가 계약체결 당시 급부장해를 알지 못했고 알지 못한데 대하여 책임이 없는 때에는 그러하지 아니하다. 제281조 제1항 제2문과 제3문, 그리고 제5항을 준용한다.

§ 311b Verträge über Grundstücke, das Vermögen und den Nachlass

(1) Ein Vertrag, durch den sich der eine Teil verpflichtet, das Eigentum an einem Grundstück zu übertragen oder zu erwerben, bedarf der notariellen Beurkundung. Ein ohne Beachtung dieser Form geschlossener Vertrag wird seinem ganzen Inhalt nach gültig, wenn die Auflassung und die Eintragung in das Grundbuch erfolgen.

(2) Ein Vertrag, durch den sich der eine Teil verpflichtet, sein künftiges Vermögen oder einen Bruchteil seines künftigen Vermögens zu übertragen oder mit einem Nießbrauch zu belasten, ist nichtig.

(3) Ein Vertrag, durch den sich der eine Teil verpflichtet, sein gegenwärtiges Vermögen oder einen Bruchteil seines gegenwärtigen Vermögens zu übertragen oder mit einem Nießbrauch zu belasten, bedarf der notariellen Beurkundung.

(4) Ein Vertrag über den Nachlass eines noch lebenden Dritten ist nichtig. Das Gleiche gilt von einem Vertrag über den Pflichtteil oder ein Vermächtnis aus dem Nachlass eines

noch lebenden Dritten.

(5) Absatz 4 gilt nicht für einen Vertrag, der unter künftigen gesetzlichen Erben über den gesetzlichen Erbteil oder den Pflichtteil eines von ihnen geschlossen wird. Ein solcher Vertrag bedarf der notariellen Beurkundung.

제311조의b 土地, 財産 및 遺産에 관한 契約

(1) 당사자의 일방이 토지에 관한 소유권을 양도하거나 취득할 의무를 부담하는 계약은 공정증서에 의하여야 한다. 이러한 방식을 갖추지 않고 체결한 계약은 물권적 합의와 등기부에의 등기가 있으면 그 내용대로 유효하다.

(2) 당사자의 일방이 장래 취득할 재산 또는 장래 취득할 재산의 일부를 양도하거나 또는 그에 용익권을 설정할 의무를 부담하는 계약은 무효이다.

(3) 당사자의 일방이 현재의 재산 또는 현재의 재산의 일부를 양도하거나 또는 그에 용익권을 설정할 의무를 부담하는 계약은 공정증서에 의하여야 한다.

(4) 생존하는 제3자의 유산에 관한 계약은 무효이다. 생존하는 제3자의 유산에 기한 유류분 또는 유증에 관한 계약에 대해서도 또한 같다.

(5) 제4항은 장래의 법정상속인 상호간에 그들 중 1인의 법정상속분 또는 유류분에 관하여 체결된 계약에 대해서는 적용되지 않는다. 그러한 계약은 공정증서에 의하여야 한다.

§ 311c Erstreckung auf Zubehör

Verpflichtet sich jemand zur Veräußerung oder Belastung einer Sache, so erstreckt sich diese Verpflichtung im Zweifel auch auf das Zubehör der Sache.

제311조의c 從物에의 擴張

물건의 처분 또는 물적부담설정의 채무는 의심스러운 경우 그 물건의 종물에도 미친다.

Untertitel 2. Besondere Vertriebsformen
제2관 특수한 판매형식

§ 312 Widerrufsrecht bei Haustürgeschäften

(1) Bei einem Vertrag zwischen einem Unternehmer und einem Verbraucher, der eine entgeltliche Leistung zum Gegenstand hat und zu dessen Abschluss der Verbraucher

1. durch mündliche Verhandlungen an seinem Arbeitsplatz oder im Bereich einer Privatwohnung,

2. anlässlich einer vom Unternehmer oder von einem Dritten zumindest auch im Interesse des Unternehmers durchgeführten Freizeitveranstaltung oder

3. im Anschluss an ein überraschendes Ansprechen in Verkehrsmitteln oder im Bereich öffentlich zugänglicher Verkehrsflächen

bestimmt worden ist (Haustürgeschäft), steht dem Verbraucher ein Widerrufsrecht gemäß § 355 zu. Dem Verbraucher kann anstelle des Widerrufsrechts ein Rückgaberecht nach § 356 eingeräumt werden, wenn zwischen dem Verbraucher und dem Unternehmer im Zusammenhang mit diesem oder einem späteren Geschäft auch eine ständige Verbindung aufrechterhalten werden soll.

(2) Die erforderliche Belehrung über das Widerrufs- oder Rückgaberecht muss auf die Rechtsfolgen des § 357 Absatz 1 und 3 hinweisen.

(3) Das Widerrufs- oder Rückgaberecht besteht unbeschadet anderer Vorschriften nicht bei Versicherungsverträgen oder wenn
1. im Falle von Absatz 1 Nr. 1 die mündlichen Verhandlungen, auf denen der Abschluss des Vertrags beruht, auf vorhergehende Bestellung des Verbrauchers geführt worden sind oder
2. die Leistung bei Abschluss der Verhandlungen sofort erbracht und bezahlt wird und das Entgelt 40 Euro nicht übersteigt oder
3. die Willenserklärung des Verbrauchers von einem Notar beurkundet worden ist.

제312조 訪問販賣의 撤回權

(1) 사업자와 소비자 사이에서 유상의 급부를 목적으로 하고 소비자가
1. 자신의 직장 또는 집에서 구두의 교섭에 의하거나,
2. 사업자에 의해 또는 적어도 사업자의 이익으로 제3자에 의해 개최된 여가행사를 기회로 하여 또는
3. 대중교통수단 내에서나 공중이 이용할 수 있는 통행공간에서 예상하지 못한 권유에 따라 계약을 체결하게 된 경우 ("방문판매")에는 소비자는 제355조에 정한 철회권을 갖는다. 소비자와 사업자 사이에서 제1문에 따라 체결된 방문판매 또는 이후의 거래와 관련하여 지속적 영업관계가 유지되어야 할 경우에 소비자는 철회권 대신에 제356조에 따른 반환권을 가질 수 있다.
(2) 사업자는 철회권 또는 반환권에 관한 필요적 설명을 통해 제357조 제1항과 제3항의 법률효과를 고지해야 한다.
(3) 다른 규정의 적용에는 영향을 주지 않은 채 철회권 또는 반환권은 보험계약 또는 다음 각 호의 경우에는 인정되지 아니한다.
1. 제1항 제1문에서 계약의 체결로 이끈 구두의 계약교섭이 소비자의 사전 주문에 의한 경우
2. 교섭의 종료와 함께 급부가 즉시 이행되는 동시에 대가가 지급되고 그 대가가 40 유로를 넘지 않는 경우 또는
3. 소비자의 의사표시가 공증인에 의해 공증된 경우

§ 312a Verhältnis zu anderen Vorschriften

Steht dem Verbraucher zugleich nach Maßgabe anderer Vorschriften ein Widerrufs- oder Rückgaberecht nach den §§ 355 oder 356 dieses Gesetzes, nach den §§ 11 oder 15h des Gesetzes über den Vertrieb ausländischer Investmentanteile oder nach § 23 des Gesetzes über Kapitalanlagegesellschaften zu, ist das Widerrufs- oder Rückgaberecht nach § 312 ausgeschlossen.

제312조의a 다른 規定과의 關係

소비자가 다른 규정들에 기하여 동시에 본법 제355조 또는 제356조, "해외투자지분의 판매와 해외투자지분수익의 과세에 관한 법률" 제11조 또는 제15조h, 그리고 "자본투자회사에 관한 법률" 제23조에 의한 철회권이나 반환권을 가지는 경우에는, 제312조에 의한 철회권이나 반환권은 배제된다.

§ 312b Fernabsatzverträge

(1) Fernabsatzverträge sind Verträge über die Lieferung von Waren oder über die Erbringung von Dienstleistungen, die zwischen einem Unternehmer und einem Verbraucher unter ausschließlicher Verwendung von Fernkommunikationsmitteln abgeschlossen werden, es sei denn, dass der Vertragsschluss nicht im Rahmen eines für den Fernabsatz organisierten Vertriebs- oder Dienstleistungssystems erfolgt.

(2) Fernkommunikationsmittel sind Kommunikationsmittel, die zur Anbahnung oder zum Abschluss eines Vertrags zwischen einem Verbraucher und einem Unternehmer ohne gleichzeitige körperliche Anwesenheit der Vertragsparteien eingesetzt werden können, insbesondere Briefe, Kataloge, Telefonanrufe, Telekopien, E-Mails sowie Rundfunk, Tele- und Mediendienste.

(3) Die Vorschriften über Fernabsatzverträge finden keine Anwendung auf Verträge

1. über Fernunterricht (§ 1 des Fernunterrichtsschutzgesetzes),

2. über die Teilzeitnutzung von Wohngebäuden (§ 481),

3. über Finanzgeschäfte, insbesondere Bankgeschäfte, Finanz- und Wertpapierdienstleistungen und Versicherungen sowie deren Vermittlung, ausgenommen Darlehensvermittlungsverträge,

4. über die Veräußerung von Grundstücken und grundstücksgleichen Rechten, die Begründung, Veräußerung und Aufhebung von dinglichen Rechten an Grundstücken und grundstücksgleichen Rechten sowie über die Errichtung von Bauwerken,

5. über die Lieferung von Lebensmitteln, Getränken oder sonstigen Haushaltsgegenständen des täglichen Bedarfs, die am Wohnsitz, am Aufenthaltsort oder am Arbeitsplatz eines Verbrauchers von Unternehmern im Rahmen häufiger und regelmäßiger Fahrten geliefert werden,

6. über die Erbringung von Dienstleistungen in den Bereichen Unterbringung, Beförderung, Lieferung von Speisen und Getränken sowie Freizeitgestaltung, wenn sich der Unternehmer bei Vertragsschluss verpflichtet, die Dienstleistungen zu einem bestimmten Zeitpunkt oder innerhalb eines genau angegebenen Zeitraums zu erbringen,

7. die geschlossen werden

a) unter Verwendung von Warenautomaten oder automatisierten Geschäftsräumen oder

b) mit Betreibern von Telekommunikationsmitteln auf Grund der Benutzung von öffentlichen Fernsprechern, soweit sie deren Benutzung zum Gegenstand haben

제312조의b 通信販賣契約

(1) 통신판매계약은 사업자와 소비자가 통신수단만을 사용하면서 상품의 판매 또는 용역의 제공을 목적으로 체결한 계약이다. 다만 그 계약체결이 통신판매를 위해 조직된 판매나 용역제공시스템에 의하지 않고 행해진 경우는 이에 해당되지 아니한다.

(2) 통신수단은 사업자와 소비자가 상호 대면함이 없이 계약교섭의 준비 또는 그 체결을 위하여 사용하는 통신매체로서 특히 편지, 카다로그, 전화, 팩스, 전자우편 내지 라디오, 전신·영상매체가 이에 해당된다.

(3) 통신판매계약에 관한 규정은 다음 각 호의 경우에는 적용되지 않는다.

1. 통신교육에 관한 계약 (통신교육수강자보호법 제1조)
2. 주거건물의 일시이용에 관한 계약 (제481조)
3. 금융거래, 특히 은행거래, 금융 또는 유가증권 관련 용역제공 및 보험, 그리고 소비대차의 중개를 제외한 이들 거래의 중개에 관한 계약
4. 토지 내지 이와 동일시되는 권리의 처분, 토지 내지 이와 동일시되는 권리에 대한 물권의 설정, 처분 및 소멸, 그리고 건축물의 건립에 관한 계약
5. 사업자가 빈번하고 정기적인 운행을 통하여 소비자의 주소, 거소 또는 직장으로 배달하는 식품, 음료 또는 기타 일상생활에서 필요한 가사용품의 판매에 관한 계약
6. 숙박, 운송, 식품과 음료의 배달 및 여가활동의 영역과 관련된 용역의 제공을 목적으로 하면서 사업자가 계약체결 시 일정 시점 또는 정확히 제시된 기한 내에 용역을 제공하기로 의무를 지는 계약 또는
7. 계약이 다음의 사정 하에서 체결된 경우
a) 자동판매기나 자동화된 영업공간을 이용하여 체결한 계약의 경우 또는
b) 공중전화의 이용을 목적으로 하여 그 통신매체의 운영자와 체결한 계약의 경우

§ 312c Unterrichtung des Verbrauchers bei Fernabsatzverträgen

(1) Der Unternehmer hat den Verbraucher rechtzeitig vor Abschluss eines Fernabsatzvertrags in einer dem eingesetzten Fernkommunikationsmittel entsprechenden Weise klar und verständlich zu informieren über

1. die Einzelheiten des Vertrags, für die dies in der Rechtsverordnung nach Artikel 240 des Einführungsgesetzes zum Bürgerlichen Gesetzbuche bestimmt ist, und
2. den geschäftlichen Zweck des Vertrags.

Bei Telefongesprächen muss der Unternehmer seine Identität und den geschäftlichen Zweck des Vertrags bereits zu Beginn des Gesprächs ausdrücklich offen legen.

(2) Der Unternehmer hat dem Verbraucher die in der Rechtsverordnung nach Artikel 240 des Einführungsgesetzes zum Bürgerlichen Gesetzbuche bestimmten Informationen in dem dort bestimmten Umfang und der dort bestimmten Art und Weise alsbald, spätestens bis zur vollständigen Erfüllung des Vertrags, bei Waren spätestens bei Lieferung an den Verbraucher, in Textform mitzuteilen.

(3) Absatz 2 gilt nicht für Dienstleistungen, die unmittelbar durch Einsatz von Fernkommunikationsmitteln erbracht werden, sofern diese Leistungen in einem Mal erfolgen und über den Betreiber der Fernkommunikationsmittel abgerechnet werden. Der Verbraucher muss sich in diesem Fall aber über die Anschrift der Niederlassung des Unternehmers informieren können, bei der er Beanstandungen vorbringen kann.

(4) Weitergehende Einschränkungen bei der Verwendung von Fernkommunikationsmitteln und weitergehende Informationspflichten auf Grund anderer Vorschriften bleiben unberührt.

제312조의c 通信販賣에서의 消費者에 대한 說明

(1) 사업자는 소비자에게 계약의 체결 이전에 이용된 통신수단에 상응하는 방법을 통해 적시에 분명하고 이해하기 쉽게 다음의 사정을 설명하여야 한다.

1. 민법시행법 제240조에 따른 시행령에서 정한 계약의 세부사항과
2. 계약의 거래 목적
전화통화의 경우에는 사업자는 통화를 시작할 때 미리 자신의 신원과 거래목적을 명시적으로 밝혀야 한다.

(2) 사업자는 민법시행법 제240조에 따른 시행령에서 정한 정보를 동 시행령에서 정한 범위와 방식으로 즉시, 늦어도 계약이 완전히 이행될 때까지, 상품의 경우에는 늦어도 소비자에게 물건이 배달되는 때에 소비자에게 텍스트방식(역자 주: 제126조의 b 참조)으로 통지하여야 한다.

(3) 제2항은 용역이 통신수단의 이용을 통해 직접적으로 제공되고 그 용역이 일회적이며 이용된 통신수단의 운영자를 통해 정산되는 한 적용되지 아니한다. 그러나 소비자는 이 경우 이의를 제기할 수 있는 사업자의 영업소의 주소에 대한 정보제공을 받을 수 있어야 한다.

(4) 통신수단의 사용에 있어서의 제한이나 정보제공의무를 보다 넓게 정하고 있는 다른 규정은 이 규정에 의해 영향을 받지 아니한다.

§ 312d Widerrufs- und Rückgaberecht bei Fernabsatzverträgen

(1) Dem Verbraucher steht bei einem Fernabsatzvertrag ein Widerrufsrecht nach § 355 zu. Anstelle des Widerrufsrechts kann dem Verbraucher bei Verträgen über die Lieferung von Waren ein Rückgaberecht nach § 356 eingeräumt werden.

(2) Die Widerrufsfrist beginnt abweichend von § 355 Absatz 2 Satz 1 nicht vor Erfüllung der Informationspflichten gemäß § 312c Absatz 2, bei der Lieferung von Waren nicht vor dem Tage ihres Eingangs beim Empfänger, bei der wiederkehrenden Lieferung gleichartiger Waren nicht vor dem Tage des Eingangs der ersten Teillieferung und bei Dienstleistungen nicht vor dem Tage des Vertragsschlusses.

(3) Das Widerrufsrecht erlischt bei einer Dienstleistung auch, wenn der Unternehmer mit der Ausführung der Dienstleistung mit ausdrücklicher Zustimmung des Verbrauchers vor Ende der Widerrufsfrist begonnen hat oder der Verbraucher diese selbst veranlasst hat.

(4) Das Widerrufsrecht besteht, soweit nicht ein anderes bestimmt ist, nicht bei Fernabsatzverträgen
1. zur Lieferung von Waren, die nach Kundenspezifikation angefertigt werden oder eindeutig auf die persönlichen Bedürfnisse zugeschnitten sind oder die auf Grund ihrer Beschaffenheit nicht für eine Rücksendung geeignet sind oder schnell verderben können oder deren Verfalldatum überschritten würde,
2. zur Lieferung von Audio- oder Videoaufzeichnungen oder von Software, sofern die gelieferten Datenträger vom Verbraucher entsiegelt worden sind,
3. zur Lieferung von Zeitungen, Zeitschriften und Illustrierten,
4. zur Erbringung von Wett- und Lotterie-Dienstleistungen, oder
5. die in der Form von Versteigerungen(§ 156) geschlossen werden.

(5) Das Widerrufsrecht besteht ferner nicht bei Fernabsatzvertragen, bei denen dem Verbraucher bereits auf Grund der §§ 499 bis 507 ein Widerrufs- oder Rückgaberecht nach

den §§ 355 oder 356 zusteht. Bei solchen Verträgen gilt Absatz 2 entsprechend.

제312조의d 通信販賣에서의 撤回權과 返還權

(1) 통신판매의 경우에 소비자는 제355조에서 정한 철회권을 가진다. 상품 판매에 관한 계약의 경우에는 철회권에 대신하여 제356조의 반환권이 부여될 수 있다.

(2) 철회기간은 제355조 제2항 제1문이 정한 바와 달리 제312조의c 제2항에 따른 정보제공의무가 이행되기 이전에, 그리고 상품 판매의 경우에는 수령자에게 그 상품이 도달된 날 이전, 동종의 상품을 반복적으로 공급하는 경우에는 첫 1회분의 공급이 도달된 날 이전, 그리고 용역 제공의 경우에는 계약을 체결한 날 이전에는 진행되지 아니한다.

(3) 용역 제공의 경우에 철회권은 사업자가 소비자의 명시적 동의를 얻어 철회기간이 종료하기 이전에 용역의 제공을 착수하였거나 또는 소비자가 이를 유발한 경우에도 소멸한다.

(4) 철회권은 달리 정한 바가 없는 한 다음 각 통신판매의 경우에는 인정되지 아니한다.

1. 판매된 상품이 고객의 주문명세에 따라 제작되거나 분명하게 개인적 필요에 따라 맞추어진 경우 또는 그 상품이 성질상 반송에 적합하지 않거나 조속히 부패 또는 유통기한을 경과할 수 있는 경우

2. 음성녹취물, 영상녹화물 또는 소프트웨어의 판매 시에 소비자가 배달된 데이터 베이스의 봉함을 개봉한 경우

3. 신문, 잡지 그리고 화보의 판매의 경우

4. 사행성 경주, 복권과 같은 용역 제공의 경우 또는

5. 경매 (제156조)의 형식으로 체결된 계약

§ 312e Pflichten im elektronischen Geschäftsverkehr

(1) Bedient sich ein Unternehmer zum Zwecke des Abschlusses eines Vertrags über die Lieferung von Waren oder über die Erbringung von Dienstleistungen eines Tele- oder Mediendienstes (Vertrag im elektronischen Geschäftsverkehr), hat er dem Kunden

1. angemessene, wirksame und zugängliche technische Mittel zur Verfügung zu stellen, mit deren Hilfe der Kunde Eingabefehler vor Abgabe seiner Bestellung erkennen und berichtigen kann,

2. die in der Rechtsverordnung nach Artikel 241 des Einfuhrungsgesetzes zum Bürgerlichen Gesetzbuche bestimmten Informationen rechtzeitig vor Abgabe von dessen Bestellung klar und verständlich mitzuteilen,

3. den Zugang von dessen Bestellung unverzüglich auf elektronischem Wege zu bestätigen und

4. die Möglichkeit zu verschaffen, die Vertragsbestimmungen einschließlich der Allgemeinen Geschäftsbedingungen bei Vertragsschluss abzurufen und in wiedergabefähiger Form zu speichern.

Bestellung und Empfangsbestätigung im Sinne von Satz 1 Nr. 3 gelten als zugegangen, wenn die Parteien, für die sie bestimmt sind, sie unter gewöhnlichen Umständen abrufen können.

(2) Absatz 1 Satz 1 Nr. 1 bis 3 findet keine Anwendung, wenn der Vertrag ausschließlich durch individuelle Kommunikation geschlossen wird. Absatz 1 Satz 1 Nr. 1 bis 3 und

Satz 2 findet keine Anwendung, wenn zwischen Vertragsparteien, die nicht Verbraucher sind, etwas anderes vereinbart wird.
(3) Weitergehende Informationspflichten auf Grund anderer Vorschriften bleiben unberührt. Steht dem Kunden ein Widerrufsrecht gemäß § 355 zu, beginnt die Widerrufsfrist abweichend von § 355 Absatz 2 Satz 1 nicht vor Erfüllung der in Absatz 1 Satz 1 geregelten Pflichten.

제312조의e 電子去來에서의 義務

(1) 사업자가 상품의 판매나 용역 제공에 관한 계약 체결을 목적으로 통신 또는 방송매체를 이용하는 경우(전자거래계약)에 사업자는 고객에게 다음 각 호의 의무를 부담한다.
1. 고객이 주문을 발송하기 이전에 자신이 기재한 주문내용의 하자를 인식, 정정할 수 있도록 적절하고 효과적이며 용이하게 접근할 수 있는 기술적 수단을 제공할 의무
2. 민법시행법 제241조에 따른 시행령에서 정한 정보를 주문의 발송 이전에 분명하고 소비자가 이해할 수 있도록 적시에 통지할 의무
3. 주문이 도달하였음을 지체 없이 전자적 방법으로 확인해 줄 의무
4. 보통거래약관을 포함한 계약 조건을 계약체결 시에 불러낼 수 있고 재현가능한 형태로 저장할 수 있는 가능성을 마련할 의무
제1문 제3호의 주문 및 주문수령의 확인은 수령자가 통상의 사정 하에서 불러낼 수 있을 경우 도달한 것으로 간주한다.
(2) 제1항 제1문 제1호 내지 제3호는 개별적 의사소통 만으로 계약을 체결한 경우에는 적용되지 아니한다. 제1항 제1문 제1호 내지 제3호와 제2문은 소비자가 아닌 계약당사자들 사이에 달리 합의한 바가 있는 경우에는 적용되지 아니한다.
(3) 정보제공의무를 보다 넓게 정하고 있는 다른 규정은 이 규정에 의해 영향을 받지 아니한다. 고객이 제355조에서 정한 철회권을 갖는 경우에 그 철회기간은 제355조 제2항 제1문과 달리 위 제1항 제1문에서 규정된 의무가 이행되기 이전에는 진행되지 아니한다.

§ 312f Abweichende Vereinbarungen

Von den Vorschriften dieses Untertitels darf, soweit nicht ein anderes bestimmt ist, nicht zum Nachteil des Verbrauchers oder Kunden abgewichen werden. Die Vorschriften dieses Untertitels finden, soweit nicht ein anderes bestimmt ist, auch Anwendung, wenn sie durch anderweitige Gestaltungen umgangen werden.

제312조의f 다른 約定

달리 정한 바가 없는 한 소비자나 고객에게 불리하게 본 관의 규정과 다르게 정할 수 없다. 본 관의 규정은 달리 정한 바가 없는 한 다른 방법을 통해 회피하는 경우에도 적용된다.

Untertitel 3. Anpassung und Beendigung von Verträgen
제3관 契約의 修整과 消滅

§ 313 Störung der Geschäftsgrundlage

(1) Haben sich Umstände, die zur Grundlage des Vertrags geworden sind, nach Vertragsschluss schwerwiegend verändert und hätten die Parteien den Vertrag nicht oder mit anderem Inhalt geschlossen, wenn sie diese Veränderung vorausgesehen hätten, so

kann Anpassung des Vertrags verlangt werden, soweit einem Teil unter Berücksichtigung aller Umstände des Einzelfalls, insbesondere der vertraglichen oder gesetzlichen Risikoverteilung, das Festhalten am unveränderten Vertrag nicht zugemutet werden kann.
(2) Einer Veränderung der Umstände steht es gleich, wenn wesentliche Vorstellungen, die zur Grundlage des Vertrags geworden sind, sich als falsch herausstellen.
(3) Ist eine Anpassung des Vertrags nicht möglich oder einem Teil nicht zumutbar, so kann der benachteiligte Teil vom Vertrag zurücktreten. An die Stelle des Rücktrittsrechts tritt für Dauerschuldverhältnisse das Recht zur Kündigung.

제313조 行爲基礎의 障碍

(1) 계약의 기초가 된 사정이 계약체결 후 중대하게 변경되고 당사자가 이러한 변경을 예견하였다면 계약을 체결하지 않았거나 또는 다른 내용으로 체결하였을 것인 때에는, 개별 사안의 모든 사정, 특히 계약적 또는 법률적 위험의 분배를 고려할 경우 일방 당사자에게 변경되지 않은 계약의 준수를 기대할 수 없는 한, 계약의 수정(修整)을 요구할 수 있다.
(2) 계약의 기초가 되었던 중요부분의 표상이 잘못으로 밝혀진 경우도 사정의 변경과 같다.
(3) 계약의 수정이 불가능하거나 일방 당사자에게 기대될 수 없는 경우에는 불이익을 입는 당사자는 계약을 해제할 수 있다. 계속적 채권관계에서는 해제권이 아니라 해지권이 주어진다.

§ 314 Kündigung von Dauerschuldverhältnissen aus wichtigem Grund

(1) Dauerschuldverhältnisse kann jeder Vertragsteil aus wichtigem Grund ohne Einhaltung einer Kündigungsfrist kündigen. Ein wichtiger Grund liegt vor, wenn dem kündigenden Teil unter Berücksichtigung aller Umstände des Einzelfalls und unter Abwägung der beiderseitigen Interessen die Fortsetzung des Vertragsverhältnisses bis zur vereinbarten Beendigung oder bis zum Ablauf einer Kündigungsfrist nicht zugemutet werden kann.
(2) Besteht der wichtige Grund in der Verletzung einer Pflicht aus dem Vertrag, ist die Kündigung erst nach erfolglosem Ablauf einer zur Abhilfe bestimmten Frist oder nach erfolgloser Abmahnung zulässig. § 323 Absatz 2 findet entsprechende Anwendung.
(3) Der Berechtigte kann nur innerhalb einer angemessenen Frist kündigen, nachdem er vom Kündigungsgrund Kenntnis erlangt hat.
(4) Die Berechtigung, Schadensersatz zu verlangen, wird durch die Kundigung nicht ausgeschlossen.

제314조 重大한 事由로 인한 繼續的 債權關係의 解止

(1) 각 계약당사자는 중대한 사유를 이유로 해지기간의 준수없이 계속적 채권관계를 해지할 수 있다. 개별 사안의 모든 사정을 고려하고 양 당사자의 이익을 교량할 때 합의한 종료시점까지 또는 해지기간의 경과시까지 계약관계의 존속을 해지당사자에게 기대할 수 없는 경우에 중대한 사유가 있는 것으로 한다.
(2) 중대한 사유가 계약상의 의무를 위반한 것인 경우 그 시정을 위해 설정된 기간이 도과한 후 또는 최고를 하였으나 성과가 없게 된 때에 비로소 해지할 수 있다. 제323조 제2항은 준용된다.
(3) 해지권자는 그가 해지사유를 안 후 상당한 기간 내에만 해지가 허용된다.
(4) 손해배상을 요구할 수 있는 권한은 해지에 의해 배제되지 않는다.

Titel 2. Gegenseitiger Vertrag
제2절 雙務契約

§ 321 Unsicherheitseinrede

(1) Wer aus einem gegenseitigen Vertrag vorzuleisten verpflichtet ist, kann die ihm obliegende Leistung verweigern, wenn nach Abschluss des Vertrags erkennbar wird, dass sein Anspruch auf die Gegenleistung durch mangelnde Leistungsfähigkeit des anderen Teils gefährdet wird. Das Leistungsverweigerungsrecht entfällt, wenn die Gegenleistung bewirkt oder Sicherheit für sie geleistet wird.
(2) Der Vorleistungspflichtige kann eine angemessene Frist bestimmen, in welcher der andere Teil Zug um Zug gegen die Leistung nach seiner Wahl die Gegenleistung zu bewirken oder Sicherheit zu leisten hat. Nach erfolglosem Ablauf der Frist kann der Vorleistungspflichtige vom Vertrag zurucktreten. § 323 findet entsprechende Anwendung.

제321조 不安의 抗辯

(1) 쌍무계약에서 먼저 급부할 의무가 있는 당사자는 반대급부에 대한 자신의 청구권이 타방 당사자의 급부능력의 상실로 위태롭게 될 것을 계약체결 후 인식한 때에는 그의 급부를 거절할 수 있다. 급부거절권은 반대급부가 행해지거나 그에 대한 담보가 제공된 경우에는 소멸한다.
(2) 먼저 급부할 의무를 부담하는 자는 타방 당사자가 그의 선택으로 급부와 상환으로 반대급부를 행하든가 또는 담보를 제공해야 할 상당한 기간을 정할 수 있다. 이 기간이 도과한 후에는 선이행의무자는 계약을 해제할 수 있다. 제323조를 준용한다.

§ 323 Rücktritt wegen nicht oder nicht vertragsgemäß erbrachter Leistung

(1) Erbringt bei einem gegenseitigen Vertrag der Schuldner eine fällige Leistung nicht oder nicht vertragsgemäß, so kann der Gläubiger, wenn er dem Schuldner erfolglos eine angemessene Frist zur Leistung oder Nacherfüllung bestimmt hat, vom Vertrag zurücktreten.
(2) Die Fristsetzung ist entbehrlich, wenn
1. der Schuldner die Leistung ernsthaft und endgültig verweigert,
2. der Schuldner die Leistung zu einem im Vertrag bestimmten Termin oder innerhalb einer bestimmten Frist nicht bewirkt und der Gläubiger im Vertrag den Fortbestand seines Leistungsinteresses an die Rechtzeitigkeit der Leistung gebunden hat oder
3. besondere Umstände vorliegen, die unter Abwägung der beiderseitigen Interessen den sofortigen Rücktritt rechtfertigen.
(3) Kommt nach der Art der Pflichtverletzung eine Fristsetzung nicht in Betracht, so tritt an deren Stelle eine Abmahnung.
(4) Der Gläubiger kann bereits vor dem Eintritt der Fälligkeit der Leistung zurücktreten, wenn offensichtlich ist, dass die Voraussetzungen des Rücktritts eintreten werden.
(5) Hat der Schuldner eine Teilleistung bewirkt, so kann der Gläubiger vom ganzen Vertrag nur zurücktreten, wenn er an der Teilleistung kein Interesse hat. Hat der Schuldner die Leistung nicht vertragsgemäß bewirkt, so kann der Gläubiger vom Vertrag nicht zurücktreten, wenn die Pflichtverletzung unerheblich ist.

(6) Der Rücktritt ist ausgeschlossen, wenn der Gläubiger für den Umstand, der ihn zum Rücktritt berechtigen würde, allein oder weit überwiegend verantwortlich ist oder wenn der vom Schuldner nicht zu vertretende Umstand zu einer Zeit eintritt, zu welcher der Gläubiger im Verzug der Annahme ist.

제323조 未給付 또는 不完全給付로 인한 解除

(1) 쌍무계약에서 채무자가 기한이 도래한 급부를 하지 않거나 계약에 적합하지 않은 급부를 한 경우에 채권자는 채무자에게 급부 또는 추완이행을 위한 상당한 기간을 정하고 그 기간이 도과한 후에는 계약을 해제할 수 있다.

(2) 다음 각호의 경우에는 기간설정이 필요하지 않다.

1. 채무자가 급부를 진정으로 그리고 종국적으로 거절하는 경우,
2. 채무자가 계약에서 정한 기일 또는 일정기한 내에 급부를 실행하지 않고 채권자는 계약에서 그의 급부이익의 존속을 급부가 적시에 행해질 것에 결부시킨 경우 또는
3. 당사자 쌍방의 이익의 형량할 때 즉시 해제를 정당하게 하는 특별한 사정이 있는 경우

(3) 의무위반의 성질에 비추어 기간설정이 고려되지 않는 때에는 기간설정에 갈음하여 거절부최고를 하여야 한다.

(4) 해제의 요건이 발생할 것이 명백한 때에는 채권자는 급부 기한의 도래 전에 해제할 수 있다.

(5) 채무자가 일부급부를 실현한 경우에 채권자는 그 일부급부에 대하여 이익이 없는 때에 한하여 계약 전부를 해제할 수 있다. 채무자가 계약에 적합하지 않게 급부를 행한 경우에 그 의무위반이 중대하지 않은 때에는 채권자는 계약을 해제할 수 없다.

(6) 해제할 권한이 주어질 수 있는 사정에 대하여 채권자만이 또는 주로 그가 책임져야 하거나 또는 채권자의 수령지체 중에 채무자에게 책임 없이 그 사유가 발생한 경우에는 해제는 배제된다.

§ 324 Rücktritt wegen Verletzung einer Pflicht nach § 241 Absatz 2

Verletzt der Schuldner bei einem gegenseitigen Vertrag eine Pflicht nach § 241 Absatz 2, so kann der Gläubiger zurücktreten, wenn ihm ein Festhalten am Vertrag nicht mehr zuzumuten ist.

제324조 제241조 제2항에 따른 義務의 違反으로 因한 解除

쌍무계약에서 채무자가 제241조 제2항에 따른 의무를 위반한 경우 채권자는 계약의 유지가 그에게 더 이상 기대될 수 없는 때에는 해제할 수 있다.

§ 325 Schadensersatz und Rücktritt

Das Recht, bei einem gegenseitigen Vertrag Schadensersatz zu verlangen, wird durch den Rücktritt nicht ausgeschlossen.

제325조 損害賠償과 解除

쌍무계약에서 손해배상을 요구할 수 있는 권리는 해제에 의해 배제되지 아니한다.

§ 326 Befreiung von der Gegenleistung und Rücktritt beim Ausschluss der Leistungspflicht

(1) Braucht der Schuldner nach § 275 Absatz 1 bis 3 nicht zu leisten, entfällt der Anspruch auf die Gegenleistung; bei einer Teilleistung findet §441 Abs.3 entsprechende Anwendung. Satz 1 gilt nicht, wenn der Schuldner im Fall der nicht vertragsgemäßen

Leistung die Nacherfüllung nach § 275 Absatz 1 bis 3 nicht zu erbringen braucht.
(2) Ist der Gläubiger für den Umstand, auf Grund dessen der Schuldner nach § 275 Absatz 1 bis 3 nicht zu leisten braucht, allein oder weit überwiegend verantwortlich oder tritt dieser vom Schuldner nicht zu vertretende Umstand zu einer Zeit ein, zu welcher der Gläubiger im Verzug der Annahme ist, so behält der Schuldner den Anspruch auf die Gegenleistung. Er muss sich jedoch dasjenige anrechnen lassen, was er infolge der Befreiung von der Leistung erspart oder durch anderweitige Verwendung seiner Arbeitskraft erwirbt oder zu erwerben böswillig unterlässt.
(3) Verlangt der Gläubiger nach § 285 Herausgabe des für den geschuldeten Gegenstand erlangten Ersatzes oder Abtretung des Ersatzanspruchs, so bleibt er zur Gegenleistung verpflichtet. Diese mindert sich jedoch nach Maßgabe des § 441 Absatz 3 insoweit, als der Wert des Ersatzes oder des Ersatzanspruchs hinter dem Wert der geschuldeten Leistung zurückbleibt.
(4) Soweit die nach dieser Vorschrift nicht geschuldete Gegenleistung bewirkt ist, kann das Geleistete nach den §§ 346 bis 348 zurückgefordert werden.
(5) Braucht der Schuldner nach § 275 Absatz 1 bis 3 nicht zu leisten, kann der Gläubiger zurücktreten; auf den Rücktritt findet § 323 mit der Maßgabe entsprechende Anwendung, dass die Fristsetzung entbehrlich ist.

제326조 給付義務의 排除時 反對給付로부터의 解放과 解除

(1) 제275조 제1항 내지 제3항에 따라 채무자가 급부할 필요가 없는 때에는 반대급부에 대한 청구권은 소멸하며, 부분급부의 경우에는 제441조 제3항이 준용된다. 채무자가 계약에 적합하지 않은 급부를 한 경우에 제275조 제1항 내지 제3항에 따라 추완이행을 할 필요가 없는 때에는 제1문은 적용되지 않는다.
(2) 채무자가 제275조 제1항 내지 제3항에 따라 급부를 할 필요가 없는 사정에 대하여 채권자만이 또는 주로 그가 책임져야 하거나 또는 채권자의 수령지체 중에 채무자에게 책임 없는 사정이 발생한 경우에는 채무자는 반대급부에 대한 청구권을 상실하지 않는다. 그러나 채무자는 급부를 면함으로써 절약한 것 또는 그의 노동력을 달리 활용하여 수익하거나 악의로 수익하지 않은 것을 정산해야 한다.
(3) 채권자가 제285조에 따라 채무의 목적물에 대하여 얻은 대상(代償)의 인도 또는 배상청구권의 양도를 요구한 때에는 반대급부를 할 의무를 부담한다. 그러나 대상 또는 배상청구권의 가치가 채무의 목적인 급부의 가액보다 적은 경우에 반대급부는 제441조 제3항이 정하는 바에 따라 감축된다.
(4) 본조에 의해 의무가 없음에도 반대급부가 이루어진 경우에는 그 급부된 것은 제346조 내지 제348조에 따라 그 반환을 청구할 수 있다.
(5) 채무자가 제275조 제1항 내지 제3항에 따라 급부할 필요가 없는 경우에는 채권자는 해제할 수 있으며, 이 때의 해제에는 기간설정이 필요없으며 제323조가 준용된다.

§ 327 (weggefallen)

제327조 (削除)

Titel 5. R cktritt; Widerrufs- und Rückgaberecht bei Verbraucherverträgen
제5절 解除, 消費者契約에 있어서의 撤回權 및 返還權
Untertitel 1. Rucktritt
제1관 解除

§ 346 Wirkungen des Rücktritts

(1) Hat sich eine Vertragspartei vertraglich den Rücktritt vorbehalten oder steht ihr ein gesetzliches Rücktrittsrecht zu, so sind im Fall des Rücktritts die empfangenen Leistungen zurückzugewähren und die gezogenen Nutzungen herauszugeben.
(2) Statt der Rückgewähr hat der Schuldner Wertersatz zu leisten, soweit
1. die Rückgewähr oder die Herausgabe nach der Natur des Erlangten ausgeschlossen ist,
2. er den empfangenen Gegenstand verbraucht, veräußert, belastet, verarbeitet oder umgestaltet hat,
3. der empfangene Gegenstand sich verschlechtert hat oder untergegangen ist; jedoch bleibt die durch die bestimmungsgemäße Ingebrauchnahme entstandene Verschlechterung außer Betracht.
Ist im Vertrag eine Gegenleistung bestimmt, ist sie bei der Berechnung des Wertersatzes zugrunde zu legen.
(3) Die Pflicht zum Wertersatz entfällt,
1. wenn sich der zum Rücktritt berechtigende Mangel erst während der Verarbeitung oder Umgestaltung des Gegenstandes gezeigt hat,
2. soweit der Gläubiger die Verschlechterung oder den Untergang zu vertreten hat oder der Schaden bei ihm gleichfalls eingetreten wäre,
3. wenn im Fall eines gesetzlichen Rücktrittsrechts die Verschlechterung oder der Untergang beim Berechtigten eingetreten ist, obwohl dieser diejenige Sorgfalt beobachtet hat, die er in eigenen Angelegenheiten anzuwenden pflegt. Eine verbleibende Bereicherung ist herauszugeben.
(4) Der Gläubiger kann wegen Verletzung einer Pflicht aus Absatz 1 nach Maßgabe der §§ 280 bis 283 Schadensersatz verlangen.

제346조 解除의 效果

(1) 계약당사자 일방이 계약으로 해제를 유보하거나 또는 그에게 법정해제권이 있는 때에는 해제시 수령한 급부를 반환하고 취득한 수익을 상환하여야 한다.
(2) 다음 각호의 경우에 채무자는 반환 대신에 가액배상을 해야 한다.
1. 이득한 것의 성질상 반환이나 인도를 할 수 없는 때
2. 채무자가 수령한 목적물을 소비하였거나, 양도하거나 부담을 설정하였거나 가공 또는 개조한 때
3. 수령한 목적물이 훼손 또는 멸실된 때, 다만 규정에 따른 적합한 사용으로 인한 훼손은 고려되지 아니한다.
계약에 의해서 반대급부가 정해진 때에는, 가액산정은 그 반대급부를 기준으로 행하여져야 한다.
(3) 가액배상의무는 다음 각호의 경우에 소멸한다.
1. 해제를 정당화하는 하자가 가공 또는 개조 중에 비로소 드러난 때
2. 훼손 또는 멸실에 대하여 채권자가 책임져야 하거나 또는 손해가 채권자에서도 마찬가지

로 발생하였을 것인 때
3. 법정해제권의 경우 해제권자가 자기의 사무에 통상 기울이는 주의를 하였음에도 불구하고 훼손 또는 멸실이 발생한 때
잔존이득은 반환되어야 한다.
(4) 채권자는 제1항의 의무의 위반을 이유로 제280조 내지 제283조의 규정에 따라 손해배상을 요구할 수 있다.

§ 347 Nutzungen und Verwendungen nach Rücktritt

(1) Zieht der Schuldner Nutzungen entgegen den Regeln einer ordnungsmäßigen Wirtschaft nicht, obwohl ihm das möglich gewesen wäre, so ist er dem Gläubiger zum Wertersatz verpflichtet. Im Fall eines gesetzlichen Rücktrittsrechts hat der Berechtigte hinsichtlich der Nutzungen nur für diejenige Sorgfalt einzustehen, die er in eigenen Angelegenheiten anzuwenden pflegt.
(2) Gibt der Schuldner den Gegenstand zurück, leistet er Wertersatz oder ist seine Wertersatzpflicht gemäß § 346 Absatz 3 Nr.1 oder 2 ausgeschlossen, so sind ihm notwendige Verwendungen zu ersetzen. Andere Aufwendungen sind zu ersetzen, soweit der Gläubiger durch diese bereichert wird.

제347조 解除 후 收益과 費用

(1) 채무자가 통상의 경제법칙에 따라 수익을 얻는 것이 가능했음에도 이에 반해서 수익하지 않은 경우에는 채권자에게 가액을 배상할 의무를 진다. 법정해제권의 경우에 해제권자는 수익에 관하여 자기 사무에 통상 기울이는 주의에 대해서만 책임을 진다.
(2) 채무자가 목적물을 반환하거나, 가액을 반환하거나 또는 그의 가액반환의무가 제346조 제3항 1호 또는 2호에 따라 배제되는 때에는 채무자에게 필요비를 상환해야 한다. 그 밖의 비용은 채권자가 이로써 이득을 얻은 한도에서 상환되어야 한다.

§ 350 Erlöschen des Rücktrittsrechts nach Fristsetzung

Ist für die Ausübung des vertraglichen Rücktrittsrechts eine Frist nicht vereinbart, so kann dem Berechtigten von dem anderen Teil für die Ausübung eine angemessene Frist bestimmt werden. Das Rücktrittsrecht erlischt, wenn nicht der Rücktritt vor dem Ablauf der Frist erklärt wird.

제350조 期間設定에 의한 解除權의 消滅

약정해제권의 행사기간을 정하지 않은 때에는 타방 당사자는 해제권자에게 해제권의 행사를 위한 상당기간을 정할 수 있다. 이 기간의 경과 전에 해제가 표시되지 않으면 해제권은 소멸한다.

§ 351 Unteilbarkeit des Rücktrittsrechts

Sind bei einem Vertrag auf der einen oder der anderen Seite mehrere beteiligt, so kann das Rücktrittsrecht nur von allen und gegen alle ausgeübt werden. Erlischt das Rücktrittsrecht für einen der Berechtigten, so erlischt es auch für die übrigen.

제351조 解除權의 不可分性

계약에서 어느 일방 또는 타방의 당사자가 다수인 때에는 해제권은 그 전원에 의해, 그리고 그 전원에 대해서만 행사될 수 있다. 해제권자 중 1인에 대해서 해제권이 소멸한 경우에는 다른 해제권자에 대해서도 소멸한다.

§ 352 Aufrechnung nach Nichterfüllung

Der Rücktritt wegen Nichterfüllung einer Verbindlichkeit wird unwirksam, wenn der Schuldner sich von der Verbindlichkeit durch Aufrechnung befreien konnte und unverzüglich nach dem Rücktritt die Aufrechnung erklärt.

제352조 不履行後의 相計

어떤 채무의 불이행으로 인한 해제는 채무자가 상계에 의하여 그 채무를 면할 수 있었고, 해제 후 지체없이 상계의 표시를 한 때에는 효력이 없다.

§ 353 Rücktritt gegen Reugeld

Ist der Rücktritt gegen Zahlung eines Reugeldes vorbehalten, so ist der Rücktritt unwirksam, wenn das Reugeld nicht vor oder bei der Erklärung entrichtet wird und der andere Teil aus diesem Grund die Erklärung unverzüglich zurückweist. Die Erklärung ist jedoch wirksam, wenn das Reugeld unverzüglich nach der Zurückweisung entrichtet wird.

제353조 解約金支給에 의한 解除

해약금지급에 의한 해제가 유보된 경우에 해제는 표시 전에 또는 표시와 동시에 해약금이 지불되지 않고 또한 타방 당사자가 이를 이유로 지체없이 표시를 거부하는 때에는 무효이다. 그러나 거부 후 지체없이 해약금이 지불된 때에는 그 표시는 유효하다.

§ 354 Verwirkungsklausel

Ist ein Vertrag mit dem Vorbehalt geschlossen, daß der Schuldner seiner Rechte aus dem Vertrag verlustig sein soll, wenn er seine Verbindlichkeit nicht erfüllt, so ist der Gläubiger bei dem Eintritt dieses Falles zum Rücktritt von dem Vertrag berechtigt.

제354조 失權約款

채무자가 자신의 채무를 이행하지 않으면 계약상의 권리들을 상실한다는 유보부(留保附) 계약이 체결된 경우에 그 사유가 발생한 때에는 채권자는 계약을 해제할 권한을 가진다.

Untertitel 2: Widerrufs- und Rückgaberecht bei Verbraucherverträgen
제2관: 消費者契約에 있어서의 撤回權와 返還權

§ 355 Widerrufsrecht bei Verbraucherverträgen

(1) Wird einem Verbraucher durch Gesetz ein Widerrufsrecht nach dieser Vorschrift eingeräumt, so ist er an seine auf den Abschluss des Vertrags gerichtete Willenserklärung nicht mehr gebunden, wenn er sie fristgerecht widerrufen hat. Der Widerruf muss keine Begründung enthalten und ist in Textform oder durch Rücksendung der Sache innerhalb von zwei Wochen gegenüber dem Unternehmer zu erklären; zur Fristwahrung genügt die rechtzeitige Absendung.

(2) Die Frist beginnt mit dem Zeitpunkt, zu dem dem Verbraucher eine deutlich gestaltete Belehrung über sein Widerrufsrecht, die ihm entsprechend den Erfordernissen des eingesetzten Kommunikationsmittels seine Rechte deutlich macht, in Textform mitgeteilt worden ist, die auch Namen und Anschrift desjenigen, gegenüber dem der Widerruf zu erklären ist, und einen Hinweis auf den Fristbeginn und die Regelung des Absatzes 1 Satz 2 enthält. Wird die Belehrung nach Vertragsschluss mitgeteilt, beträgt die Frist abweichend von Absatz 1 Satz 2 einen Monat. Ist der Vertrag schriftlich abzuschließen,

so beginnt die Frist nicht zu laufen, bevor dem Verbraucher auch eine Vertragsurkunde, der schriftliche Antrag des Verbrauchers oder eine Abschrift der Vertragsurkunde oder des Antrags zur Verfügung gestellt werden. Ist der Fristbeginn streitig, so trifft die Beweislast den Unternehmer.
(3) Das Widerrufsrecht erlischt spätestens sechs Monate nach Vertragsschluss. Bei der Lieferung von Waren beginnt die Frist nicht vor dem Tag ihres Eingangs beim Empfänger. Abweichend von Satz 1 erlischt das Widerrufsrecht nicht, wenn der Verbraucher nicht ordnungsgemäß über sein Widerrufsrecht belehrt worden ist.

第355조 消費者契約에서의 撤回權

(1) 법률에 의하여 소비자가 이 규정에 의한 철회권을 가지는 경우에, 그가 사업자와의 계약체결을 위하여 행한 의사표시를 기간 내에 철회한 때에는, 그는 더 이상 그 의사표시에 구속되지 아니한다. 철회에는 이유를 붙일 필요가 없으며, 2주 내에 텍스트방식이나 또는 물건을 반송함으로써 사업자에게 표시되어야 한다; 기간을 준수함에는 적시의 발송으로 족하다.
(2) 위의 기간은, 철회상대방의 이름과 주소, 기간의 개시에 관한 사항 및 제1항 제2문의 규정내용을 포함하여, 사용된 의사소통수단이 요구하는 바에 상응하여 소비자에 대하여 자신의 철회권에 관한 그의 권리에 대한 명확한 고지가 텍스트방식으로 행하여진 때로부터 진행된다. 철회에 관한 고지설명이 계약체결 후에 이루어진 경우에는 그 기간은 제1항 제2문과는 달리 1개월로 한다. 계약이 서면으로 작성된 경우에는, 소비자에 대하여 계약서, 소비자의 청약서 또는 그 계약서나 청약서의 사본이 교부되기 전에는 기간이 진행되지 아니한다. 기간의 진행여부가 다투어지는 때에는, 사업자가 입증책임을 진다.
(3) 철회권은 늦어도 계약체결이후 6개월이 지나면 소멸한다. 이 기간은 상품판매의 경우에는 상품이 수령자에게 도달하기 전에는 진행되지 아니한다. 소비자가 그의 철회권에 대하여 제대로 고지설명을 받지 못한 경우에는 제1문과는 달리 철회권은 소멸하지 아니한다.

§ 356 Rückgaberecht bei Verbraucherverträgen

(1) Das Widerrufsrecht nach § 355 kann, soweit dies ausdrücklich durch Gesetz zugelassen ist, beim Vertragsschluss auf Grund eines Verkaufsprospekts im Vertrag durch ein uneingeschränktes Rückgaberecht ersetzt werden. Voraussetzung ist, dass
1. im Verkaufsprospekt eine deutlich gestaltete Belehrung über das Rückgaberecht enthalten ist,
2. der Verbraucher den Verkaufsprospekt in Abwesenheit des Unternehmers eingehend zur Kenntnis nehmen konnte und
3. dem Verbraucher das Rückgaberecht in Textform eingeräumt wird.
(2) Das Rückgaberecht kann innerhalb der Widerrufsfrist, die jedoch nicht vor Erhalt der Sache beginnt, und nur durch Rücksendung der Sache oder, wenn die Sache nicht als Paket versandt werden kann, durch Rücknahmeverlangen ausgeübt werden. § 355 Absatz 1 Satz 2 findet entsprechende Anwendung.

第356조 消費者契約에서의 返還權

(1) 제355조에서 정하는 철회권이 법률에 의하여 명시적으로 인정되는 한 계약이 판매팜프렛에 기하여 체결되는 때에는, 계약으로 그 철회권은 제한 없는 반환권에 의하여 대체될 수 있다. 그 요건은,

1. 판매팜프렛에 반환권에 대한 명확한 고지가 포함되어 있고,
2. 소비자가 판매팜프렛의 내용을 사업자가 없는 자리에서 세부적으로 인지할 수 있었으며, 그리고
3. 소비자에 대하여 텍스트방식으로 반환권이 인정되는 것이다.

(2) 반환권은 물건수령이후부터 기산하여 철회권행사기간 이내에 물건의 반송 또는 소포로 송부될 수 없는 물건인 경우에는 환수요구를 함으로써 행사될 수 있다. 제355조 제1항 제2문은 준용된다.

§ 357 Rechtsfolgen des Widerrufs und der Rückgabe

(1) Auf das Widerrufs-und das Rückgaberecht finden, soweit nicht ein anderes bestimmt ist, die Vorschriften über den gesetzlichen Rücktritt entsprechende Anwendung. Die in § 286 Absatz 3 bestimmte Frist beginnt mit der Widerrufs- oder Rückgabeerklärung des Verbrauchers.

(2) Der Verbraucher ist bei Ausübung des Widerrufsrechts zur Rücksendung verpflichtet, wenn die Sache durch Paket versandt werden kann. Kosten und Gefahr der Rücksendung trägt bei Widerruf und Rückgabe der Unternehmer. Wenn ein Widerrufsrecht besteht, dürfen dem Verbraucher bei einer Bestellung bis zu einem Betrag von 40 Euro die regelmäßigen Kosten der Rücksendung vertraglich auferlegt werden, es sei denn, dass die gelieferte Ware nicht der bestellten entspricht.

(3) Der Verbraucher hat abweichend von § 346 Absatz 2 Satz 1 Nr. 3 Wertersatz für eine durch die bestimmungsgemäße Ingebrauchnahme der Sache entstandene Verschlechterung zu leisten, wenn er spätestens bei Vertragsschluss in Textform auf diese Rechts- folge und eine Möglichkeit hingewiesen worden ist, sie zu vermeiden. Dies gilt nicht, wenn die Verschlechterung ausschließlich auf die Prüfung der Sache zurückzuführen ist. § 346 Absatz 3 Satz 1 Nr. 3 findet keine Anwendung, wenn der Verbraucher über sein Widerrufsrecht ordnungsgemäß belehrt worden ist oder hiervon anderweitig Kenntnis erlangt hat.

(4) Weitergehende Ansprüche bestehen nicht.

제357조 撤回와 返還의 法律效果

(1) 철회권과 반환권에는 달리 정한바가 없는 한 법정해제에 관한 규정이 준용된다. 제286조 제3항에서 정한 기간은 소비자의 철회 또는 반환의 의사표시로써 진행된다.

(2) 소비자는 물건이 소포로 송부될 수 있는 때에는 철회권행사 시에 반송시킬 의무가 있다. 철회와 반환에서의 반송비용과 위험은 사업자가 부담한다. 철회권이 인정되는 경우에 주문금액이 40유로이하인 때에는 반송비용을 소비자가 부담하는 것으로 약정하는 것이 허용되나, 인도된 물품이 주문한 것에 상응하지 아니하는 경우에는 그러하지 아니하다.

(3) 소비자는 계약체결 시까지 텍스트방식으로 물건의 통상적 사용으로 인한 훼손에 대하여 여기서 정한 법률효과와 회피가능성에 대한 고지를 받은 때에는 제346조 제2항 제1문 제3호와 달리 가액배상을 하여야 한다. 그러나 물건의 훼손이 오로지 물건의 검사로 인한 때에는 그러하지 아니한다. 소비자가 철회권에 대하여 제대로 고지를 받았거나 다른 경로로 이를 알게 된 경우에는 제346조 제3항 제1문 제3호는 적용되지 아니한다.

(4) 이 이외의 청구권은 인정되지 아니한다.

§ 358 Verbundene Verträge

(1) Hat der Verbraucher seine auf den Abschluss eines Vertrags über die Lieferung einer Ware oder die Erbringung einer anderen Leistung durch einen Unternehmer gerichtete Willenserklärung wirksam widerrufen, so ist er auch an seine auf den Abschluss eines mit diesem Vertrag verbundenen Verbraucherdarlehensvertrags gerichtete Willenserklärung nicht mehr gebunden.

(2) Hat der Verbraucher seine auf den Abschluss eines Verbraucherdarlehensvertrags gerichtete Willenserklärung wirksam widerrufen, so ist er auch an seine auf den Abschluss eines mit diesem Verbraucherdarlehensvertrag verbundenen Vertrags über die Lieferung einer Ware oder die Erbringung einer anderen Leistung gerichtete Willenserklärung nicht mehr gebunden. Kann der Verbraucher die auf den Abschluss des verbundenen Vertrags gerichtete Willenserklärung nach Maßgabe dieses Untertitels widerrufen, gilt allein Absatz 1 und sein Widerrufsrecht aus § 495 Absatz 1 ist ausgeschlossen. Erklärt der Verbraucher im Fall des Satzes 2 dennoch den Widerruf des Verbraucherdarlehensvertrags, gilt dies als Widerruf des verbundenen Vertrags gegenüber dem Unternehmer gemäß Absatz 1.

(3) Ein Vertrag über die Lieferung einer Ware oder die Erbringung einer anderen Leistung und ein Verbraucherdarlehensvertrag sind verbunden, wenn das Darlehen ganz oder teilweise der Finanzierung des anderen Vertrags dient und beide Verträge eine wirtschaftliche Einheit bilden. Eine wirtschaftliche Einheit ist insbesondere anzunehmen, wenn der Unternehmer selbst die Gegenleistung des Verbrauchers finanziert, oder im Fall der Finanzierung durch einen Dritten, wenn sich der Darlehensgeber bei der Vorbereitung oder dem Abschluss des Verbraucherdarlehensvertrags der Mitwirkung des Unternehmers bedient. Bei einem finanzierten Erwerb eines Grundstücks oder eines grundstücksgleichen Rechts ist eine wirtschaftliche Einheit nur anzunehmen, wenn der Darlehensgeber selbst das Grundstück oder das grundstücksgleiche Recht verschafft oder wenn er über die Zurverfügungstellung von Darlehen hinaus den Erwerb des Grundstücks oder grundstücksgleichen Rechts durch Zusammenwirken mit dem Unternehmer fördert, indem er sich dessen Veräußerungsinteressen ganz oder teilweise zu Eigen macht, bei der Planung, Werbung oder Durchführung des Projekts Funktionen des Veräußerers übernimmt oder den Veräußerer einseitig begünstigt.

(4) § 357 gilt für den verbundenen Vertrag entsprechend. Im Falle des Absatzes 1 sind jedoch Ansprüche auf Zahlung von Zinsen und Kosten aus der Rückabwicklung des Verbraucherdarlehensvertrags gegen den Verbraucher ausgeschlossen. Der Darlehensgeber tritt im Verhältnis zum Verbraucher hinsichtlich der Rechtsfolgen des Widerrufs oder der Rückgabe in die Rechte und Pflichten des Unternehmers aus dem verbundenen Vertrag ein, wenn das Darlehen dem Unternehmer bei Wirksamwerden des Widerrufs oder der Rückgabe bereits zugeflossen ist.

(5) Die erforderliche Belehrung über das Widerrufs- oder Rückgaberecht muss auf die Rechtsfolgen nach Absätzen 1 und 2 Satz 1 und 2 hinweisen.

第358조 結合된 契約

(1) 소비자가 상품의 인도나 기타 급부이행에 대한 계약체결을 위한 의사표시를 유효하게 철

회한 경우에는 그는 이 계약에 결합된 소비자대차계약에 관한 의사표시에도 더 이상 구속되지 아니한다.

(2) 소비자가 소비대차계약의 체결을 위한 의사표시를 유효하게 철회한 경우에는 이 소비자대차계약에 결합된 상품의 인도나 다른 급부제공에 대한 의사표시에도 더 이상 구속되지 아니한다. 소비자가 결합된 계약의 체결을 위한 의사표시를 본 관에서 정한 바에 따라 철회할 수 있는 경우에는 단지 제1항이 적용되고 제495조 제1항에 의한 철회권은 배제된다. 그럼에도 불구하고 제2문의 경우에 소비자대차계약을 철회한 경우에는 이를 제1항에 따라 사업자에 대하여 결합된 계약을 철회한 것으로 본다.

(3) 소비자대차계약의 차용금이 전부 또는 부분적으로 상품의 인도나 기타 급부이행에 관한 계약에서의 채무변제자금으로 충당되고 양 계약이 경제적으로 일체를 형성하는 경우에는 서로 결합된 계약으로 된다. 경제적 일체성은 특히 사업자 자신이 소비자의 반대급부에 대하여 신용제공을 하거나 제3자의 신용제공에서는 그 신용제공자인 대주가 소비자대차계약의 준비 또는 체결에서 사업자와 협력하는 경우에는 인정된다. 토지나 그와 동일시되는 권리를 융자를 받아 취득하는 경우에는, 대주가 스스로 토지나 그와 동일시되는 권리를 제공한 때, 또는 대주가 사업자의 양도이익을 전부 또는 일부 스스로 취하거나 계획의 수립, 홍보, 또는 실행에 있어서 양도인의 역할을 맡거나 양도인을 일방적으로 유리하게 함으로써, 차용금의 제공 이상으로 사업자와의 협력 아래 토지나 그와 동일시되는 권리의 취득을 지원한 때에만, 경제적 일체성이 인정된다.

(4) 결합된 계약에 대하여는 제357조를 준용한다. 그러나 제1항의 경우에는 소비자에 대한 이자청구권이나 청산에 따른 비용지급청구권은 배제된다. 철회와 반환의 효력발생 시에 차용금이 이미 사업자에게 넘어간 경우에는 대주는 철회와 반환의 법률효과에 관하여 소비자에 대한 관계에서 결합된 계약에서의 사업자의 권리와 의무를 가진다.

(5) 철회권과 반환권에 관한 설명에서는 제1항과 제2항 제1문 및 제2문의 법률효과에 대하여도 고지하여야 한다.

§ 359 Einwendung bei verbundenen Verträgen

Der Verbraucher kann die Rückzahlung des Darlehens verweigern, soweit Einwendungen aus dem verbundenen Vertrag ihn gegenüber dem Unternehmer, mit dem er den verbundenen Vertrag geschlossen hat, zur Verweigerung seiner Leistung berechtigen würden. Dies gilt nicht, wenn das finanzierte Entgelt 200 Euro nicht überschreitet, sowie bei Einwendungen, die auf einer zwischen diesem Unternehmer und dem Verbraucher nach Abschluss des Verbraucherdarlehensvertrags vereinbarten Vertragsänderung beruhen. Kann der Verbraucher Nacherfüllung verlangen, so kann er die Rückzahlung des Darlehens erst verweigern, wenn die Nacherfüllung fehlgeschlagen ist.

제359조 結合된 契約에서의 抗辯

소비자는 결합된 계약을 체결한 사업자에 대하여 자기의 급부를 거절할 수 있는 항변사유가 있는 경우에는 대차계약상의 차용금의 반환을 거절할 수 있다. 그러나 신용제공 받은 금액이 200유로 이하이거나, 사업자와 소비자사이에 소비자대차계약이 체결된 이후에 이루어진 계약변경합의로 인하여 그 항변사유가 발생된 경우에는 그러하지 아니하다. 소비자가 추완이행을 요구할 수 있는 때에는 그 추완이행이 불이행된 경우에만 그는 차용금의 반환을 거절할 수 있다.

§§ 360, 361. (weggefallen)
제360조, 제361조 (削除)

Abschnitt 8. Einzelne Schuldverh ltnisse
제 8 장 個別債務關係

Titel 1. Kauf, Tausch
제 1 절 賣買, 交換
Untertitel 1. Allgemeine Vorschriften
제1관 一般規定

§ 433 Vertragstypische Pflichten beim Kaufvertrag

(1) Durch den Kaufvertrag wird der Verkäufer einer Sache verpflichtet, dem Käufer die Sache zu übergeben und das Eigentum an der Sache zu verschaffen. Der Verkäufer hat dem Käufer die Sache frei von Sach- und Rechtsmängeln zu verschaffen.

(2) Der Käufer ist verpflichtet, dem Verkäufer den vereinbarten Kaufpreis zu zahlen und die gekaufte Sache abzunehmen.

제433조 賣買契約의 典型的 義務

(1) 매매계약에 의해 물건의 매도인은 매수인에게 그 물건을 인도하고 소유권을 마련해 주어야 할 의무가 있다. 매도인은 매수인에게 물건하자 및 권리하자가 없는 물건을 마련해 주어야 한다.

(2) 매수인은 매도인에게 약정한 대금을 지불하고 매수한 물건을 수취할 의무가 있다.

§ 434 Sachmangel

(1) Die Sache ist frei von Sachmängeln, wenn sie bei Gefahrübergang die vereinbarte Beschaffenheit hat. Soweit die Beschaffenheit nicht vereinbart ist, ist die Sache frei von Sachmängeln,

1. wenn sie sich für die nach dem Vertrag vorausgesetzte Verwendung eignet, sonst
2. wenn sie sich für die gewöhnliche Verwendung eignet und eine Beschaffenheit aufweist, die bei Sachen der gleichen Art üblich ist und die der Käufer nach der Art der Sache erwarten kann.

Zu der Beschaffenheit nach Satz 2 Nr. 2 gehören auch Eigenschaften, die der Käufer nach den öffentlichen Äußerungen des Verkäufers, des Herstellers(§ 4 Absatz 1 und 2 des Produkthaftungsgesetzes) oder seines Gehilfen insbesondere in der Werbung oder bei der Kennzeichnung über bestimmte Eigenschaften der Sache erwarten kann, es sei denn, dass der Verkäufer die Äußerung nicht kannte und auch nicht kennen musste, dass sie im Zeitpunkt des Vertragsschlusses in gleichwertiger Weise berichtigt war oder dass sie die Kaufentscheidung nicht beeinflussen konnte.

(2) Ein Sachmangel ist auch dann gegeben, wenn die vereinbarte Montage durch den Verkäufer oder dessen Erfüllungsgehilfen unsachgemäß durchgeführt worden ist. Ein Sachmangel liegt bei einer zur Montage bestimmten Sache ferner vor, wenn die Montageanleitung mangelhaft ist, es sei denn, die Sache ist fehlerfrei montiert worden.

(3) Einem Sachmangel steht es gleich, wenn der Verkäufer eine andere Sache oder eine zu geringe Menge liefert.

제434조 物件瑕疵

(1) 물건이 위험이전시에 합의한 성상을 갖추고 있으면 물건하자가 없다. 물건의 성상에 관한 합의가 없는 때에는 다음의 경우에 물건하자가 없다.

1. 물건이 계약에서 전제된 용도에 적합한 경우, 그렇지 않으면

2. 물건이 통상의 용도에 적합하고, 동종의 물건에 상례적이며 그 물건의 양태에 따라 매수인이 기대할 수 있는 성상을 갖춘 경우.

제2문 제2호의 성상에는 매도인, 제조자(제조물책임법 제4조 제1항 및 제2항) 또는 그 보조자의 공적 표시, 특히 광고 또는 그 물건의 일정한 성상에 관한 표식에 따라 매수인이 기대할 수 있는 속성도 포함한다. 단, 매도인이 그 표시을 알지 못했으며 또한 알았어야만 하지 않았던 경우, 그 표시가 계약체결시에서와 동등한 방식으로 정정된 경우, 또는 그 표시가 매수의 결정에 영향을 미칠 수 없었던 경우에는 그러하지 아니하다.

(2) 물건하자는 합의한 조립이 매도인 또는 그의 이행보조자에 의해 부적절하게 행해진 때에도 있다. 나아가 조립되어야 할 물건인 경우에 조립안내에 결함이 있는 때에도 물건하자가 있다. 단, 그 물건이 결함 없이 조립된 경우에는 그러하지 아니하다.

(3) 매도인이 다른 물건 또는 과소한 량(量)을 제공한 때에도 물건하자와 동일하다.

§ 435 Rechtsmangel

Die Sache ist frei von Rechtsmängeln, wenn Dritte in Bezug auf die Sache keine oder nur die im Kaufvertrag übernommenen Rechte gegen den Käufer geltend machen können. Einem Rechtsmangel steht es gleich, wenn im Grundbuch ein Recht eingetragen ist, das nicht besteht.

제435조 權利瑕疵

제3자가 물건에 관하여 매수인에 대해 아무런 권리를 행사할 수 없거나 또는 단지 매매계약에서 인수된 권리들만으로 매수인에게 대항할 수 있는 때에는 그 물건에는 권리하자가 없다. 존재하지 않는 권리가 등기부에 등재되어 있는 때에는 권리하자와 동일하다.

§ 436 Öffentliche Lasten von Grundstücken

(1) Soweit nicht anders vereinbart, ist der Verkäufer eines Grundstücks verpflichtet, Erschließungsbeiträge und sonstige Anliegerbeiträge für die Maßnahmen zu tragen, die bis zum Tage des Vertragsschlusses bautechnisch begonnen sind, unabhängig vom Zeitpunkt des Entstehens der Beitragsschuld.

(2) Der Verkäufer eines Grundstücks haftet nicht für die Freiheit des Grundstücks von anderen öffentlichen Abgaben und von anderen öffentlichen Lasten, die zur Eintragung in das Grundbuch nicht geeignet sind.

제436조 土地의 公的 負擔

(1) 다른 약정이 없는 한 토지의 매도인은 계약체결일까지 건설기술적으로 개시된 조치를 위한 접도(接道)분담금과 그 밖의 거주자분담금을 그 분담금채무의 발생시점과 무관하게 부담할 의무가 있다.

(2) 토지의 매도인은 다른 공과금과 등기부 기재에 적합하지 않은 다른 공적 부담이 없을 것에 대해 책임을 지지 않는다.

§ 437 Rechte des Käufers bei Mängeln

Ist die Sache mangelhaft, kann der Käufer, wenn die Voraussetzungen der folgenden Vorschriften vorliegen und soweit nicht ein anderes bestimmt ist,

1. nach § 439 Nacherfüllung verlangen,
2. nach den §§ 440, 323 und 326 Absatz 5 von dem Vertrag zurücktreten oder nach § 441 den Kaufpreis mindern und
3. nach den §§ 440, 280, 281, 283 und 311a Schadensersatz oder nach § 284 Ersatz vergeblicher Aufwendungen verlangen.

제437조 瑕疵에 대한 買受人의 權利

물건에 하자가 있는 경우에 다음 각호의 요건이 갖추어 지고 다른 정함이 없는 한 매수인은

1. 제439조에 따른 추완이행을 요구할 수 있으며,
2. 제440조, 제323조와 제326조 제5항에 따라 계약을 해제하거나 제441조에 따라 매매대금을 감액할 수 있고,
3. 제440조, 제280조, 제281조, 제283조와 제311a조에 따라 손해배상 또는 제284조에 따라 무용하게 된 비용의 배상을 요구할 수 있다.

§ 438 Verjährung der Mängelansprüche

(1) Die in § 437 Nr. 1 und 3 bezeichneten Anspruche verjähren

1. in 30 Jahren, wenn der Mangel

a) in einem dinglichen Recht eines Dritten, auf Grund dessen Herausgabe der Kaufsache verlangt werden kann, oder

b) in einem sonstigen Recht, das im Grundbuch eingetragen ist, besteht,

2. in fünf Jahren

a) bei einem Bauwerk und

b) bei einer Sache, die entsprechend ihrer üblichen Verwendungsweise für ein Bauwerk verwendet worden ist und dessen Mangelhaftigkeit verursacht hat, und

3. im Übrigen in zwei Jahren.

(2) Die Verjährung beginnt bei Grundstücken mit der Übergabe, im Übrigen mit der Ablieferung der Sache.

(3) Abweichend von Absatz 1 Nr.2 und 3 und Absatz 2 verjähren die Ansprüche in der regelmäßigen Verjährungsfrist, wenn der Verkäufer den Mangel arglistig verschwiegen hat. Im Fall des Absatzes 1 Nr. 2 tritt die Verjährung jedoch nicht vor Ablauf der dort bestimmten Frist ein.

(4) für das in § 437 bezeichnete Rücktrittsrecht gilt § 218. Der Käufer kann trotz einer Unwirksamkeit des Rücktritts nach § 218 Absatz 1 die Zahlung des Kaufpreises insoweit verweigern, als er auf Grund des Rücktritts dazu berechtigt sein würde. Macht er von diesem Recht Gebrauch, kann der Verkäufer vom Vertrag zurücktreten.

(5) Auf das in § 437 bezeichnete Minderungsrecht finden § 218 und Absatz 4 Satz 2 entsprechende Anwendung.

제438조 瑕疵請求權의 消滅時效

(1) 제437조 제1호와 제3호의 청구권들은 다음 각호에서 정한 소멸시효에 걸린다.

1. 다음의 하자가 있는 때에는 30년

a) 제3자의 물권적 권리에 의해 매매목적물의 반환이 요구될 수 있거나,

b) 등기부에 그 밖의 권리가 등재된 경우,
2. 다음 사유에 해당하는 때에는 5년
a) 건축물과
b) 물건의 상례적 용도에 상응하여 건축물에 사용되었고 그 건축물의 하자성을 야기시킨 경우
3. 그 밖에는 2년.
(2) 소멸시효는 부동산의 경우에는 인도로써, 그밖에는 물건을 교부함으로써 기산된다.
(3) 매도인이 하자를 악의로 침묵한 경우에는, 제1항 제2호와 제3호 및 제2항에 의하지 않고, 청구권은 통상의 소멸시효기간에 의해 시효에 걸린다. 그렇지만 제1항 제2호의 경우에는 그곳에서 정한 기간이 경과하기 전에 소멸시효는 완성되지 않는다.
(4) 제437조의 해제권에는 제281조가 적용된다. 매수인은, 제218조 제1항에 의해 해제가 효력이 없을지라도 매수인이 해제에 의해 그 권한이 있었을 것인 한, 매매대금의 지불을 거절할 수 있다. 매수인이 이 권리를 행사하는 때에는 매도인은 계약을 해제할 수 있다.
(5) 제218조와 본조 제4항 제2문은 제437조의 감액권에 준용된다.

§ 439 Nacherfüllung
(1) Der Käufer kann als Nacherfüllung nach seiner Wahl die Beseitigung des Mangels oder die Lieferung einer mangelfreien Sache verlangen.
(2) Der Verkäufer hat die zum Zwecke der Nacherfüllung erforderlichen Aufwendungen, insbesondere Transport-, Wege-, Arbeits- und Materialkosten zu tragen.
(3) Der Verkäufer kann die vom Käufer gewählte Art der Nacherfüllung unbeschadet des § 275 Absatz 2 und 3 verweigern, wenn sie nur mit unverhaltnismäßigen Kosten möglich ist. Dabei sind insbesondere der Wert der Sache in mangelfreiem Zustand, die Bedeutung des Mangels und die Frage zu berücksichtigen, ob auf die andere Art der Nacherfüllung ohne erhebliche Nachteile für den Käufer zurückgegriffen werden könnte. Der Anspruch des Käufers beschränkt sich in diesem Fall auf die andere Art der Nach- erfüllung; das Recht des Verkäufers, auch diese unter den Voraussetzungen des Satzes 1 zu verweigern, bleibt unberührt.
(4) Liefert der Verkäufer zum Zwecke der Nacherfüllung eine mangelfreie Sache, so kann er vom Käufer Rückgewähr der mangelhaften Sache nach Maßgabe der §§ 346 bis 348 verlangen.

제439조 追完履行
(1) 매수인은 추완이행으로서 그의 선택에 따라 하자의 제거 또는 하자 없는 물건의 제공을 요구할 수 있다.
(2) 매도인은 추완이행에 필요한 비용, 특히 운송비, 운행비, 인건비과 재료비를 부담하여야 한다.
(3) 매수인이 선택한 추완이행의 양태가 과도한 비용으로만 가능한 경우에는 매도인은 제275조 제2항 및 제3항과 별도로 그 이행을 거절할 수 있다. 이 때에는 특히 하자 없는 상태에서의 물건의 가치와 하자의 의미, 그리고 추완이행의 다른 양태가 매수인에게 중대한 불이익 없이 이루어질 수 있는가를 고려하여야 한다. 이 경우에 매수인의 청ㄱ권은 다른 양태의 추완이행에 제한된다; 이 때에도 매도인이 제1문의 요건에 의한 그 추완이행을 거절할 수 있는 권리에 영향을 미치지 않는다.
(4) 매도인이 추완이행을 위해 하자 없는 물건을 제공한 때에는 제346조 내지 제348조의 규

준에 따라 매수인에게 하자 있는 물건의 반환을 요구할 수 있다.

§ 440 Besondere Bestimmungen für Rücktritt und Schadensersatz

Außer in den Fällen des § 281 Absatz 2 und des § 323 Absatz 2 bedarf es der Fristsetzung auch dann nicht, wenn der Verkäufer beide Arten der Nacherfüllung gemäß § 439 Absatz 3 verweigert oder wenn die dem Käufer zustehende Art der Nacherfüllung fehlgeschlagen oder ihm unzumutbar ist. Eine Nachbesserung gilt nach dem erfolglosen zweiten Versuch als fehlgeschlagen, wenn sich nicht insbesondere aus der Art der Sache oder des Mangels oder den sonstigen Umstanden etwas anderes ergibt.

第440조 解除와 損害賠償에 관한 特別規定

제281조 제2항과 제323조 제2항의 경우 외에는 매도인이 제439조 제3항에 따라 추완이행의 두가지 양태를 거절하거나 또는 매수인에게 부여된 추완이행의 양태가 좌절되거나 또는 매수인에게 기대할 수 없는 경우에도 기간설정이 필요하지 아니하다. 하자보수는, 특히 물건이나 하자의 양태, 또는 그 밖의 사정으로 달리 판단될 여지가 없는 경우, 성과 없는 두 차례 시도가 있은 후에는 좌절된 것으로 본다.

§ 441 Minderung

(1) Statt zurückzutreten, kann der Käufer den Kaufpreis durch Erklärung gegenüber dem Verkäufer mindern. Der Ausschlussgrund des § 323 Absatz 5 Satz2 findet keine Anwendung.

(2) Sind auf der Seite des Käufers oder auf der Seite des Verkäufers mehrere beteiligt, so kann die Minderung nur von allen oder gegen alle erklärt werden.

(3) Bei der Minderung ist der Kaufpreis in dem Verhältnis herabzusetzen, in welchem zur Zeit des Vertragsschlusses der Wert der Sache in mangelfreiem Zustand zu dem wirklichen Wert gestanden haben würde. Die Minderung ist, soweit erforderlich, durch Schätzung zu ermitteln.

(4) Hat der Käufer mehr als den geminderten Kaufpreis gezahlt, so ist der Mehrbetrag vom Verkäufer zu erstatten. § 346 Absatz 1 und § 347 Absatz 1 finden entsprechende Anwendung.

第441조 代金減額

(1) 해제에 갈음하여 매수인은 매도인에 대한 의사표시로써 매매대금을 감액할 수 있다. 제323조 제5항 제2문의 배제사유는 적용되지 않는다.

(2) 매수인측 또는 매도인이 다수인 경우에는 대금감액은 그 전원에 의해서만 또는 그 전원에 대하여만 표시할 수 있다.

(3) 대금감액의 경우에 매매대금은 계약체결시에 하자 없는 상태의 물건의 가액이 실제 가액에 대해 성립하였을 비율에 따라 감축된다. 대금감액은 필요한 한에서 평가로써 확정할 수 있다.

(4) 매수인이 감액된 매매대금보다 많이 지불한 때에는 그 초과액은 매도인으로부터 상환된다. 이 경우에 제346조 제1항과 제347조 제1항이 준용된다.

§ 442 Kenntnis des Käufers

(1) Die Rechte des Käufers wegen eines Mangels sind ausgeschlossen, wenn er bei Vertragsschluss den Mangel kennt. Ist dem Käufer ein Mangel infolge grober Fahr-

lässigkeit unbekannt geblieben, kann der Käufer Rechte wegen dieses Mangels nur geltend machen, wenn der Verkäufer den Mangel arglistig verschwiegen oder eine Garantie für die Beschaffenheit der Sache übernommen hat.
(2) Ein im Grundbuch eingetragenes Recht hat der Verkäufer zu beseitigen, auch wenn es der Käufer kennt.

제442조 買受人의 惡意

(1) 매수인이 계약체결시 하자를 안 경우에는 하자로 인한 매수인의 권리는 배제된다. 매수인이 중대한 과실로 하자를 알지 못한 경우에는 매도인이 그 하자를 악의로 침묵하거나 그 물건의 성상에 관하여 담보를 인수한 경우에만 그 하자로 인한 권리를 행사할 수 있다.
(2) 등기부에 등재된 권리는 매수인이 안 경우에도 매도인은 이를 제거하여야 한다.

§ 443 Beschaffenheitsund Haltbarkeitsgarantie

(1) Übernimmt der Verkäufer oder ein Dritter eine Garantie für die Beschaffenheit der Sache oder dafür, dass die Sache für eine bestimmte Dauer eine bestimmte Beschaffenheit behalt (Haltbarkeitsgarantie), so stehen dem Käufer im Garantiefall unbeschadet der gesetzlichen Ansprüche die Rechte aus der Garantie zu den in der Garantieerklärung und der einschlägigen Werbung angegebenen Bedingungen gegenüber demjenigen zu, der die Garantie eingeräumt hat.
(2) Soweit eine Haltbarkeitsgarantie übernommen worden ist, wird vermutet, dass ein während ihrer Geltungsdauer auftretender Sachmangel die Rechte aus der Garantie begründet.

제443조 性狀擔保 및 期間附性狀擔保

(1) 매도인 또는 제3자가 물건의 성상 또는 그 물건이 일정한 기간동안 일정한 성상을 유지할 것에 관한 담보(기간부성상담보)를 인수한 경우에는, 매수인은 담보사안이 발생한 때에, 법률상의 청구권과는 별도로 그 담보를 승인한 자에 대하여 담보표시와 해당 광고에 제시한 조건에 좇아 담보에 의한 권리를 갖는다.
(2) 기간부성상담보가 인수된 경우에는 그 유효기간 동안에 발생하는 물건하자가 담보에 의한 권리를 근거 지우는 것으로 추정된다.

§ 444 Haftungsausschluss

Auf eine Vereinbarung, durch welche die Rechte des Käufers wegen eines Mangels ausgeschlossen oder beschränkt werden, kann sich der Verkäufer nicht berufen, wenn er den Mangel arglistig verschwiegen oder eine Garantie für die Beschaffenheit der Sache übernommen hat.

제444조 責任의 排除

매도인은, 하자를 악의로 침묵하거나 물건의 성상에 대한 담보를 인수한 경우에는, 하자로 인한 매수인의 권리를 배제하거나 제한하는 합의를 원용할 수 없다.

§ 445 Haftungsbegrenzung bei öffentlichen Versteigerungen

Wird eine Sache auf Grund eines Pfandrechts in einer öffentlichen Versteigerung unter der Bezeichnung als Pfand verkauft, so stehen dem Käufer Rechte wegen eines Mangels nur zu, wenn der Verkäufer den Mangel arglistig verschwiegen oder eine Garantie für die Beschaffenheit der Sache übernommen hat.

제445조 公競賣에서의 責任制限

물건이 담보권에 의해 공경매에서 담보물로 표시되어 매각되는 경우에는, 매도인이 하자를 악의로 침묵했거나 물건의 성상에 관한 담보를 인수한 때에만 매수인에게 하자로 인한 권리가 부여된다.

§ 446 Gefahr- und Lastenübergang

Mit der Übergabe der verkauften Sache geht die Gefahr des zufälligen Untergangs und der zufälligen Verschlechterung auf den Käufer über. Von der Übergabe an gebühren dem Kaufer die Nutzungen und trägt er die Lasten der Sache. Der Übergabe steht es gleich, wenn der Käufer im Verzug der Annahme ist.

제446조 危險 및 負擔의 移轉

매도된 물건의 인도로써 우연한 멸실과 우연한 훼손의 위험은 매수인에게 이전한다. 인도시로부터 그 수익은 매수인에게 귀속되고 또한 매수인은 그 물건의 부담을 진다. 매수인이 수령을 지체한 때에는 인도한 것과 같다.

§ 447 Gefahrübergang beim Versendungskauf

(1) Versendet der Verkäufer auf Verlangen des Käufers die verkaufte Sache nach einem anderen Ort als dem Erfüllungsort, so geht die Gefahr auf den Käufer über, sobald der Verkäufer die Sache dem Spediteur, dem Frachtführer oder der sonst zur Ausführung der Versendung bestimmten Person oder Anstalt ausgeliefert hat.

(2) Hat der Käufer eine besondere Anweisung über die Art der Versendung erteilt und weicht der Verkäufer ohne dringenden Grund von der Anweisung ab, so ist der Verkäufer dem Käufer für den daraus entstehenden Schaden verantwortlich.

제447조 送付賣買에서의 危險移轉

(1) 매도인이 매수인의 요청으로 매도한 물건을 이행지와 다른 장소로 송부하는 경우에는 매도인이 그 물건을 운송업자, 운송인 또는 그 밖의 송부를 실행하도록 정해진 자 또는 시설에 교부한 때에 위험은 매수인에게 이전한다.

(2) 매수인이 송부의 양태에 관하여 특별한 지시를 하였으나 매도인이 긴박한 사유 없이 그 지시에 따르지 않은 경우에는 매도인은 매수인에게 그로 인해 발생하는 손해에 대해 책임이 있다.

§ 448 Kosten der Übergabe und vergleichbare Kosten

(1) Der Verkäufer trägt die Kosten der Übergabe der Sache, der Käufer die Kosten der Abnahme und der Versendung der Sache nach einem anderen Ort als dem Erfüllungsort.

(2) Der Käufer eines Grundstücks trägt die Kosten der Beurkundung des Kaufvertrags und der Auflassung, der Eintragung ins Grundbuch und der zu der Eintragung erforderlichen Erklärungen.

제448조 引渡 및 그에 상응한 費用

(1) 매도인은 물건의 인도비용을, 매수인은 수취비용 및 이행지와 다른 장소로 물건을 송부하는 비용을 부담한다.

(2) 부동산의 매수인은 매매계약의 공증작성과 부동산소유권양도합의, 등기부의 등재 및 등기에 요구되는 의사표시의 비용을 부담한다.

§ 449 Eigentumsvorbehalt

(1) Hat sich der Verkäufer einer beweglichen Sache das Eigentum bis zur Zahlung des Kaufpreises vorbehalten, so ist im Zweifel anzunehmen, dass das Eigentum unter der aufschiebenden Bedinging vollständiger Zahlung des Kaufpreises übertragen wird (Eigentumsvorbehalt).

(2) Auf Grund des Eigentumsvorbehalts kann der Verkäufer die Sache nur herausverlangen, wenn er vom Vertrag zurückgetreten ist.

(3) Die Vereinbarung eines Eigentumsvorbehalts ist nichtig, soweit der Eigentumsübergang davon abhängig gemacht wird, dass der Käufer Forderungen eines Dritten, insbesondere eines mit dem Verkäufer verbundenen Unternehmens, erfüllt.

제449조 所有權留保

(1) 동산의 매도인이 매매대금의 지불시까지 그 소유권을 유보하였다면, 의심스러운 경우에, 소유권은 매매대금의 완불을 정지조건으로 이전한다(소유권유보).

(2) 매도인은 계약을 해제한 때에만 소유권유보를 이유로 물건의 반환을 요구할 수 있다.

(3) 소유권이전을 매수인이 제3자의 채권, 특히 매도인과 결속된 기업의 채권을 이행하는 것에 종속시킨 때에는 그 소유권유보의 합의는 무효이다.

§ 450 Ausgeschlossene Käufer bei bestimmten Verkäufen

(1) Bei einem Verkauf im Wege der Zwangsvollstreckung dürfen der mit der Vornahme oder Leitung des Verkaufs Beauftragte und die von ihm zugezogenen Gehilfen einschließlich des Protokollführers den zu verkaufenden Gegenstand weder für sich persönlich oder durch einen anderen noch als Vertreter eines anderen kaufen.

(2) Absatz 1 gilt auch bei einem Verkauf außerhalb der Zwangsvollstreckung, wenn der Auftrag zu dem Verkauf auf Grund einer gesetzlichen Vorschrift erteilt worden ist, die den Auftraggeber ermächtigt, den Gegenstand für Rechnung eines anderen verkaufen zu lassen, insbesondere in den Fällen des Pfandverkaufs und des in den §§ 383 und 385 zugelassenen Verkaufs, sowie bei einem Verkauf aus einer Insolvenzmasse

제450조 一定 賣買에서의 不適格 買受人

(1) 강제집행에 의한 매각에서 매각의 실행 또는 지휘를 위임받은 자와 그로부터 일이 맡겨진 보조자는, 조서작성자를 포함하여, 자기를 위하여 자신 또는 타인을 통하여 그리고 타인의 대리인으로서도 매각목적물을 매입하는 것은 허용되지 아니한다.

(2) 제1항은, 강제집행 이외의 매각에서도, 위임자가 목적물을 타인의 계산으로 매각할 수 있도록 한 법률규정에 의한 매각의 위임, 특히 질물매각과 제383조와 제385조에 의해 허가된 매각 및 파산재산의 매각의 경우에도 적용된다.

§ 451 Kauf durch ausgeschlossenen Käufer

(1) Die Wirksamkeit eines dem § 450 zuwider erfolgten Kaufs und der Übertragung des gekauften Gegenstandes hängt von der Zustimmung der bei dem Verkauf als Schuldner, Eigentümer oder Gläubiger Beteiligten ab. Fordert der Käufer einen Beteiligten zur Erklärung über die Genehmigung auf, so findet § 177 Absatz 2 entsprechende Anwendung.

(2) Wird infolge der Verweigerung der Genehmigung ein neuer Verkauf vorgenommen, so hat der frühere Käufer für die Kosten des neuen Verkaufs sowie für einen Mindererlös aufzukommen.

제451조 不適格 買受人의 賣買

(1) 제450조에 위반한 매매와 매수한 목적물의 소유권이전의 효력은 채무자, 소유자 또는 채권자로서 매각에 관여한 자의 동의에 종속된다. 매수인이 매각에 관여한 자에게 추인의 의사표시를 최고하는 때에는 제177조 제2항이 준용된다.
(2) 추인의 거절로 새로운 매각이 행하여지는 경우에는 이전의 매수인은 새로운 매각비용 및 매득감소액에 대해 책임이 있다.

§ 452 Schiffskauf

Die Vorschriften dieses Untertitels über den Kauf von Grundstücken finden auf den Kauf von eingetragenen Schiffen und Schiffsbauwerken entsprechende Anwendung.

제452조 船舶의 賣買

부동산 매매에 관한 본 관의 규정은 등기된 선박과 건조중인 선박의 매매에 준용된다.

§ 453 Rechtskauf

(1) Die Vorschriften über den Kauf von Sachen finden auf den Kauf von Rechten und sonstigen Gegenständen entsprechende Anwendung.
(2) Der Verkäufer trägt die Kosten der Begründung und Übertragung des Rechts.
(3) Ist ein Recht verkauft, das zum Besitz einer Sache berechtigt, so ist der Verkäufer verpflichtet, dem Käufer die Sache frei von Sach- und Rechtsmängeln zu übergeben.

제453조 權利의 賣買

(1) 물권의 매매에 관한 규정은 권리와 그 밖의 목적물들의 매매에 준용된다.
(2) 매도인은 권리의 설정과 이전 비용을 부담한다.
(3) 물건을 점유할 권한이 있는 권리가 매도된 경우에, 매도인은 매수인에게 물건 및 권리의 하자가 없는 물건을 인도할 의무가 있다.

Untertitel 2. Besondere Arten des Kaufs
제2관 特殊賣買
Kapitel 1. Kauf auf Probe
제1항 試驗賣買

§ 454 Zustandekommen des Kaufvertrags

(1) Bei einem Kauf auf Probe oder auf Besichtigung steht die Billigung des gekauften Gegenstandes im Belieben des Käufers. Der Kauf ist im Zweifel unter der aufschiebenden Bedingung der Billigung geschlossen.
(2) Der Verkäufer ist verpflichtet, dem Käufer die Untersuchung des Gegenstandes zu gestatten.

제454조 賣買契約의 成立

(1) 시험 또는 점검매매에서 매수한 목적물에 관한 시인은 매수인이 임의로 한다. 매매는 의심스러운 경우에, 시인을 정지조건으로 하여 체결된 것이다.
(2) 매도인은 매수인에게 목적물의 검사를 허용할 의무가 있다.

§ 455 Billigungsfrist

Die Billigung eines auf Probe oder auf Besichtigung gekauften Gegenstandes kann nur innerhalb der vereinbarten Frist und in Ermangelung einer solchen nur bis zum Ablauf einer dem Käufer von dem Verkäufer bestimmten angemessenen Frist erklärt werden. War die Sache dem Käufer zum Zwecke der Probe oder der Besichtigung übergeben, so gilt sein Schweigen als Billigung.

제455조 是認期間

시험 또는 점검매매로 매수한 목적물의 시인은 합의한 기간 내에만 할 수 있으며, 그러한 기간이 없는 때에는 매도인이 매수인에게 정한 적정한 기간이 경과될 때까지만 할 수 있다. 물건이 시험 또는 점검을 목적으로 매수인에게 인도된 경우에는 매수인의 침묵은 시인으로 본다.

Untertitel 3. Verbrauchsgüterkauf
제3관 消費財賣買

§ 474 Begriff des Verbrauchsgüterkaufs

(1) Kauft ein Verbraucher von einem Unternehmer eine bewegliche Sache (Verbrauchsgüterkauf), gelten ergänzend die folgenden Vorschriften. Dies gilt nicht für gebrauchte Sachen, die in einer öffentlichen Versteigerung verkauft werden, an der der Verbraucher persönlich teilnehmen kann.

(2) Die §§ 445 und 447 finden auf die in diesem Untertitel geregelten Kaufverträge keine Anwendung.

제474조 消費財賣買의 槪念

(1) 소비자가 사업자로부터 동산을 매수한 경우(소비재매매)에는 보충적으로 다음의 조항들을 적용한다. 소비자가 개인적으로 참여할 수 있는 공경매에서 매도된 중고품에 대해서는 그러하지 아니하다.

(2) 제445조와 제447조는 본관에서 규율되는 매매계약에는 적용하지 아니한다.

§ 475 Abweichende Vereinbarungen

(1) Auf eine vor Mitteilung eines Mangels an den Unternehmer getroffene Vereinbarung, die zum Nachteil des Verbrauchers von den §§ 433 bis 435, 437, 439 bis 443, sowie von den Vorschriften dieses Untertitels abweicht, kann der Unternehmer sich nicht berufen. Die in Satz 1 bezeichneten Vorschriften finden auch Anwendung, wenn sie durch anderweitige Gestaltungen umgangen werden.

(2) Die Verjährung der in § 437 bezeichneten Ansprüche kann vor Mitteilung eines Mangels an den Unternehmer nicht durch Rechtsgeschäft erleichtert werden, wenn die Vereinbarung zu einer Verjährungsfrist ab dem gesetzlichen Verjährungsbeginn von weniger als zwei Jahren, bei gebrauchten Sachen von weniger als einem Jahr führt.

(3) Die Absatze 1 und 2 gelten unbeschadet der §§ 307 bis 309 nicht für den Ausschluss oder die Beschränkung des Anspruchs auf Schadensersatz.

제475조 다른 約定

(1) 사업자는 제433조 내지 제435조, 제437조, 제439조 내지 제443조 및 본 관의 조항들과는 다르게, 그에게 하자가 통지되기 전에 이루어진 소비자에게 불리한 합의를 원용할 수 없다. 제1문에서 제시된 조항들은 다른 형태로 회피되는 경우에도 적용된다.

(2) 소멸시효기간에 관한 합의가 법정소멸시효의 기산점으로부터 2년 미만, 중고품인 경우에는 1년 미만의 기간을 초래하는 때에는 제437조에 제시된 청구권들의 소멸시효는 기업자에

게 하자를 통지하기 전에 법률행위를 통해 경감될 수 없다.
(3) 제1항과 제2항은, 제307조 내지 제309조와 별도로, 손해배상청구권의 배제 또는 제한에는 적용되지 아니한다.

§ 476 Beweislastumkehr

Zeigt sich innerhalb von sechs Monaten seit Gefahrübergang ein Sachmangel, so wird vermutet, dass die Sache bereits bei Gefahrübergang mangelhaft war, es sei denn, diese Vermutung ist mit der Art der Sache oder des Mangels unvereinbar.

제476조 立證負擔의 轉換

위험이전시로부터 6개월 내에 물건하자가 나타난 때에는, 그 물건은 이미 위험이전시에 하자가 있었던 것으로 추정된다. 단, 이 추정은 그 물건 또는 하자의 양태와 일치하지 않을 때에는 그러하지 아니하다.

§ 477 Sonderbestimmungen für Garantien

(1) Eine Garantieerklärung(§ 443) muss einfach und verständlich abgefasst sein. Sie muss enthalten
1. den Hinweis auf die gesetzlichen Rechte des Verbrauchers sowie darauf, dass sie durch die Garantie nicht eingeschränkt werden, und
2. den Inhalt der Garantie und alle wesentlichen Angaben, die für die Geltendmachung der Garantie erforderlich sind, insbesondere die Dauer und den räumlichen Geltungsbereich des Garantieschutzes sowie Namen und Anschrift des Garantiegebers.
(2) Der Verbraucher kann verlangen, dass ihm die Garantieerklarung in Textform mitgeteilt wird.
(3) Die Wirksamkeit der Garantieverpflichtung wird nicht dadurch berührt, dass eine der vorstehenden Anforderungen nicht erfüllt wird.

제477조 擔保에 관한 特別規定

(1) 담보표시(제443조)는 단순하고 이해할 수 있도록 작성되어야 한다. 담보의 표시는 다음 각호의 사항을 포함하여야 한다.
1. 소비자의 법률상의 권리들과 그 권리들이 담보에 의해 제한되지 않는다는 지적 그리고
2. 담보의 행사에 요구되는 담보의 내용과 모든 본질적 사항들, 특히 기간과 담보보호의 지역적 효력범위 및 담보자의 성명과 주소.
(2) 소비자는 그에게 담보표시가 서면형식으로 통지되도록 요구할 수 있다.
(3) 담보의무의 유효성은 위의 요건들의 어느 하나가 충족되지 않아도 영향을 받지 아니한다.

§ 478 Rückgriff des Unternehmers

(1) Wenn der Unternehmer die verkaufte neu hergestellte Sache als Folge ihrer Mangelhaftigkeit zurücknehmen musste oder der Verbraucher den Kaufpreis gemindert hat, bedarf es für die in § 437 bezeichneten Rechte des Unternehmers gegen den Unternehmer, der ihm die Sache verkauft hatte(Lieferant), wegen des vom Verbraucher geltend gemachten Mangels einer sonst erforderlichen Fristsetzung nicht.
(2) Der Unternehmer kann beim Verkauf einer neu hergestellten Sache von seinem Lieferanten Ersatz der Aufwendungen verlangen, die der Unternehmer im Verhältnis zum

Verbraucher nach § 439 Absatz 2 zu tragen hatte, wenn der vom Verbraucher geltend gemachte Mangel bereits beim Übergang der Gefahr auf den Unternehmer vorhanden war.
(3) In den Fällen der Absatze 1 und 2 findet § 476 mit der Maßgabe Anwendung, dass die Frist mit dem Übergang der Gefahr auf den Verbraucher beginnt.
(4) Auf eine vor Mitteilung eines Mangels an den Lieferanten getroffene Vereinbarung, die zum Nachteil des Unternehmers von den §§ 433 bis 435, 437, 439 bis 443 sowie von den Absätzen 1 bis 3 und von § 479 abweicht, kann sich der Lieferant nicht berufen, wenn dem Rückgriffsgläubiger kein gleichwertiger Ausgleich eingeräumt wird. Satz 1 gilt unbeschadet des § 307 nicht für den Ausschluss oder die Beschränkung des Anspruchs auf Schadensersatz. Die in Satz 1 bezeichneten Vorschriften finden auch Anwendung, wenn sie durch anderweitige Gestaltungen umgangen werden.
(5) Die Absatze 1 bis 4 finden auf die Ansprüche des Lieferanten und der übrigen Käufer in der Lieferkette gegen die jeweiligen Verkäufer entsprechende Anwendung, wenn die Schuldner Unternehmer sind.
(6) § 377 des Handelsgesetzbuchs bleibt unberührt.

제478조 事業者의 遡求

(1) 사업자가 매도한 신제품을 하자성으로 말미암아 회수하여야만 했거나 소비자가 대금을 감액한 경우에, 소비자로부터 주장된 하자로 인해 기업자가 그에게 물권을 매도했던 사업자(공급자)에 대해 제437조에 제시된 그의 권리들을 행사하기 위해서 그 밖에 요구되는 기간설정을 요하지 아니한다.
(2) 사업자가 신제품을 판매한 경우에, 소비자로부터 주장된 하자가 이미 사업자에게 위험이 이전될 시에 존재하였던 때에는, 사업자는 그가 소비자와의 관계에서 제439조 제2항에 따라 부담하여야만 했던 비용의 배상을 그의 공급자에게 요구할 수 있다.
(3) 제1항과 제2항의 경우에 제476조가 적용되며, 그 기간은 소비자에게 위험이 이전됨으로써 기산된다.
(4) 공급자에게 하자를 통지하기 전에 행해진 합의로서, 제433조 내지 제435조, 제437조, 제439조 내지 제443조 및 본조 제1항 내지 제3항 및 제479조와 달리 사업자에게 불리한 것을, 소구채권자에게 등가의 보상이 되지 않는 한, 공급자는 원용할 수 없다. 제1문은 제307조와는 별도로 손해배상청구권의 배제와 제한에 관해서는 적용되지 아니한다. 제1문에서 제시된 조항들은 다른 형태로 회피되는 경우에도 적용된다.
(5) 제1항 내지 제4항은, 채무자가 사업자인 경우에, 공급자와 그 밖의 매수인들이 공급의 연쇄에서 각각 그의 매도인에 대해 갖는 청구권들에 준용된다.
(6) 상법 제377조는 영향을 받지 아니한다.

§ 479 Verjährung von Rückgriffsansprüchen

(1) Die in § 478 Abs. 2 bestimmten Aufwendungsersatzansprüche verjähren in zwei Jahren ab Ablieferung der Sache.
(2) Die Verjährung der in den §§ 437 und 478 Abs. 2 bestimmten Ansprüche des Unternehmers gegen seinen Lieferanten wegen des Mangels einer an einen Verbraucher verkauften neu hergestellten Sache tritt frühestens zwei Monate nach dem Zeitpunkt ein, in dem der Unternehmer die Ansprüche des Verbrauchers erfüllt hat. Diese Ablaufhemmung endet spätestens fünf Jahre nach dem Zeitpunkt, in dem der Lieferant die Sache dem Unternehmer abgeliefert hat.

(3) Die vorstehenden Absatze finden auf die Ansprüche des Lieferanten und der übrigen Käufer in der Lieferkette gegen die jeweiligen Verkäufer entsprechende Anwendung, wenn die Schuldner Unternehmer sind.

제479조 遡求權의 消滅時效

(1) 제478조 제2항에서 정한 비용배상청구권들은 물건의 교부시로부터 2년의 소멸시효에 걸린다.

(2) 소비자에게 매도한 신제품의 하자로 인하여 그의 공급자에 대한 사업자의 제437조와 제478조 제2항에서 정한 청구권들의 소멸시효는, 사업자가 소비자의 청구권들을 이행한 시점 이후 일러도 2개월이 지나야 소멸시효가 완성된다. 이 시효완성의 유예는 공급자가 그 물건을 기업에 교부한 시점 이후 늦어도 5년으로 종료된다.

(3) 전항들은, 채무자가 사업자인 때에, 공급자와 그 밖의 매수인이 공급의 연쇄에서 각각의 매도인에 대해 갖는 청구권들에 준용한다.

Untertitel 4. Tausch

제4관 交換

§ 480 Tausch

Auf den Tausch finden die Vorschriften über den Kauf entsprechende Anwendung.

제480조 交換

매매에 관한 규정은 교환에 준용된다.

Titel 2. Teilzeit-Wohnrechteverträge

제2절. 一時住居權 契約

§ 481 Begriff des Teilzeit-Wohnrechtevertrags

(1) Teilzeit-Wohnrechteverträge sind Verträge, durch die ein Unternehmer einem Verbraucher gegen Zahlung eines Gesamtpreises das Recht verschafft oder zu verschaffen verspricht, für die Dauer von mindestens drei Jahren ein Wohngebäude jeweils für einen bestimmten oder zu bestimmenden Zeitraum des Jahres zu Erholungs- oder Wohnzwecken zu nutzen. Das Recht kann ein dingliches oder anderes Recht sein und insbesondere auch durch eine Mitgliedschaft in einem Verein oder einen Anteil an einer Gesellschaft eingeräumt werden.

(2) Das Recht kann auch darin bestehen, die Nutzung eines Wohngebäudes jeweils aus einem Bestand von Wohngebäuden zu wählen.

(3) Einem Wohngebäude steht ein Teil eines Wohngebäudes gleich.

제481조 一時住居權契約의 定義

(1) 일시주거권계약에 의하여 사업자는 소비자에게 대금전부를 지급 받고 적어도 3년 동안 주거건물을 연중 특정된 또는 특정될 수 있는 시기에 휴양 또는 주거의 목적으로 사용할 수 있는 권리를 부여하거나 부여할 의무를 진다. 그 권리는 물권 또는 다른 권리일 수 있으며 특히 사단의 구성원의 지위 또는 회사의 지분에 의해서도 부여될 수 있다.

(2) 일시주거권은 다수의 주거건물 중에서 하나를 선택하여 이용하는 것을 내용으로 할 수도 있다.

(3) 주거건물의 일부도 주거건물과 동일하게 다루어진다.

§ 482 Prospektpflicht bei Teilzeit-Wohnrechteverträgen

(1) Wer als Unternehmer den Abschluss von Teilzeit-Wohnrechteverträgen anbietet, hat jedem Verbraucher, der Interesse bekundet, einen Prospekt auszuhändigen.

(2) Der in Absatz1 bezeichnete Prospekt muss eine allgemeine Beschreibung des Wohngebäudes oder des Bestandes von Wohngebäuden sowie die in der Rechtsverordnung nach Artikel 242 des Einführungsgesetzes zum Bürgerlichen Gesetzbuch bestimmten Angaben enthalten.

(3) Der Unternehmer kann vor Vertragsschluss eine Änderung gegenüber den im Prospekt enthaltenen Angaben vornehmen, soweit dies auf Grund von Umständen erforderlich wird, auf die er keinen Einfluss nehmen konnte.

(4) In jeder Werbung für den Abschluss von Teilzeit-Wohnrechteverträgen ist anzugeben, dass der Prospekt erhältlich ist und wo er angefordert werden kann.

제482조 一時住居權契約에서의 팜프렛 交付義務

(1) 일시주거권계약을 제공하는 사업자는 관심을 표명한 모든 소비자에게 팜프렛을 교부하여야 한다.

(2) 제1항의 팜프렛은 주거건물 또는 수 개의 주거건물에 대한 일반적 서술 및 민법 시행법 제242조에 따른 시행령이 정한 기재내용을 포함하여야 한다.

(3) 사업자는 자신이 영향을 미칠 수 없는 사정에 의해 필요로 하게 된 한도에서 계약 체결 이전에 팜프렛에 기재된 내용에 대해 변경할 수 있다.

(4) 일시주거권계약의 체결을 위한 각종 광고에서는 소비자가 팜프렛을 교부받을 수 있으며 어디에 이를 요청할 수 있는지를 알려야 한다.

§ 483 Vertrags- und Prospektsprache bei Teilzeit-Wohnrechteverträgen

(1) Der Vertrag ist in der Amtssprache oder, wenn es dort mehrere Amtssprachen gibt, in der vom Verbraucher gewählten Amtssprache des Mitgliedstaats der Europäischen Union oder des Vertragsstaats des Abkommens über den Europäischen Wirtschaftsraum abzufassen, in dem der Verbraucher seinen Wohnsitz hat. Ist der Verbraucher Angehöriger eines anderen Mitgliedstaats, so kann er statt der Sprache seines Wohnsitzstaats auch die oder eine der Amtssprachen des Staats, dem er angehört, wählen. Die Sätze 1 und 2 gelten auch für den Prospekt.

(2) Ist der Vertrag vor einem deutschen Notar zu beurkunden, so gelten die §§ 5 und 16 des Beurkundungsgesetzes mit der Maßgabe, dass dem Verbraucher eine beglaubigte Übersetzung des Vertrags in der von ihm nach Absatz 1 gewählten Sprache auszuhändigen ist.

(3) Teilzeit-Wohnrechteverträge, die Absatz 1 Satz 1 und 2 oder Absatz 2 nicht entsprechen, sind nichtig.

제483조 一時住居權契約에 있어서 契約書 및 팜프렛에서 사용되는 言語

(1) 계약은 소비자의 주소지가 있는 유럽연합의 회원국가 또는 유럽경제공동체 협약에의 참가국가의 공식어로 또는 그 국가에 수 개의 공식어가 있을 경우에는 소비자의 선택에 따른

공식어로 작성되어야 한다. 소비자의 국적이 주소지 국가와 동일하지 않은 경우에는 소비자는 주소지 국가의 언어에 대신하여 자신이 국적을 갖는 회원국가의 공식어를 선택할 수 있다. 제1문과 제2문은 팜프렛의 경우에도 적용된다.
(2) 계약이 독일 공증인에 의해 공증된 경우에는 "공정증서에 관한 법률" 제5조와 제16조는 제1항에 따라 선택한 언어로 공증번역된 계약서가 소비자에게 교부되어야 한다는 내용으로 적용된다.
(3) 제1항 제1문과 제2문 또는 제2항에 위반하는 일시주거권계약은 무효이다.

§ 484 Schriftform bei Teilzeit-Wohnrechteverträgen
(1) Der Teilzeit-Wohnrechtevertrag bedarf der schriftlichen Form, soweit nicht in anderen Vorschriften eine strengere Form vorgeschrieben ist. Der Abschluss des Vertrags in elektronischer Form ist ausgeschlossen. Die in dem in § 482 bezeichneten, dem Verbraucher ausgehändigten Prospekt enthaltenen Angaben werden Inhalt des Vertrags, soweit die Parteien nicht ausdrücklich und unter Hinweis auf die Abweichung vom Prospekt eine abweichende Vereinbarung treffen. Solche Änderungen müssen dem Verbraucher vor Abschluss des Vertrags mitgeteilt werden. Unbeschadet der Geltung der Prospektangaben gemäß Satz 3 muss die Vertragsurkunde die in der in § 482 Abs. 2 bezeichneten Rechtsverordnung bestimmten Angaben enthalten.
(2) Der Unternehmer hat dem Verbraucher eine Vertragsurkunde oder Abschrift der Vertragsurkunde auszuhändigen. Er hat ihm ferner, wenn die Vertragssprache und die Sprache des Staates, in dem das Wohngebäude belegen ist, verschieden sind, eine beglaubigte Übersetzung des Vertrags in der oder einer zu den Amtssprachen der Europäischen Union oder des Übereinkommens über den Europäischen Wirtschaftsraum zählenden Sprache des Staates auszuhändigen, in dem das Wohngebäude belegen ist. Die Pflicht zur Aushändigung einer beglaubigten Übersetzung entfällt, wenn sich das Nutzungsrecht auf einen Bestand von Wohngebäuden bezieht, die in verschiedenen Staaten belegen sind.

第484조 一時住居權契約의 書面方式
(1) 일시주거권계약은 보다 엄격한 방식이 달리 규정되어 있지 않는 한 서면의 방식을 요한다. 전자화된 방식을 통한 계약의 체결은 배제된다. 제482조에서 규정되어 소비자에게 교부된 팜프렛의 기재내용은 당사자가 팜프렛과의 상이함을 지적하면서 명시적으로 다른 내용의 합의를 하지 않는 한 계약의 내용으로 된다. 당사자 사이에 변경이 행해질 경우에는 사업자는 이를 소비자에게 계약 체결 이전에 통지하여야 한다. 제3문에 따른 팜프렛기재내용의 효력에 관계없이 계약서는 제482조 제2항이 언급한 민법시행령에 정하여진 기재내용을 포함하여야 한다.
(2) 사업자는 소비자에게 계약서 또는 그 사본을 교부해야 한다. 또한 사업자는 계약서의 언어와 주거건물이 소재한 국가의 공식어가 상이할 경우에는 그 건물이 소재하는 국가의 언어가 유럽연합 또는 유럽경제공동체 협약의 공식어인 경우에는 그 언어, 그렇지 않은 경우에는 공식어중의 하나로 작성된 계약서의 공증번역본을 교부해야 한다. 여러 국가에 걸쳐 있는 다수의 주거건물이 이용권의 대상을 이루는 경우에는 공증번역본의 교부의무는 없다.

§ 485 Widerrufsrecht bei Teilzeit-Wohnrechteverträgen

(1) Dem Verbraucher steht bei einem Teilzeit-Wohnrechtevertrag ein Widerrufsrecht nach § 355 zu.

(2) Die erforderliche Belehrung über das Widerrufsrecht muss auch die Kosten angeben, die der Verbraucher im Falle des Widerrufs gemäß Absatz 5 Satz 2 zu erstatten hat.

(3) Ist dem Verbraucher der in § 482 bezeichnete Prospekt vor Vertragsschluss nicht oder nicht in der in § 483 Abs. 1 vorgeschriebenen Sprache ausgehändigt worden, so beträgt die Frist zur Ausübung des Widerrufsrechts abweichend von § 355 Abs. 1 Satz 2 einen Monat.

(4) Fehlt im Vertrag eine der Angaben, die in der in § 482 Abs. 2 bezeichneten Rechtsverordnung bestimmt werden, so beginnt die Frist zur Ausübung des Widerrufsrechts erst, wenn dem Verbraucher diese Angabe schriftlich mitgeteilt wird.

(5) Eine Vergütung für geleistete Dienste sowie für die Überlassung der Nutzung von Wohngebäuden ist abweichend von § 357 Abs. 1 und 3 ausgeschlossen. Bedurfte der Vertrag der notariellen Beurkundung, so hat der Verbraucher dem Unternehmer die Kosten der Beurkundung zu erstatten, wenn dies im Vertrag ausdrucklich bestimmt ist. In den Fällen der Absätze 3 und 4 entfällt die Verpflichtung zur Erstattung von Kosten; der Verbraucher kann vom Unternehmer Ersatz der Kosten des Vertrags verlangen.

제485조 一時住居權契約의 撤回權

(1) 일시주거권계약에서의 소비자는 제355조에 정한 철회권을 가진다.

(2) 사업자는 철회권에 관하여 요구되는 설명을 통해 철회하는 경우에 제5항 제2문에 따라 소비자가 배상해야 할 비용을 고지해야 한다.

(3) 제482조에서 정한 팜프렛이 소비자에게 계약 체결 이전에 교부되지 않았거나 또는 규정된 언어로 제작된 팜프렛이 교부되지 않은 경우에는 철회권의 행사기간은 제355조 제1항 제2문과 달리 1개월로 된다.

(4) 계약서에 제482조 제2항에서 규정한대로 시행령에서 정한 바가 기재되어 있지 않는 경우에는 철회권의 행사기간은 소비자에게 그 내용이 서면으로 통지된 때에 비로소 진행된다.

(5) 철회권이 행사된 경우에는 이미 제공된 용역이나 주거건물의 이용에 대한 대가는 제357조 제1항과 제3항이 정한 바와 달리 청구할 수 없다. 공증인에 의한 계약의 공증이 필요로 했던 경우에는 계약이 명시적으로 정하고 있다면 소비자는 사업자에게 소요 비용을 상환하여야 한다. 제3항과 제4항의 경우에는 소비자의 비용상환의무는 없다; 소비자는 사업자에게 계약비용의 상환을 요구할 수 있다.

§ 486 Anzahlungsverbot bei Teilzeit-Wohnrechteverträgen

Der Unternehmer darf Zahlungen des Verbrauchers vor Ablauf der Widerrufsfrist nicht fordern oder annehmen. Für den Verbraucher günstigere Vorschriften bleiben unberührt

제486조 一時住居權 契約에서의 先拂金의 禁止

사용자는 철회기간이 종료하기 이전에 소비자의 지급을 청구하거나 이를 수령할 수 없다. 소비자에게 유리한 규정은 영향받지 아니한다.

§ 487 Abweichende Vereinbarungen

Von den Vorschriften dieses Titels darf nicht zum Nachteil des Verbrauchers abgewichen werden. Die Vorschriften dieses Titels finden, soweit nicht ein anderes bestimmt ist, auch Anwendung, wenn sie durch anderweitige Gestaltungen umgangen werden.

제487조 다른 約定

본 관의 내용보다 소비자에게 불리한 약정은 허용되지 않는다. 본 관의 규정은 달리 정해져 있지 않는 한 다른 형식에 의하여 회피하는 경우에도 적용된다.

Titel 3. Darlehensvertrag; Finanzierungshilfen und Ratenlieferungsvertrage zwischen einem Unternehmer und einem Verbraucher

제3절 金錢消費貸借; 事業者와 消費者 사이의 金融支援과 分割供給契約

Untertitel 1. Darlehensvertrag

제1관 消費貸借契約

§ 491 Verbraucherdarlehensvertrag

(1) Für entgeltliche Darlehensverträge zwischen einem Unternehmer als Darlehensgeber und einem Verbraucher als Darlehensnehmer (Verbraucherdarlehensvertrag) gelten vorbehaltlich der Absätze 2 und 3 ergänzend die folgenden Vorschriften.

(2) Die folgenden Vorschriften finden keine Anwendung auf Verbraucherdarlehensverträge,

1. bei denen das auszuzahlende Darlehen (Nettodarlehensbetrag) 200 Euro nicht übersteigt,
2. die ein Arbeitgeber mit seinem Arbeitnehmer zu Zinsen abschließt, die unter den marktüblichen Sätzen liegen,
3. die im Rahmen der Förderung des Wohnungswesens und des Städtebaus auf Grund öffentlich-rechtlicher Bewilligungsbescheide oder auf Grund von Zuwendungen aus öffentlichen Haushalten unmittelbar zwischen der die Fördermittel vergebenden öffentlich-rechtlichen Anstalt und dem Darlehensnehmer zu Zinssätzen abgeschlossen werden, die unter den marktüblichen Sätzen liegen.

(3) Keine Anwendung finden ferner

1. § 358 Abs. 2, 4 und 5 und die §§ 492 bis 495 auf Verbrauchrdarlehens verträge, die in ein nach den Vorschriften der Zivilprozessordnung errichtetes gerichtliches Protokoll aufgenommen oder notariell beurkundet sind, wenn das Protokoll oder die notarielle Urkunde den Jahreszins, die bei Abschluss des Vertrags in Rechnug gestellten Kosten des Darlehens sowie die Voraussetzung enthält, unter denen der Jahreszins oder die Kosten geändert werden können;
2. § 358 Abs. 2, 4 und 5 und §359 auf Verbraucherdarlehensverträge, die der Finanzierung des Erwerbs von Wertpapieren, Devision, Derivaten oder Edelmetallen dienen.

제491조 消費者消費貸借契約

(1) 대주로서 사업자와 차주로서 소비자사이에 체결된 유상의 금전소비대차계약(소비자소비

대차계약)에는 제2항과 제3항의 유보 하에 아래의 규정이 보충적으로 적용된다.

(2) 제492조 이하의 규정은 다음의 소비자소비대차계약에 대해서는 적용되지 아니한다.

1. 지급될 차용금 (순 소비대차금액)이 200유로를 넘지 않는 경우

2. 사용자와 자신의 근로자가 시장통상 이율 이하의 이자를 조건으로 체결한 경우

3. 공법상의 결정 또는 공공재정의 출연에 따라 주택시설과 도시건설의 촉진 차원에서 그 자금을 교부하면서 영조물과 차주가 직접적으로 시장통상 이율을 하회하는 이자부로 체결한 경우

(3) 또한 다음의 경우에는 각 열거된 규정은 적용되지 아니한다.

1. 제358조 제2항, 제4항 및 제5항 그리고 제492조 내지 제495조는 소비자소비대차계약이 민사소송법 규정에 따라 작성된 재판상조서에 기재되어 있거나 공정증서로 작성되고 그 조서나 공정증서가 연이자, 계약체결 시 고려되는 소비대차비용 및 그 연리나 비용의 변경에 관한 조건을 담고 있는 경우

2. 제358조 제2항, 제4항 및 제5항 그리고 제359조는 유가증권, 외환과 파생상품 또는 귀금속의 취득을 위한 금융지원의 경우

§ **492 Schriftform, Vertragsinhalt**

(1) Verbraucherdarlehensverträge sind, soweit nicht eine strengere Form vorgeschrieben ist, schriftlich abzuschließen. Der Abschluss des Vertrags in elektronischer Form ist ausgeschlossen. Der Schriftform ist genügt, wenn Antrag und Annahme durch die Vertragsparteien jeweils getrennt schriftlich erklärt werden. Die Erklärung des Darlehensgebers bedarf keiner Unterzeichnung, wenn sie mit Hilfe einer automatischen Einrichtung erstellt wird. Die vom Darlehensnehmer zu unterzeichnende Vertragserklärung muss angeben:

1. den Nettodarlehensbetrag, gegebenenfalls die Höchstgrenze des Darlehens,

2. den Gesamtbetrag aller vom Darlehensnehmer zur Tilgung des Darlehens sowie zur Zahlung der Zinsen und sonstigen Kosten zu entrichtenden Teilzahlungen, wenn der Gesamtbetrag bei Abschluss des Verbraucherdarlehensvertrags für die gesamte Laufzeit der Höhe nach feststeht. Ferner ist bei Darlehen mit veränderlichen Bedingungen, die in Teilzahlungen getilgt werden, ein Gesamtbetrag auf der Grundlage der bei Abschluss des Vertrags maßgeblichen Darlehensbedingungen anzugeben. Kein Gesamtbetrag ist anzugeben bei Darlehen, bei denen die Inanspruchnahme bis zu einer Höchstgrenze freigestellt ist,

3. die Art und Weise der Rückzahlung des Darlehens oder, wenn eine Vereinbarung hierüber nicht vorgesehen ist, die Regelung der Vertragsbeendigung,

4. den Zinssatz und alle sonstigen Kosten des Darlehens, die, soweit ihre Höhe bekannt ist, im Einzelnen zu bezeichnen, im Übrigen dem Grunde nach anzugeben sind, einschließlich etwaiger vom Darlehensnehmer zu tragender Vermittlungskosten,

5. den effektiven Jahreszins oder, wenn eine Änderung des Zinssatzes oder anderer preisbestimmender Faktoren vorbehalten ist, den anfanglichen effektiven Jahreszins; zusammen mit dem anfanglichen effektiven Jahreszins ist auch anzugeben, unter welchen Voraussetzungen preisbestimmende Faktoren geändert werden können und auf welchen

Zeitraum Belastungen, die sich aus einer nicht vollständigen Auszahlung oder aus einem Zuschlag zu dem Darlehen ergeben, bei der Berechnung des effektiven Jahreszinses verrechnet werden,
6. die Kosten einer Restschuld- oder sonstigen Versicherung, die im Zusammenhang mit dem Verbraucherdarlehensvertrag abgeschlossen wird,
7. zu bestellende Sicherheiten.
(1a) Abweichend Absatz 1 Satz 5 Nr. 2 ist kein Gasamtbetrag anzugeben bei Darlehen, bei denen die Anspruchnahme bis zu einer Höchstgrenze freigestellt ist, sowie bei Immobiliardarlehensvertägen. Immobiliardarlehensverträge sind Verbraucherdarlehensverträge, bei denen die Zuverfügungstellung des Darlehens von der Sicherung durch ein Grundpfandrecht abhängig gemacht wird und zu Bedingungen erfolgt, die für grundpfandrechtlich abgesicherte Darlehensverträge und deren Zwischenfinanzierung üblich sind; der Sicherung durch ein Grundpfandrecht steht es gleich, wenn von einer Sicherung gemäß §7 Abs. 3 bis 5 des Gesetzes über Bausparkassen abgesehen wird.
(2) Effektiver Jahreszins ist die in einem Prozentsatz des Nettodarlehensbetrags anzugebende Gesamtbelastung pro Jahr. Die Berechnung des effektiven und des anfänglichen effektiven Jahreszinses richtet sich nach § 6 der Verordnung zur Regelung der Preisangaben.
(3) Der Darlehensgeber hat dem Darlehensnehmer eine Abschrift der Vertragserklärungen zur Verfügung zu stellen.
(4) Die Absätze 1 und 2 gelten auch für die Vollmacht, die ein Darlehensnehmer zum Abschluss eines Verbraucherdarlehensvertrags erteilt. Satz 1 gilt nicht für die Prozessvollmacht und eine Vollmacht, die notariell beurkundet ist.

제492조 書面方式, 契約內容

(1) 소비자소비대차계약은 보다 엄격한 방식이 달리 규정되어 있지 않는 한 서면으로 체결되어야 한다. 전자적 방식에 의한 계약체결은 배제된다. 이 규정의 서면방식은 청약과 승낙이 당사자에 의해 각기 별도의 서면으로 표시된 경우에도 충족된다. 대주의 의사표시가 자동화된 장치를 통해 행해진 경우 그 서명을 요하지 아니한다. 차주에 의해 서명될 계약서에는 다음 각 호의 내용이 기재되어야 한다.
1. 순 소비대차금액, 경우에 따라서는 차용금의 최고 한도액;
2. 차용금의 변제와 이자 및 기타 비용의 지급을 위해 차주가 지출하게 될 분할변제액의 총액이 계약체결시 전 대차기간 동안 액수에 따라 정해져 있을 경우 그 총액. 또한 분할로 변제되는 변동조건부 소비대차계약의 경우에는 계약체결 시 기준이 되는 대차조건에 따라 산정한 총액이 기재되어야 한다. 최고 한도액까지는 자유로이 금전을 대출 받을 수 있는 소비대차의 경우에는 총액은 기재될 필요는 없다;
3. 차용금의 반환지급 방식 또는 이에 관한 합의가 행해지지 않은 경우에는 계약종료에 관한 규정;
4. 이율 그리고 차주가 부담하여야 할 중개비용을 포함한 기타의 모든 비용, 이때 액수를 아는 경우에는 개별적으로 이를 표시하고, 그 외에는 발생사유를 기재,
5. 실질 연이자, 또는 이율 내지 기타 변제금 결정요소의 변경이 유보되어 있는 경우에는 최초의 실질 연이자; 최초 실질 연이자와 함께 대가결정요소의 변경조건 그리고 차용금의 미상

환이나 그에 따른 할증으로 인하여 발생하는 부담이 실질 연이자의 산정에서 고려되는 기간
6. 소비자소비대차와 관련하여 체결되는 잔여채무보험 또는 여타 보험의 비용;
7. 설정될 담보.
(1a) 일정한 최고한도액까지 임의대로 청구할 수 있는 소비대차 및 부동산소비대차계약의 경우에는 제1항 제5문 제2호와는 달리 총액을 기재하지 아니한다. 부동산소비대차계약이라 함은, 차용금의 제공이 부동산담보권에 의한 담보제공 여부에 따라 결정되고 또한 그 계약이 부동산담보권으로 담보된 소비대차계약이나 그 연결융자에 통상적인 조건을 내용으로 하는 소비대차계약을 말한다. "주택저축금고법" 제7조 제3항 내지 제5항에 의하여 부동산담보권에 의한 담보제공이 불필요한 경우에는 부동산담보권에 의하여 담보된 것과 같이 본다.
(2) 실질 연이자는 연간부담총액을 순 소비대차금액의 백분율로 표시된 것이다. 실질 연이자와 최초 실질 연이자의 산정은 "가격표시규정에 관한 규칙" 제6조에 따른다.
(3) 대주는 차주에게 계약서의 사본을 제공하여야 한다.
(4) 제1항과 제2항은 차주가 소비자소비대차계약을 위해 대리권을 수여한 경우에도 적용된다. 제1문은 소송상의 대리권과 공정증서에 의해 대리권이 수여된 경우에는 적용되지 아니한다.

§ 493 Überziehungskredit

(1) Die Bestimmungen des § 492 gelten nicht für Verbraucherdarlehensverträge, bei denen ein Kreditinstitut einem Darlehensnehmer das Recht einräumt, sein laufendes Konto in bestimmter Höhe zu überziehen, wenn außer den Zinsen für das in Anspruch genommene Darlehen keine weiteren Kosten in Rechnung gestellt werden und die Zinsen nicht in kürzeren Perioden als drei Monaten belastet werden. Das Kreditinstitut hat den Darlehensnehmer vor der Inanspruchnahme eines solchen Darlehens zu unterrichten über
1. die Höchstgrenze des Darlehens,
2. den zum Zeitpunkt der Unterrichtung geltenden Jahreszins,
3. die Bedingungen, unter denen der Zinssatz geändert werden kann,
4. die Regelung der Vertragsbeendigung.
Die Vertragsbedingungen nach Satz 2 Nr. 1 bis 4 sind dem Darlehensnehmer spätestens nach der ersten Inanspruchnahme des Darlehens zu bestätigen. Ferner ist der Darlehensnehmer während der Inanspruchnahme des Darlehens über jede Änderung des Jahreszinses zu unterrichten. Die Bestätigung nach Satz 3 und die Unterrichtung nach Satz 4 haben in Textform zu erfolgen; es genügt, wenn sie auf einem Kontoauszug erfolgen.
(2) Duldet das Kreditinstitut die Überziehung eines laufenden Kontos und wird das Konto länger als drei Monate überzogen, so hat das Kreditinstitut den Darlehensnehmer über den Jahreszins, die Kosten sowie die diesbezuglichen Änderungen zu unterrichten; dies kann in Form eines Ausdrucks auf einem Kontoauszug erfolgen.

第493조 事前貸越約定을 통한 信用提供

(1) 신용제공기관이 차주에게 계좌의 잔고 이상으로 초과인출할 수 있는 권한을 부여한 소비자소비대차계약에서는 수수된 차용금에 대한 이자 이외에 별도의 비용이 청구되지 않고 그

이자가 3개월 이내에는 부과되지 않는 때에는 제492조의 규정은 적용되지 아니한다. 신용제공기관은 차주가 이러한 당좌대월을 이용하기 이전에 다음의 사항을 통지하여야 한다.

1. 차용금의 최고 한도액;
2. 통지 시점에서 적용되는 연이자;
3. 이율변경조건;
4. 계약종료에 관한 규정;

대주는 늦어도 차주의 대월의 최초 이용 이후에는 차주에게 제2문 제1호 내지 제4호에 따른 계약조건을 확인해 주어야 한다. 또한 차주에게는 대월을 이용하는 동안 연이자의 각 변동시마다 이를 통지하여야 한다. 제3문의 확인이나 제4문에 따른 통지는 텍스트의 형식으로 이루어져야 한다; 그 확인이나 통지는 계좌잔고 내역서에 그 내용이 기재된 것으로 족하다.

(2) 신용제공기관이 대월을 인용하고 그 계좌가 3개월 이상 초과인출된 경우에는 소비자에게는 연이자, 비용 및 이와 관련한 변경사항이 통지되어야 한다; 이는 계좌 내역서에의 인쇄의 방법으로 행해질 수 있다.

§ 494 Rechtsfolgen von Formmängeln

(1) Der Verbraucherdarlehensvertrag und die auf Abschluss eines solchen Vertrags vom Verbraucher erteilte Vollmacht sind nichtig, wenn die Schriftform insgesamt nicht eingehalten ist oder wenn eine der in § 492 Absatz 1 Satz 5 Nr. 1 bis 6 vorgeschriebenen Angaben fehlt.

(2) Ungeachtet eines Mangels nach Absatz 1 wird der Verbraucherdarlehensvertrag gültig, soweit der Darlehensnehmer das Darlehen empfängt oder in Anspruch nimmt. Jedoch ermäßigt sich der dem Verbraucherdarlehensvertrag zugrunde gelegte Zinssatz(§ 492 Absatz 1 Satz 5 Nr. 4) auf den gesetzlichen Zinssatz, wenn seine Angabe, die Angabe des effektiven oder anfänglichen effektiven Jahreszinses(§ 492 Absatz 1 Satz 5 Nr. 5) oder die Angabe des Gesamtbetrags(§ 492 Absatz 1 Satz 5 Nr. 2, Absatz 1a) fehlt. Nicht angegebene Kosten werden vom Darlehensnehmer nicht geschuldet. Vereinbarte Teilzahlungen sind unter Berücksichtigung der verminderten Zinsen oder Kosten neu zu berechnen. Ist nicht angegeben, unter welchen Voraussetzungen preisbestimmende Faktoren geändert werden können, so entfällt die Möglichkeit, diese zum Nachteil des Darlehensnehmers zu ändern. Sicherheiten können bei fehlenden Angaben hierüber nicht gefordert werden; dies gilt nicht, wenn der Nettodarlehensbetrag 50000 Euro übersteigt.

(3) Ist der effektive oder der anfängliche effektive Jahreszins zu niedrig angegeben, so vermindert sich der dem Verbraucherdarlehensvertrag zugrunde gelegte Zinssatz um den Prozentsatz, um den der effektive oder anfängliche effektive Jahreszins zu niedrig angegeben ist.

第494조 方式瑕疵의 法律效果

(1) 소비자소비대차계약과 그 계약체결을 위해 소비자가 행한 수권행위는 이에 필요한 서면의 방식이 전체적으로 준수되지 않았거나 제492조 제1항 제5문 제1호 내지 제6호에서 규정된 기재사항 중 하나라도 결여된 경우에는 무효이다.

(2) 제1항의 하자에도 불구하고 소비자소비대차계약은 차주가 차용금을 수령하거나 청구한 경우에는 유효하다. 그러나 소비자소비대차계약상의 이율 (제492조 제1항 제5문 제4호)은 그

이율, 실질 연이자 내지 최초 실질 연이자 (제492조 제1항 제5문 제5호) 또는 총액 (제492조 제1항 제5문 제2호, 제1항의a) 이 기재되어 있지 않는 한 법정이율로 감액된다. 기재되지 않은 비용은 차주의 부담으로 되지 아니한다. 합의되었던 분할지급은 감액된 이자나 비용을 고려하여 새로이 계산되어야 한다. 대가 결정요소의 변동조건이 기재되어 있지 않는 경우에는 이를 차주에게 불리하게 변경시킬 수는 없다. 담보는 기재되어 있지 않는 한 청구할 수 없다; 이는 순 소비대차금액이 5만 유로를 초과하는 때에는 그러하지 아니하다.

(3) 실질 연이자 또는 최초 실질 연이자가 너무 낮게 기재된 경우에는 소비자소비대차계약상의 이율은 실질연이자 또는 당초의 실질연이자로서 낮게 기재된 백분율로 인하된다.

§ 495 Widerrufsrecht

(1) Dem Darlehensnehmer steht bei einem Verbraucherdarlehensvertrag ein Widerrufsrecht nach § 355 zu.

(2) Die Absatz 1 findet keine Anwendung auf die in § 493 Absatz 1 Satz 1 genannten Verbraucherdarlehensverträge, wenn der Darlehensnehmer nach dem Vertrag das Darlehen jederzeit ohne Einhaltung einer Kündigungsfrist und ohne zusätzliche Kosten zurückzahlen kann.

第495조 撤回權

(1) 차주는 소비자소비대차계약에서 제355조에 정한 철회권을 가진다.

(2) 제493조 제1항 제1문에서 정한 소비자소비대차계약에서 차주가 약정에 따라 그 차용금을 해지기간의 준수 없이 그리고 추가비용을 부담하지 않고 언제라도 반환할 수 있다면 제1항은 적용되지 아니한다.

§ 496 Einwendungsverzicht, Wechsel- und Scheckverbot

(1) Eine Vereinbarung, durch die der Darlehensnehmer auf das Recht verzichtet, Einwendungen, die ihm gegenüber dem Darlehensgeber zustehen, gemäß § 404 einem Abtretungsgläubiger entgegenzusetzen oder eine ihm gegen den Darlehensgeber zustehende Forderung gemäß § 406 auch dem Abtretungsgläubiger gegenüber aufzurechnen, ist unwirksam.

(2) Der Darlehensnehmer darf nicht verpflichtet werden, für die Ansprüche des Darlehensgebers aus dem Verbraucherdarlehensvertrag eine Wechselverbindlichkeit einzugehen. Der Darlehensgeber darf vom Darlehensnehmer zur Sicherung seiner Ansprüche aus dem Verbraucherdarlehensvertrag einen Scheck nicht entgegennehmen. Der Darlehensnehmer kann vom Darlehensgeber jederzeit die Herausgabe eines Wechsels oder Schecks, der entgegen Satz 1 oder 2 begeben worden ist, verlangen. Der Darlehensgeber haftet für jeden Schaden, der dem Darlehensnehmer aus einer solchen Wechsel- oder Scheckbegebung entsteht.

第496조 抗辯의 拋棄, 어음과 手票의 禁止

(1) 차주가 대주에 대하여 가지는 항변을 제404조에 따라 채권양수인에게 주장할 수 있는 권리 또는 차주가 대주에 대하여 가지는 채권으로써 제406조에 따라 채권양수인에 대하여도 상계할 수 있는 권리를 포기하기로 하는 약정은 무효이다.

(2) 차주는 소비자소비대차계약에 따른 대주의 청구권에 대하여 어음채무를 부담할 의무를 지는 것은 허용되지 아니한다. 대주는 소비자소비대차계약으로부터 발생한 청구권을 담보하

기 위해 차주로부터 수표를 수령하는 것도 허용되지 아니한다. 차주는 제1문 또는 제2문에 반하여 발행된 어음이나 수표를 언제라도 대주에게 반환할 것을 청구할 수 있다. 대주는 차주에게 어음이나 수표의 발행으로 인하여 발생한 손해에 대해 책임을 진다.

§ 497 Behandlung der Verzugszinsen, Anrechnung von Teilleistungen

(1) Soweit der Darlehensnehmer mit Zahlungen, die er auf Grund des Verbraucherdarlehensvertrags schuldet, in Verzug kommt, hat er den geschuldeten Betrag gemäß § 288 Absatz 1 zu verzinsen; dies gilt nicht für Immobiliardarlehensverträge. Bei diesen Verträgen beträgt der Verzugszinssatz für das Jahr zweieinhalb Prozentpunkte über dem Basiszinssatz. Im Einzelfall kann der Darlehensgeber einen höheren oder der Darlehensnehmer einen niedrigeren Schaden nachweisen.

(2) Die nach Eintritt des Verzugs anfallenden Zinsen sind auf einem gesonderten Konto zu verbuchen und dürfen nicht in ein Kontokorrent mit dem geschuldeten Betrag oder anderen Forderungen des Darlehensgebers eingestellt werden. Hinsichtlich dieser Zinsen gilt § 289 Satz 2 mit der Maßgabe, dass der Darlehensgeber Schadensersatz nur bis zur Höhe des gesetzlichen Zinssatzes(§ 246) verlangen kann.

(3) Zahlungen des Darlehensnehmers, die zur Tilgung der gesamten fälligen Schuld nicht ausreichen, werden abweichend von § 367 Absatz 1 zunächst auf die Kosten der Rechtsverfolgung, dann auf den übrigen geschuldeten Betrag (Absatz 1) und zuletzt auf die Zinsen (Absatz 2) angerechnet. Der Darlehensgeber darf Teilzahlungen nicht zurückweisen. Die Verjährung der Ansprüche auf Darlehensrückerstattung und Zinsen ist vom Eintritt des Verzugs nach Absatz 1 an bis zu ihrer Feststellung in einer in § 197 Absatz 1 Nr. 3 bis 5 bezeichneten Art gehemmt, jedoch nicht länger als zehn Jahre von ihrer Entstehung an. Auf die Ansprüche auf Zinsen findet § 197 Absatz 2 keine Anwendung. Die Sätze 1 bis 4 finden keine Anwendung, soweit Zahlungen auf Vollstreckungstitel geleistet werden, deren Hauptforderung auf Zinsen lautet.

(4) Absatz 2 und 3 Satz 1, 2, 4 und 5 gelten nicht fur Immobiliardarlehensverträge.

제497조 遲延利子의 取扱, 一部辨濟의 充當

(1) 차주가 소비자소비대차계약으로부터 발생한 채무의 지급을 지체하고 있는 경우에는 그 채무액에 제288조 제1항에 따른 이자를 가산, 지급해야 한다; 이는 부동산소비대차계약에는 적용되지 아니한다. 이 경우 그 연간 지연이율은 기준이율에 2. 5 % 를 가산한 이율에 따른다. 대주와 차주는 각각 개별적으로 보다 높은 또는 낮은 손해를 입증할 수 있다.

(2) 지급지체에 따라 발생한 이자는 별도의 계좌에 기입되어야 하고 이를 원금 채무액 또는 대주의 다른 채권과 함께 계좌정산에 고려되어서는 아니 된다. 이 이자와 관련하여서 제289조 제2문은 대주가 법정이율 (제246조)의 한도까지만 손해배상을 청구할 수 있다는 내용으로 적용된다.

(3) 변제기가 도래한 전 채무를 변제하기에 충분하지 못한 차주의 지급금액은 제367조 제1항과 달리 권리행사비용, 원금 채무액 (제1항) 그리고 이자 (제2항)의 순으로 충당된다. 대주는 일부지급을 거절할 수 없다. 차용금의 반환과 이자에 대한 청구권의 소멸시효는 제1항에 따른 지체의 발생으로부터 제197조 제1항 제3호 내지 제5호에 따른 방식에 의한 청구권의 확정시까지 정지하지만 청구권의 발생으로부터 10년을 넘지 못한다. 이자청구권에 대하여

제197조 제2항은 적용되지 아니한다. 제1문 내지 제4문은 이자를 주된 청구대상으로 하는 강제집행권원에 따라 지급이 행해진 경우에는 적용되지 아니한다.
(4) 제2항과 제3항 제1문, 제2문, 제4문, 제5문은 부동산소비대차계약에는 적용되지 아니한다.

§ 498 Gesamtfälligstellung bei Teilzahlungsdarlehen

(1) Wegen Zahlungsverzugs des Darlehensnehmers kann der Darlehensgeber den Verbraucherdarlehensvertrag bei einem Darlehen, das in Teilzahlungen zu tilgen ist, nur kündigen, wenn
1. der Darlehensnehmer mit mindestens zwei aufeinanderfolgenden Teilzahlungen ganz oder teilweise und mindestens zehn Prozent, bei einer Laufzeit des Verbraucherdarlehensvertrags über drei Jahre mit fünf Prozent des Nennbetrags des Darlehens oder des Teilzahlungspreises in Verzug ist und
2. der Darlehensgeber dem Darlehensnehmer erfolglos eine zweiwöchige Frist zur Zahlung des rückständigen Betrags mit der Erklärung gesetzt hat, dass er bei Nichtzahlung innerhalb der Frist die gesamte Restschuld verlange.
Der Darlehensgeber soll dem Darlehensnehmer spätestens mit der Fristsetzung ein Gespräch über die Möglichkeiten einer einverständlichen Regelung anbieten.
(2) Kündigt der Darlehensgeber den Verbraucherdarlehensvertrag, so vermindert sich die Restschuld um die Zinsen und sonstigen laufzeitabhängigen Kosten des Darlehens, die bei staffelmäßiger Berechnung auf die Zeit nach Wirksamwerden der Kündigung entfallen.
(3) Die Absätze 1 und 2 gelten nicht für Immobiliardarlehensverträge.

제498조 割賦返還 消費貸借의 債務 全部에 대한 辨濟期의 到來

(1) 대주는 분할하여 변제할 수 있는 소비자소비대차계약의 경우에는 다음 사유 하에서만 차주의 지급지체를 이유로 해지할 수 있다.
1. 차주가 적어도 연이어 2회에 걸쳐 분할지급을 전체 또는 부분적으로 지체하고 그 지체액이 차용금의 명목액 또는 분할지급액의 10 %, 3년 이상의 반환기간을 갖는 소비자소비대차계약의 경우 5 % 이상에 달하고
2. 대주가 차주에게 그 기간 내에 지급하지 않을 경우 전체 잔존채무를 청구하겠다고 표시하면서 지체된 금액의 지급을 위해 2주의 기간을 설정하였으나 지급함이 없이 그 기간이 도과된 때
대주는 차주에게 제1문 제2호의 기간설정 시까지는 합의하에 규율할 수 있는 대화의 가능성을 제공하여야 한다.
(2) 대주가 소비자소비대차계약을 해지한 때에는 잔존채무는 단계적 산정에 따르면 해지의 효력이 발생 된 이후의 시점에 해당하는 이자와 기타 반환기간에 상응하여 발생하는 비용만큼 경감된다.
(3) 제1항 및 제2항은 부동산소비대차계약에는 적용되지 아니한다.

Untertitel 2. Finanzierungshilfen zwischen einem Unternehmer und einem Verbraucher
제2관 事業者와 消費者 사이의 金融支援

§ 499 Zahlungsaufschub, sonstige Finanzierungshilfe

(1) Die Vorschriften der §§ 358, 359 und 492 Absatz 1 bis 3 und der §§ 494 bis 498 finden vorbehaltlich der Absätze 2 und 3 entsprechende Anwendung auf Verträge, durch die ein Unternehmer einem Verbraucher einen entgeltlichen Zahlungsaufschub von mehr als drei Monaten oder eine sonstige entgeltliche Finanzierungshilfe gewährt.

(2) Für Finanzierungsleasingverträge und Verträge, die die Lieferung einer bestimmten Sache oder die Erbringung einer bestimmten anderen Leistung gegen Teilzahlungen zum Gegenstand haben (Teilzahlungsgeschäfte), gelten vorbehaltlich des Absatzes 3 die in den §§ 500 bis 504 geregelten Besonderheiten.

(3) Die Vorschriften dieses Untertitels finden in dem in § 491 Absatz 2 und 3 bestimmten Umfang keine Anwendung. Bei einem Teilzahlungsgeschäft tritt an die Stelle des in § 491 Absatz 2 Nr. 1 genannten Nettodarlehensbetrags der Barzahlungspreis.

제499조 支拂의 猶豫, 其他 金融支援

(1) 제358조, 제359조 및 제492조 제1항 내지 제3항 그리고 제494조 내지 제498조는 제2항과 제3항의 유보 하에서 사업자가 소비자에게 3개월을 넘는 유상의 지불유예 또는 기타 유상의 금융지원을 제공하는 경우에 준용된다.

(2) 금융리스계약 및 할부지급을 대가로 일정 물건의 판매 또는 일정 용역의 제공을 목적으로 하는 계약(할부거래)의 경우에는 제3항의 유보 하에서 제500조 내지 제504조에서 규정한 특칙이 적용된다.

§ 500 Finanzierungsleasingverträge

Auf Finanzierungsleasingverträge zwischen einem Unternehmer und einem Verbraucher finden lediglich die Vorschriften der §§ 358, 359, 492 Absatz 1 Satz 1 bis 4, § 492 Absatz 2 und 3 und § 495 Absatz 1 sowie der §§ 496 bis 498 entsprechende Anwendung.

제500조 金融리스契約

사업자와 소비자 사이의 금융리스계약에 대해서는 단지 제358조, 제359조, 제492조 제1항 제1문 내지 제4문, 제492조 제2항 및 제3항 그리고 제495조 제1항 및 제496조 내지 제498조를 준용한다.

§ 501 Teilzahlungsgeschäfte

Auf Teilzahlungsgeschäfte zwischen einem Unternehmer und einem Verbraucher finden lediglich die Vorschriften der §§ 358, 359, 492 Absatz 1 Satz 1 bis 4, § 492 Absatz 2 und 3, § 495 Absatz 1 sowie der §§ 496 bis 498 entsprechende Anwendung. Im Übrigen gelten die folgenden Vorschriften.

제501조 割賦去來

사업자와 소비자 사이의 할부거래에는 단지 제358조, 제359조, 제492조 제1항 제1문 내지 제4문, 제492조 제2항 및 제3항, 그리고 제495조 제1항 및 제496조 내지 제498조를 준용한다.

그 밖에 이하의 규정이 적용된다.

§ 502 Erforderliche Angaben, Rechtsfolgen von Form ngeln bei Teilzahlungs-gesch ften

(1) Die vom Verbraucher zu unterzeichnende Vertragserklärung muss bei Teilzahlungs-geschäften angeben

1. den Barzahlungspreis,
2. den Teilzahlungspreis(Gesamtbetrag von Anzahlung und allen vom Verbraucher zu entrichtenden Teilzahlungen einschließlich Zinsen und sonstiger Kosten),
3. Betrag, Zahl und Fälligkeit der einzelnen Teilzahlungen,
4. den effektiven Jahreszins,
5. die Kosten einer Versicherung, die im Zusammenhang mit dem Teilzahlungsgeschäft abgeschlossen wird,
6. die Vereinbarung eines Eigentumsvorbehalts oder einer anderen zu bestellenden Sicherheit.

Der Angabe eines Barzahlungspreises und eines effektiven Jahreszinses bedarf es nicht, wenn der Unternehmer nur gegen Teilzahlungen Sachen liefert oder Leistungen erbringt.

(2) Die Erfordernisse des Absatzes 1, des § 492 Absatz 1 Satz 1 bis 4 und des § 492 Absatz 3 gelten nicht für Teilzahlungsgeschäfte im Fernabsatz, wenn die in Absatz 1 Satz 1 Nr. 1 bis 5 bezeichneten Angaben mit Ausnahme des Betrags der einzelnen Teil-zahlungen dem Verbraucher so rechtzeitig in Textform mitgeteilt sind, dass er die Angaben vor dem Abschluss des Vertrags eingehend zur Kenntnis nehmen kann.

(3) Das Teilzahlungsgeschäft ist nichtig, wenn die Schriftform des § 492 Absatz 1 Satz 1 bis 4 nicht eingehalten ist oder wenn eine der im Absatz 1 Satz 1 Nr. 1 bis 5 vorgeschriebenen Angaben fehlt. Ungeachtet eines Mangels nach Satz 1 wird das Teilzahlungsgeschäft gültig, wenn dem Verbraucher die Sache übergeben oder die Leistung erbracht wird. Jedoch ist der Barzahlungspreis höchstens mit dem gesetzlichen Zinssatz zu verzinsen, wenn die Angabe des Teilzahlungspreises oder des effektiven Jahreszinses fehlt. Ist ein Barzahlungspreis nicht genannt, so gilt im Zweifel der Marktpreis als Barzahlungspreis. Die Bestellung von Sicherheiten kann bei fehlenden Angaben hierüber nicht gefordert werden. Ist der effektive oder der anfängliche effektive Jahreszins zu niedrig angegeben, so vermindert sich der Teilzahlungspreis um den Prozentsatz, um den der effektive oder anfängliche effektive Jahreszins zu niedrig angegeben ist.

제502조 割賦去來에서의 必要的 記載事項 및 方式瑕疵의 法律效果

(1) 할부거래에서 소비자에 의해 서명된 계약서에는 다음 각 호의 사항이 기재되어야 한다.

1. 현금가격;
2. 할부가격 (선금과 소비자가 지급해야 할 이자 및 기타 비용을 포함한 모든 할부지급액의 총액);
3. 각 할부금의 금액, 지급회수 및 지급기;
4. 실질 연이자;

5. 할부거래와 관련하여 체결된 보험의 비용;
6. 소유권유보 또는 다른 담보조치의 약정
사업자가 물건이나 용역을 할부지급에 의해서만 판매, 제공하는 때에는 현금가격과 실질 연이자에 대한 기재를 요하지 아니한다.
(2) 제1항, 제492조 제1항 그리고 제492조 제3항의 필요적 기재사항은 통신판매에 의한 할부거래에서는 각 할부금의 금액을 제외하고는 제1항 제1문 제1호 내지 제5호의 기재내용이 소비자에게 텍스트방식으로 적시에 통지되어 계약체결 이전에 그 내용을 상세하게 인식할 수 있는 때에는 적용되지 아니한다.
(3) 할부거래는 제492조 제1항 제1문 내지 제4문의 서면방식을 준수하지 않거나 제1항 제1문 제1호 내지 제5호에서 규정한 기재내용 중 하나라도 결여된 때에는 무효이다. 제1문의 하자에도 불구하고 소비자에게 물건이 인도되거나 용역이 제공된 때에는 할부거래는 유효하다. 그러나 각 할부금의 금액 또는 실질 연이자가 기재되어 있지 않는 때에는 현금가격에 법정이율을 한도로 이자가 가산될 수 있다. 현금가격이 기재되어 있지 않아서 불분명한 때에는 시장가격이 현금가격으로 간주된다. 담보설정은 이에 관해 기재가 안되어 있는 때에는 청구할 수 없다. 실질 연이자 또는 최초 실질 연이자가 너무 낮게 기재된 경우에 할부금액은 실질 연이자 또는 최초의 실질 연이자로서 그 낮게 기재된 백분율만큼 감소한다.

§ 503 Rückgaberecht, Rücktritt bei Teilzahlungsgeschäften

(1) Anstelle des dem Verbraucher gemäß § 495 Absatz 1 zustehenden Widerrufsrechts kann dem Verbraucher ein Rückgaberecht nach § 356 eingeräumt werden.
(2) Der Unternehmer kann von einem Teilzahlungsgeschäft wegen Zahlungsverzugs des Verbrauchers nur unter den in § 498 Absatz 1 bezeichneten Voraussetzungen zurücktreten. Der Verbraucher hat dem Unternehmer auch die infolge des Vertrags gemachten Aufwendungen zu ersetzen. Bei der Bemessung der Vergutung von Nutzungen einer zurückzugewährenden Sache ist auf die inzwischen eingetretene Wertminderung Rücksicht zu nehmen. Nimmt der Unternehmer die auf Grund des Teilzahlungsgeschäfts gelieferte Sache wieder an sich, gilt dies als Ausübung des Rücktrittsrechts, es sei denn, der Unternehmer einigt sich mit dem Verbraucher, diesem den gewöhnlichen Verkaufswert der Sache im Zeitpunkt der Wegnahme zu vergüten. Satz 4 gilt entsprechend, wenn ein Vertrag über die Lieferung einer Sache mit einem Verbraucherdarlehensvertrag verbunden ist (§ 358 Absatz 2) und wenn der Darlehensgeber die Sache an sich nimmt; im Falle des Rücktritts bestimmt sich das Rechtsverhältnis zwischen dem Darlehensgeber und dem Verbraucher nach den Sätzen 2 und 3.

제503조 割賦去來에서의 返還權과 解除

(1) 제495조 제1항에 따른 철회권에 대신하여 소비자에게는 제356조의 반환권이 인정될 수 있다.
(2) 사업자는 제498조 제1항에서 정한 요건 하에서만 소비자의 지급지체를 이유로 할부거래를 해제할 수 있다. 소비자는 사업자에게 그 계약으로 인해 지출된 비용도 상환하여야 한다. 반환 물건의 사용대가의 산정에는 반환 시까지 발생한 가치의 감소가 고려되어야 한다. 사업자가 할부거래에 따라 인도한 물건을 반송 받은 때에는 환수 시점의 물건의 매각가치를 보상하겠다고 소비자와 약정하지 않는 한 해제권의 행사로 간주된다. 제4문은 물건의 판매에

관한 계약이 소비자소비대차계약과 결합되어 있고(제358조 제2항) 대주가 그 물건을 반환받는 경우에 준용된다; 해제의 경우 대주와 소비자 사이의 법률관계는 제2문과 제3문에 따라 정해진다.

§ 504 Vorzeitige Zahlung bei Teilzahlungsgeschäften

Erfüllt der Verbraucher vorzeitig seine Verbindlichkeiten aus dem Teilzahlungsge- schäft, so vermindert sich der Teilzahlungspreis um die Zinsen und sonstigen laufzeitabhängigen Kosten, die bei gestaffelter Berechnung auf die Zeit nach der vorzeitigen Erfüllung entfallen. Ist ein Barzahlungspreis gemäß § 502 Absatz 1 Satz 2 nicht anzugeben, so ist der gesetzliche Zinssatz(§ 246) zugrunde zu legen. Zinsen und sonstige laufzeitabhängige Kosten kann der Unternehmer jedoch für die ersten neun Monate der ursprünglich vorgesehenen Laufzeit auch dann verlangen, wenn der Verbraucher seine Verbindlichkeiten vor Ablauf dieses Zeitraums erfüllt.

第504조 割賦去來에서의 期限 前의 支給

소비자가 할부거래에 따른 채무를 변제기 이전에 이행한 때에는 할부금액은 단계별 산정에 따르면 그 기한 전 이행 이후의 기간에 해당하는 이자와 기타 그 기간에 따른 비용만큼 경감한다. 제502조 제2문에 의하여 현금가격이 기재되지 않은 경우에는 법정이율(제246조)에 따른다. 그러나 사업자는 원래 예정된 할부기간 중 처음 9개월에 대해서는 소비자가 그 이전에 채무를 이행한 경우에도 그에 해당하는 이자와 기타 그 기간에 따른 비용을 청구할 수 있다.

Untertitel 3. Ratenlieferungsverträge zwischen einem Unternehmer und einem Verbraucher

제3관 事業者와 消費者 사이의 分割供給契約

§ 505 Ratenlieferungsverträge

(1) Dem Verbraucher steht vorbehaltlich des Satzes 2 bei Verträgen mit einem Unternehmer, in denen die Willenserklärung des Verbrauchers auf den Abschluss eines Vertrags gerichtet ist, der

1. die Lieferung mehrerer als zusammengehörend verkaufter Sachen in Teilleistungen zum Gegenstand hat und bei dem das Entgelt für die Gesamtheit der Sachen in Teilzahlungen zu entrichten ist oder
2. die regelmäßige Lieferung von Sachen gleicher Art zum Gegenstand hat oder
3. die Verpflichtung zum wiederkehrenden Erwerb oder Bezug von Sachen zum Gegenstand hat,

ein Widerrufsrecht gemäß § 355 zu. Dies gilt nicht in dem in § 491 Absatz 2 und 3 bestimmten Umfang. Dem in § 491 Absatz 2 Nr. 1 genannten Nettodarleh betrag entspricht die Summe aller vom Verbraucher bis zum frühestmöglichen Kündigungszeitpunkt zu entrichtenden Teilzahlungen.

(2) Der Ratenlieferungsvertrag nach Absatz 1 bedarf der schriftlichen Form. Satz 1 gilt nicht, wenn dem Verbraucher die Möglichkeit verschafft wird, die Vertragsbestimmungen einschließlich der Allgemeinen Geschäftsbedingungen bei Vertragsschluss abzurufen

und in wiedergabefähiger Form zu speichern. Der Unternehmer hat dem Verbraucher den Vertragsinhalt in Textform mitzuteilen.

제505조 分割供給契約

(1) 소비자와 사업자가 다음 각 호의 내용을 목적으로 계약을 체결한 경우에는 소비자는 제2문의 유보 하에서 제355조에 정한 철회권을 가진다.

1. 일체로서 매각된 다수의 물건을 분할하여 공급하기로 하고 그에 대해 대가를 분할하여 지급하기로 약정한 경우

2. 동종의 물건을 정기적으로 공급하기로 한 경우 또는

3. 물건의 반복적 취득 또는 수령을 내용으로 한 경우

이는 제491조 제2항과 제3항이 정한 범위에서는 적용되지 않는다. 제491조 제2항 제1문에서 정한 순 소비대차금액은 소비자가 최초로 해지할 수 있는 시점까지 지급해야 할 모든 분할지급액의 합산액이 된다.

(2) 제1항의 분할공급계약은 서면의 방식을 요한다. 제1문은 소비자에게 계약체결 시 보통거래약관을 포함한 거래조건을 불러낼 수 있고 재현가능한 형태로 저장할 수 있는 가능성이 제공된 경우에는 적용되지 아니한다. 사업자는 소비자에게 계약내용을 텍스트방식으로 통지하여야 한다.

Untertitel 4. Unabdingbarkeit, Anwendung auf Existenzgründer
제4관 强行規定性, 生業活動開始者에의 適用

§ 506 Abweichende Vereinbarungen

(1) Von den Vorschriften der §§ 491 bis 505 darf nicht zum Nachteil des Verbrauchers abgewichen werden. Diese Vorschriften finden auch Anwendung, wenn sie durch anderweitige Gestaltungen umgangen werden.

(2) Durch besondere schriftliche Vereinbarung kann bestimmt werden, dass der Widerruf als nicht erfolgt gilt, wenn der Verbraucher das empfangene Darlehen nicht binnen zwei Wochen entweder nach Erklärung des Widerrufs oder nach Auszahlung des Darlehens zurückzahlt. Dies gilt nicht im Falle des § 358 Absatz 2 sowie bei Haustürgeschäften.

(3) Das Widerrufsrecht nach § 495 kann bei Immobiliardarlehensverträgen, die keine Haustürgeschäfte sind, durch besondere schriftliche Vereinbarung ausgeschlossen werden.

(4) Die Vereinbarungen nach den Absätzen 2 und 3 können in die Vertragserklärung nach § 492 Absatz 1 Satz 5 aufgenommen werden, wenn sie deutlich hervorgehoben werden.

제506조 다른 約定

(1) 제491조 내지 제505조의 규정보다 소비자에게 불리한 내용으로 달리 약정할 수 없다. 이 규정들은 다른 형식에 의해 회피하는 경우에도 적용된다.

(2) 소비자가 철회의 의사표시 후 또는 차용금의 지급 후 2주 내에 수령한 차용금을 반환하지 아니하는 경우에는 철회는 행하여지지 아니한 것으로 본다는 서면의 특약을 할 수 있다.

(3) 제495조에 의한 철회권은 방문판매로 체결된 것이 아닌 부동산소비대차계약의 경우에는

서면의 특약으로 배제될 수 있다.
(4) 제2항 및 제3항에서 정하는 합의는 그것이 분명하게 강조되는 경우에는 제492조 제1항 제5문의 계약내용에 포함될 수 있다.

§ 507 Anwendung auf Existenzgründer

Die §§ 491 bis 506 gelten auch für natürliche Personen, die sich ein Darlehen, einen Zahlungsaufschub oder eine sonstige Finanzierungshilfe für die Aufnahme einer gewerblichen oder selbständigen beruflichen Tätigkeit gewähren lassen oder zu diesem Zweck einen Ratenlieferungsvertrag schließen, es sei denn, der Nettodarlehensbetrag oder Barzahlungspreis übersteigt 50.000 Euro.

제507조 生業活動開始者에의 適用

제491조 내지 제506조 규정은 영업활동 또는 독립적 직업활동의 개시를 위하여 금전소비대차, 지불유예 기타 금융지원을 받거나 이러한 목적으로 분할공급계약을 체결하는 자연인에 대하여도 적용되나, 순소비대차액이나 현금가가 5만 유로를 넘지 않는 경우에는 그러하지 아니하다.

§§ 508 bis 515 (weggefallen)

제508조 내지 제515조(削除)

Titel 7. Sachdarlehensvertrag

제7절 物件消費貸借

§ 607 Vertragstypische Pflichten beim Sachdarlehensvertrag

(1) Durch den Sachdarlehensvertrag wird der Darlehensgeber verpflichtet, dem Darlehensnehmer eine vereinbarte vertretbare Sache zu überlassen. Der Darlehensnehmer ist zur Zahlung eines Darlehensentgelts und bei Fälligkeit zur Rückerstattung von Sachen gleicher Art, Güte und Menge verpflichtet.
(2) Die Vorschriften dieses Titels finden keine Anwendung auf die Überlassung von Geld.

제607조 物件消費貸借契約에서의 典型的 義務

(1) 물건소비대차계약을 통해 대주는 차주에게 합의된 대체물을 넘겨줄 의무를 진다. 차주는 그 대가를 지급하고 반환기에 같은 종류, 품질 및 수량의 물건을 반환해야 한다.
(2) 본 절의 규정은 금전의 인도에는 적용되지 아니한다.

§ 608 Kündigung

(1) Ist für die Rückerstattung der überlassenen Sache eine Zeit nicht bestimmt, hängt die Fälligkeit davon ab, dass der Darlehensgeber oder der Darlehensnehmer kündigt.
(2) Ein auf unbestimmte Zeit abgeschlossener Sachdarlehensvertrag kann, soweit nicht ein anderes vereinbart ist, jederzeit vom Darlehensgeber oder Darlehensnehmer ganz oder teilweise gekündigt werden.

제608조 解止

(1) 인도된 물건의 반환시기가 정해져 있지 않은 경우에는 대주 또는 차주의 해지로 반환기가 도래한다.

(2) 불확정 기한부로 체결된 물건소비대차의 경우에는 달리 약정한 바가 없는 한 대주나 차주는 언제라도 이를 전부 또는 부분적으로 해지할 수 있다.

§ 609 Entgelt

Ein Entgelt hat der Darlehensnehmer spätestens bei Rückerstattung der überlassenen Sache zu bezahlen.

제609조 對價

차주는 늦어도 차용물을 반환할 때까지 대가를 지급하여야 한다.

§ 610 (weggefallen)

§ 610 (削除)

Titel 8. Dienstvertrag
제8절 雇傭契約

§ 613a Rechte und Pflichten bei Betriebsübergang

(1) Geht ein Betrieb oder Betriebsteil durch Rechtsgeschäft auf einen anderen Inhaber über, so tritt dieser in die Rechte und Pflichten aus den im Zeitpunkt des Übergangs bestehenden Arbeitsverhältnissen ein. Sind diese Rechte und Pflichten durch Rechtsnormen eines Tarifvertrags oder durch eine Betriebsvereinbarung geregelt, so werden sie Inhalt des Arbeits- verhältnisses zwischen dem neuen Inhaber und dem Arbeitnehmer und dürfen nicht vor Ablauf eines Jahres nach dem Zeitpunkt des Übergangs zum Nachteil des Arbeitnehmers geändert werden. Satz 2 gilt nicht, wenn die Rechte und Pflichten bei dem neuen Inhaber durch Rechtsnormen eines anderen Tarifvertrags oder durch eine andere Betriebsvereinbarung geregelt werden. Vor Ablauf der Frist nach Satz 2 können die Rechte und Pflichten geändert werden, wenn der Tarifvertrag oder die Betriebsvereinbarung nicht mehr gilt oder bei fehlender beiderseitiger Tarifgebundenheit im Geltungsbereich eines anderen Tarifvertrags dessen Anwendung zwischen dem neuen Inhaber und dem Arbeitnehmer vereinbart wird.

(2) Der bisherige Arbeitgeber haftet neben dem neuen Inhaber für Verpflichtungen nach Absatz 1, soweit sie vor dem Zeitpunkt des Übergangs entstanden sind und vor Ablauf von einem Jahr nach diesem Zeitpunkt fällig werden, als Gesamtschuldner. Werden solche Verpflichtungen nach dem Zeitpunkt des Übergangs fällig, so haftet der bisherige Arbeitgeber für sie jedoch nur in dem Umfang, der dem im Zeitpunkt des Übergangs abgelaufenen Teil ihres Bemessungszeitraums entspricht.

(3) Absatz 2 gilt nicht, wenn eine juristische Person oder eine Personenhandelsgesellschaft durch Umwandlung erlischt.

(4) Die Kündigung des Arbeitsverhältnisses eines Arbeitnehmers durch den bisherigen Arbeitgeber oder durch den neuen Inhaber wegen des Übergangs eines Betriebs oder eines Betriebsteils ist unwirksam. Das Recht zur Kündigung des Arbeitsverhältnisses aus anderen Gründen bleibt unberührt.

(5) Der bisherige Arbeitgeber oder der neue Inhaber hat die von einem Übergang betroffenen Arbeitnehmer vor dem Übergang in Textform zu unterrichten über:
1. den Zeitpunkt oder den geplanten Zeitpunkt des Übergangs,
2. den Grund für den Übergang,
3. die rechtlichen, wirtschaftlichen und sozialen Folgen des Übergangs für die Arbeitnehmer und
4. die hinsichtlich der Arbeitnehmer in Aussicht genommenen Maßnahmen.

(6) Der Arbeitnehmer kann dem Übergang des Arbeitsverhältnisses innerhalb eines Monats nach Zugang der Unterrichtung nach Absatz 5 schriftlich widersprechen. Der Widerspruch kann gegenüber dem bisherigen Arbeitgeber oder dem neuen Inhaber erklärt werden.

제613조의a 事業讓渡時 權利와 義務

(1) 사업 또는 사업의 일부가 법률행위에 의하여 다른 사업주에게 양도된 때에는 사업주는 양도 당시에 존재하는 근로관계에 기한 권리와 의무를 승계한다. 단체협약의 법규범 또는 경영협정에 의하여 규율되는 권리와 의무는 새로운 사업주와 근로자 사이의 근로관계의 내용으로 되며, 양도 시점 후 1년이 경과하기 전에 근로자에게 불리하게 변경될 수 없다. 새로운 사업주에게 다른 단체협약의 법규범 또는 다른 경영협정에 의하여 권리와 의무가 규율되는 때에는 제2문이 적용되지 않는다. 단체협약이나 경영협정이 효력을 상실한 경우 또는 쌍방의 협약구속력이 결여된 상태에서 다른 단체협약의 적용범위 내에서 이의 적용을 새로운 사업주와 근로자가 합의한 경우에는 제2문의 기간이 경과하기 전이라도 권리와 의무가 변경될 수 있다.

(2) 종전의 사용자는 제1항에 따른 채무가 사업양도 전에 성립하고 또한 사업양도 후 1년이 경과하기 전에 기한이 도래하는 경우 이에 대하여 새로운 사업주와 함께 연대채무자로서 책임을 진다. 이러한 채무가 사업양도 후에 기한이 도래하는 때에는 종전의 사용자는 채무의 산정기간 중 사업양도 당시 이미 경과한 부분에 상응하는 범위 내에서만 이러한 책임을 진다.

(3) 제2항은 법인 또는 인적상사회사가 조직변경으로 소멸하는 때에는 적용되지 않는다.

(4) 사업 또는 사업일부의 양도를 이유로 하는 종전의 사용자 또는 새로운 사업주의 근로자의 근로관계의 해지는 효력이 없다. 다른 이유로 근로관계를 해지할 권리는 영향을 받지 않는다.

(5) 종전의 사용자 혹은 새로운 사업주는 사업양도 관련 근로자들에게 사업양도 以前에 문서형식으로써 다음의 사항들에 대하여 고지하여야 한다.
1. 사업양도의 시기 혹은 계획된 시기
2. 사업양도의 이유
3. 사업양도가 근로자에게 미치는 법적, 경제적 그리고 사회적 효과
4. 그리고 장차 근로자에 대해 취해질 조치들

(6) 근로자는 제5항에서 규정한 서면고지가 이루어진 후 1월 이내에는 서면으로 자신의 근로관계 이전에 대해 거부할 수 있다. 거부의 의사는 종전 사용자에게 또는 새로운 사업주에게

행할 수 있다.

§ 615 Vergütung bei Annahmeverzug und bei Betriebsrisiko

Kommt der Dienstberechtigte mit der Annahme der Dienste in Verzug, so kann der Verpflichtete für die infolge des Verzugs nicht geleisteten Dienste die vereinbarte Vergütung verlangen, ohne zur Nachleistung verpflichtet zu sein. Er muss sich jedoch den Wert desjenigen anrechnen lassen, was er infolge des Unterbleibens der Dienstleistung erspart oder durch anderweitige Verwendung seiner Dienste erwirbt oder zu erwerben böswillig unterlässt.

Die Sätze 1 und 2 gelten entsprechend in den Fällen, in denen der Arbeitgeber das Risiko des Arbeitsausfalls trägt.

제615조 受領遲滯와 經營危險時 報酬

사용자가 노무의 수령을 지체하는 때에는 의무자는 지체로 급부하지 못한 노무에 관한 약정된 보수를 추완급부의무를 부담하지 않고 요구할 수 있다. 다만 그는 노무급부를 하지 않아 절약한 것 또는 자신의 노무를 전용하여 취득하거나 악의적으로 취득하지 않은 것의 가액을 공제하여야 한다. 제1문과 제2문의 내용은 사용자가 노동손실에 대한 위험을 부담하여야 하는 경우에도 적용된다.

§ 619a Beweislast bei Haftung des Arbeitnehmers

Abweichend von §280 Abs. 1 hat der Arbeitnehmer dem Arbeitgeber Ersatz für den aus der Verletzung einer Pflicht aus dem Arbeitsverhältnis entstehenden Schaden nur zu leisten, wenn er die Pflichtverletzung zu vertreten hat.

제619조의a 勤勞者의 責任과 관련한 立證責任

제280조 제1항과는 달리 근로자는 근로관계에서 비롯하는 의무위반으로 발생한 손해에 대해서는 그와 같은 의무위반이 단지 자신의 책임 있는 사유로 인한 경우에만 사용자에 대하여 배상하여야 한다.

Titel 9. Werkvertrag und ähnliche Verträge
Untertitel 1. Werkvertrag

제9절 都給契約 및 그에 類似한 契約들
제1관 都給契約

§ 631 Vertragstypische Pflichten beim Werkvertrag

(1) Durch den Werkvertrag wird der Unternehmer zur Herstellung des versprochenen Werkes, der Besteller zur Entrichtung der vereinbarten Vergütung verpflichtet.
(2) Gegenstand des Werkvertrags kann sowohl die Herstellung oder Veränderung einer Sache als ein anderer durch Arbeit oder Dienstleistung herbeizuführender Erfolg sein.

제631조 都給契約의 典型的 義務

(1) 도급계약에 의해 수급인은 약속한 일을 제작하여야 하고, 도급인은 합의된 보수를 지급하여야 한다.

(2) 도급계약의 목적은 어떤 물건의 제작이나 변경 또는 작업이나 노무급부로 야기될 수 있는 성과일 수 있다.

§ 632 Vergütung

(1) Eine Vergütung gilt als stillschweigend vereinbart, wenn die Herstellung des Werkes den Umständen nach nur gegen eine Vergütung zu erwarten ist.
(2) Ist die Höhe der Vergütung nicht bestimmt, so ist bei dem Bestehen einer Taxe die taxmäßige Vergütung, in Ermangelung einer Taxe die übliche Vergütung als vereinbart anzusehen.
(3) Ein Kostenanschlag ist im Zweifel nicht zu vergüten.

第632조 報酬

(1) 정황에 비추어 일의 제작에 대한 보수가 기대되는 때에는 보수가 묵시적으로 약정된 것으로 본다.
(2) 보수의 정함이 없는 때에는 보수규정이 있으면 그 규정상의 보수가, 보수규정이 없으면 통상의 보수가 합의된 것으로 한다.
(3) 비용견적에 대하여는 의심스러운 경우 보수를 지급하지 아니한다.

§ 633 Sach- und Rechtsmangel

(1) Der Unternehmer hat dem Besteller das Werk frei von Sach- und Rechtsmängeln zu verschaffen.
(2) Das Werk ist frei von Sachmängeln, wenn es die vereinbarte Beschaffenheit hat. Soweit die Beschaffenheit nicht vereinbart ist, ist das Werk frei von Sachmängeln,
1. wenn es sich für die nach dem Vertrag vorausgesetzte, sonst
2. für die gewöhnliche Verwendung eignet und eine Beschaffenheit aufweist, die bei Werken der gleichen Art üblich ist und die der Besteller nach der Art des Werks erwarten kann.
Einem Sachmangel steht es gleich, wenn der Unternehmer ein anderes als das bestellte Werk oder das Werk in zu geringer Menge herstellt.
(3) Das Werk ist frei von Rechtsmängeln, wenn Dritte in Bezug auf das Werk keine oder nur die im Vertrag übernommenen Rechte gegen den Besteller geltend machen können.

第633조 物件瑕疵 및 權利瑕疵

(1) 수급인이 완성한 일에는 물건하자 및 권리하자가 없어야 한다.
(2) 합의된 성상을 갖추고 있으면 일에 물건하자가 없다. 성상에 관한 합의가 없는 때에는 다음 각호의 경우에는 일에 물건하자가 없다.
1. 일이 계약에서 전제된 용도에 적합하거나, 그렇지 않으면
2. 일이 통상의 용도에 적합하고, 동종의 일에 있어서의 통상적이며 일의 종류에 비추어 도급인이 기대할 수 있는 성상을 갖춘 경우
수급인이 주문과 다른 일을 제작하거나 또는 수량이 부족한 일을 제작한 때에도 물건하자와 동일하다.
(3) 일에 관하여 제3자가 도급인에게 아무런 권리를 행사할 수 없거나 또는 단지 도급계약으로 인수된 권리만을 행사할 수 있는 때에는 일에 권리하자가 없다.

§ 634 Rechte des Bestellers bei Mängeln

Ist das Werk mangelhaft, kann der Besteller, wenn die Voraussetzungen der folgenden Vorschriften vorliegen und soweit nicht ein anderes bestimmt ist,

1. nach § 635 Nacherfüllung verlangen,
2. nach § 637 den Mangel selbst beseitigen und Ersatz der erforderlichen Aufwendungen verlangen,
3. nach den §§ 636, 323 und 326 Absatz 5 von dem Vertrag zurücktreten oder nach § 638 die Vergütung mindern und
4. nach den §§ 636, 280, 281, 283 und 311a Schadensersatz oder nach § 284 Ersatz vergeblicher Aufwendungen verlangen.

제634조 瑕疵로 인한 都給人의 權利

일에 하자가 있는 경우에 다음 각호의 요건이 갖추어지고 다른 정함이 없는 한, 도급인은

1. 제635조에 따라 추완이행을 요구할 수 있으며,
2. 제637조에 따라 하자를 스스로 제거하고, 필요비의 배상을 요구할 수 있으며,
3. 제636조, 제323조 및 제326조 제5항에 따라 계약을 해제하거나 또는 제638조에 따라 보수를 감액할 수 있으며,
4. 제636조, 제280조, 제281조, 제283조 및 제311조의a에 따라 손해배상을 청구하거나 또는 제284조에 따라 지출한 비용의 배상을 요구할 수 있다.

§ 634a Verjährung der Mängelansprüche

(1) Die in § 634 Nr. 1, 2 und 4 bezeichneten Ansprüche verjähren

1. vorbehältlich der Nummer 2 in zwei Jahren bei einem Werk, dessen Erfolg in der Herstellung, Wartung oder Veränderung einer Sache oder in der Erbringung von Planungs- oder Überwachungsleistungen hierfür besteht,
2. in fünf Jahren bei einem Bauwerk und einem Werk, dessen Erfolg in der Erbringung von Planungs- oder Überwachungsleistungen hierfür besteht, und
3. im Übrigen in der regelmäßigen Verjährungsfrist.

(2) Die Verjährung beginnt in den Fällen des Absatzes 1 Nr. 1 und 2 mit der Abnahme.

(3) Abweichend von Absatz 1 Nr. 1 und 2 und Absatz 2 verjähren die Ansprüche in der regelmäßigen Verjährungsfrist, wenn der Unternehmer den Mangel arglistig verschwiegen hat. Im Fall des Absatzes 1 Nr. 2 tritt die Verjährung jedoch nicht vor Ablauf der dort bestimmten Frist ein.

(4) Für das in § 634 bezeichnete Rücktrittsrecht gilt § 218. Der Besteller kann trotz einer Unwirksamkeit des Rücktritts nach § 218 Absatz 1 die Zahlung der Vergütung insoweit verweigern, als er auf Grund des Rücktritts dazu berechtigt sein würde. Macht er von diesem Recht Gebrauch, kann der Unternehmer vom Vertrag zurücktreten.

(5) Auf das in § 634 bezeichnete Minderungsrecht finden § 218 und Absatz 4 Satz 2 entsprechende Anwendung.

제634조의a 瑕疵請求權의 消滅時效

(1) 제634조 제1호, 제2호 및 제4호에 규정된 청구권은 다음 각호의 기간동안 행사하지 않으면 시효가 완성된다.

1. 일의 성과가 물건의 제작, 보존 또는 변경이나 이에 관한 설계 및 감독에 관한 급부의 제공인 때에는 제2호에 규정한 청구권을 제외하고 2년

2. 일이 건축물이거나 일의 성과가 건축물에 관한 설계 및 감독에 관한 급부의 제공인 때에는 5년
3. 그 밖의 경우 통상의 소멸시효기간
(2) 제1항 제1호 및 제2호의 경우에 소멸시효는 수취한 때로부터 진행한다.
(3) 수급인이 악의로 하자를 묵비한 때에는 제1항 제1호와 제2호 및 제2항과 달리 청구권은 통상의 소멸시효기간 동안 행사하지 않으면 시효가 완성된다. 단, 제1항 제2호의 경우 그 해당기간이 경과하기 전에 소멸시효는 완성되지 않는다.
(4) 제634조의 해제권에 관하여는 제218조가 적용된다. 제218조 제1항에 따라 해제가 효력이 없더라도 해제를 이유로 그 권한이 있었을 것인 한 보수의 지급을 거절할 수 있다. 도급인이 이 권리를 행사하는 때에는 수급인은 계약을 해제할 수 있다.
(5) 제218조와 전항 2문은 제634조의 보수감액권에 준용한다.

§ 635 Nacherfüllung

(1) Verlangt der Besteller Nacherfüllung, so kann der Unternehmer nach seiner Wahl den Mangel beseitigen oder ein neues Werk herstellen.
(2) Der Unternehmer hat die zum Zwecke der Nacherfüllung erforderlichen Aufwendungen, insbesondere Transport-, Wege-, Arbeits- und Materialkosten zu tragen.
(3) Der Unternehmer kann die Nacherfüllung unbeschadet des § 275 Absatz 2 und 3 verweigern, wenn sie nur mit unverhältnismäßigen Kosten möglich ist.
(4) Stellt der Unternehmer ein neues Werk her, so kann er vom Besteller Rückgewähr des mangelhaften Werks nach Maßgabe der §§ 346 bis 348 verlangen.

第635조 追完履行

(1) 도급인이 추완이행을 요구하는 경우 수급인은 그의 선택에 따라 하자를 제거하거나 또는 새로이 일을 제작할 수 있다.
(2) 수급인은 추완이행에 필요한 비용, 특히 운송비, 교통비, 인건비 및 재료비는 부담하여야 한다.
(3) 추완이행이 과도한 비용을 요하는 경우에 수급인은 제275조 제2항 및 제3항과 관계없이 이를 거절할 수 있다.
(4) 새로이 일을 제작한 수급인은 도급인에게 제346조 내지 제348조의 규정에 따라 하자 있는 일의 반환을 요구할 수 있다.

§ 636 Besondere Bestimmungen fur Rücktritt und Schadensersatz

Außer in den Fällen des § 281 Absatz 2 und des § 323 Absatz 2 bedarf es der Fristsetzung auch dann nicht, wenn der Unternehmer die Nacherfüllung gemäß § 635 Absatz 3 verweigert oder wenn die Nacherfüllung fehlgeschlagen oder dem Besteller unzumutbar ist.

第636조 解除 및 損害賠償에 관한 特別規定

제281조 제2항과 제323조 제2항의 경우 외에도 수급인이 제635조에 따라 추완이행을 거절하거나, 추완이행이 좌절되거나 또는 도급인에게 기대할 수 없는 경우에도 기간설정은 필요하지 아니하다.

§ 637 Selbstvornahme

(1) Der Besteller kann wegen eines Mangels des Werks nach erfolglosem Ablauf einer

von ihm zur Nacherfüllung bestimmten angemessenen Frist den Mangel selbst beseitigen und Ersatz der erforderlichen Aufwendungen verlangen, wenn nicht der Unternehmer die Nacherfüllung zu Recht verweigert.
(2) § 323 Absatz 2 findet entsprechende Anwendung. Der Bestimmung einer Frist bedarf es auch dann nicht, wenn die Nacherfüllung fehlgeschlagen oder dem Besteller unzumutbar ist.
(3) Der Besteller kann von dem Unternehmer für die zur Beseitigung des Mangels erforderlichen Aufwendungen Vorschuss verlangen.

第637조 自救措置
(1) 수급인의 추완이행의 거절이 정당하지 않은 경우 도급인은 하자를 이유로 그가 추완이행을 위하여 정한 상당기간이 도과한 후에 하자를 스스로 제거하고 필요비의 상환을 청구할 수 있다.
(2) 제323조 제2항을 준용한다. 추완이행이 좌절되거나 또는 도급인에게 기대할 수 없는 경우에도 기간의 설정은 필요하지 아니하다.
(3) 도급인은 수급인에게 하자제거를 위한 필요비를 미리 청구할 수 있다.

§ 638 Minderung
(1) Statt zurückzutreten, kann der Besteller die Vergütung durch Erklärung gegenüber dem Unternehmer mindern. Der Ausschlussgrund des § 323 Absatz 5 Satz 2 findet keine Anwendung.
(2) Sind auf der Seite des Bestellers oder auf der Seite des Unternehmers mehrere beteiligt, so kann die Minderung nur von allen oder gegen alle erklärt werden.
(3) Bei der Minderung ist die Vergütung in dem Verhältnis herabzusetzen, in welchem zur Zeit des Vertragsschlusses der Wert des Werks in mangelfreiem Zustand zu dem wirklichen Wert gestanden haben würde. Die Minderung ist, soweit erforderlich, durch Schätzung zu ermitteln.
(4) Hat der Besteller mehr als die geminderte Vergütung gezahlt, so ist der Mehrbetrag vom Unternehmer zu erstatten. § 346 Absatz 1 und § 347 Absatz 1 finden entsprechende Anwendung.

第638조 報酬減額
(1) 도급인은 해제에 갈음하여 수급인에 대한 의사표시로써 보수를 감액할 수 있다. 제323조 제5항 제2문의 배제사유는 적용되지 않는다.
(2) 도급인 또는 수급인 측의 당사자가 다수인 경우 보수감액은 그 전원에 의해 또는 그 전원에 대하여서만 표시될 수 있다.
(3) 보수감액의 경우 보수는 계약체결 당시 하자 없는 일의 가액에 대한 일의 실제 가액의 비율에 따라 감축된다. 보수감액은 필요한 경우에 평가로써 확정될 수 있다.
(4) 도급인이 감액된 보수보다 많은 금액을 지급한 때에는 수급인은 그 차액을 상환하여야 한다. 제346조 제1항 및 제347조 제1항을 준용한다.

§ 639 Haftungsausschluss
Auf eine Vereinbarung, durch welche die Rechte des Bestellers wegen eines Mangels ausgeschlossen oder beschränkt werden, kann sich der Unternehmer nicht berufen, wenn er den Mangel arglistig verschwiegen oder eine Garantie für die Beschaffenheit des

Werks übernommen hat.

제639조 責任의 排除

수급인은, 하자를 악의로 묵비하거나 또는 일의 성상에 관하여 담보를 인수한 경우에는, 하자로 인한 도급인의 권리를 배제하거나 제한하는 합의를 원용할 수 없다.

§ 640 Abnahme

(1) Der Besteller ist verpflichtet, das vertragsmäßig hergestellte Werk abzunehmen, sofern nicht nach der Beschaffenheit des Werkes die Abnahme ausgeschlossen ist. Wegen unwesentlicher Mängel kann die Abnahme nicht verweigert werden. Der Abnahme steht es gleich, wenn der Besteller das Werk nicht innerhalb einer ihm vom Unternehmer bestimmten angemessenen Frist abnimmt, obwohl er dazu verpflichtet ist.

(2) Nimmt der Besteller ein mangelhaftes Werk gemäß Absatz 1 Satz 1 ab, obschon er den Mangel kennt, so stehen ihm die in § 634 Nr. 1 bis 3 bezeichneten Rechte nur zu, wenn er sich seine Rechte wegen des Mangels bei der Abnahme vorbehält.

제640조 受取

(1) 도급인은 계약의 내용에 좇아 제작된 일을, 일의 성상이 이를 배제하지 않는 한, 수취하여야 한다. 비본질적인 하자를 이유로 수취를 거절할 수 없다. 수취할 의무 있는 도급인이 수급인이 정한 상당기간 내에 이를 하지 않는 때에는 수취와 동일하다.

(2) 도급인이 하자를 알면서 하자 있는 일을 제1항 제1문에 따라 수취한 때에는 수취 당시 하자로 인한 자신의 권리를 유보한 때에 한하여 제634조 제1호 내지 제3호에서 정한 권리를 행사할 수 있다.

§ 641 Fälligkeit der Vergütung

(1) Die Vergütung ist bei der Abnahme des Werkes zu entrichten. Ist das Werk in Teilen abzunehmen und die Vergütung für die einzelnen Teile bestimmt, so ist die Vergütung für jeden Teil bei dessen Abnahme zu entrichten.

(2) Die Vergütung des Unternehmers für ein Werk, dessen Herstellung der Besteller einem Dritten versprochen hat, wird spätestens fällig, wenn und soweit der Besteller von dem Dritten für das versprochene Werk wegen dessen Herstellung seine Vergütung oder Teile davon erhalten hat. Hat der Besteller dem Dritten wegen möglicher Mangel des Werkes Sicherheit geleistet, gilt dies nur, wenn der Unternehmer dem Besteller Sicherheit in entsprechender Höhe leistet.

(3) Kann der Besteller die Beseitigung eines Mangels verlangen, so kann er nach der Abnahme die Zahlung eines angemessenen Teils der Vergütung verweigern, mindestens in Höhe des Dreifachen der für die Beseitigung des Mangels erforderlichen Kosten.

(4) Eine in Geld festgesetzte Vergütung hat der Besteller von der Abnahme des Werkes an zu verzinsen, sofern nicht die Vergütung gestundet ist.

제641조 報酬의 支給時期

(1) 보수는 수취할 때에 지급하여야 한다. 일의 일부를 수취할 수 있고 또한 각각의 부분에 대하여 보수를 정한 경우에는 각 부분을 수취할 때에 그 부분에 대한 보수를 지급하여야

한다.
(2) 도급인이 제3자에게 그 제작을 약속한 일에 관한 보수는 늦어도 도급인이 약속한 일의 제작에 관하여 제3자로부터 보수의 전액 또는 그 일부를 수령한 때에 지급하여야 한다. 다만 도급인이 있을 수 있는 하자 때문에 제3자에게 담보를 제공한 경우 수급인이 그에 상응하는 정도의 담보를 제공하지 아니하는 때에는 그러하지 아니하다.
(3) 하자의 제거를 요구할 수 있는 때에 도급인은 수취 이후라도 보수 중 상당한 금액, 적어도 하자의 제거를 위하여 필요한 비용의 3배에 달하는 금액의 지급을 거절할 수 있다.
(4) 금전으로 확정된 보수에 관하여 도급인은, 그 지급이 유예되지 아니하는 한, 이자를 지급하여야 한다.

§ 644 Gefahrtragung
(1) Der Unternehmer trägt die Gefahr bis zur Abnahme des Werkes. Kommt der Besteller in Verzug der Annahme, so geht die Gefahr auf ihn über. Für den zufälligen Untergang und eine zufällige Verschlechterung des von dem Besteller gelieferten Stoffes ist der Unternehmer nicht verantwortlich.
(2) Versendet der Unternehmer das Werk auf Verlangen des Bestellers nach einem anderen Ort als dem Erfüllungsort, so finden die für den Kauf geltenden Vorschriften des § 447 entsprechende Anwendung.

제644조 危險負擔
(1) 수급인은 일의 수취 때까지 위험을 부담한다. 도급인이 수령을 지체하면 위험은 그에게 이전한다. 도급인이 제공한 재료의 우연한 멸실 또는 훼손에 대하여 수급인은 책임지지 아니한다.
(2) 수급인이 도급인의 요청으로 변제장소가 아닌 장소로 일을 송부한 때에는 매매에 관한 제447조의 규정을 준용한다.

§ 646 Vollendung statt Abnahme
Ist nach der Beschaffenheit des Werkes die Abnahme ausgeschlossen, so tritt in den Fällen des § 634a Absatz 2 und der §§ 641, 644 und 645 an die Stelle der Abnahme die Vollendung des Werkes.

제646조 受取에 갈음한 完成
일의 성상이 수취를 배제하는 때에는 제643조의a 제2항, 제641조, 제644조 및 제645조의 경우에 일의 완성이 수취에 갈음한다.

§ 650 Kostenanschlag
(1) Ist dem Vertrag ein Kostenanschlag zugrunde gelegt worden, ohne daß der Unternehmer die Gewähr für die Richtigkeit des Anschlags übernommen hat, und ergibt sich, daß das Werk nicht ohne eine wesentliche Überschreitung des Anschlags ausführbar ist, so steht dem Unternehmer, wenn der Besteller den Vertrag aus diesem Grund kündigt, nur der im § 645 Absatz 1 bestimmte Anspruch zu.
(2) Ist eine solche Überschreitung des Anschlags zu erwarten, so hat der Unternehmer dem Besteller unverzüglich Anzeige zu machen.

제650조 費用見積

(1) 수급인이 그 정확성을 담보하지 않은 비용견적을 기초로 계약이 체결되고, 그 견적을 현저히 초과하지 않고서는 일을 실행할 수 없는 것으로 판명되어 도급인이 이를 이유로 계약을 해지하는 때에 수급인은 제645조 제1항에서 정한 청구권만을 가진다.

(2) 견적초과가 예상되는 때에는 수급인은 도급인에게 이를 지체 없이 고지하여야 한다.

§ 651 Anwendung des Kaufrechts

Auf einen Vertrag, der die Lieferung herzustellender oder zu erzeugender beweglicher Sachen zum Gegenstand hat, finden die Vorschriften über den Kauf Anwendung. § 442 Absatz 1 Satz 1 findet bei diesen Verträgen auch Anwendung, wenn der Mangel auf den vom Besteller gelieferten Stoff zurück zuführen ist. Soweit es sich bei den herzustellenden oder zu erzeugenden beweglichen Sachen um nicht vertretbare Sachen handelt, sind auch die §§ 642, 643, 645, 649 und 650 mit der Maßgabe anzuwenden, dass an die Stelle der Abnahme der nach den §§ 446 und 447 maßgebliche Zeitpunkt tritt.

제651조 賣買法의 適用

제작되거나 생산될 동산의 공급을 그 내용으로 하는 계약에 관하여는 매매에 관한 규정이 적용된다. 이러한 계약에 있어서는 제442조 제1항 제1문도 하자가 도급인이 제공한 재료에 기인하는 경우 적용된다. 제작되거나 생산될 동산이 부대체물인 때에는 제446조와 제447조에서 정한 시점이 수취를 대신하면서 제642조, 제643조, 제645조, 제649조와 제650조도 적용된다.

Untertitel 2: Darlehensvermittlungsvertrag zwischen einem Unternehmer und einem Verbraucher

제2관 事業者와 消費者사이의 消費貸借仲介契約

§ 655a Darlehensvermittlungsvertrag

Für einen Vertrag, nach dem es ein Unternehmer unternimmt, einem Verbraucher gegen Entgelt einen Verbraucherdarlehensvertrag zu vermitteln oder ihm die Gelegenheit zum Abschluss eines Verbraucherdarlehensvertrags nachzuweisen, gelten vorbehaltlich des Satzes 2 die folgenden Vorschriften. Dies gilt nicht in dem in § 491 Absatz 2 bestimmten Umfang.

제655조의a 消費貸借仲介契約

사업자가 소비자에게 유상으로 소비자소비대차계약을 중개하거나 또는 그 계약의 체결을 위한 기회를 소개하는 것을 내용으로 하는 계약에 대하여는 제2문을 제외하고는 아래의 규정이 적용된다. 제491조 제2항에 정해진 범위에서는 그러하지 아니하다.

§ 655b Schriftform

(1) Der Darlehensvermittlungsvertrag bedarf der schriftlichen Form. In dem Vertrag ist vorbehaltlich sonstiger Informationspflichten insbesondere die Vergütung des Darlehensvermittlers in einem Prozentsatz des Darlehens anzugeben; hat der Darlehensvermittler auch mit dem Unternehmer eine Vergütung vereinbart, so ist auch diese anzugeben. Der

Vertrag darf nicht mit dem Antrag auf Hingabe des Darlehens verbunden werden. Der Darlehensvermittler hat dem Verbraucher den Vertragsinhalt in Textformmitzuteilen.
(2) Ein Darlehensvermittlungsvertrag, der denAnforderungen des Absatzes 1 Satz 1 bis 3 nicht genügt, ist nichtig.

제655조의b 書面方式

(1) 소비대차중개계약은 서면방식을 요한다. 이 계약에서는 기타의 정보제공의무 외에도 특히 소비대차중개인의 보수가 차용금에 대한 백분율로 제시되어야 한다.; 소비대차중개인이 사업자와도 보수약정을 한 경우에는 그 보수내용도 제시되어야 한다. 계약이 차용금기부에 대한 청약과 결합되어서는 아니 된다. 소비대차중개인은 소비자에게 계약내용을 텍스트방식으로 통지하여야 한다.

(2) 제1항 제1문 내지 제3문의 요건을 충족하지 못한 소비대차중개계약은 무효이다.

§ 655c Vergütung

Der Verbraucher ist zur Zahlung der Vergütung nur verpflichtet, wenn infolge der Vermittlung oder des Nachweises des Darlehensvermittlers das Darlehen an den Verbraucher geleistet wird und ein Widerruf des Verbrauchers nach § 355 nicht mehr möglich ist. Soweit der Verbraucherdarlehensvertrag mit Wissen des Darlehensvermittlers der vorzeitigen Ablösung eines anderen Darlehens (Umschuldung) dient, entsteht ein Anspruch auf die Vergütung nur, wenn sich der effektive Jahreszins oder der anfängliche effektive Jahreszins nicht erhöht; bei der Berechnung des effektiven oder des anfänglichen effektiven Jahreszinses für das abzulösende Darlehen bleiben etwaige Vermittlungskosten außer Betracht.

제655조의c 報酬

소비자는 소비대차중개인의 중개 또는 체약기회의 소개에 의하여 차용금이 그에게 지급되고 제355조에 의한 소비자의 철회가 더 이상 가능하지 아니한 때에만 보수를 지급할 의무를 부담한다. 소비자소비대차중개계약이 기존차용금의 기한 전 상환(貸換)에 이용되는 것을 소비대차중개인이 안 때에는 실질 연이자 또는 당초의 실질 연이자가 인상되지 아니하는 경우에만 그의 보수청구권은 발생한다.; 상환되는 차용금에 대한 실질 연이자 또는 당초의 실질 연이자의 산정에서 중개비용은 고려되지 아니한다.

§ 655d Nebenentgelte

Der Darlehensvermittler darf für Leistungen, die mit der Vermittlung des Verbraucherdarlehensvertrags oder dem Nachweis der Gelegenheit zum Abschluss eines Verbraucherdarlehensvertrags zusammenhängen, außer der Vergütung nach § 655c Satz 1 ein Entgelt nicht vereinbaren. Jedoch kann vereinbart werden, dass dem Darlehensvermittler entstandene, erforderliche Auslagen zu erstatten sind.

제655조의d 附隨的 代價

소비대차중개인은 소비자소비대차중개계약의 중개 또는 그 체결 기회의 소개와 관련되는 급부로서 제655조의c 제1문에서 정하는 보수 이외에 대가를 약정하여서는 아니 된다. 그러나 소비대차중개인이 지출한 필요비의 상환에 대한 약정은 할 수 있다.

§ 655e Abweichende Vereinbarungen, Anwendung auf Existenzgründer

(1) Von den Vorschriften dieses Untertitels darf nichtzum Nachteil des Verbrauchers abgewichen werden. Die Vorschriften dieses Untertitels finden auch Anwendung, wenn sie durch anderweitige Gestaltungenumgangen werden.

(2) Dieser Untertitel gilt auch für Darlehensvermittlungsverträge zwischen einem Unternehmer und einem Existenzgründer im Sinne von § 507.

제655조의e 다른 約定, 生業活動開始者에의 適用

(1) 본 관의 규정과 달리 소비자에게 불리한 내용으로 약정할 수 없다. 본 관의 규정은 이를 다른 방법으로 회피하는 경우에도 적용된다.

(2) 본 관은 사업자와 제507조에서 의미하는 생업활동개시자 사이의 소비자중개계약에 대하여도 적용된다.

事項索引

著者 略歷

金 奎 完

고려대학교 법과대학 졸업
고려대학교 대학원, 법학석사
독일 Jena대학교 법과대학, 법학박사(Dr.ius)
현 고려대학교 법과대학 강사

金 亨 培

고려대학교 법과대학 졸업
고려대학교 대학원, 법학석사
독일 Marburg대학교 법과대학, 법학박사 (Dr.ius)
고려대학교 법과대학 교수
현 고려대학교 명예교수

朴 種 熹

고려대학교 법과대학 졸업
고려대학교 대학원, 법학석사
독일 Trier대학교 법과대학, 법학박사(Dr.ius)
현 고려대학교 법과대학 교수

申 有 哲

고려대학교 법과대학 졸업
고려대학교 대학원, 법학석사
독일 Bonn대학교 법과대학, 법학박사(Dr.ius)
현 충남대학교 법과대학 교수

安 法 榮

고려대학교 법과대학 졸업
고려대학교 대학원, 법학석사
독일 Frankfurt대학교 법과대학, 법학박사 (Dr.ius)
현 고려대학교 법과대학 교수

河 京 孝

고려대학교 법과대학 졸업
고려대학교 대학원, 법학석사
독일 Mainz대학교 법과대학, 법학박사(Dr.ius)
현 고려대학교 법과대학 교수

獨逸 債權法의 現代化

2003년 1월 3일 초판 인쇄
2003년 1월 6일 초판 1쇄발행

저 자 金 亨 培 外
발행인 培 孝 善
발 행 처 도서출판 法 文 社
121-874 서울시 마포구 염리동 161-7
등 록 1957년 12월 12일 제2-76호(윤)
전 화 703-6541~7, 팩 스 703-6549
e-mail(영업) : business@bobmunsa.co.kr
(편집) : edit66@bobmunsa.co.kr
홈페이지 http://www.bobmunsa.co.kr
조 판 光 岩 文 化 社

BUM MOON SA

정가 20,000원 ISBN 89-18-01495-3